凝煉知識品味閱讀

凝煉知識品味閱讀

黃芳銘——著

統計就是這麼輕鬆

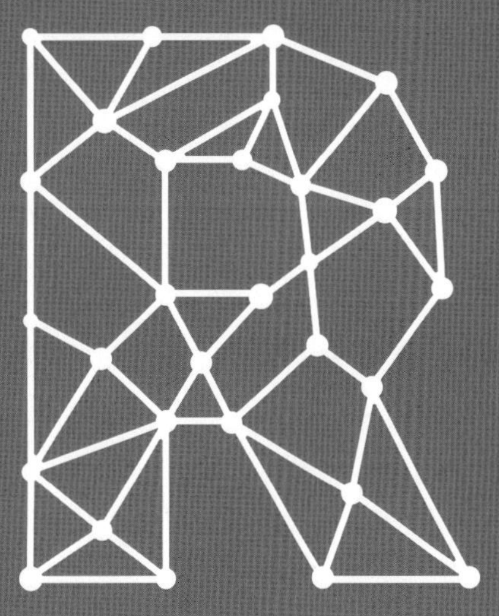

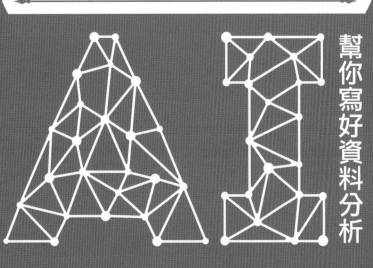

幫你寫好資料分析

五南圖書出版公司 印行

序言

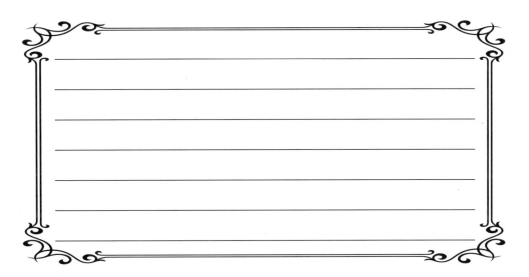

歡迎閱讀過本書的讀者，在上面替作者寫一段序言，抒發您對本書的任何高見。

本書的完成，要感謝的人實在太多了，這些生命中難以忘懷的人給我幫助與扶持，造就今日的我，進而成就了這本書。

良師：

先是國中導師楊淑敏將我這個在街頭流浪、有家歸不得的小子拉回學校。如同我第二位母親的美術老師陳素秋，陪伴我走過國中、高中、大學、就業……的人生關鍵時刻，甚至在美國留學時的擇偶抉擇，回國後的成家立業，她都盡心盡力地幫助。

大學時期王秋絨老師對我生活的照顧。在修了林清山老師的教育統計學後，讓我感悟「有為者亦若是」，可是到現在還沒實現這句話。林振春老師啓蒙了我的研究與統計概念。宋明順老師將我帶入社會學的世界，激發我去拿到社會學的博士。還有，鼓勵與支持我出國留學的前體院校長邱金松老師，他對我的關心與照顧，已如同親生父親。

美國猶他大學研究所老師 Tomas J. Burns 看到我的潛能，據說是他給我留美的獎學金，並教我 SEM 統計。碩士論文指導教授 Dair, J. Gillespie，她的教學如三月春陽般的光輝，春風徐徐沐浴其間。感謝博士論文指導教授郭文雄，讓我能順利地在獎學金截止之前拿到博士學位。

益友：

楊金寶教授和我一起合作發表文章，其豐富的學識，流暢的文筆，令我折服，可貴是如同姐姐般地關照我。李俊賢教授在統計學領域切磋琢磨，提供許多寶貴的資料，成書後為我校稿，在學術領域裡求真、求善、求美，奮不顧身，還因為眼睛太過勞累，得到結膜炎（超感動的）。

家人：

感謝愛妻惠玲婚前如伯樂般睿智，知我是千里良駒，將終身託付給我，婚後辛勤持家，讓我無後顧之憂，致力於教學與研究，進而有本書的撰寫，感謝女兒于庭與繪襄的乖巧及支持，並為本書命名。

感謝《一百萬個可能》這首歌，在寫作徬徨時，暖了我的心，得以繼續向前走，看到街燈。

黃芳銘 謹誌

於 Weber Sanctum

辛丑年仲秋

目錄

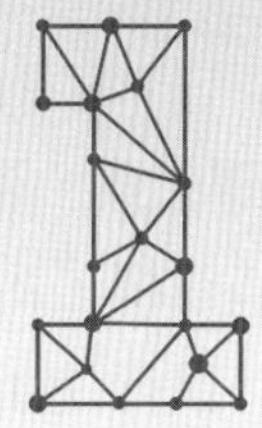

R 的簡介

難易指數：☺☺☺☺☺（非常簡單）

學習金鑰

✦ 了解 R 語言是什麼以及學習使用 R 語言做基本的計算
✦ 了解 Rstudio 的基本運作功能以及基本的操作方法
✦ 安裝重要 R 統計的套件

R 是一種專門爲統計分析與資料管理所設計的手稿語言 (scripting language)。R 誕生於 90 年代初期，由 S 語言轉變而來。它是免付費的開源軟體 (open source)，可自由下載原始碼，加上十分容易在官方網站 (http://www.r-project.org/) 找到別人寫好的套件（packages，或稱爲軟體包，如果你對 package 不太清楚的話，你可以把它想成 App）或分析程式碼，因此近年來使用的人越來越多，其中不乏許多專業人士如：風險分析師、研究學者、統計學家……等。

R 大致上的語言方式與 S 或 S-plus 語言相通，最大的不同在於結果的輸出，R 僅會顯示最少的訊息，但可以將想要輸出結果儲存爲一個物件 (object)，以提供後續演算之用，這也是與許多統計軟體（如：SAS、SPSS）不同的地方。R 語言是一種高階的直譯式語言 (interpreted language)，在程式執行之前，使用者不用自己編譯程式，可以將心力投入在資料的分析上，就像使用 Matlab 這類的程式語言一樣。R 能快速地擴張，歸功於它的物件導向 (object-oriented) 功能，具有執行使用者自訂功能及套件的能力（就 R 的套件，作者在 2021/04/17 查詢時有 17,444 個套件，2021/06/11 查詢時是 17,682 個套件）。另外，R 有高品質的學術繪圖功能（例如本書單元 4 中所介紹的 ggplot2 套件）。它的程式可以依據個別需求修改，具備相當好的說明文件與討論區，在網路上也有相當的社群討論區或論壇開放討論關於 R 的問題。最後，R 可以應用於機器學習、資料探勘等領域。

開始使用之前，必須安裝兩個軟體：R，一個實際的編程語言以及 RStudio，是一個整合開發環境 (Integrated Development Environment, IDE)，如同其他程式的整合性平台，除提供了視覺化操作介面之外，也提供相關工具與環境，大幅地提升了使用 R 的工作效率。

1.1　安裝 R

R 的官方網站的「CRAN」（Comprehensive R Archive Network，R 綜合典藏網的簡稱），可以下載針對 Unix、MacOS 或 Windows 的安裝軟體及原始碼。它除了收藏 R 的執行檔下載版、原始碼和說明文件，也收錄了各種用戶撰寫的套件（軟體包）。現時，全球有超過一百個 CRAN 鏡像站。

STEP 1　開啓 R 官方網站的網頁，點選 download R。

 1.1　R 官方網頁

STEP 2 從鏡像站列表中選擇台灣的鏡像站（台灣大學），如果您的所在地不在台灣，就選擇距離自己最近的鏡像站（見圖 1.2）。

Switzerland
https://stat.ethz.ch/CRAN/ ETH Zürich
Taiwan
https://cran.csie.ntu.edu.tw/ National Taiwan University, Taipei
Thailand
http://mirrors.psu.ac.th/pub/cran/ Prince of Songkla University, Hatyai

1.2 鏡像站

STEP 3 依照您自己電腦的作業系統下載安裝檔，在 Windows 系統中就點選「Download R for Windows」（見圖 1.3）。

Download and Install R

Precompiled binary distributions of the base system and contributed packages, **Windows and Mac** users most likely want one of these versions of R:

- Download R for Linux (Debian, Fedora/Redhat, Ubuntu)
- Download R for macOS
- Download R for Windows

R is part of many Linux distributions, you should check with your Linux package management system in addition to the link above.

1.3 作業系統下載安裝檔

STEP 4 有四種安裝檔，第一次安裝 R，請選擇「base」（見圖 1.4）。

R for Windows

Subdirectories:

base	Binaries for base distribution. This is what you want to **install R for the first time**.
contrib	Binaries of contributed CRAN packages (for R >= 2.13.x; managed by Uwe Ligges). There is also information on third party software available for CRAN Windows services and corresponding environment and make variables.
old contrib	Binaries of contributed CRAN packages for outdated versions of R (for R < 2.13.x; managed by Uwe Ligges).
Rtools	Tools to build R and R packages. This is what you want to build your own packages on Windows, or to build R itself.

1.4 四種安裝檔

STEP 5　點選網頁上最新的下載連結（2021/06/11，版本是 Download R 4.1.0 for Windows），下載 R 安裝檔。R 網站每年 10 月會更新版本。未來想更新，可以安裝 installr 套件，呼叫出套件 library(installr)，打上 updateR() 語句。

Download R 4.1.0 for Windows (86 megabytes, 32/64 bit)

Installation and other instructions

New features in this version

圖 1.5　R 下載版本

STEP 6　安裝檔下載完成後，請直接執行，進行安裝，首先選擇語言（見圖 1.6）。

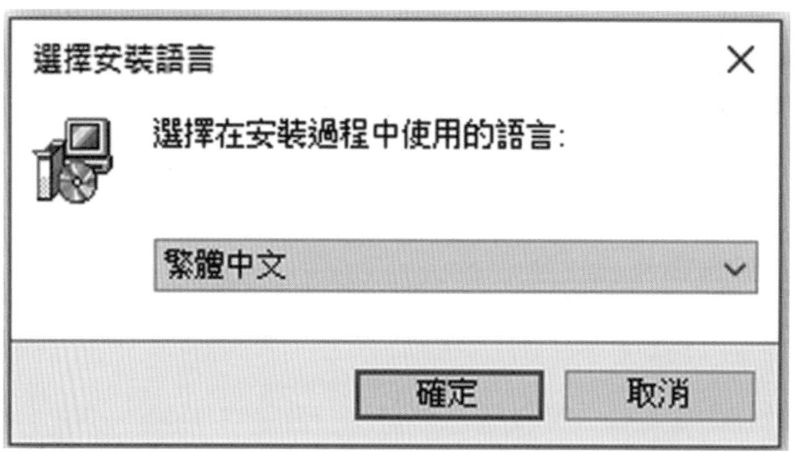

圖 1.6　選擇安裝語言

STEP 7　R 是以開放原始碼授權釋出的，此顯示 GNU GPL 使用條款，請點選「下一步」（見圖 1.7）。

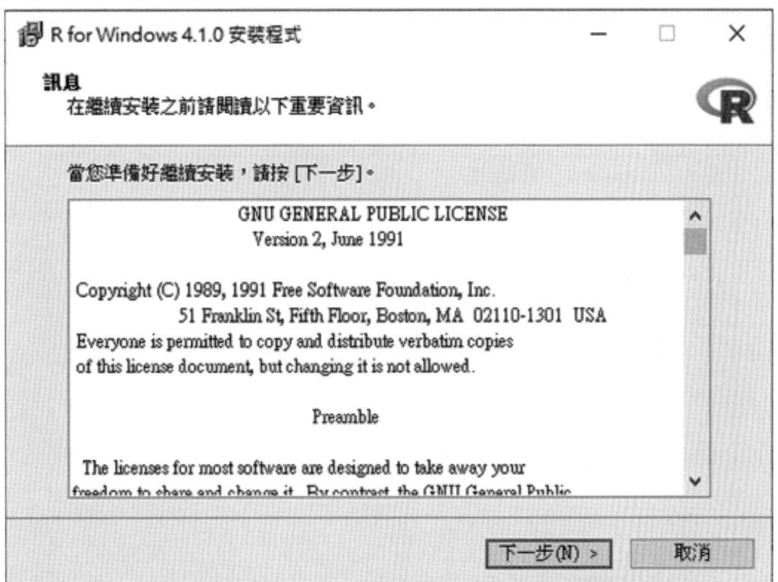

圖 1.7　GNU GPL 使用條款

STEP 8　選擇目的資料夾，設定好之後，請點選「下一步」（見圖 1.8）。

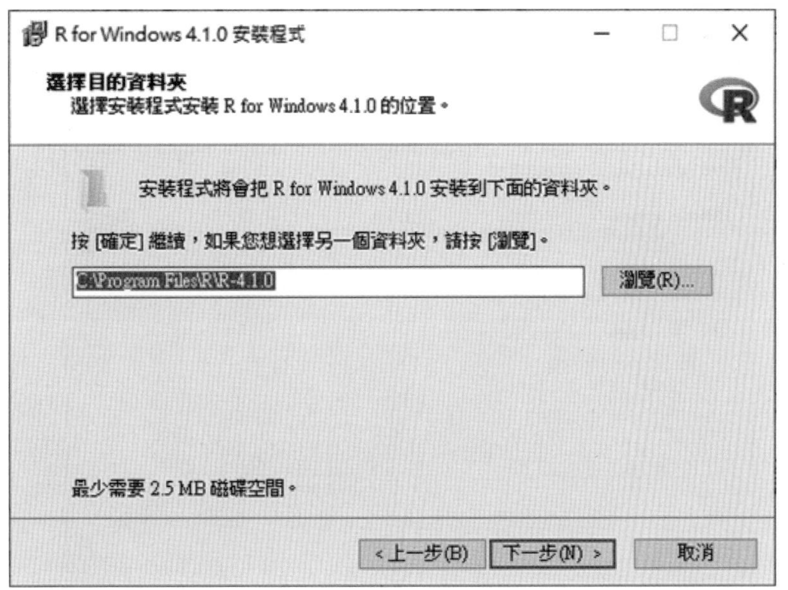

圖 1.8　選擇目的資料夾

STEP 9 選擇要安裝的元件，你會看到 32-bit Files 以及 64-bit Files，兩者都安裝，設定完後，請點選「下一步」（見圖 1.9）。

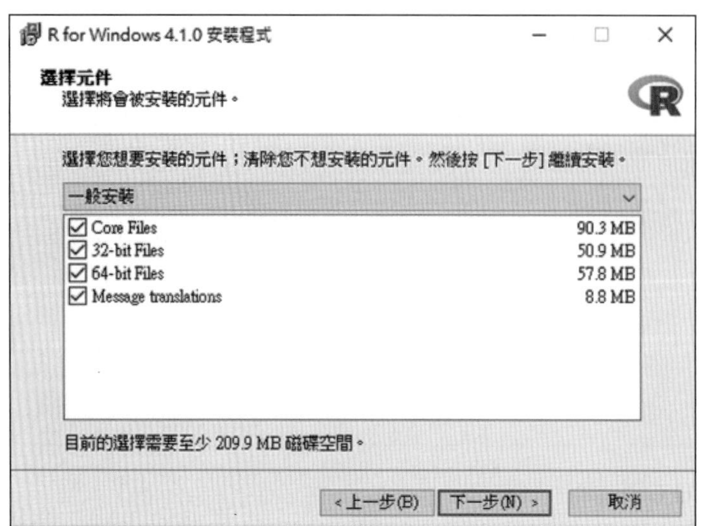

圖 1.9 安裝的元件

STEP 10 選擇是否要自訂啓動選項，初次使用的話，用預設就可以了，請點選「下一步」（見圖 1.10）。

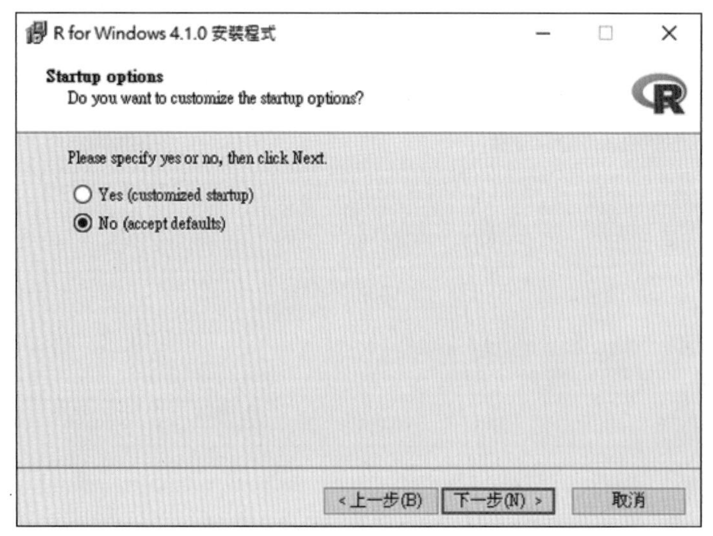

圖 1.10 自訂啓動選項

STEP 11 選擇「開始」功能表的資料夾，設定好之後，請點選「下一步」（見圖 1.11）。

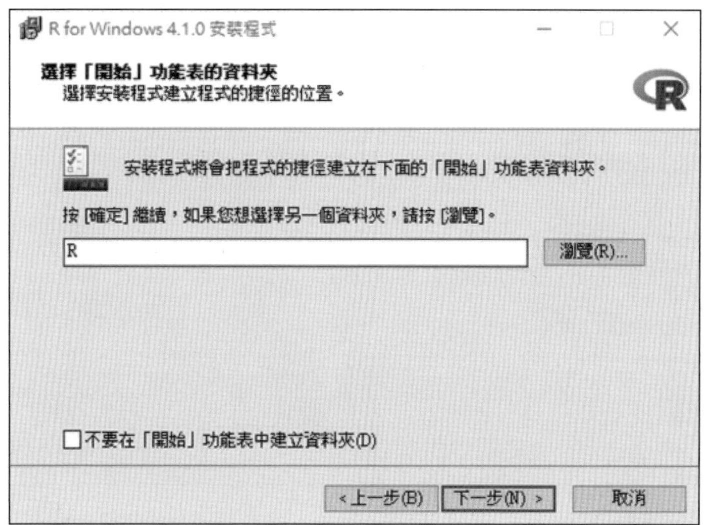

圖 1.11 「開始」功能表

STEP 12 選擇你想要附加的工作，選好後，請點選「下一步」（見圖 1.12）。

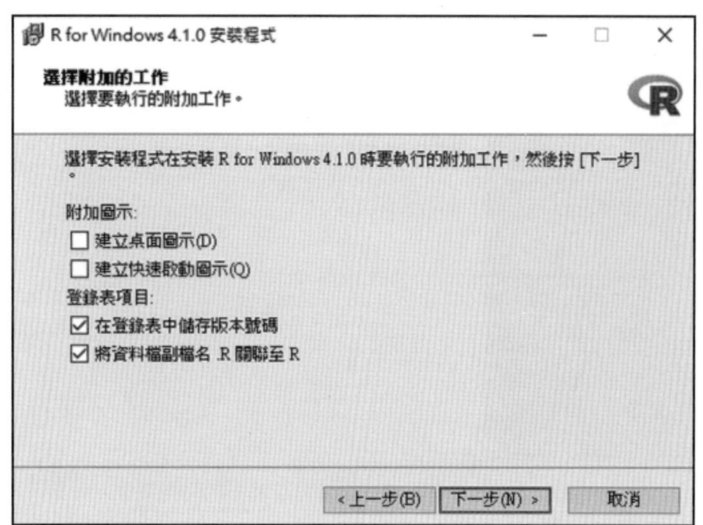

圖 1.12 附加的工作

STEP 13 等待安裝過程（見圖 1.13）。

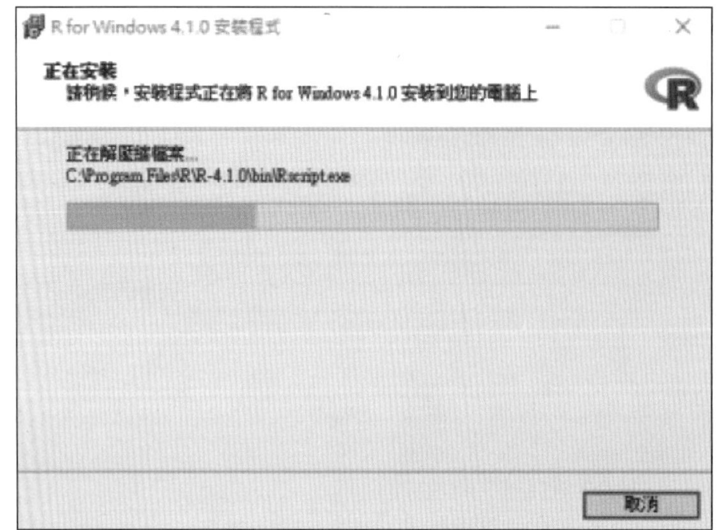

圖 1.13　等待安裝過程

STEP 14 安裝成功，點選「完成」離開安裝程式（見圖 1.14）。

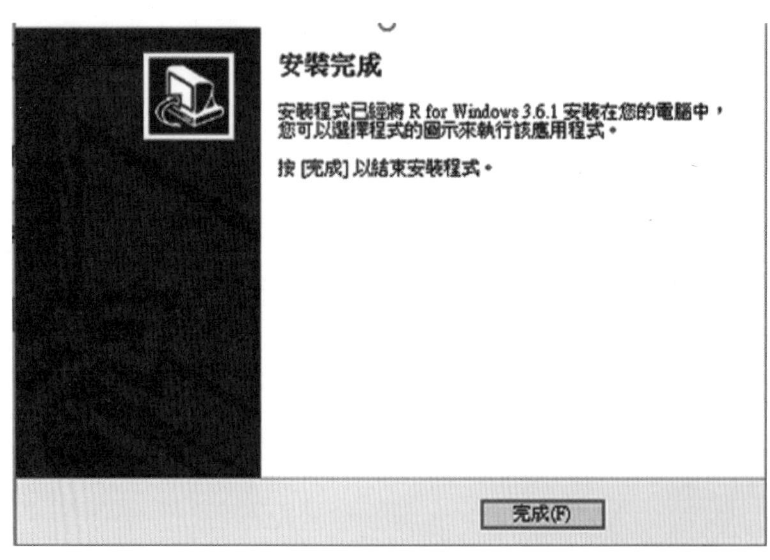

圖 1.14　安裝成功

1.2 RStudio

1.2.1 安裝 RStudio

前往 RStudio 官方網站或直接連到官方下載網站 (https://www.rstudio.com)，或者在 Google 搜尋打上 RStudio（見圖 1.15）。

RStudio | Open source & professional software for data ...

RStudio provides free and open source tools for R and enterprise-ready professional software for data science teams to develop and share their work at scale.

來自 rstudio.com 的搜尋結果

Download the RStudio IDE
RStudio is a set of integrated tools designed to help you be more ...

Server
RStudio is an integrated development environment (IDE ...

 1.15 Google 的 RStudio 官方網站下載網頁

進入 Download the RStudio IDE，找到下面的畫面，選擇當前預計安裝作業系統版本（當前最新版是 RStudio 1.4.1717），下載完畢後，直接安裝（見圖 1.16）。「RStudio」有個人電腦版本與伺服器版本，各版本均有開放原始碼軟體 (open source licence)。RStudio 有相當多的功能，由於本書主要是 R 的統計書籍，因此在本書中只介紹相當基本的功能，主要是足夠本書 R 統計指令使用即可。讀者若是對其他複雜環境設定有興趣，可以參考其他專門介紹 RStudio 的書籍。

All Installers

Linux users may need to import RStudio's public code-signing key prior to installation, depending on the operating system's security policy.

RStudio requires a 64-bit operating system. If you are on a 32 bit system, you can use an older version of RStudio.

OS	Download	Size	SHA-256
Windows 10	RStudio-1.4.1717.exe	156.18 MB	71b36e64
macOS 10.14+	RStudio-1.4.1717.dmg	203.06 MB	2cf2549d

1.16 安裝作業系統版本

1.2.2 RStudio 環境設定

RStudio 環境設定：Windows 版設定位置，Tools > Global Options（見圖 1.17），點進去。

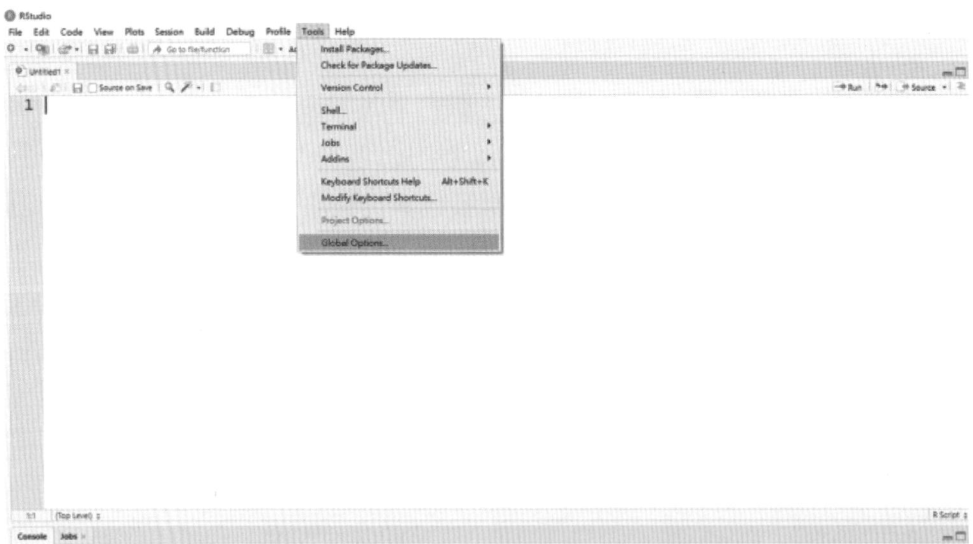

1.17 RStudio 環境設定

環境設定選項 Options：當打開 Options（見圖 1.18），首先出現的是 General（本設定 Windows 版多一個 R Version 設定），此部分作者的建議是依據所有的內定，也就是你看到圖 1.18 中打勾與沒打勾的部分都不要更動，

還有 R Version 框框裡不要動，Default working Directory 的框框部分也不要動（除非你對電腦的這些部分很了解，那麼你可以更動）。作者在完全沒有更動之下，也完成了本書撰寫。

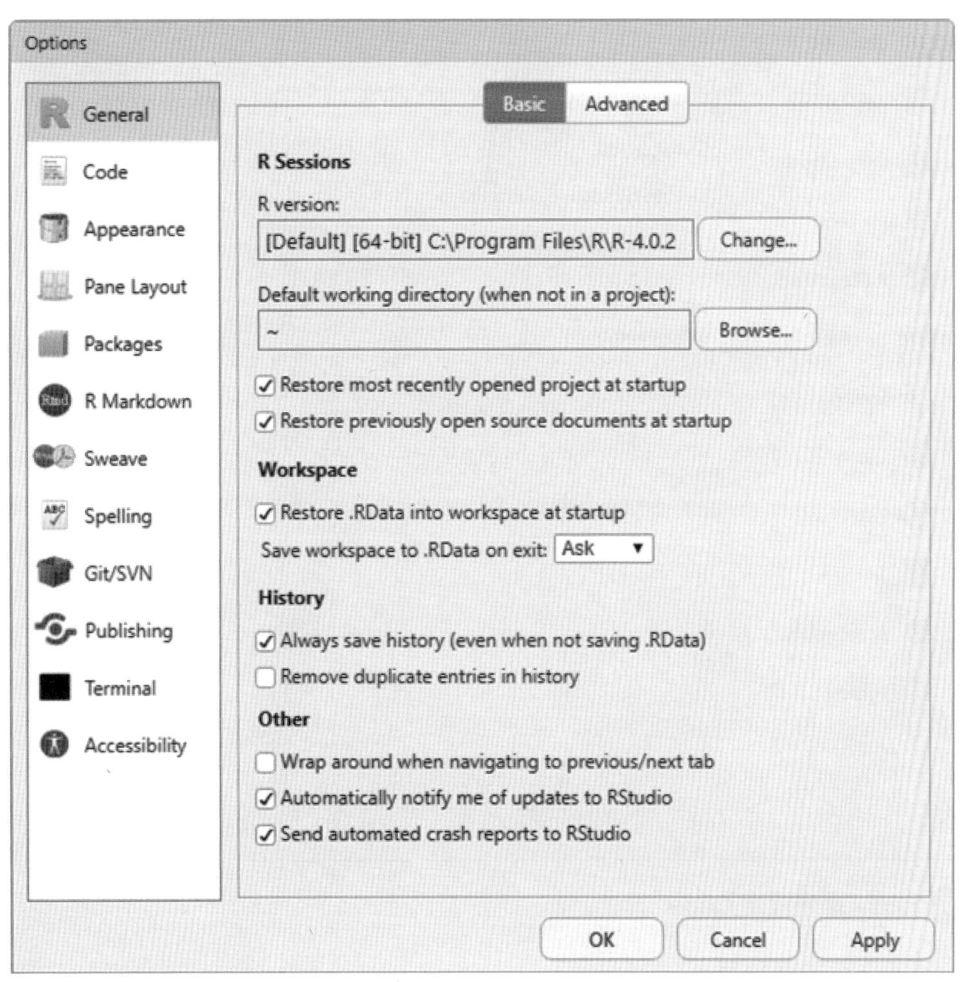

圖 1.18 選項 Options

環境設定 Code：關於 Code 在 Default text encoding 那個框框中，只要維持 [Ask] 即可（見圖 1.19），其他部分皆不需更動。如果將來中文發生亂碼時，讀者可以到這裡用不同設定來試試看會不會亂碼就消失了，例如編碼設定爲 UTF-8。

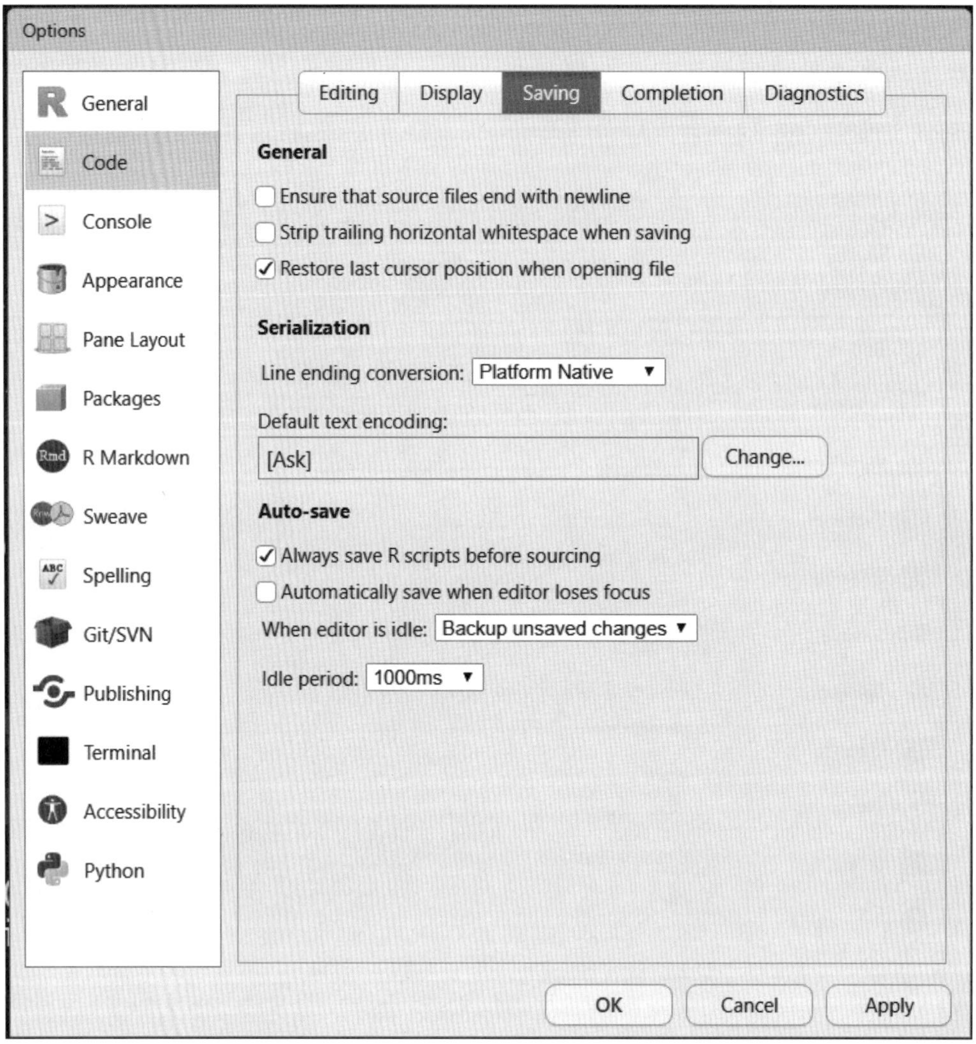

圖 1.19　環境設定 Code

環境設定 Appearance：挑一個讓你順眼舒服的開發作業環境配色，有助於開發時的舒適性。如作者比較喜歡 Zoom 是 100%，字型是 Lucida Console，Cobalt，字級 16（見圖 1.20）。

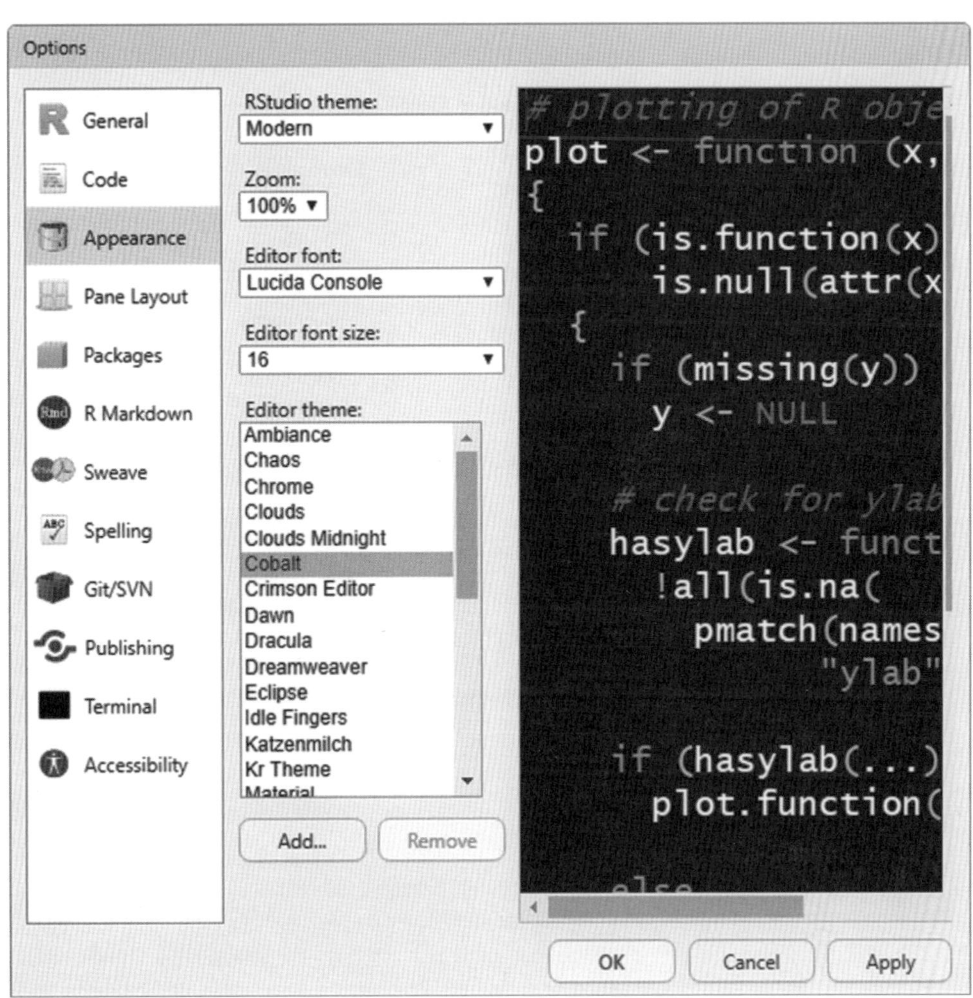

圖 1.20　環境設定 Appearance

環境設定 Panel Layout：操作介面的安排，可藉此設定適配個人作業環境（見圖 1.21）。

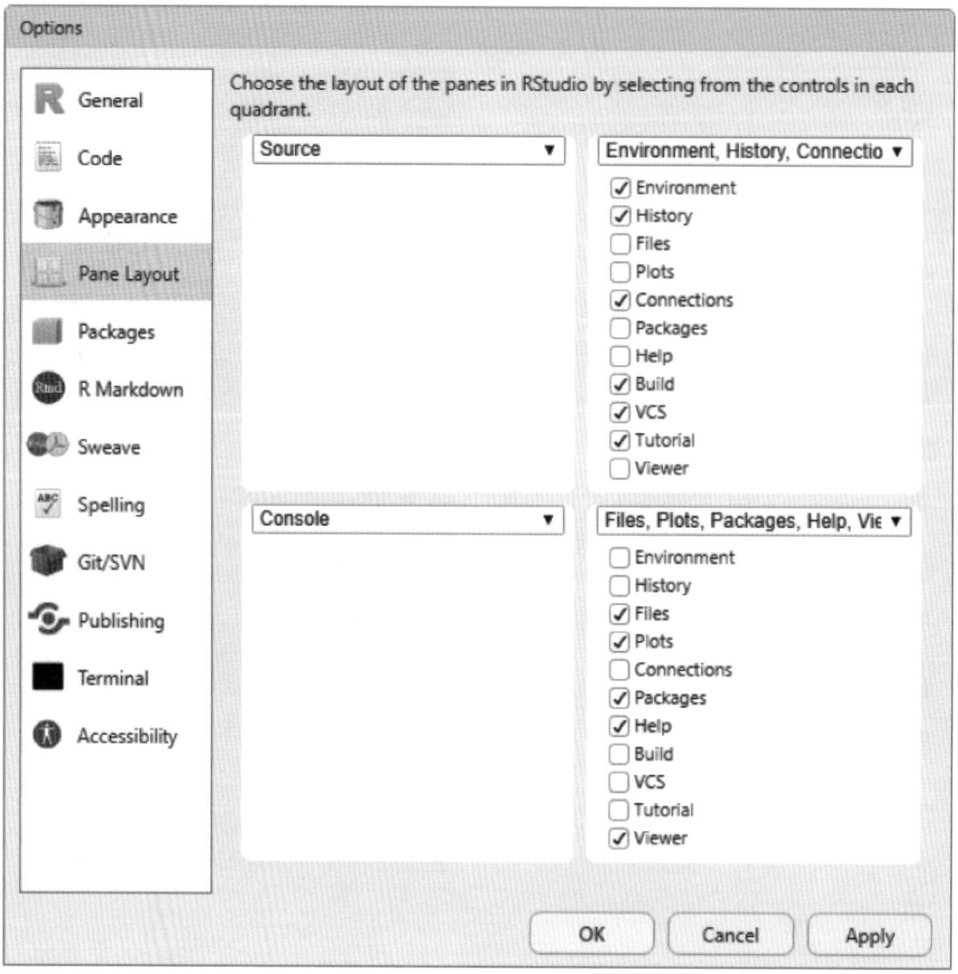

圖 1.21　環境設定 Panel Layout

1.2.3　RStudio 介面介紹

RStudio 介面如下圖 1.22 所示，簡單地分爲四個視窗，從左至右分別是：左上角的程式編輯視窗 (Workspace)、右上角工作空間與歷史資訊 (Environment and History)、左下角的程式運行與輸出視窗（控制台，Console）以及右下角的檔案、畫圖和套件、安裝、視窗 (Files、Plots、Packages、Help、Viewer)。

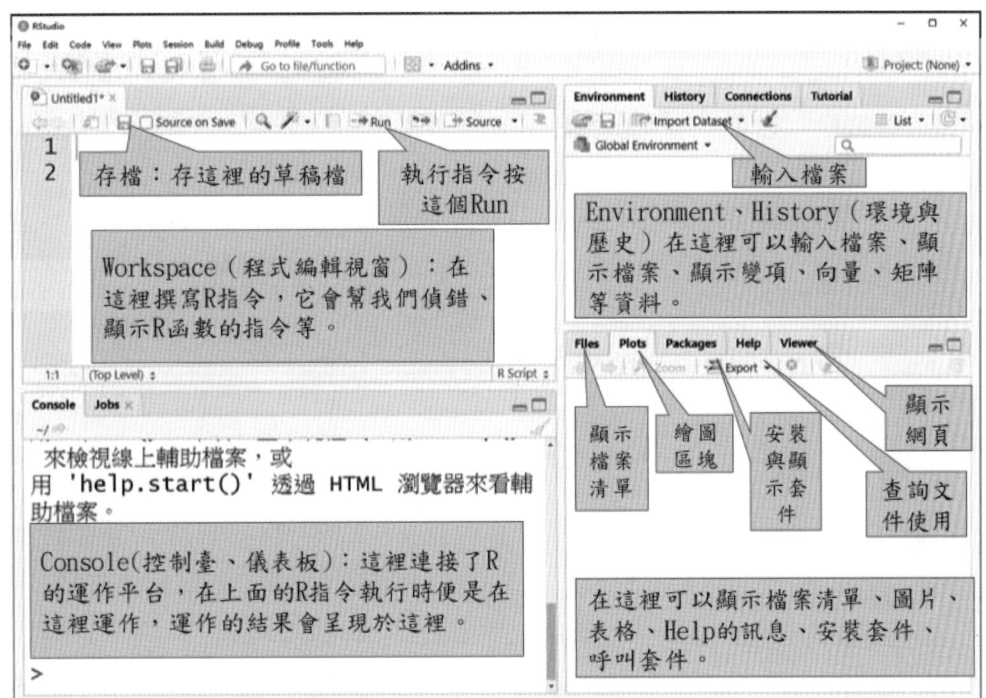

圖 1.22 Rstudio 介面概況

Workspace（程式編輯視窗）：位於左上角，是手稿、腳本或文件編輯區。剛開啓時不會存在，可以在左上角有一個開啓新文件的 icon，選擇一個新的 R script，這裡主要是用來撰寫指令（程式碼）的部分（見圖 1.23）。

Console（控制台、儀表板）：位於左下角，用來執行程式碼的地方，在 Workspace 選取欲執行的程式碼，按下 Run 就會發現程式碼自動在 Console 執行完成。

Environment、History（環境與歷史）：位於右上角，Environment 是用來記載目前變數的數值，方便查看目前變數的狀況。History 是所有在 Consloe 執行過程式碼的歷史記錄。

Files、Plots、Packages、Help、Viewer：位於右下角，Files 是讓使用者了解所在的工作環境是在哪個目錄，這個對讀取檔案非常重要。Plots 顯示使用者畫好的圖表。Package 記錄目前已安裝的 Package，打勾代表已經載入，安裝 Package 請點選「Install」。Help 查詢文件使用，在 Console 輸入 help()，() 輸入所要查詢方法的名稱，ex：help(sum)。Viewer 是用來顯示網頁或 html file。

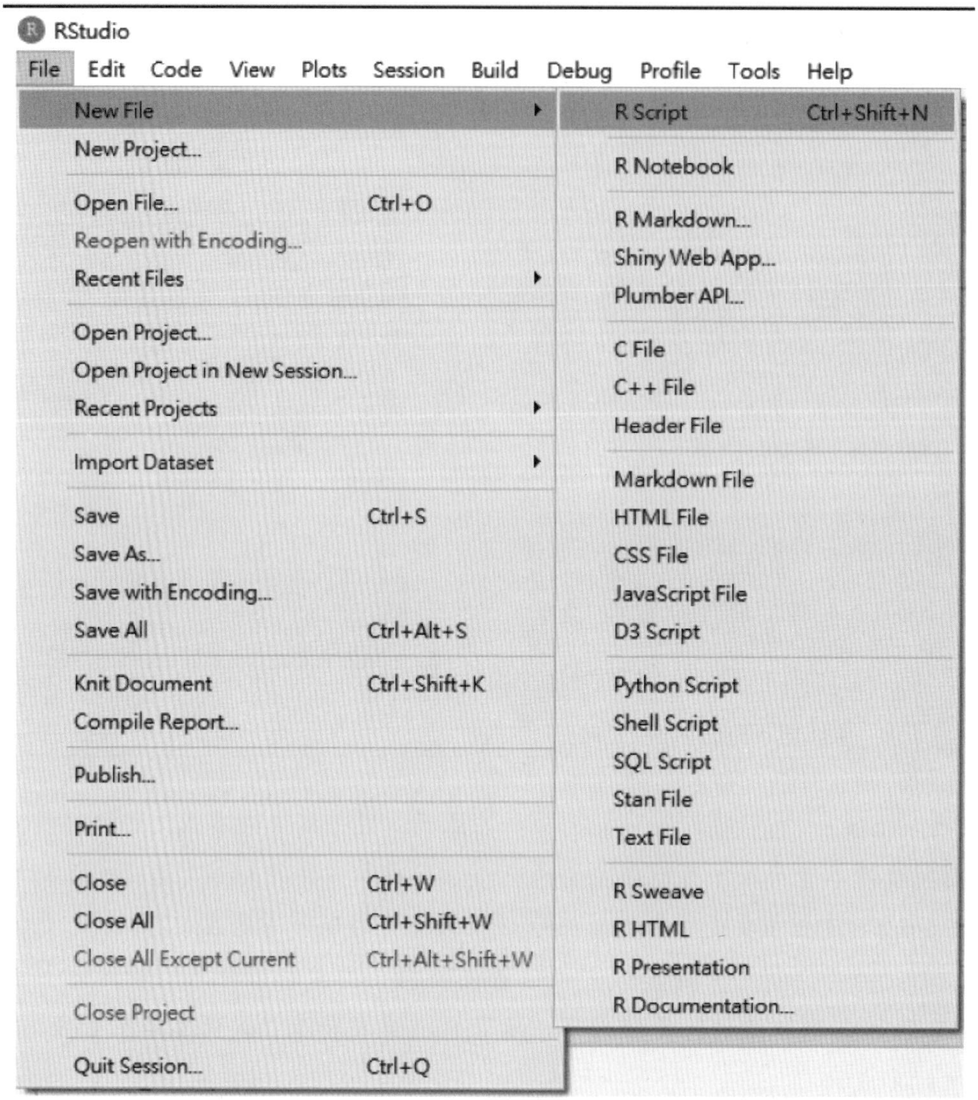

RStudio
File Edit Code View Plots Session Build Debug Profile Tools Help
New File ▸
New Project...
Open File... Ctrl+O
Reopen with Encoding...
Recent Files ▸
Open Project...
Open Project in New Session...
Recent Projects ▸
Import Dataset ▸
Save Ctrl+S
Save As...
Save with Encoding...
Save All Ctrl+Alt+S
Knit Document Ctrl+Shift+K
Compile Report...
Publish...
Print...
Close Ctrl+W
Close All Ctrl+Shift+W
Close All Except Current Ctrl+Alt+Shift+W
Close Project
Quit Session... Ctrl+Q

R Script Ctrl+Shift+N
R Notebook
R Markdown...
Shiny Web App...
Plumber API...
C File
C++ File
Header File
Markdown File
HTML File
CSS File
JavaScript File
D3 Script
Python Script
Shell Script
SQL Script
Stan File
Text File
R Sweave
R HTML
R Presentation
R Documentation...

圖 1.23　開啓新的手稿

1.2.4　RStudio 的一些功能介紹

開啓新的手稿（Script）：點選 RStudio 左邊視窗的 File > New File > R script（見圖 1.23）。在圖 1.23 中可以看到，RStudio 裡可以開啓許多種的 Files，其中，你可能會看到許多 R 的介紹都會極力推薦 R Markdown，你如果有興趣可以到網路上去了解此一功能（例如下面的網址）。

https://bookdown.org/tpemartin/rmarkdown_intro/markdown-knitr.html

https://www.math.pku.edu.cn/teachers/lidf/docs/Rbook/html/_Rbook/rmarkdown.html

RStudio 的手稿裡寫指令：在 Script 裡寫入指令（見圖 1.24）（R 裡 # 符號後面是註解，不會執行），然後將這些指令全部 Block，再按 Run 鍵，其會在下面的 Console 裡執行，執行結果會在 Console 視窗裡呈現（見圖 1.25）。

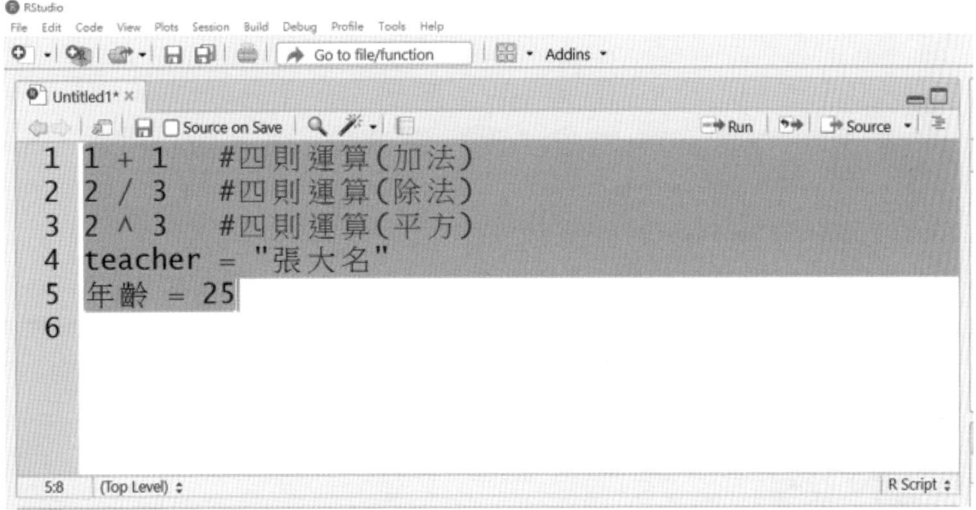

圖 1.24 RStudio 的手稿裡寫指令

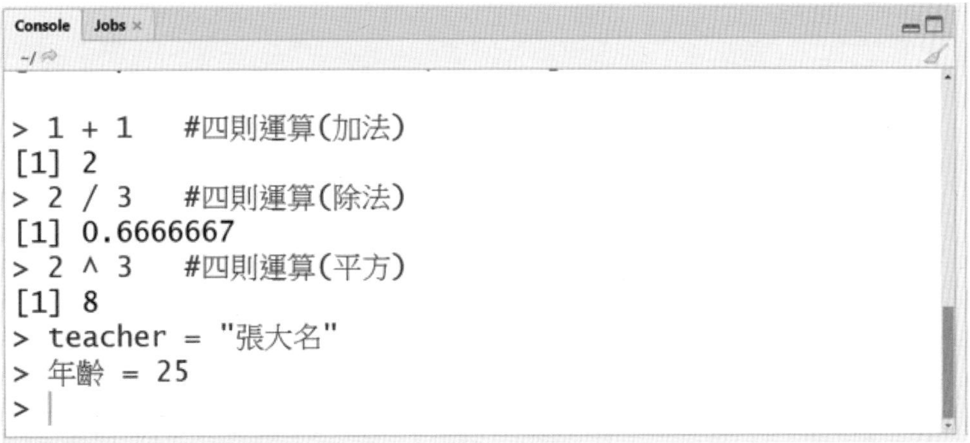

```
> 1 + 1    #四則運算(加法)
[1] 2
> 2 / 3    #四則運算(除法)
[1] 0.6666667
> 2 ^ 3    #四則運算(平方)
[1] 8
> teacher = "張大名"
> 年齡 = 25
> 
```

圖 1.25 Console 裡的輸出結果

路徑設定：RStudio 裡可以讓我們設定路徑，當這個路徑設定好了之後，所有運作皆會導向這個路徑，包括你要匯入資料檔案、匯出資料檔案等，你可以先在你的 C 或 D 槽裡新增一個資料夾，例如 R_class，然後將本書所提供的 Excel、R 檔都放在這個資料夾。你做 R 時，路徑設定到這個資料夾 (R_class) 裡，那麼所有存取資料皆會以這個資料夾在運作。路徑設定的方式：點選 RStudio 左邊視窗的 Session > Set Working Directory > Choose Directory（見圖 1.26 上圖），就會出現圖 1.26 下方的視窗，選一個資料夾，然後按 Open，就完成了。

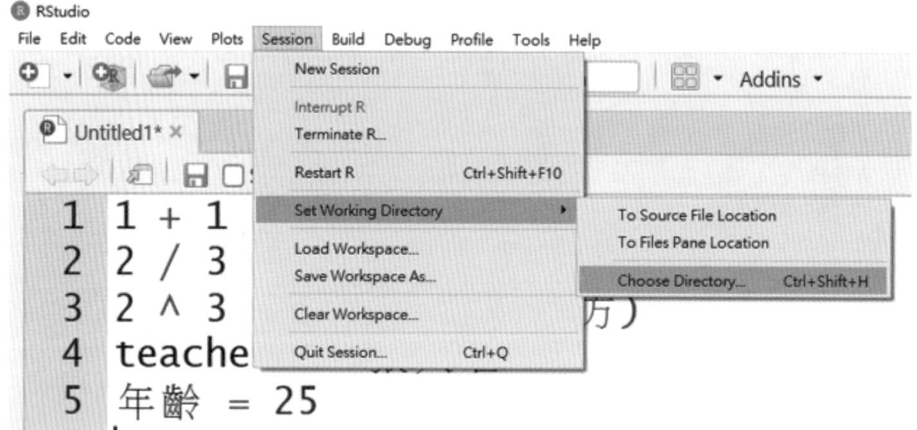

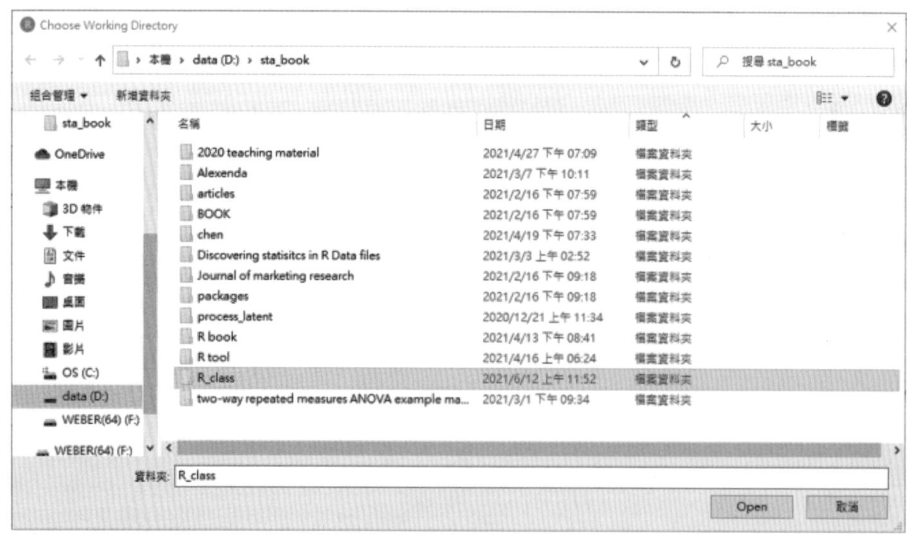

圖 1.26 路徑設定

另外，你可以在手稿裡寫下面的指令 setwd("D:/sta_book/R_class")，然後 Block 起來，按 Run。

```
setwd("D:/sta_book/R_class")  #setwd是set working direction
```

匯入或讀取資料：打開 RStudio，到其右上角（見圖 1.27），找到 Import Dataset，點一下，出現圖 1.27 的視窗，視窗中看到可以匯入六種資料，而這六種資料可以分爲三個類別：文字資料 (Text data)、Excel 資料以及三種常見統計軟體資料。

From Text(base)：匯入文字檔 (text file) 的資料；From Text (readr)：匯入 CSV 檔的資料；From Excel：匯入 Excel 檔的資料；From SPSS：匯入 SPSS 檔的資料；From SAS：匯入SAS檔的資料；From Stata：匯入Stata檔的資料。我們在這裡介紹 Excel 檔的匯入，因爲在本書中皆是使用 Excel 檔匯入方式來讀取資料，如果讀者想要用其他檔案格式來匯入的話，可以仿照 Excel 檔的方式，大致上都可以匯入，文字檔匯入過程比較複雜一點，但是讀者只要嘗試幾次就可以匯入成功，或者可以到網路上查詢如何匯入。

R 可以匯入的資料相當多，除了上面這六種外，還有網路公開資料、網頁資料 (XML, HTML JSON)、image、stock market、social media 等……，每類型的資料，儲存格式不盡相同。如果你有這些資料要匯入，可以使用 R 的套件。相關的輸入套件，讀者都可以在 Google 上找到。例如：rio 套件可以幫你匯入 30 幾種資料，其介紹網站如下：

https://cran.r-project.org/web/packages/rio/vignettes/rio.html

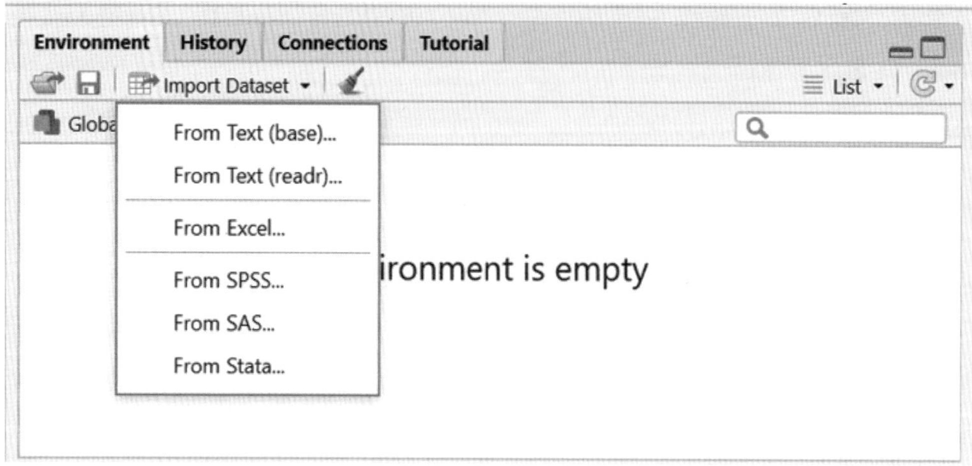

圖 1.27　匯入資料

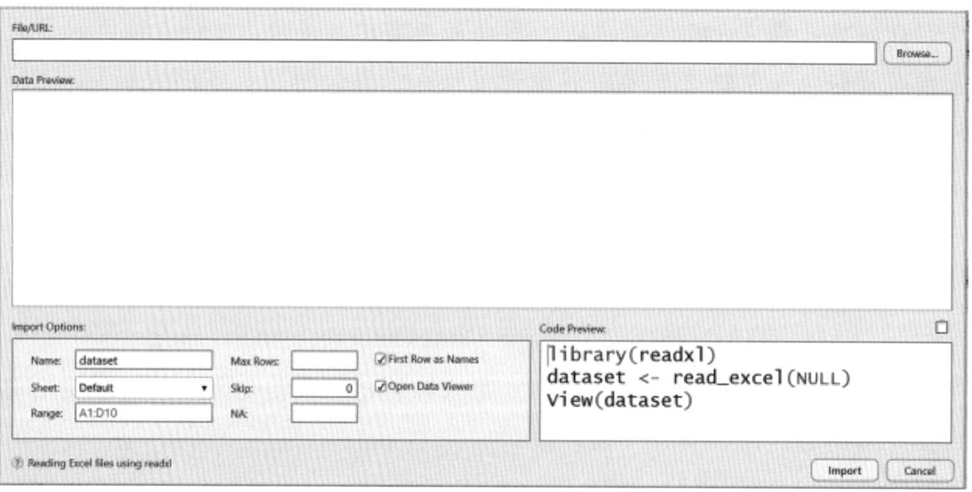

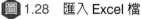

圖 1.28　匯入 Excel 檔

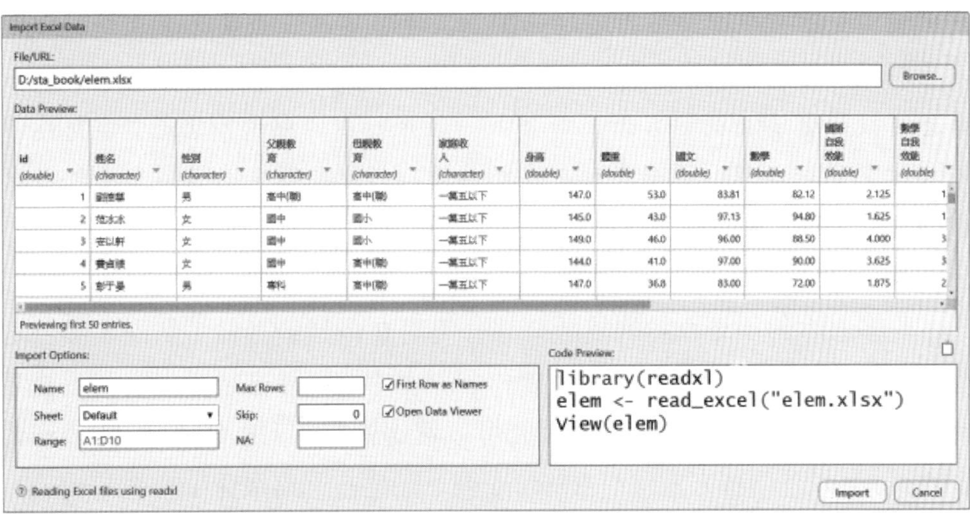

1.29　匯入 elem 資料

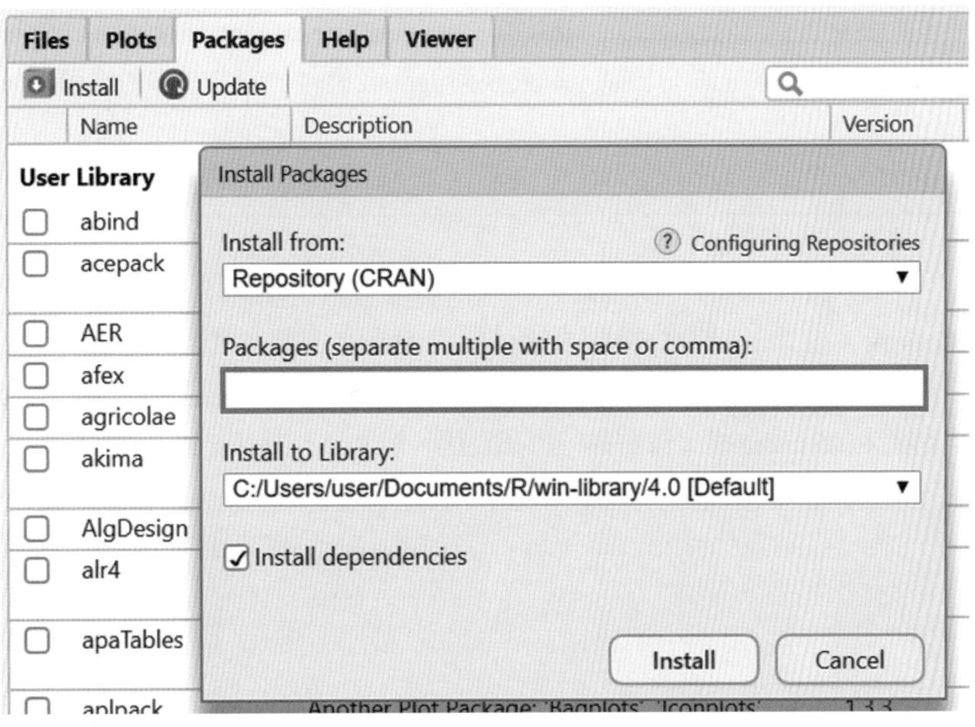

圖 1.30　安裝套件

安裝套件：R 自帶有許多內建的函數以及資料集，但是 R 的最大優勢就是具有開放資源項目的套件 (package)。套件給 R 增加了更多的函數與資料。作者自從學習了 R 的語言後，對 R 有一個很特別的感受，就是當我想處理一個統計的問題時，總是有人在我之前就碰到此問題，而且寫了套件放在 CRAN 裡，讓我輕鬆地解決了問題。

許多在本書中要介紹的統計有部分使用 R 內建的套件，然而大部分是使用非 R 內建的函數，因此讀者要學習本書中的統計必須事先安裝這些套件，由於 R 的套件是免費的，因此可以透過網路到 CRAN 裡安裝。安裝 package 有以下兩種方式：在 RStudio 裡，點選右下角視窗中的 Packages，看到 Install 這個按鈕，按一下 Install，出現 Install Packages 這個視窗（圖 1.30），在中間那個框框中，輸入要安裝套件的名字，例如 ggplot2。

第二種是在 Script 裡，寫上 install.packages() 函數，函數裡輸入要下載套件的名稱（例如 ggplot2），install.packages("ggplot2")，然後，游標放在此句後面按Run，它就會自動上網去找到ggplot2套件，安裝在你的電腦上。

```
install.packages("ggplot2")
```

下面是我們寫的一個程式，你只要將其複製，貼到 Script 上，全部 Block 後，按 Run，它就會將本書所要的套件幫你安裝在電腦上（我們也將它寫成在 R 檔），檔名是 Unit 1 install_packages，你點擊此檔名兩次，其就自動匯入 RSstudio 裡，按右鍵，將其全選，按 Run，即可安裝。

```
all.packages <- c("tidyverse", "car", "erer", "psych", "openxlsx",
                  "rstatix", " effsize", "sjstats", "emmeans", "lessR", "rlist",
                  "ggpubr", "DescTools", "heplots", "Hmisc", "correlation",
                  "doBy", "lm.beta", "olsrr", "lmtest", "estimatr", "nFactors",
                  "fveguency", "reshape", "psycho", " trafo",
                  "writexl", "gmodels", "heplots", "lindia", "MASS",
```

```
                  "cvcqv")
req.packages <- function(pcg){
  new <- pcg[!(pcg %in% installed.packages()[, "Package"])]
  if (length(new)) install.packages(new, dependencies = T)
  sapply(pcg, require, ch = T) }
req.packages(all.packages)
```

在此對 "tidyverse" 套件特別說明一下，本書中安裝此套件，幾乎在每一章節裡都會使用它，而讀者會在許多書中或網頁裡看到一些很重要的套件，例如 ggplot2 是 R 中繪圖最爲強大的套件，上面的安裝表單裡沒有此一套件，其實它包含在 "tidyverse" 套件裡，此套件包含了八個重要的套件如下：

```
-- Attaching packages --------------------------------------- tidyverse 1.3.0 --
√ ggplot2 3.3.2     √ purrr   0.3.4
√ tibble  3.0.3     √ dplyr   1.0.2
√ tidyr   1.1.1     √ stringr 1.4.0
√ readr   1.3.1     √ forcats 0.5.0
```

所以，當我們在使用 R 時，呼叫出此一套件，就等於一次呼叫出此八大套件。

另外，針對有些套件並非發布在 CRAN 上，而是發布在 Github 上時，該怎麼辦？此時則可以利用 devtools package 來安裝。

```
install.packages("devtools")
require(devtools)
install_github("klutometis/roxygen")
```

最後，還有一些套件是 Bioconductor package（尤其是生物相關的），可參考官網的介紹。

Bioconductor - Home

Bioconductor provides tools for the analysis and comprehension of high-throughput genomic data. Bioconductor uses the R statistical programming language, and is open source and open development. It has two releases each year, and an active user community.

來自 bioconductor.org 的搜尋結果

Git source control
Source Control · New package workflow: update your GitHub repository after ...

Package guidelines
1 Bioconductor packages must minimally pass R CMD build (or ...

Install
Bioconductor has a repository and release schedule that differs ...

ALL BioC package
ALL: A data package. R package version 1.32.0. Installation. To ...

Bioconductor Software Packag...
Bioconductor packages under development: Analysis software ...

Category
Category Analysis. Bioconductor version: Release (3.12). A ...

1.31 Bioconductor package 官方網站

1.3 基本的計算

一個很簡單的方式來使用 R，就是把 R 當成是一個計算機 (Calculator)。我們在 RStudio 的 Script 裡面寫下數學的公式，它就會計算出答案來。在這一小節裡介紹一些基本的計算，以及這些計算的數學公式在 R 中如何表達。

加、減、乘、除

數學	R 語法	結果
8 + 18	8 + 18	26
18 – 8	18 – 8	10
6×3	6*3	18
6/3	6/3	2

指數 (Exponents)

數學	R 語法	結果
5^3	5^3 或者 5 ** 3	125
$5^{(-3)}$	5^(-3)	0.008
$9^{1/2}$	9^(1/2)	3
$\sqrt{9}$	sqrt(9)	3

對數 (Logarithms)

在數學裡，自然對數會以 ln 或者是 $\log_e$ 來表示，而在 R 中沒有 ln() 函數，直接使用 log() 來代表自然對數。

數學	R 語法	結果
ln5 或是 $\log_e 5$	log(5)	1.609438
$\log_{10} 100$	log10(100)	2
$\log_2 16$	log2(16)	4
$\log_3 27$	log(27, base = 3)	3

三角函數

數學	R 語法	結果
sin(π/2)	sin(pi/2)	1
cos(90)	cos(90)	-0.4480736

數學定數

數學	R 語法	結果
π	pi	3.141593
e	exp(1)	2.718282

邏輯運算 (Logical Operators)

R 語法	意義	R 範例	結果
<	小於	3 < 5	TRUE
>	大於	4 > 6	FALSE
<=	小於或等於	3 <= 3	TRUE
>=	大於或等於	3 >= 5	FALSE
==	完全等於	4 == 5	FALSE
!=	不等於	3 != 5	TRUE
!a	不是 a	!(3 > 6)	TRUE
a & b	a 與 b	(3 > 6) & (5 > 2)	FALSE
a | b	a 或 b	(3 > 6) | TRUE	TRUE

在上面的這些計算中，我們看到了一些函數，例如 log()、sin()、sqrt() 以及 exp()。如果你在 Script 裡打上 ?log、?sin、?exp、?sqrt，就會在 RStudio 右下角的視窗中顯示這些的文件，告訴你如何使用這些函數。下面就是我們打上 ?log 所出現的文件。

log {base}　　　　R Documentation

Logarithms and Exponentials

Description

`log` computes logarithms, by default natural logarithms, `log10` computes common (i.e., base 10) logarithms, and `log2` computes binary (i.e., base 2) logarithms. The general form `log(x, base)` computes logarithms with base `base`.

`log1p(x)` computes *log(1+x)* accurately also for |*x*| << *1*.

`exp` computes the exponential function.

`expm1(x)` computes *exp(x) - 1* accurately also for |*x*| << *1*.

Usage

```
log(x, base = exp(1))
logb(x, base = exp(1))
log10(x)
log2(x)

log1p(x)

exp(x)
expm1(x)
```

Arguments

 1.32　Help 文件

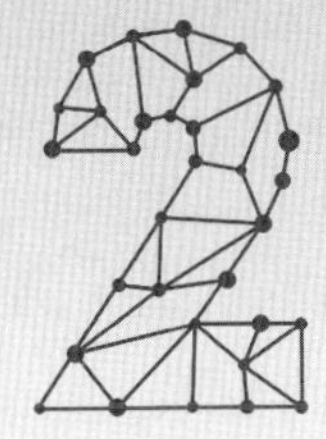

R 的資料型態

難易指數：☺☺☺☺（簡單）

學習金鑰

- ✦ 認識 R 語言的基本資料型態
- ✦ 認識 R 語言的向量、因素以及列表
- ✦ 認識 R 語言的矩陣與資料框

要熟悉一個程式語言，首先是了解資料型態 (data types)。資料是訊息的組合，而用來乘載資訊的表現形式相當多，例如聲音、影像、溫度、體積、電量等等，這些訊息又可以細分爲由文字和數字組成。除了文字和數字，依照電腦資料分析的需求，R 的基本資料型態 (atomic data types) 還包含邏輯和原始。在這一單元裡，我們介紹 R 中常會遇到的一些重要資料型態。

2.1 基本資料型態

數值 (numeric)：多數數值的型態，例如：5、3.0、66.8。這是一種浮點數 (floating point)，在計算機儲存中和整數沒什麼區別，只是在解釋時須在指定位置加上小數點。

整數 (integer)：沒有小數位的數值。例如：1L、10L、88L。加上 L 是告訴電腦以整數儲存，用以區別浮點數。

複數 (complex)：虛數，例如：66 + 2i。

邏輯 (logical)、布林代數 (boolean)：兩種可能的值，TRUE 與 FALSE，可以縮寫成 T 與 F，用於邏輯式上的判斷。

NA 與 NULL：NA 代表是個空物件，已經有物件但是裡面沒東西，NULL 則是根本沒有任何東西。

2.2 變項指派

上面這些基本資料型態，直接打在 RStudio 的 Script 中，游標放在最後面，按 Run，就會在 Console 視窗中輸出相同資料。如果我們想要將其存在變項裡，那麼就必須使用「指派運算子 (assignment operator)」<- 或者 =。

```
a <- 5
a
```

```
[1] 5
```

```
a = 5
a
```

```
[1] 5
```

上面這兩種語法的意思皆是「將 5 指派給 a」（a 在 R 裡通常被稱爲物件 (object)，也可以稱爲「變項」）。在撰寫 R 程式語言時，我們會對於日常熟悉的數學等號「=」產生一些質疑，它不就是等於嗎？我們說 a 等於 5，寫成 a=5，如果說 5 等於 5，日常的寫法是 5=5，相信大家一定可以理解。然而，在R程式語言裡，這個「=」，唸成等於，但是它主要是用在當作「指派運算子」，也就是說 a=5，乃是將 5 指派給 a。那麼日常數學的 5=5，在 R 裡是寫成 5==5。這個「==」(exactly equal to) 才是 R 中「等於」的數學符號。特別在此說明這兩種指派方式的差異，「<-」指派運算子可以用在指

令中的任何一個部分，也就是說，「a <- 5」，那麼寫成「5 -> a」也是可以的。但「a = 5」，就不可以寫成「5 = a」。雖然，有些程式撰寫者不贊成使用 = 作爲指派運算子，然而，作者比較喜歡用等號，其一是此符號「<-」，不太好打，尤其我們在做中英文轉換時，經常會打錯。所以，在後面的例子裡，我們大都使用 = 來作爲指派運算子。

當賦值後，可以使用 str() 函數來確認 a 的資料型態：

```
str(a)
```

```
num 5
```

num 5 表示數值 5，num 是「numeric」的簡寫。R 裡，如果你沒有特別指定它是什麼數的話，它會以較廣的定義來認定其屬性。

```
b = 5L
b
str(b)
```

```
int 5
```

這時候你看到的輸出就是整數 5。那麼，如果你要讓電腦知道 a 中的 5 是整數，可以怎麼做？(1) 重新輸入，b = 5L，此新的指令會取代前面的指令，R 的原則是後面的會蓋過前面的。(2) 使用 as.integer() 函數，也就是告訴電腦，把它當成整數來看待。

```
a = as.integer(5)
str(a)
```

```
int 5
```

現在 R 告訴我們，5 是一個整數。int 是「integer」的簡寫。現在，a 中的那個 5 是一個整數，如果你後悔了，希望 a 中的 5 被視爲是數值，怎麼辦？一樣有兩種方法：(1) 重新輸入再指派一次，(2) 使用 as.numeric()，非 number，是 numeric，將 a 轉換成數值型態。

```
a = as.numeric(a)
```

現在可以「舉一反三」！下表 2.1 是各種資料型態，所對應的轉換函數：

表 2.1　資料型態、轉換函數與判斷函數

資料型態	轉換函數	判斷函數
整數 integer	as.integer()	is.integer()
實數 number	as.numeric()	is.numeric()
字串 character	as.character()	is.character()
因素 factor	as.factor()	is.factor()
矩陣 matrix	as.matrix()	is.matrix()
向量 vector	as.vector()	is.vector()
表列 list	as.list()	is.list()
資料架構 data frame	as.data.frame()	is.data.frame()

有時候，要確認變項的資料型態是否為實數，此時可以使用 is.numeric () 函數：

```
is.numeric(a)
```

```
TRUE
```

str() 是用於「顯示資料型態」，而 is.numeric() 則是用於「判斷是否實數，所以回傳的是 TRUE/FALSE」。

```
b = TRUE
str(b)
```

```
logi TRUE
```

b 被指定 TRUE，是 logic 型態，因此回傳 logi TRUE。

```
c = TRUE
is.integer(c)
```

```
[1] FALSE
```

判斷 c 是不是整數，但 c 是 logic 型態，所以回傳 FALSE。

文字的指派必須使用雙引號 (" ") 或單引號 (' ') 括起來。例如："english ", " 國文 ", "5"。如果沒有括起來，右邊就會視爲「數字變項」，因此會跳出錯誤訊息。"5"，5 這個數字被雙引號括起來，R 將其視爲字串。

```
teacher = "Hwang"
```

將 Hwang 指定給 teacher，所以 teacher 這個變項裡是 Hwang。

```
teacher = Hwang
```

```
錯誤： 找不到物件 'Hwang'
```

將 Hwang 指定給 teacher，由於沒有給於雙引號 (" ") 或單引號 (' ')，所以 R 回傳出來的訊息是告訴你錯誤，它找不到物件 'Hwang'。

```
teacher = "5"
teacher
str(teacher)
```

```
"5"
chr "5"
```

可以看到當 5 被雙引號 (" ") 包住時，它就不再是一個數字，而是文字，因此當使用 str() 來問其資料類型時，它回傳的是 chr "5"。chr 是 character 的簡寫。

2.3 向量、因素以及列表

2.3.1 向量 / 陣列 (vector)

要定義一個向量，使用 c() 函數將我們想要放入的任意變數集結在一個向量之中，但切記向量元素必須是同一種資料屬性。

```
a = c(0, 1, 2, 3, 4, 5)
a
```

```
[1] 0 1 2 3 4 5
```

```
b = c("講師", "助理教授", "副教授", "教授")
b
```

```
[1] "講師"  "助理教授" "副教授"   "教授"
```

在上面，定義一個向量變項 (variable) 叫做 a，裡面的數字 (0, 1, 2, 3, 4, 5) 就被稱爲元素 (element)。在 R 中向量就像是儲物格（見圖 2.1），可以存放元素，儲物格有編號，在向量裡稱爲索引值 (index)，方便 R 語言搜尋放在裡頭的元素，表示方式爲 variable[index]。現在我們想知道 a 這個櫃子的第三個格子裡放了什麼數字，那麼指令是 a[3]，答案應該是 2。取第 1 到第 3 的元素，使用的方式是 a[1:3]，:（冒號）是連續整數的簡記，譬如數列 1, 2, 3 在 R 語言中可利用 1:3 簡記；取第 3 與第 5 的元素，使用的方式是 a[c(3, 5)]。特別注意的是，a = c(0, 1, 2, 3, 4, 5)，我們是從左寫到右，實際上，它存放的是由上到下。所以，a 是變項就是這樣來的。

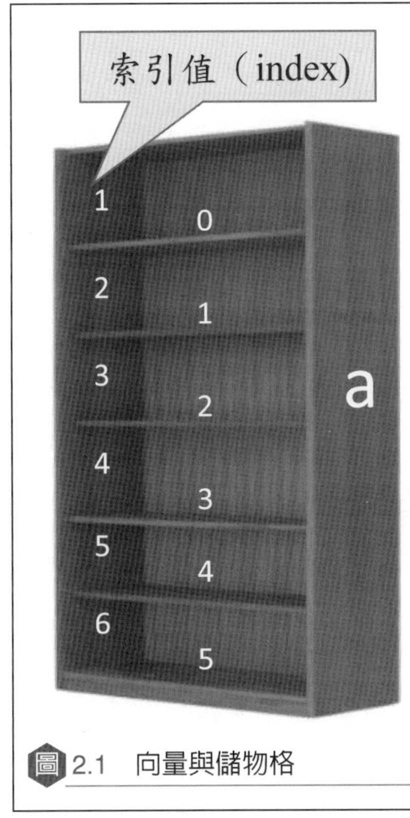

圖 2.1　向量與儲物格

```
a[3]
a[1:3]
a[c(3, 5)]
```

```
[1] 2
[1] 0 1 2
[1] 2 4
```

向量裡有一個很重要的規則：「每一個元素」必須是相同的資料型態，也就是同一個置物櫃裡必須放置相同物品。例如：書櫃只能放書。如果把數值和字串同時放入向量裡，會發生什麼事？R 會自動將所有的元素，轉變成字串的資料型態。若是將布林與數字放入向量裡，會發生什麼呢？ 轉換的次序是字串 > 數值 > 布林。

```
a = c(1, "助理教授", 4)
a
```

```
[1] "1" "助理教授" "4"
```

```
b = c(F, 4, T)
b
```

```
[1] 0 4 1
```

F 和 T 會被自動轉換成 0 和 1，變成數值的向量。

```
c = c(F, "助理教授", T)
c
```

```
[1] "FALSE"  "助理教授" "TRUE"
```

F 和 T 會被自動轉換成 "FALSE" 以及 "TRUE" 的 character。

想要去獲得一個連續數值的向量，最快的方法就是產生兩個特定值的一系列整數。例如：y = 1:10。

```
(y = 1:10)
```

```
[1]  1  2  3  4  5  6  7  8  9 10
```

在這裡，我們加了一個括弧，如此 R 會直接回傳結果給我們，不需要再寫一次 y。如果我們想要產生一連續數，而不想要限定爲整數，則可以使用 seq() 函數。

```
seq(from = 1.6, to = 2.8, by = 0.1)
```

```
[1] 1.6 1.7 1.8 1.9 2.0 2.1 2.2 2.3 2.4 2.5 2.6 2.7 2.8
```

另外，還有一個可以產生許多相同數值或字串的運算子來產生向量，就是 rep() 函數。

```
rep("古力那札", times = 10)
```

```
[1] "古力那札" "古力那札" "古力那札" "古力那札" "古力那札" "古力那札"
[7] "古力那札" "古力那札" "古力那札" "古力那札"
```

```
x = 2:5
rep(x, times = 3)
```

```
[1] 2 3 4 5 2 3 4 5 2 3 4 5
```

你可以組合上面的方法來產生一個向量。

```
c(x, rep(seq(1, 6, 2), 3), c(1, 2, 3), 42, 15:20)
```

```
[1]  2  3  4  5  1  3  5  1  3  5  1  3  5  1  2  3 42 15 16 17 18 19
[23] 20
```

這裡回傳的這個 [23] 是什麼？是索引號 23，也就是 20 這個數字是全部的數字裡排第 23 個。

2.3.2 向量化 (Vectorization)

當然，向量之間是可以進行數學運算：

```
a = c(0, 1, 2, 3, 4)
b = c(5, 7, 10, 13, 8)
(c = a + b)
```

```
[1]  5  8 12 16 12
```

相同 index 的位置內的數字相加，也就是同一層的格子內的元素相加（見圖 2.2）。

	a	+		b	=		c
1	0	+	1	5	=	1	5
2	1	+	2	7	=	2	8
3	2	+	3	10	=	3	12
4	3	+	4	13	=	4	16
5	4	+	5	8	=	5	12

圖 2.2　向量的加法

```
d = a * b
```

```
[1]  0  7 20 39 32
```

a 和 b 的第一個元素相乘，第二個元素相乘（見圖 2.3）。

	a	*		b	=		c
1	0	*	1	5	=	1	0
2	1	*	2	7	=	2	7
3	2	*	3	10	=	3	20
4	3	*	4	13	=	4	39
5	4	*	5	8	=	5	32

圖 2.3 向量乘法

```
a^2
```

```
[1]  0  1  4  9 16
```

a^2 是 a 的平方，也可以寫成 a*a 以及 a**2。

```
b > 7
```

```
[1] FALSE  FALSE  TRUE  TRUE  TRUE
```

判斷 b 之中的哪些值大於 7，然後回傳 TRUE/FALSE。

2.4 因素向量

因素向量 (factor) 是專門用來定義類別 (category) 資料的一種資料型態。例如：性別（男、女），教育程度（小學、國中、高中、專科、大學、研究所），宗教（佛、道、基督、天主）等等。factor 的資料型態和向量很相似，差別在於因素向量具有層級 (Levels) 資訊的向量。使用 factor() 函數將向量轉換成因素向量。

```
宗教 = c("佛", "道", "佛", "基督", "天主", "天主", "天主", "基督")
宗教
```

```
[1] "佛"   "道"   "佛"   "基督" "天主" "天主" "天主" "基督"
```

```
宗教 = factor(宗教)
宗教
```

```
[1] 佛   道   佛   基督 天主 天主 天主 基督
Levels: 天主 佛   基督 道
```

使用 factor() 將宗教這個向量轉變成因素向量，回傳的資訊會多了一個 Levels 的訊息，告訴我們這個宗教變項裡有四個類別。想要知道存在著哪些類別，可以用 levels() 函數：

```
levels(宗教)
```

```
[1] "天主" "佛"   "基督" "道"
```

2.5 矩陣與資料架構（資料框）

在 R 裡，矩陣 (matrix) 是二維資料物件，具有列 (row) 與欄 (column) 兩個維度。矩陣與資料架構很類似，data.frame 可以視爲是 matrix 之一種延伸 (vector –> matrix –> data.frame)。矩陣是線性代數以及數値運算中最基本的資料結構。R 裡面定義矩陣的方式是用 matrix() 函數：

```
matrix(data = data, nrow=n, ncol=m, byrow=FALSE, dimnames=NULL)
```

data 是資料向量或列表。nrow 是列數，ncol 是欄數，byrow 是逐列塡入，預設爲 FALSE，表示逐欄塡入，即第一欄塡完再塡第二欄。若改爲 TRUE，則是第一列塡完再塡第二列。dimnames 是列與欄名稱字串向量組成的串列，即 list(vrow, vcol)。

※關於 row 與 column 的稱呼，在英文上是很清楚的，在中文裡就有不同的稱呼，row 是橫、列、行，column 是直、欄、行。爲了統一稱呼，我們參照繁體中文版 Excel 2003 裡面的翻譯，row 叫做「列」，column 叫做「欄」。

```
m = matrix(1:6, nrow=3, ncol=2)
m
```

```
     [,1] [,2]
[1,]    1    4
[2,]    2    5
[3,]    3    6
```

上面也可以簡單地寫爲 matrix(c(1:6), 3, 2) 或 matrix(1:6, 3, 2)。

```
m1 = matrix(data = c("嗡", "嘛", "呢", "叭", "咪", "吽"), nrow=3,
ncol=2)
m1
```

```
     [,1] [,2]
[1,] "嗡" "叭"
[2,] "嘛" "咪"
[3,] "呢" "吽"
```

```
m2 = matrix(data = c("嗡", "嘛", "呢", "叭", "咪", "吽"), nrow=3,
ncol=2, byrow = TRUE)
m2
```

```
     [,1] [,2]
[1,] "嗡" "嘛"
[2,] "呢" "叭"
[3,] "咪" "吽"
```

```
m3 = matrix(c("嗡", "嘛", "呢", "叭", "咪", "吽"))
m3
```

```
     [,1]
[1,] "嗡"
[2,] "嘛"
[3,] "呢"
[4,] "叭"
[5,] "咪"
[6,] "吽"
```

未指定列數與欄數排成單欄矩陣。

```
m4 = matrix(1:6, 2, 3, dimnames = list(c("列1", "列2"), c("欄1", "欄2", "欄3")))
m4
```

```
    欄1 欄2 欄3
列1   1   3   5
列2   2   4   6
```

要查看 m1 裡面，(2, 2) 所對應的物件，可以這麼做。

```
m1[2, 2]
```

```
[1] "咪"
```

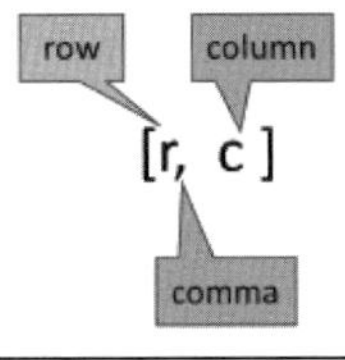

中括弧 [] 在 R 裡是用來作為抽取物件中元素之用。m1 是一個矩陣的物件，矩陣有列位與欄位，那麼要抽取列位是 2，欄位也是 2 的那個要素，就是使用中括弧，以逗點為分隔，逗點前是列位，逗點後是欄位。m1[2, 2] 就是抽取 m1 矩陣中第二列、第二欄的那個元素。

抽取一整列。

```
m1[2, ]
```

```
[1] "嘛" "咪"
```

在逗點前，寫 2，逗點後面沒有寫數字，那麼就是將第二列所有的元素都抽取出來。

```
m1[ ,2]
```

```
[1] "叭" "咪" "吽"
```

所有第二欄的元素都抽取出來。

```
m1[2, c(1, 3)]
```

```
[1] "嘛" "咪"
```

將向量組合成矩陣。

```
(x = 1:7)
rev(x)
rep(1, 7)
```

```
[1] 1 2 3 4 5 6 7
[1] 7 6 5 4 3 2 1
[1] 1 1 1 1 1 1 1
```

要將前面這三個向量組合成矩陣，可以這樣做。

```
rbind(x, rev(x), rep(1, 7))
```

```
     [,1] [,2] [,3] [,4] [,5] [,6] [,7]
x       1    2    3    4    5    6    7
        7    6    5    4    3    2    1
        1    1    1    1    1    1    1
```

rbind() 函數根據列進行合併，就是列的疊加。旁邊的 x 是 row 的指標，另外兩列沒有指標是因為上面的向量沒有指定變項名。

```
rbind(x=x, x1 = rev(x), x2 = rep(1, 7))
```

```
    [,1] [,2] [,3] [,4] [,5] [,6] [,7]
x      1    2    3    4    5    6    7
x1     7    6    5    4    3    2    1
x2     1    1    1    1    1    1    1
```

另外一種合併。

```
cbind(x, rev(x), rep(1, 7))
```

```
     x
[1,] 1 7 1
[2,] 2 6 1
[3,] 3 5 1
[4,] 4 4 1
[5,] 5 3 1
[6,] 6 2 1
[7,] 7 1 1
```

cbind() 函數根據欄進行合併，就是欄的並列。

使用轉置 t()，你會看到和 rbind() 的結果一樣。

```
t(cbind(x, rev(x), rep(1, 7)))
```

```
  [,1] [,2] [,3] [,4] [,5] [,6] [,7]
x    1    2    3    4    5    6    7
     7    6    5    4    3    2    1
     1    1    1    1    1    1    1
```

矩陣的四則運算。

```
x1 = matrix(1:6, nrow = 3, ncol = 2)
x1
```

```
     [,1] [,2]
[1,]    1    4
[2,]    2    5
[3,]    3    6
```

```
x2 = matrix(7:12, nrow = 3, ncol = 2)
x2
```

```
     [,1] [,2]
[1,]    7   10
[2,]    8   11
[3,]    9   12
```

矩陣的相加。

```
x1 + x2
```

```
     [,1] [,2]
[1,]    8   14
[2,]   10   16
[3,]   12   18
```

矩陣的相減。

```
x1 - x2
```

```
     [,1] [,2]
[1,]   -6   -6
[2,]   -6   -6
[3,]   -6   -6
```

矩陣相乘：R 的矩陣乘法不是用 * 表示，而是用 %*%（內積）表示，也稱爲叉積 (crossprod)。

```
x1 %*% t(x2)
```

首先將 x2 的矩陣轉置後，才可以跟 x1 相乘。

```
      [,1]  [,2]            [,1]  [,2]  [,3]           [,1]  [,2]  [,3]
[1,]    1     4   %*%  [1,]   7     8     9    =  [1,]   47    52    57
[2,]    2     5        [2,]  10    11    12       [2,]   64    71    78
[3,]    3     6                                   [3,]   81    90    99
```

3×2 矩陣與 2×3 矩陣相乘，中間的拿掉，變成 3×3 矩陣。

```
1*7 + 4*10 = 47    1*8 + 4*11 = 52   1*9 + 4*12 = 57
2*7 + 5*10 = 64    2*8 + 5*11 = 71   2*9 + 5*12 = 78
3*7 + 6*10 = 81    3*8 + 6*11 = 90   3*9 + 6*12 = 99
```

若兩個矩陣 x1、x2 均有列欄名稱且內積可乘，則其內積 x1%*%x2 將保留前者 x1 的列名與後者 x2 的欄名作爲結果矩陣之列欄名稱。

矩陣相除。

```
x1 / x2
```

```
          [,1]      [,2]
[1,] 0.1428571 0.4000000
[2,] 0.2500000 0.4545455
[3,] 0.3333333 0.5000000
```

與矩陣相關的運算函數：

- t(x)：矩陣轉置。

- diag()：產生一個對角矩陣或回傳矩陣的對角線向量。
- det()：計算矩陣列欄值，一定是要對稱矩陣。
- solve()：傳回矩陣的反矩陣，適合用於解線性方程式。
- eigen()：計算矩陣的特徵向量與特徵值。

建立一個 3×2 的矩陣，隨機從 1～50 內填入 6 個值。

```
a <- matrix(sample(1:50, size=6), nrow=3, ncol=2)
```

建立一個 2×3 的矩陣，隨機從 1～70 內填入 6 個值。

```
b <- matrix(sample(1:70, size=6), nrow=2, ncol=3)
```

建立一個 4×4 的方陣，隨機從 1～80 內填入 16 個值。

```
c <- matrix(sample(1:80, size=16), nrow=4, ncol=4)
```

轉置 a。

```
t(a)
```

```
     [,1] [,2] [,3]
[1,]   17   48   16
[2,]   22    3   14
```

對角矩陣。

```
diag(b)
```

```
[1] 13 34
```

計算欄列式值。

```
det(c)
```

```
[1] 1876790
```

反矩陣。

```
solve(c)
```

```
             [,1]         [,2]        [,3]        [,4]
[1,] -0.036995082  0.058442873 -0.02452592 -0.01758694
[2,] -0.015701277  0.048798747 -0.01519083 -0.04430597
[3,]  0.046596582 -0.070298222  0.01942679  0.04827764
[4,] -0.004954204 -0.008866202  0.02405171  0.00946936
```

如果您做出來結果不一樣，那是正確的，因爲使用的是不同隨機數。如果您要每次做出來的結果都一樣，加一個 set.seed() 在指令的前面即可。set.seed() 用於設定隨機數的種子，一個特定的種子可以產生一個特定的僞隨機序列，此函數主要目的是讓模擬能夠重複出現，很多時候我們需要取隨機數，然而這段指令再跑一次的時候，結果會是不一樣。如果需要重複出現同樣的隨機結果的話，採用 set.seed() 函數即可，例如，set.seed (888)，那麼，重跑指令，就會在 seed888 之下，產生相同的隨機數。

2.6 列表

在向量中，每一個元素必須是相同型態，如果想要將不同資料型態的元素（數値、字串、向量、矩陣、函數、列表），放到同一變項裡，那麼使用的方式就是列表 (list)。

```
list_data = list(c("嘉義大學", "中央大學", "台灣大學"), matrix(c(2, 4, 6,
8, 10, 12), nrow = 2),  list("教育", 166))
list_data
```

```
[[1]]
[1] "嘉義大學" "中央大學" "台灣大學"

[[2]]
     [,1] [,2] [,3]
[1,]    2    6   10
[2,]    4    8   12

[[3]]
[[3]][[1]]
[1] "教育"

[[3]][[2]]
[1] 166
```

加上變項的名字。

```
list_data_1 <- list(校名 = c("嘉義大學", "中央大學", "台灣大學"), 矩陣 = matrix(c(2, 4, 6, 8, 10, 12), nrow = 2), 列表 = list("教育", 166))
list_data_1
```

```
$校名
[1] "嘉義大學" "中央大學" "台灣大學"

$矩陣
     [,1] [,2] [,3]
[1,]    2    6   10
[2,]    4    8   12
$列表
$列表[[1]]
[1]  "教育"

$列表[[2]]
[1]   166
```

list 眞的可以比喻爲倉庫，堆滿了各種雜物，倉庫裡第一個儲物櫃名字是「校名」（$ 校名），放了三串字 " 嘉義大學 " " 中央大學 " " 台灣大學 "；第二個是一個有 2 列 3 欄的儲物格，名字是「矩陣」（$ 矩陣），在倉庫裡又另闢一個小倉庫名字是列表（$ 列表），裡面放了二個小櫃子（$ 列表 [[1]]、$ 列表 [[2]]），一個放了一串字「教育」，一個放了一個數值 166。對照上面沒有給變項名的 list，爲了辨別，它自動依序用 [[]] 來顯示，第一個是 [[1]]，第二個是 [[2]]，第三個是 [[3]]，而此第三個裡又有兩個向量，[[3]][[1]] 與 [[3]][[2]]。

在這裡出現了 money 的符號 $ 以及雙中括弧 [[]]，和前面出現的 []，總共有三個符號是R裡常用來標示或擷取資料的符號。$用來取出特定的變項。

list_data_1$ 校名
[1] " 嘉義大學 " " 中央大學 " " 台灣大學 "
list_data[[1]]
[1] " 嘉義大學 " " 中央大學 " " 台灣大學 "

上面這兩個指令得到相同答案，list_data_1 裡，我們給了這三個學校的字串一個變項的名字「校名」。而 list_data 裡沒有給於變項名，那麼這個在 list 裡它自動標示 [[1]] 爲資料存放的地方。list_data[[1]] 就是擷取這個索引號（我比較喜歡將此種方式稱爲位址）資料。擷取 list_data 中 " 教育 " 這個字串，則是 list_data[[3]][[1]]，在 list_data_1 裡可以有兩種：list_data_1$ 列表 [[1]] 以及 list_data_1[[3]][[1]]。所以，現在你應該知道，這些資料存放標示的規則。

list_data_1$ 列表 [[1]]
[1] " 教育 "
list_data_1[[3]][[1]]
[1] " 教育 "

2.7 資料框

資料框 (data frame) 類似資料表，常當作大量資料集，和 Excel 對應的就是工作表 (Sheet)，R 所對應的就是資料框。資料框的提取資料方法跟矩陣相當類似，所以，將研究的資料存在 Excel 的 Sheet 裡，那麼，將此 Sheet 匯入 RStudio 裡，就是資料框（也是因爲這個緣故，以後你會看到作者會直接用「資料」兩字來替代資料框）。

	A	B	C	D	E	F	G	H	I	J	K	L
1	id	姓名	性別	父親教育	母親教育	家庭收入	身高	體重	國文	數學	國語自我	數學自我
2	1	劉德華	男	高中(職)	高中(職)	一萬五以	147	53	83.81	82.12	2.125	1.5
3	2	范冰冰	女	國中	國小	一萬五以	145	43	97.13	94.8	1.625	1.25
4	3	安以軒	女	國中	國小	一萬五以	149	46	96	88.5	4	3
5	4	費貞綾	女	國中	高中(職)	一萬五以	144	41	97	90	3.625	3.5
6	5	彭于晏	男	專科	高中(職)	一萬五以	147	36.8	83	72	1.875	2.75
7	6	邱宣瑋	男	高中(職)	國小	一萬五以	138	33	80.7	84.3	2.25	4.75
8	7	林志玲	女	國中	高中(職)	一萬五以	169	30	82.7	50.6	2.625	2.25
9	8	姜漢娜	女	國中	高中(職)	一萬五以	143	41	72	60	3.125	2.75
10	9	宋仲基	男	國中	國中	一萬五以	141	53	79	85	3.25	3.5
11	10	李國豪	男	國小	國小	一萬五以	152	51	94.7	87.3	3.25	3.125
12	11	湯姆漢克	男	國小	大學	一萬五以	144	49	50	66.5	2.5	3.125
13	12	林依晨	女	高中(職)	高中(職)	一萬五以	119	23	97	96	3.625	2.125
14	13	劉濤	女	國中	高中(職)	一萬五以	153	41	91.5	82.2	3	2.875
15	14	李小龍	男	大學	專科	一萬五以	139	41.4	90	95	4.25	5
16	15	成龍	男	高中(職)	國中	一萬五～	134	24	88	87	2.25	4

圖 2.4　elem 資料的 Excel 檔

上面是 Excel 檔的一個表單，檔名 elem，將其匯入 RStudio 裡（匯入的方式請參見單元 1 匯入資料）。匯入之後，在 RStudio 中會將資料呈現出來讓我們檢視（見圖 2.5），這就是 R 的 data frame 的樣貌。另外，在 RStudio 的右上方的視窗會出現圖 2.6 這樣的訊息，告訴我們，已經匯入了一個名稱爲 elem 的資料框，這個資料框裡有 17 個變項、100 個觀察值。點一下圖 2.6 中的藍色圓圈（中間有個白色三角形），會看到圖 2.7 的資訊。圖 2.7 的資訊也可以用 str() 來看。

Untitled1* elem
Filter

	id	姓名	性別	父親教育	母親教育	家庭收入	身高	體重	國文	數學	國語自我效能	數學自我效能
1	1	劉德華	男	高中(職)	高中(職)	一萬五以下	147.0	53.0	83.81	82.12	2.125	1.500
2	2	范冰冰	女	國中	國小	一萬五以下	145.0	43.0	97.13	94.80	1.625	1.250
3	3	安以軒	女	國中	國小	一萬五以下	149.0	46.0	96.00	88.50	4.000	3.000
4	4	費貞綾	女	國中	高中(職)	一萬五以下	144.0	41.0	97.00	90.00	3.625	3.500
5	5	彭于晏	男	專科	高中(職)	一萬五以下	147.0	36.8	83.00	72.00	1.875	2.750
6	6	邱宣瑋	男	高中(職)	國小	一萬五以下	138.0	33.0	80.70	84.30	2.250	4.750
7	7	林志玲	女	國中	高中(職)	一萬五以下	169.0	30.0	82.70	50.60	2.625	2.250
8	8	姜漢娜	女	國中	高中(職)	一萬五以下	143.0	41.0	72.00	60.00	3.125	2.750
9	9	宋仲基	男	國中	國中	一萬五以下	141.0	53.0	79.00	85.00	3.250	3.500

圖 2.5 elem 資料檢視

Excel 檔資料與 R 資料中變項命名的說明：

1. 在 Excel 檔中可以看到最上面的 A、B、C、D 等，這是 Excel 用來標註欄位的 index，而圖 2.5 中 R 的資料框則沒有 A、B、C、D 等，它直接將 Excel 中的第一列變成了上面欄位的名字，這些 id、姓名、性別等，就變成資料框的欄位名，也就是我們以後要做統計分析的變項名字。
2. 你在 Excel 因爲是輸入在格子中的第一列裡面，所以不論你輸入什麼，Excel 都能接受，但是這一列要成爲 R 資料框的變項名，必須遵守一些原則，否則到 R 中要處理統計時可能會產生抓不到變項名的問題。命名的原則是，名字可以是中文字、英文字與數值，但第一個字不可以是數值（例如：8a 張），名字的中間不可以有空格（例如：張 a8）或「-」（例如：張 - a8），但可以用底標「_」（例如：張 _a8）或者是「.」（例如：張 .a8）。名字的長度沒有限制，但是也不要太長到占了整個版面。如果你的量表有許多題，那麼使用文字加上數值，或加上底標「_」再加上數字，或加上底標「.」再加上數字，對未來 R 中抓統計變項時是很好用的（例如：題項 1、題項 2、題項 3，或者題項 _1、題項 _2、題項 _3，或者題項 .1、題項 .2、題項 .3）。

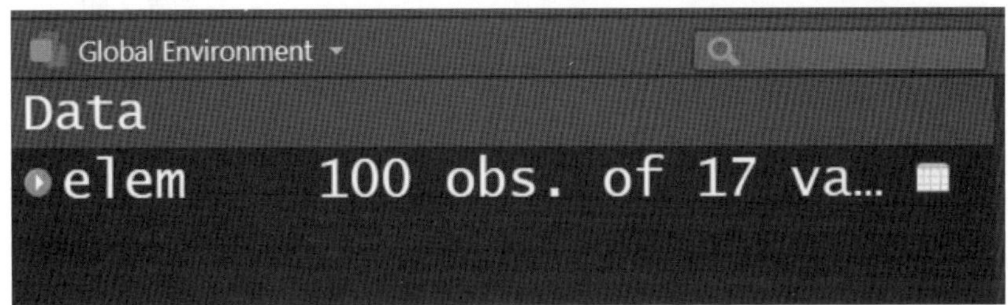

圖 2.6 環境設定視窗的 elem 呈現

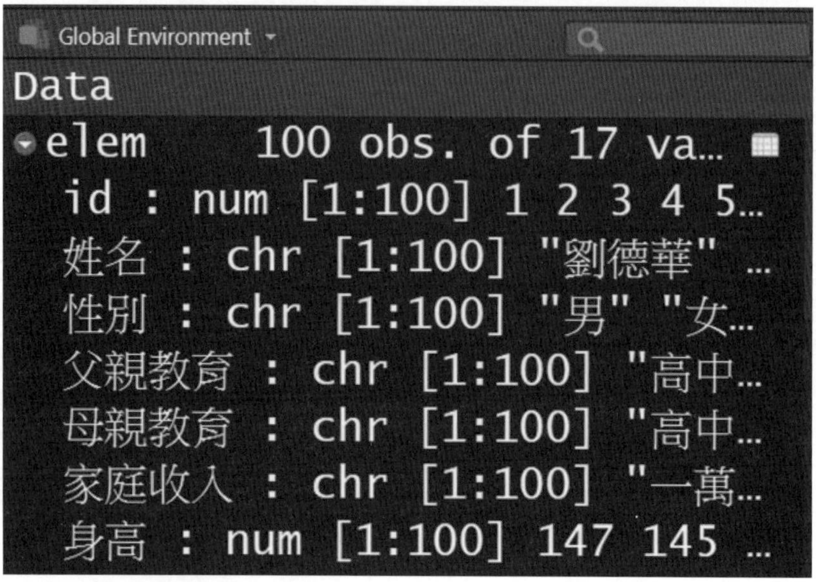

```
Global Environment
Data
elem      100 obs. of 17 va...
  id : num [1:100] 1 2 3 4 5...
  姓名 : chr [1:100] "劉德華" ...
  性別 : chr [1:100] "男" "女...
  父親教育 : chr [1:100] "高中...
  母親教育 : chr [1:100] "高中...
  家庭收入 : chr [1:100] "一萬...
  身高 : num [1:100] 147 145 ...
```

圖 2.7　elem 資料檔展開的呈現

```
str(elem)
```

```
tibble [100 x 17] (S3: tbl_df/tbl/data.frame)
 $ id          : num [1:100] 1 2 3 4 5 6 7 8 9 10 ...
 $ 姓名        : chr [1:100] "劉德華" "范冰冰" "安以軒" "費貞綾" ...
 $ 性別        : chr [1:100] "男" "女" "女" "女" ...
 $ 父親教育    : chr [1:100] "高中(職)" "國中" "國中" "國中" ...
 $ 母親教育    : chr [1:100] "高中(職)" "國小" "國小" "高中(職)" ...
 $ 家庭收入    : chr [1:100] "一萬五以下" "一萬五以下" "一萬五以下" "一萬五以下" ...
 $ 身高        : num [1:100] 147 145 149 144 147 138 169 143 141 152 ...
 $ 體重        : num [1:100] 53 43 46 41 36.8 33 30 41 53 51 ...
 $ 國文        : num [1:100] 83.8 97.1 96 97 83 ...
 $ 數學        : num [1:100] 82.1 94.8 88.5 90 72 ...
 $ 國語自我效能: num [1:100] 2.12 1.62 4 3.62 1.88 ...
 $ 數學自我效能: num [1:100] 1.5 1.25 3 3.5 2.75 ...
 $ 正向自尊    : num [1:100] 1.83 2.83 3.33 3.33 3.5 ...
 $ 身高_m      : num [1:100] 147 145 149 144 147 138 169 143 NA 152 ...
 $ 體重_m      : num [1:100] 53 43 46 41 NA 33 30 41 53 51 ...
 $ weight      : num [1:100] 1.2 1 1.1 1.1 1.2 1.3 1.1 1 1.3 1.1 ...
 $ a_chi_mat   : num [1:100] 83 96 92.2 93.5 77.5 ...
```

前面所展示的是從外部匯入資料框，那麼，可不可以在 R(RStudio) 裡，輸入資料框呢？當然可以，使用的函數是 data.frame()。不過在這裡，必須說明的是，研究的資料通常相當地大，若是用 data.frame() 來輸入的話，比較不方便，還是用 Excel 輸入，再匯入 R 中，比較有效率。下面的例子，我們使用 elem 檔裡的前四個變項，各五筆資料來示範 data.frame() 的作法。

```
elem_test = data.frame(id = c(1, 2, 3, 4, 5),
                       姓名 = c("劉德華", "范冰冰", "安以軒", "費貞綾", "彭于晏"),
                       性別 = c("男", "女", "女", "女", "男"),
                       父親教育 = c("高中(職)", "國中", "國中", "國中", "專科"))
elem_test
```

```
  id 姓名   性別 父親教育
1  1 劉德華  男  高中(職)
2  2 范冰冰  女    國中
3  3 安以軒  女    國中
4  4 費貞綾  女    國中
5  5 彭于晏  男    專科
```

最左邊的 1, 2, 3, 4, 5 是 index，R 會依據資料的筆數加上索引號 (index)，最上面一列是變項名字，是輸入資料者賦予的，如果不給變項名，會如何呢？看到的就是下面的結果。

```
elem_test_1 = data.frame(c(1, 2, 3, 4, 5),
                         c("劉德華", "范冰冰", "安以軒", "費貞綾",
                         "彭于晏"), c("男", "女", "女", "女", "男"),
                         c("高中(職)", "國中","國中", "國中", "專科"))
elem_test_1
```

```
  c.1..2..3..4..5. c..劉德華....范冰冰....安以軒....費貞綾....彭于晏..
1                1                                   劉德華
2                2                                   范冰冰
3                3                                   安以軒
```

```
4                    4                          費貞綾
5                    5                          彭于晏
  c..男....女....女....女....男.. c..高中.職.....國中....國中....國中....專科..
1                                           男                    高中(職)
2                                           女                        國中
3                                           女                        國中
4                                           女                        國中
5                                           男                        專科
```

在資料框裡，有列 (row) 與欄 (column)，我們輸入的資料有五筆，4 個變項，所以資料是 5 列 4 欄。我們可以用中括弧 [ ] 擷取資料，此擷取資料的方式和矩陣是一模一樣。例如：我們要從 elem_test 這個檔案中的第 3 列與第 2 欄的這個位址取出資料，用眼睛去看，應該是安以軒，那麼 elem_test[3, 2] 顯示出來的就是安以軒。其他擷取資料方式請參看上面矩陣部分的範例。

```
elem_test[3, 2]
```

```
[1] "安以軒"
```

以 $ 來擷取資料。

和 list 一樣，資料框也可以用 $ 來擷取資料，而且使用 $ 符號來擷取資料是資料框最常用的方法。這種擷取資料的方法在後面的單元經常會使用，讀者一定要熟悉。

```
elem_test$姓名
```

```
[1] "劉德華" "范冰冰" "安以軒" "費貞綾" "彭于晏"
```

擷取姓名此一變項的所有資料，擷取出第 2 欄所有資料，姓名是 elem_test 裡第二欄的欄位名。因此，elem_test[,2] 輸出結果會與 elem_test$ 姓名的結果一樣。

```
elem_test[ ,2]
```

```
[1] "劉德華" "范冰冰" "安以軒" "費貞綾" "彭于晏"
```

如果想要知道特定資訊，例如劉德華的資訊。

```
elem_test[elem_test$姓名 == "劉德華",  ]
```

```
  id  姓名   性別 父親教育
1  1 劉德華   男  高中(職)
```

注意逗點，「elem_test$ 姓名 == "劉德華"」放在逗點的左邊，就是取列位的資料，而逗點的右邊什麼都沒有寫，就是整列的資料全部擷取，所以對到「姓名 == "劉德華"」那一列的所有資料全部擷取出來。

R 還有許多函數可以讓我們很快地運用或擷取資料。如果你想很快地將所有變項名字變成一個單獨的向量，用 names() 函數。

```
names(elem_test)
```

```
[1] "id"      "姓名"     "性別"     "父親教育"
```

作者我經常使用此一函數，讓變項名字列出來，如此我在寫 R 指令時，直接複製上去，不用打字，超方便的。

```
dim(elem_test)
```

```
[1] 5 4
```

dim() 函數告訴我們有幾列以及幾欄，答案是 5 列 4 欄。

```
nrow(elem_test)
```

```
[1] 5
```

nrow() 函數告訴我們有幾列，答案是 5 列。

```
ncol(elem_test)
```

```
[1] 4
```

ncol() 函數只告訴我們有幾欄，答案是 4 欄。

```
subset(elem, subset = 國文 < 60, select = c("姓名", "國文", "數學", "家庭收入"))
```

```
  姓名        國文   數學   家庭收入
  <chr>      <dbl>  <dbl>  <chr>
1 湯姆漢克斯   50     66.5   一萬五以下
```

subset 是子集的意思，這裡是擷取部分資料的指令，從 elem 的資料中，擷取國文小於 60 的資料，選取姓名、國文、數學與家庭收入這四個變項資料來呈現。

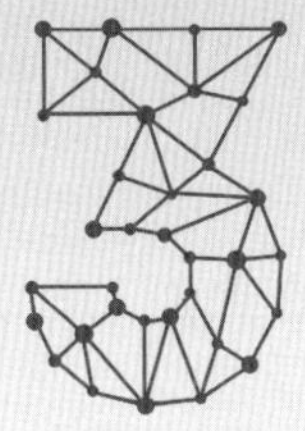

資料整理

難易指數：☺☺☺☺（簡單）

學習金鑰

- 學習使用 R 語言的資料整理技術
- 學習如何選擇變項與篩選觀察值
- 學習如何新增衍生變項以及產生聚合變項

這單元介紹 R 的資料整理 (data manipulation)，現在比較潮的詞彙是資料角力 (data wrangling)，將資料整理成合乎需求的格式。這個單元裡，主要是介紹一個資料處理的利器：dplyr 套件。此套件融入很多概念與結構化查詢語言 (Structured Query Language, SQL) 相仿的函數。其又可與「%>% 」(pipe) 運算子一起使用，可以很高效率地整理資料。dplyr 套件是 tidyverse 套件的一個子套件，下一單元的繪圖使用 ggplot2 也是 tidyverse 套件的子套件，因此，本單元安裝與載入 tidyverse 套件來作爲資料處理的套件。

3.1 安裝與載入 tidyverse 套件

安裝 tidyverse 套件：如果你在單元 1 的套件安裝裡已經有用我們寫的

指令安裝，這裡就無須再安裝了。

```
install.packages("tidyverse")
```

也可以這樣安裝，到 RStudio 右下角，點選 Install，在視窗中輸入 tidyverse，再按視窗中的 Install（見圖 3.1）。

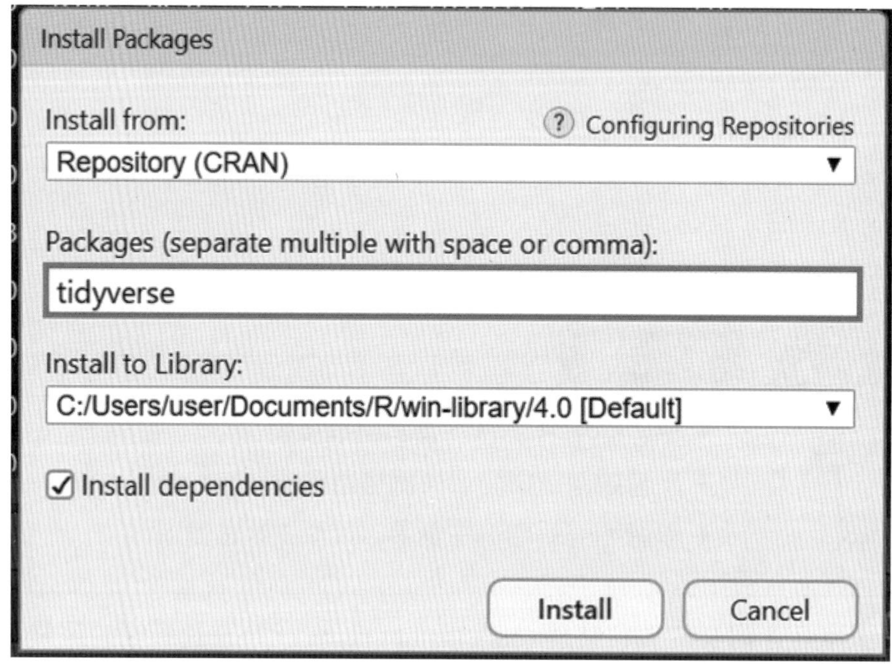

圖 3.1　tidyverse 安裝

載入 tidyverse 套件。

```
library(tidyverse)
```

```
-- Attaching packages --------------------------------------- tidyverse 1.3.0 --
√ ggplot2 3.3.2     √ purrr   0.3.4
√ tibble  3.0.3     √ dplyr   1.0.2
√ tidyr   1.1.1     √ stringr 1.4.0
√ readr   1.3.1     √ forcats 0.5.0
```

八個子套件被載入，其中我們可以看到 dplyr 套件。這裡載入的版本是 1.0.2 版。

3.2 dplyr 套件常用函數

dplyr 套件常用函數如下表 3.1。

表 3.1 dplyr 套件常用函數

函數	用途
select()	選擇變項
filter()	篩選符合條件的觀測值
mutate()	新增變數
arrange()	依照變數排序觀測值
summarise()	聚合變數
group_by()	依照類別變數分組，常搭配 summarise() 函數

3.3 選擇變項

圖 3.2 是選擇變項的圖解說明，有 n 個觀察值，p 個變項，從其中擷取 k 個變項出來。

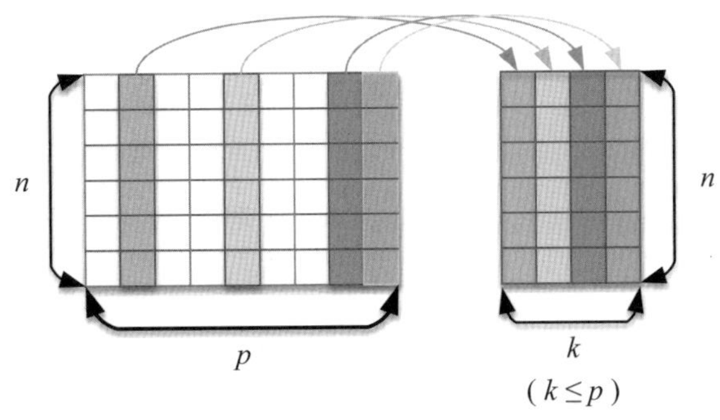

圖 3.2 選擇變項

例如：我們要從 elem 的資料檔中選取姓名、身高、體重這三個變項，將其另存到新檔，就可以使用 select() 函數。

```
elem_1 = elem %>% select(姓名, 身高, 體重)
elem_1
```

```
# A tibble: 100 x 3
   姓名     身高  體重
   <chr>   <dbl> <dbl>
 1 劉德華    147   53
 2 范冰冰    145   43
 3 安以軒    149   46
 4 費貞綾    144   41
 5 彭于晏    147   36.8
 6 邱宣瑋    138   33
 7 林志玲    169   30
 8 姜漢娜    143   41
 9 宋仲基    141   53
10 李國豪    152   51
# ... with 90 more rows
```

上面指令的意思是將 elem 資料檔傳送給 select() 函數，請它選出姓名、身高、體重三個變項的資料，然後指派給 elem_1 這個檔名的資料框。由於使用 tidyverse 套件來選變項的資料，它會呈現一種「tibble」型態的資料格式，它也是一種資料框 (data.frame) 的呈現格式，你只要把它當成資料框來理解即可。由於篇幅的關係，通常 R 不會把所有你要選取的資料全部列出，所以才有 with 90 more rows，就是還有 90 筆資料，沒有呈現。

在 RStudio 的右上角看到 elem_1 這個檔案名，點下藍色圓圈，就看到這三個變項已被選取存到名為 elem_1 的資料框（見圖 3.3）。

```
elem_1          100 obs. of 3 variables
 姓名: chr [1:100] "劉德華" "范冰冰" "安以軒" "費貞綾" ...
 身高: num [1:100] 147 145 149 144 147 138 169 143 141 152 ...
 體重: num [1:100] 53 43 46 41 36.8 33 30 41 53 51 ...
```

圖 3.3 elem_1 資料的呈現

你也可以手稿 (Script) 的視窗使用 View(elem_1) 或是在 RStudio 的右上角看到 elem_1 這個檔案名上點下去，RStudio 的右上視窗會秀出圖 3.4 資料框給你看。

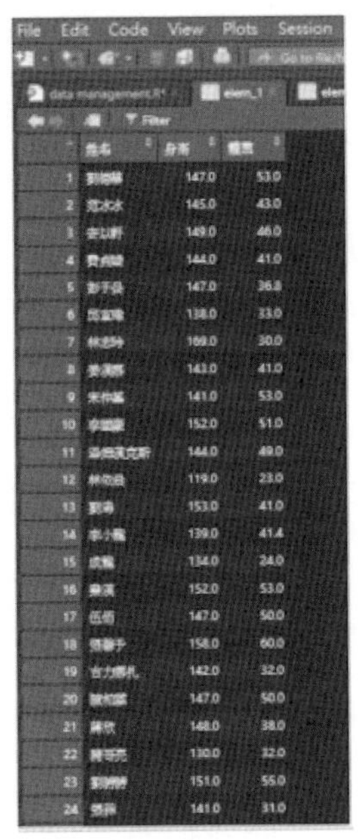

圖 3.4 View(elem_1)

接下來可以將其存成 Excel 檔，以便日後使用。此時，你必須安裝 writexl 套件，在第一單元裡如果你有安裝的話，install.packages("writexl") 可以省略掉。

```
install.packages("writexl")
library(writexl)
write_xlsx (elem_1, "elem_1.xlsx")
```

檔案會直接存在你所設定的路徑資料夾中。若沒有設定路徑資料夾，在 " " 要寫存檔資料夾的路徑，例如：" D:/Rclass/elem_1.xlsx"。

3.4 篩選觀察值

下圖 3.5 是篩選觀察值的圖解說明，有 n 個觀察值，p 個變項，從其中擷取 m 個觀察值出來。

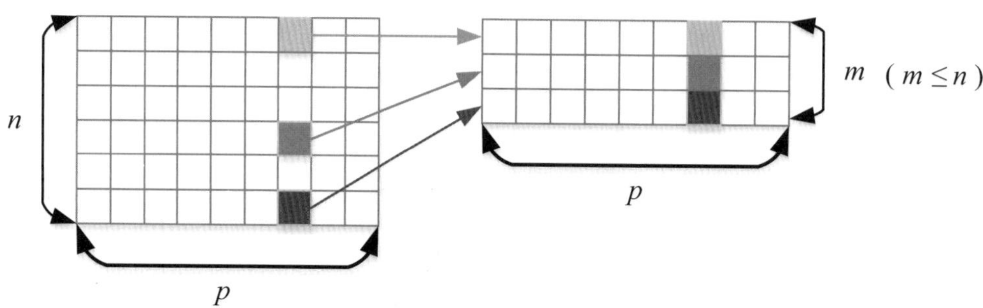

圖 3.5 篩選觀察值

```
fa_elem = elem %>% filter( 父親教育 == " 國小 ")
fa_elem
```

```
# A tibble: 5 x 17
   id  姓名      性別   父親教育  母親教育   家庭收入      身高   體重   國文   數學   國語自我效能
  <dbl> <chr>    <chr>  <chr>    <chr>     <chr>        <dbl> <dbl> <dbl> <dbl> <dbl>
1  10  李國豪~   男     國小      國小      一萬五以下~   152   51    94.7  87.3  3.25
2  11  湯姆漢克~ 男     國小      大學      一萬五以下~   144   49    50    66.5  2.5
3  30  言承旭~   男     國小      國小      一萬五～三萬~ 152   74    83    61    5
4  32  劉亦菲~   女     國小      高中（職） 一萬五～三萬~ 146   49    95.6  88    2.88
5  66  李敏鎬~   男     國小      國中      五萬～八萬~   135   35    75.4  77.3  3
# ... with 6 more variables: 數學自我效能 <dbl>, 正向自尊 <dbl>, 身高_m <dbl>, 體重_m <dbl>,
#   weight <dbl>, a_chi_mat <dbl>
```

上面的意思是將 elem 資料檔傳遞過去，請 filter 幫忙抓取父親教育是國小的資料，存在 fa_elem 的檔名之下。

```
df_and = elem %>% filter(父親教育 == "國小" & 母親教育 == "國小")
df_and
```

```
# A tibble: 2 x 17
     id 姓名     性別  父親教育 母親教育 家庭收入      身高  體重  國文  數學  國語自我效能
  <dbl> <chr>   <chr> <chr>   <chr>    <chr>        <dbl> <dbl> <dbl> <dbl> <dbl>
1    10 李國豪~  男    國小     國小     一萬五以下~   152    51    94.7  87.3  3.25
2    30 言承旭~  男    國小     國小     一萬五~三萬~  152    74    83    61    5
# ... with 6 more variables: 數學自我效能 <dbl>, 正向自尊 <dbl>, 身高_m <dbl>, 體重_
m <dbl>,
#   weight <dbl>, a_chi_mat <dbl>
```

上面的意思是將 elem 資料檔傳遞過去，請 filter 幫忙抓取父親教育是國小且母親教育是國小的資料，存在 df_and 的檔名之下。

```
df_or = elem %>% filter(父親教育 == "國小" | 母親教育 == "國小")
df_or
```

```
# A tibble: 12 x 17
      id 姓名      性別  父親教育  母親教育  家庭收入      身高  體重  國文  數學  國語自我效能
   <dbl><chr>     <chr> <chr>    <chr>     <chr>        <dbl> <dbl> <dbl> <dbl> <dbl>
 1    2 范冰冰~    女    國中      國小      一萬五以下~   145    43    97.1  94.8  1.62
 2    3 安以軒~    女    國中      國小      一萬五以下~   149    46    96    88.5  4
 3    6 邱宣瑋~    男    高中(職)  國小      一萬五以下~   138    33    80.7  84.3  2.25
 4   10 李國豪~    男    國小      國小      一萬五以下~   152    51    94.7  87.3  25
 5   11 湯姆漢克~  男    國小      大學      一萬五以下~   144    49    50    66.5  2.5
 6   17 伍佰       男    高中(職)  國小      一萬五~三萬~  147    50    84    70    1.38
 7   30 言承旭~    男    國小      國小      一萬五~三萬~  152    74    83    61    5
 8   32 劉亦菲~    女    國小      高中(職)  一萬五~三萬~  146    49    95.6  88    2.88
 9   33 Ange~      女    高中(職)  國小      一萬五~三萬~  149    38    91    84    3.5
10   39 佟大爲~    男    國中      國小      三萬~五萬~    145    60    96    99    2
11   54 趙薇       女    高中(職)  國小      三萬~五萬~    154    39    96.8  97.4  4
12   66 李敏鎬~    男    國小      國中      五萬~八萬~    135    35    75.4  77.3  3
# ... with 6 more variables: 數學自我效能 <dbl>, 正向自尊 <dbl>, 身高_m <dbl>, 體重_
m <dbl>,
#   weight <dbl>, a_chi_mat <dbl>
```

上面的意思是將 elem 資料檔傳遞過去，請 filter 幫忙抓取父親教育是國小或母親教育是國小的資料，存在 df_or 的檔名之下。

```
df_160 = elem %>% filter(身高 >160)
df_160
```

```
# A tibble: 1 x 17
     id 姓名     性別   父親教育   母親教育   家庭收入       身高   體重   國文   數學   國語自我效能
  <dbl> <chr>    <chr>  <chr>      <chr>      <chr>          <dbl>  <dbl>  <dbl>  <dbl>  <dbl>
1  7    林志玲~  女     國中       高中(職)   一萬五以下~    169    30     82.7   50.6   2.62
# ... with 6 more variables: 數學自我效能 <dbl>, 正向自尊 <dbl>, 身高_m <dbl>, 體重_
m <dbl>,
#   weight <dbl>, a_chi_mat <dbl>
```

上面的意思是將 elem 資料檔傳遞過去，請 filter 幫忙抓取身高大於 160 的資料，存在 df_160 的檔名之下。

```
df_lio = elem %>% filter(grepl("^劉", 姓名))
df_lio
```

```
# A tibble: 5 x 17
    id  姓名     性別   父親教育   母親教育   家庭收入       身高   體重   國文   數學   國語自我效能
  <dbl> <chr>    <chr>  <chr>      <chr>      <chr>          <dbl>  <dbl>  <dbl>  <dbl>  <dbl>
1  1    劉德華~  男     高中(職)   高中(職)   一萬五以下~    147    53     83.8   82.1   2.12
2  13   劉濤~    女     國中       高中(職)   一萬五以下~    153    41     91.5   82.2   3
3  23   劉詩詩~  女     高中(職)   高中(職)   一萬五~三萬~   151    55     97     93     2.62
4  32   劉亦菲~  女     國小       高中(職)   一萬五~三萬~   146    49     95.6   88     2.88
5  73   劉寅娜~  女     高中(職)   高中(職)   五萬~八萬~     150    40     97     98     4.38
# ... with 6 more variables: 數學自我效能 <dbl>, 正向自尊 <dbl>, 身高_m <dbl>, 體重_
m <dbl>,
#   weight <dbl>, a_chi_mat <dbl>
```

grepl() 是用於抓取某個或某些字的函數，劉的前面有個 ^(hat) 符號是代表字首（字串的開頭）之意，整段的意思是將 elem 資料檔傳送給 filter() 函數，幫我們篩選姓名這個變項中，字首是劉的資料。

```
df_lin = elem %>% filter(grepl(" 玲 $", 姓名))
df_lin
```

```
# A tibble: 2 x 17
   id  姓名     性別  父親教育   母親教育   家庭收入      身高   體重  國文  數學  國語自我效能
 <dbl> <chr>   <chr> <chr>     <chr>     <chr>        <dbl> <dbl> <dbl> <dbl> <dbl>
1  7   林志玲~  女    國中      高中(職)  一萬五以下~   169   30    82.7  50.6  2.62
2  89  黃乙玲~  女    專科      專科      八萬~十萬~    140   30    95.5  94.5  5
# ... with 6 more variables: 數學自我效能 <dbl>, 正向自尊 <dbl>, 身高_m <dbl>, 體重_
m <dbl>,
#   weight <dbl>, a_chi_mat <dbl>
```

很顯然地，$ 代表是字尾的意思了。整段的意思是將 elem 資料檔傳送給 filter() 函數，幫我們篩選姓名這個變項中，字尾是玲的資料。

3.5 新增變數

mutate() 函數是新增變數。圖 3.6 是新增衍生變數的圖解說明，有 n 個觀察值，p 個變項，從其中增加了一個新的變項。舉例來說，我們要在 elem 資料框中新增變數 BMI。

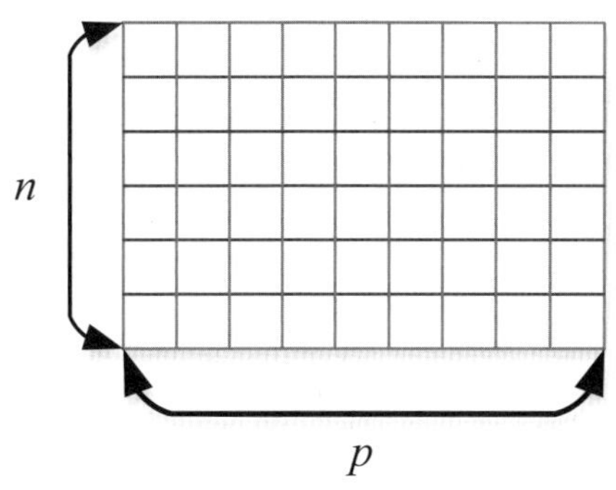

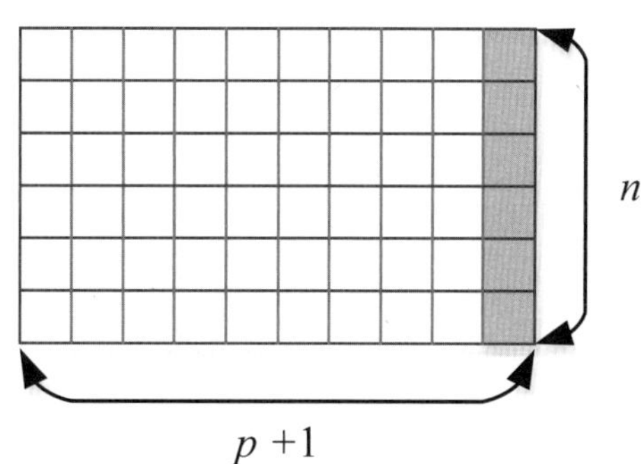

圖 3.6 新增變項

```
elem = elem %>% mutate(BMI = 體重 /( 身高 /100)^2)
elem
```

```
elem              100 obs. of 18 variables
  id : num [1:100] 1 2 3 4 5 6 7 8 9 10 ...
  姓名 : chr [1:100] "劉德華" "范冰冰" "安以軒" "費貞綾" ...
  性別 : chr [1:100] "男" "女" "女" "女" ...
  父親教育 : chr [1:100] "高中(職)" "國中" "國中" "國中" ...
  母親教育 : chr [1:100] "高中(職)" "國小" "國小" "高中(職)" ...
  家庭收入 : chr [1:100] "一萬五以下" "一萬五以下" "一萬五以下" "一萬五以下...
  身高 : num [1:100] 147 145 149 144 147 138 169 143 141 152 ...
  體重 : num [1:100] 53 43 46 41 36.8 33 30 41 53 51 ...
  國文 : num [1:100] 83.8 97.1 96 97 83 ...
  數學 : num [1:100] 82.1 94.8 88.5 90 72 ...
  國語自我效能: num [1:100] 2.12 1.62 4 3.62 1.88 ...
  數學自我效能: num [1:100] 1.5 1.25 3 3.5 2.75 ...
  正向自尊 : num [1:100] 1.83 2.83 3.33 3.33 3.5 ...
  身高_m : num [1:100] 147 145 149 144 147 138 169 143 NA 152 ...
  體重_m : num [1:100] 53 43 46 41 NA 33 30 41 53 51 ...
  weight : num [1:100] 1.2 1 1.1 1.1 1.2 1.3 1.1 1 1.3 1.1 ...
  a_chi_mat : num [1:100] 83 96 92.2 93.5 77.5 ...
  BMI : num [1:100] 24.5 20.5 20.7 19.8 17 ...
```

圖 3.7 BMI 變項

將 elem 資料框傳送給 mutate() 函數，請它新增一個 BMI 變項，此變項的計算為體重 /（身高 /100）^2，然後將 BMI 這個變項存回到原 elem 資料框，做完後，點選 RStudio 右上視窗中的 elem 資料上的藍色圓圈裡的三角形，當資料展開後，你會在最後的一行，看到新增的 BMI 變項。

```
elem = elem %>% mutate( 總成績 = ( 國文 *0.6 + 數學 *0.4))
elem$ 總成績
```

```
[1] 83.134 96.198 93.000 94.200 78.600 82.140 69.860 67.200 81.400 91.740 56.600 96.600 87.780
[14] 92.000 87.600 87.600 78.400 92.200 84.800 69.600 95.200 81.000 95.400 86.000 79.200 97.120
[27] 85.880 92.600 74.400 74.200 83.120 92.560 88.200 98.000 84.800 91.600 74.000 89.340 97.200
[40] 94.800 98.200 94.400 80.296 82.540 80.200 90.200 93.400 88.540 84.100 88.700 89.520 94.340
[53] 89.400 96.998 95.000 93.010 90.860 87.660 93.000 94.200 89.400 92.600 91.280 81.000 86.200
[66] 76.148 87.200 87.200 84.200 71.800 91.080 92.680 97.400 82.800 96.400 93.000 93.720 84.540
[79] 93.000 86.600 91.200 92.620 75.000 79.200 92.600 85.052 95.580 93.180 95.080 94.200 93.220
[92] 85.984 79.524 82.800 94.400 62.800 89.600 85.400 96.200 91.800
```

3.6 依照變數排序觀測值

利用 arrange() 函數將整個檔案或資料依據某個或某些變項排序，所有的變項內的資料會跟著所要的排序方式一起改變位置。

```
df_order = elem %>% arrange(國文)
data.frame(df_order)
```

	id	姓名	性別	父親教育	母親教育	家庭收入	身高	體重	國文	數學	國語自我效能	數學自我效能
1	11	湯姆漢克斯	男	國小	大學	一萬五以下	144	49.0	50.00	66.50	2.500	3.125
2	96	張信哲	男	高中（職）	高中（職）	十萬以上	146	50.0	66.00	58.00	3.250	3.375
3	70	李晨	男	專科	專科	五萬～八萬	152	73.0	67.00	79.00	2.875	4.750
4	20	陳柏霖	男	高中（職）	高中（職）	一萬五～三萬	147	50.0	70.00	69.00	3.250	3.625
5	8	姜漢娜	女	國中	高中（職）	一萬五以下	143	41.0	72.00	60.00	3.125	2.750
6	66	李敏鎬	男	國小	國中	五萬～八萬	135	35.0	75.38	77.30	3.000	4.125

可以看到國文分數從低排到高，湯姆漢克斯的國文是全班最低的。

```
df_order = elem %>% arrange(-國文)
data.frame(df_order)
```

	id	姓名	性別	父親教育	母親教育	家庭收入	身高	體重	國文	數學	國語自我效能
1	41	隋棠	女	專科	專科	三萬～五萬	143.0	35.0	99.00	97.00	4.750
2	34	周迅	女	國中	國中	一萬五～三萬	136.0	26.0	98.00	98.00	2.750
3	75	河智苑	女	高中（職）	高中（職）	五萬～八萬	144.0	28.0	98.00	94.00	3.250
4	2	范冰冰	女	國中	國小	一萬五以下	145.0	43.0	97.13	94.80	1.625
5	4	費貞綾	女	國中	高中（職）	一萬五以下	144.0	41.0	97.00	90.00	3.625
6	12	林依晨	女	高中（職）	高中（職）	一萬五以下	119.0	23.0	97.00	96.00	3.625

國文前加個負號，就變成由高排到低，隋棠的國文最高。

3.7 聚合變數（總結或概括）

輸入所要聚合的變數以及聚合公式，summarise() 函數會依據公式運算出結果。例如總和、平均數或標準差都是聚合運算的結果。

```
df_sumarise = elem %>% summarise(N = n(),
                                 身高平均 = mean(身高, na.rm = T),
                                 體重平均 = mean(體重, na.rm = T),
                                 國文平均 = mean(國文, na.rm = T),
                                 數學平均 = mean(數學, na.rm = T))
df_sumarise
```

```
# A tibble: 1 x 5
      N 身高平均 體重平均 國文平均 數學平均
  <int>    <dbl>    <dbl>    <dbl>    <dbl>
1   100     146.     40.5     89.2     84.8
```

n() 是計算樣本數，這是 summarise() 函數的內定寫法。na.rm = T 是有遺漏值時將其移除，如果沒有此一指令，則遇到有遺漏值變項，mean() 函數就無法計算平均數。

3.8 依照類別變數分組

group_by() 函數可以用於依照類別變項分組，再搭配 filter()、select()、mutate() 或是 summarise() 等函數，便可以依照分組篩選觀察值、選擇變項、產生新的變項或者是產生聚合的計算結果。

```
group_sum = elem %>% group_by(性別, 母親教育) %>%
                     summarise(N = n(), 身高平均 = mean(身高, na.rm = T),
                     體重平均 = mean(體重, na.rm = T),
                     國文平均 = mean(國文, na.rm = T),
                     數學平均 = mean(數學, na.rm = T))
group_sum
```

```
# A tibble: 12 x 7
# Groups:   性別 [2]
```

	性別	母親教育	N	身高平均	體重平均	國文平均	數學平均
	<chr>	<chr>	<int>	<dbl>	<dbl>	<dbl>	<dbl>
1	女	大學	9	147.	37.8	90.7	83.7
2	女	研究所	1	148	36	93	90
3	女	高中（職）	27	146.	40.1	91.7	85.1
4	女	國小	4	149.	41.5	95.2	91.2
5	女	國中	5	140	32	92.6	83.1
6	女	專科	5	145.	34	92.3	91.2
7	男	大學	13	147.	41.3	86.8	85.9
8	男	研究所	3	148	43.7	85.3	81.8
9	男	高中（職）	15	144.	40.5	86.8	84.1
10	男	國小	5	147.	53.6	87.7	80.3
11	男	國中	9	143.	39.3	84.5	79.5
12	男	專科	4	148	48.8	86.4	90.0

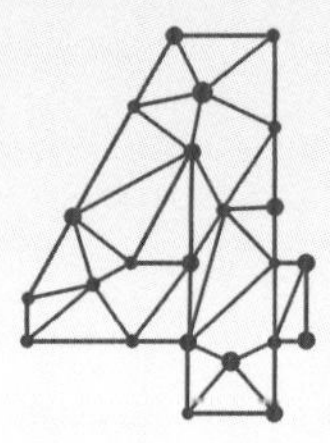

繪圖

難易指數：☺☺☺（還好）

學習金鑰

- ✦ 學習使用 ggplot2 套件來畫統計圖
- ✦ 學習如何畫長條圖、圓餅圖以及直方圖
- ✦ 學習如何畫盒鬚圖、散布圖以及折線圖

圖形對於資料分析是相當重要的。一則是在資料分析的探索階段，用來發現資料間的潛藏關係或者是對資料做簡單的回顧。其次，我們需要使用圖形來呈現結果以便和他人溝通。R 裡有數種方式幫我們繪圖，包括基本繪圖 (base graphics)，一個非常便利以及快速的方式產生圖形。另外，lattice 套件是一套簡潔的高層次資料視覺化的繪圖系統，以及 ggplot2 套件是一套簡潔又具有美學的畫圖系統，也是目前最受歡迎的繪圖系統。

4.1 ggplot2 套件繪圖簡介

ggplot2 是 Hadley Wickham 創建的一個十分強大的視覺化 R 套件。ggplot2 建基於直觀的語句以及所謂的圖形語法 (grammar of graphics)（想深入了解圖形語法，請參見此網頁：http://vita.had.co.nz/papers/layered-grammar.pdf）。ggplot2 的繪圖理念乃是 Plot（圖）= data（資料）+ Aesthetics（美學映射）+ Geometry（幾何物件）。透過這樣的繪圖理念，ggplot2 可以繪製各種高品質的圖形，由於本書是統計書籍，所以我們主要是介紹和基礎統計有關的基本圖形（見表 4.1）。

表 4.1　常用 ggplot2 的基本圖形

圖形名稱	ggplot2 的函數語句
長條圖	geom_bar()
圓餅圖	geom_bar() 以及 coord_polar()
直方圖	geom_histogram()
盒鬚圖	geom_boxplot()
折線圖	geom_line()
散布圖	geom_point()

安裝與載入：要繪圖之前，須要安裝和載入 ggplot2 套件，如果你的電腦已經安裝 ggplot2，以後就直接載入即可。

```
install.packages("ggplot2")
library(ggplot2)
```

另外，你可以不使用 ggplot2，而是用前面那一單元的 tidyverse 套件，裡面包含了 ggplot2。我們是建議使用 tidyverse，因爲在畫圖過程中也會使用到一些資料整理的指令，tidyverse 可以一次全部呼叫出來。

```
library(tidyverse)
```

4.2 基本步驟：用 ggplot() 準備畫布

使用 ggplot2 繪圖的第一個步驟就是使用 ggplot() 函數，準備一張畫布 (canvas)。基本的語法是 ggplot(data=, aes(x =, y =))（或者 ggplot(data=, x=, y=)）（見圖 4.1），data 指定要畫的那張圖是使用哪個資料（例如：elem 資料），aes() 函數是美學繪圖 (aesthetic mappings)，x 是指定使用該資料中的哪一個變項作爲 x 軸（例如 elem 中的「家庭收入」），y 是指定該資料中的哪一個變項作爲 y 軸（例如 elem 中的「數學」），如果想要畫的圖型只有一個變項，語法是 ggplot(data=, x=) 或 ggplot(data=, y=)（見圖 4.2），ggplot2 是 2D 的繪圖工具，不是 3D 的畫圖工具，所以只能繪製平面圖。如果還有第三個變項，那麼使用 ggplot(data=, x=, y=, color=) 語句，多一個 color，其會依照指定的變數，按照不同分類給予不同顏色來呈現平面圖。

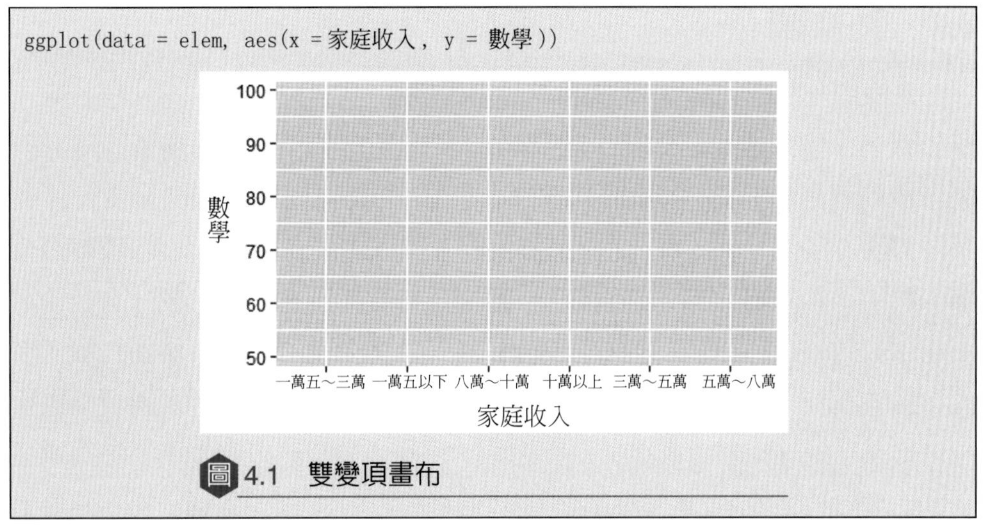

圖 4.1 雙變項畫布

```
ggplot(data = elem, aes(x =家庭收入))
```

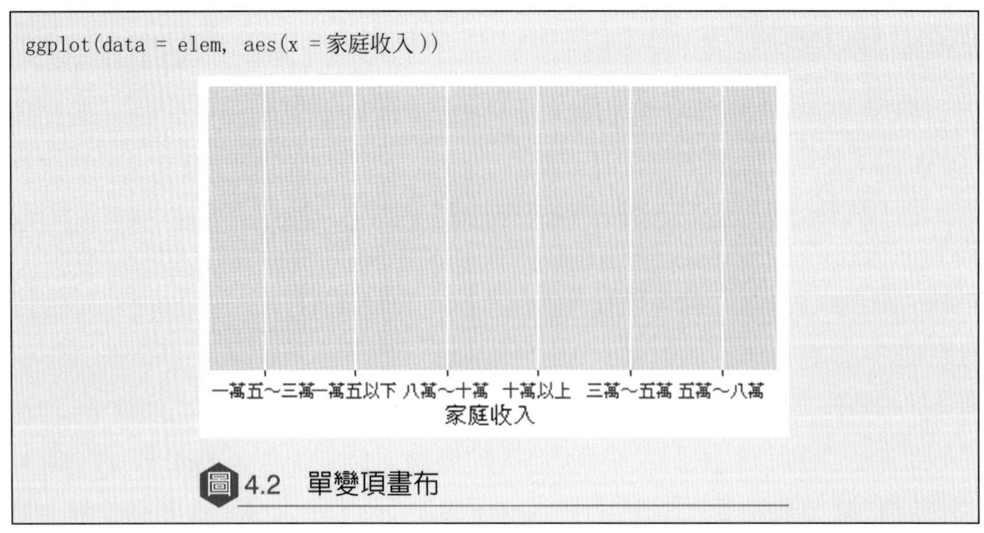

圖 4.2　單變項畫布

4.3　長條圖

長條圖（bar chart; bar graph，亦稱條圖、條狀圖、棒形圖、柱狀圖、條形圖表、條形圖；bar: 柵、條狀物），以長方形的長度爲變量的統計圖表。特別適用於類別（離散）資料的變項，例如不同教師職務（主任、組長、導師、科任）的人數。在 ggplot2 裡，可以使用 geom_bar() 函數畫長條圖，其所呈現的圖形 x 軸爲類別，y 軸則是每個類別對應的次數（其是使用 count 的方式來計算）。次數是透過矩形高度來呈現，而不同類別的矩形彼此「不」相連。類別所呈現的矩形，沒有一定的排序，可依據需要進行調整。

```
fa_bar = ggplot(data = elem, aes(x = 家庭收入))
fa_bar + geom_bar()
```

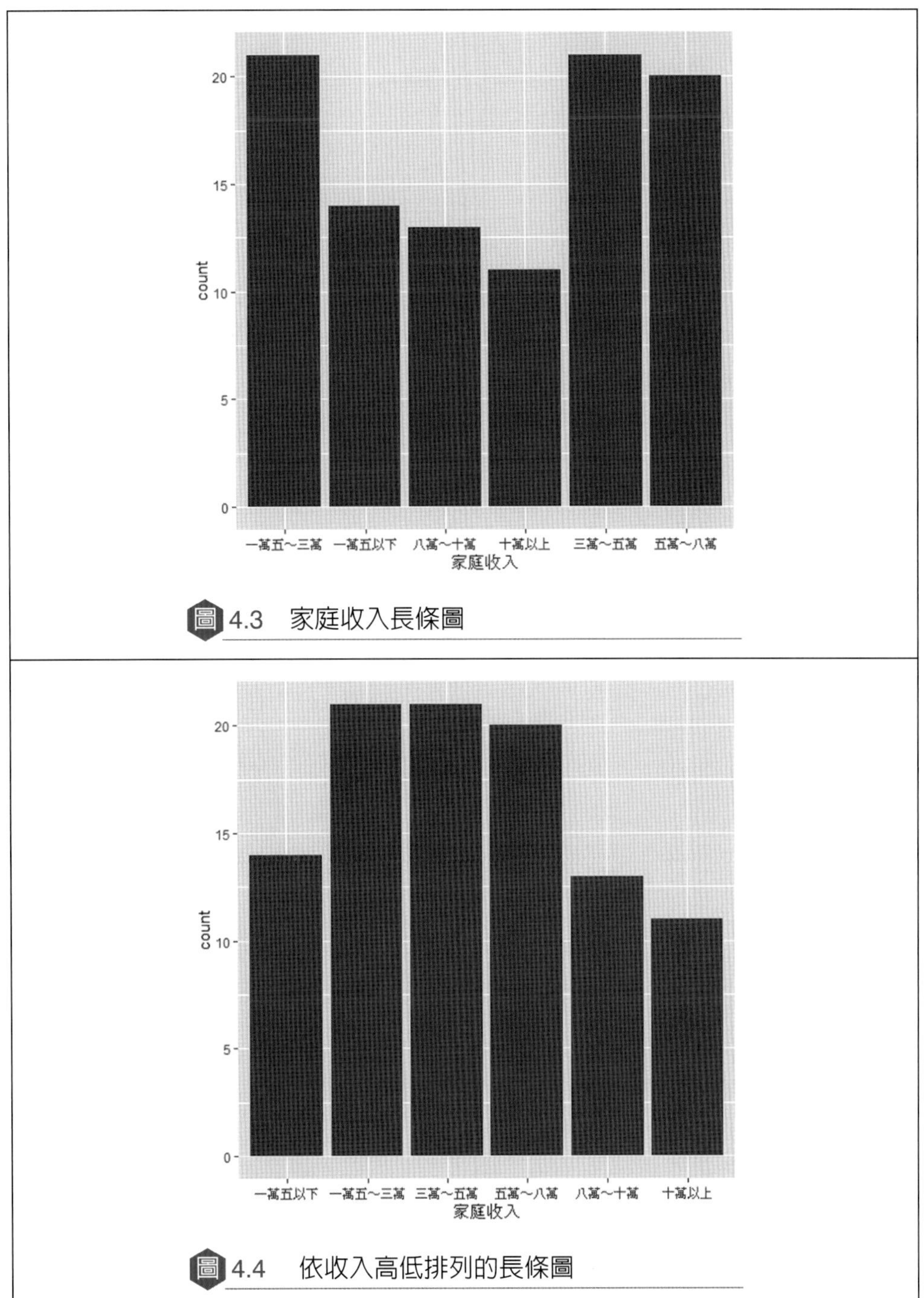

圖 4.3 家庭收入長條圖

圖 4.4 依收入高低排列的長條圖

fa_bar + geom_bar() 就是 ggplot(data = elem, aes(x = 家庭收入)) + geom_bar()

ggplot2 用「+」來疊加圖形，也就是說，在畫布上要加入新的圖樣，都是用「+」符號，這裡我們要提醒讀者的是，當要增加東西時，這個「+」必須放在所要加的東西的前一行的最後面。

```
ggplot(data = elem, aes(x =家庭收入))  +
geom_bar()     ## 正確
ggplot(data = elem, aes(x =家庭收入))
+ geom_bar()    ## 錯誤
錯誤: Cannot use `+.gg()` with a single argument. Did you accidentally
put + on a new line?
Run `rlang::last_error()` to see where the error occurred.
```

圖 4.3 中，讀者可能看到一個現象，就是家庭收入的變項類別沒有依照高排到低的方式呈現，其實它是有排序的，只是因爲 R 語言是用英語體系的邏輯來排序，數字與英文字母爲排序的依據，中文則是看那個字的內碼如何對應，那麼，要處理這個問題，可以使用下面的語句來處理。將「elem$ 家庭收入」轉成 factor 變項，並在 factor 裡標示 levels，此變項就會依據 levels 所指定的排序方式來排序。那麼，畫「家庭收入」的次數分配時，就會依據 levels 的次序來畫圖（見圖 4.4）。

```
elem$家庭收入 = factor(elem$家庭收入, levels = c("一萬五以下","一萬五～三萬","三萬～五萬", "五萬～八萬", "八萬～十萬", "十萬以上"))
fa_bar = ggplot(data = elem, aes(x = 家庭收入))
fa_bar + geom_bar()
```

ggplot2 之所以很厲害，就是可以給它美的視覺，上面的圖看起來不是很美，讓我們來進行一個美美的彩妝秀。要將長條圖中的長條塊變顏色，使用的方式就是在 geom_bar() 中加入 fill = " " ，例如 geom_bar(fill = "steel blue")，「" "」中有兩種方式來指定顏色，一種就是直接寫上顏色的英文 (fill = "steel blue")，就是請用鋼鐵藍填滿的意思。下面的網站是維基百科的顏色列表網頁（https://zh.wikipedia.org/wiki/ 顏色列表）。此網頁可以查到幾十種顏色的中英文對照表（見圖 4.5）。找到喜歡的顏色英文填入 " " 中即可改變顏色。另一種方式是填入「十六進位色碼」(Hex Color Codes)，例如 fill="#A4A4A4" ，此網頁（https://www.ifreesite.com/color/）可以獲得此種色碼。進入網頁可以看到色碼調色盤（見圖 4.6），在下面的調色盤選取喜歡的顏色，在下面的格子中會產生十六進位色碼，#FF0900 即是，將此複製放入 fill = "#FF0900"。

另外，ggplot2 還可以給這圖一個主標題、改變 x 軸與 y 軸的標題、給這些標題不同的顏色、置中，以及加入次數等等，我們在此呈現其中一些指令，其他更多的指令，讀者可以參考相關主要介紹 ggplot2 的書籍。

				RGB		
顏色	名稱	英語	十六進位	R	G	B
	黑色	Black	#000000	0	0	0
	昏灰	Dim Gray	#696969	105	105	105
	灰色	Gray	#808080	128	128	128
	暗灰	Dark Gray	#A9A9A9	169	169	169
	銀色	Silver	#C0C0C0	192	192	192
	亮灰色	Light Gray	#D3D3D3	211	211	211
	庚斯博羅灰	Gainsboro	#DCDCDC	220	220	220
	白煙色	White Smoke	#F5F5F5	245	245	245
	白色	White	#FFFFFF	255	255	255
	雪色	Snow	#FFFAFA	255	250	250
	鐵灰色	Iron Gray	#625B57	98	91	87
	沙棕	Sand Beige	#E6C3C3	230	195	195
	玫瑰褐	Rosy Brown	#BC8F8F	188	143	143

圖 4.5 維基百科的顏色列表

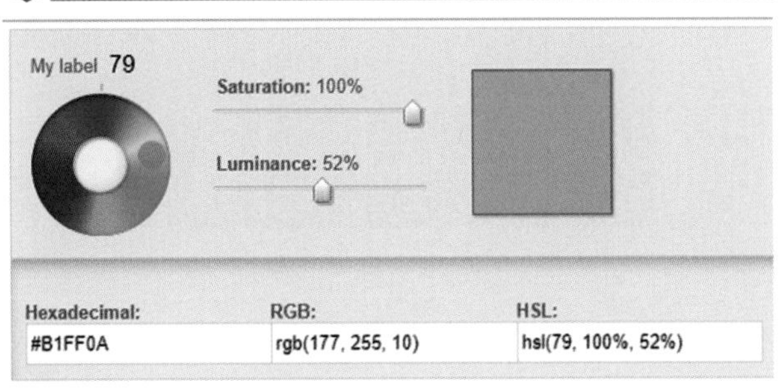

圖 4.6 色碼調色盤

```
fa_bar + geom_bar(fill = "steel blue") +
  labs(x= "收入類別", y = "次數", title = "圖 1 家庭收入長條圖",
  subtitle= "單位：元",
    caption = "資料來源：統計學教材") +
  theme(axis.title.x = element_text(colour = "green",  size = 14, hjust = 0.5),
     axis.title.y = element_text(colour = "salmon", size = 14, vjust = 0.5),
     plot.title = element_text(face= "bold", colour = "purple",
     size = 18, hjust = 0.5),
     plot.subtitle = element_text(face = "italic", colour = "blue",
     size = 14, hjust = 0.0),
     plot.caption = element_text(face= "bold", colour = "black",
     size = 14, hjust = 0.0)) +
  theme(axis.text.x = element_text(angle = 45, vjust = 0.5)) +
  stat_count(geom = "text", colour = "white", size = 3.5,
     aes(label = ..count..), position = position_stack(vjust = 0.5))
```

[說明]labs()：labs 是 labels 的縮寫，在此函數裡，可以針對圖形的各種標籤做處理（x 軸、y 軸、title（標題）、subtitle（次標題）以及 caption（字幕））。

theme()：主題函數，它有三個主要元素可以讓我們調整 element_text()、element_line()、element_rect()，我們在這裡主要呈現 element_text()，針對 x 軸、y 軸、title、subtitle 以及 caption 來調整。colour 是調整顏色。size 是調整字型大小。hjust 是水平軸的位置（0.5 是置中）。vjust 是垂直軸的位置。face 是字體的形狀，例如粗體 (bold)、斜體 (italic)。angle 是字型的角度。

stat_count()：統計的計數 (count) 函數，計算次數然後放入圖形中。position_stack()：放這些統計數字的位置。

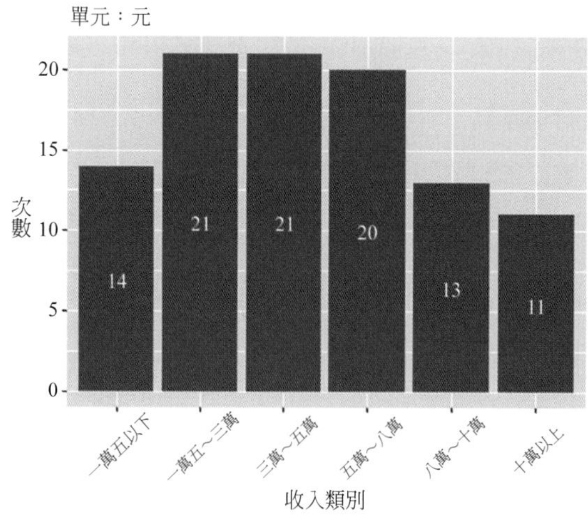

圖 4.7　家庭收入長條圖

資料來源：統計學教材

依性別畫家庭收入的長條圖：

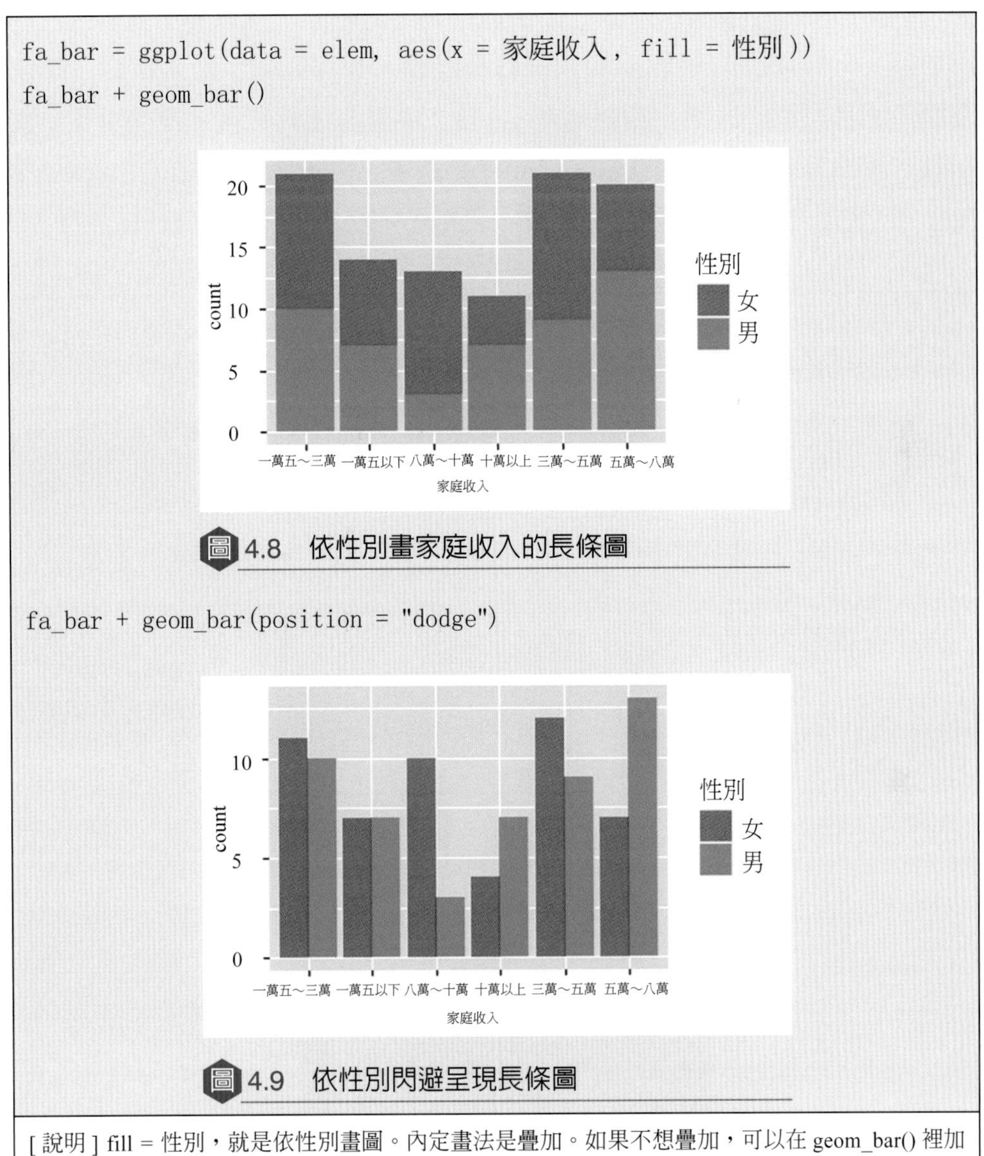


```
fa_bar = ggplot(data = elem, aes(x = 家庭收入, fill = 性別))
fa_bar + geom_bar()
```

圖 4.8　依性別畫家庭收入的長條圖

```
fa_bar + geom_bar(position = "dodge")
```

圖 4.9　依性別閃避呈現長條圖

[說明] fill = 性別，就是依性別畫圖。內定畫法是疊加。如果不想疊加，可以在 geom_bar() 裡加上 position = "dodge"，dodge 是閃避的意思。

4.4 圓餅圖

將圓形依據不同類別數據的比例進行扇形的劃分，用以顯示資料之間的相對關係。圓餅圖的功能相當類似於長條圖，長條圖顯示的是次數，圓餅圖顯示的是類別的比例。圓餅圖在 ggplot2 中畫圖比較複雜，我們寫了一個函數，讀者只要將變項放入 pie_chart() 函數中，然後將整個程式 Block，按 Run，就會幫你產生圓餅圖。使用此一函數，你必須下載 DescTools 套件。

```
pie_chart = function(p){
   library(DescTools)
   x = na.omit(p)
   pie.chart = data.frame(Freq(x,  ord="desc"))
    ggplot(pie.chart, aes(x = "",  y = freq,  fill = level)) +
    geom_bar(width = 1,  stat = "identity") +
    coord_polar("y",  start=0) +
    geom_text(aes(label = paste0(round(perc*100),  "%")),
              position = position_stack(vjust = 0.5),  color = "white")
     }
pie_chart(elem$ 家庭收入 )
```

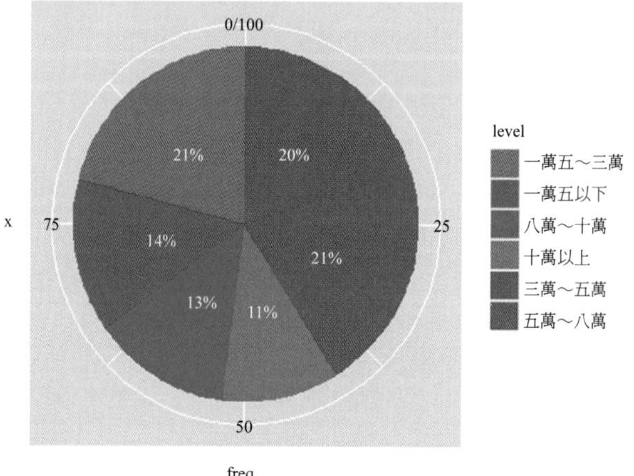

圖 4.10　圓餅圖

4.5 直方圖

直方圖 (histogram) 是一組連續數值 (numerical) 資料的次數分配圖，例如年資、身高。直方圖是資料視覺化裡的一種最簡單且最有用的方法。直方圖會依次數分配表中的組距 (class interval)，依序繪製於橫軸上，彼此之間沒有間距的相連。直方圖可以看出中位數、眾數的大致位置，以及變項資料在各區間是否存在缺口或是出現偏離值。ggplot2 裡使用 geom_histogram() 函數來畫直方圖，它可以自動選取合適的分組個數，也可以給予指定分組個數。最佳的箱型寬度視變項的量尺以及變異而定，通常不要太細或者太粗，你可以試各種值來看看結果。

```
ggplot(data = elem, aes(x= 身高)) +
  geom_histogram(fill='red', col='blue')
```

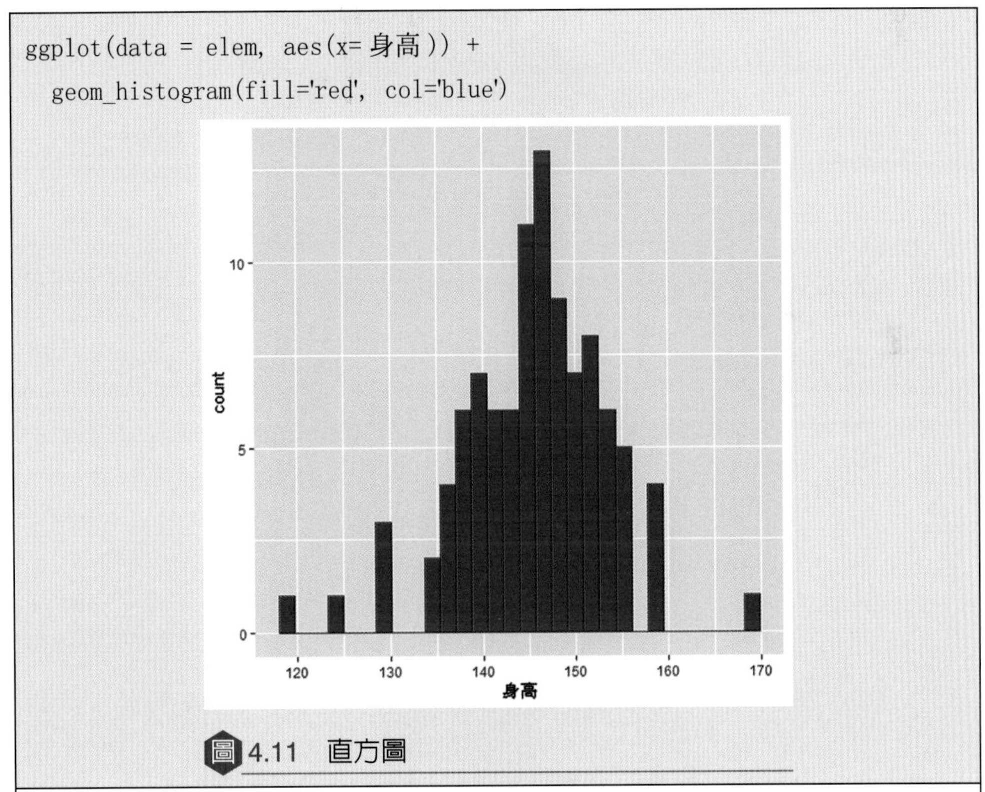

圖 4.11 直方圖

[說明] 由於我們沒有告訴 ggplot2 要分多少組來呈現，因此，函數裡內定值爲 30 組（bins，箱子，容器，倉）。geom_histogram() 函數裡，可以加上 bins = N，來自訂組數，或者使用 binwidth = k 來定義寬度。

```
ggplot(data = elem, aes(x= 身高)) +
  geom_histogram(fill='red', col='blue',
                 bins=10)
```

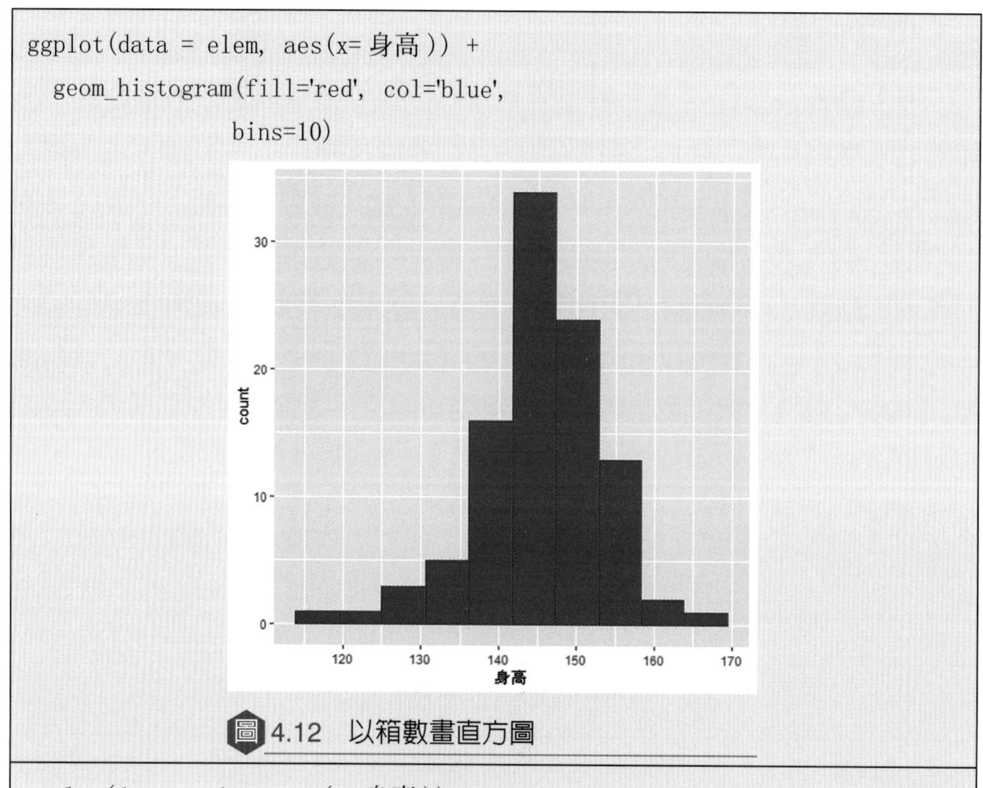

圖 4.12 以箱數畫直方圖

```
ggplot(data = elem, aes(x= 身高)) +
  geom_histogram(fill='red',
  col='blue', binwidth = 5)
```

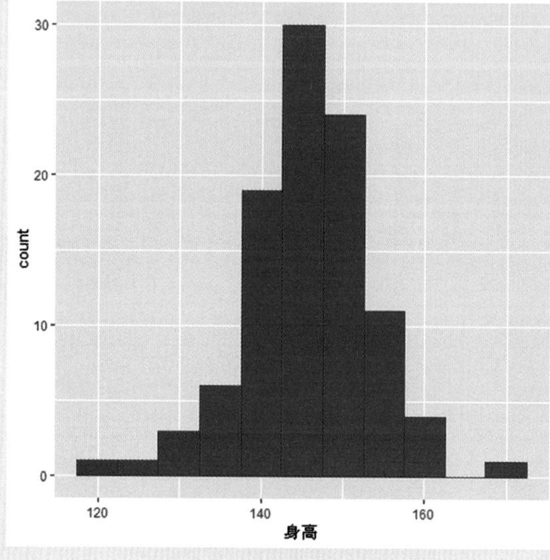

圖 4.13 以箱子寬度畫直方圖

我們可以用分群變項來畫直方圖。

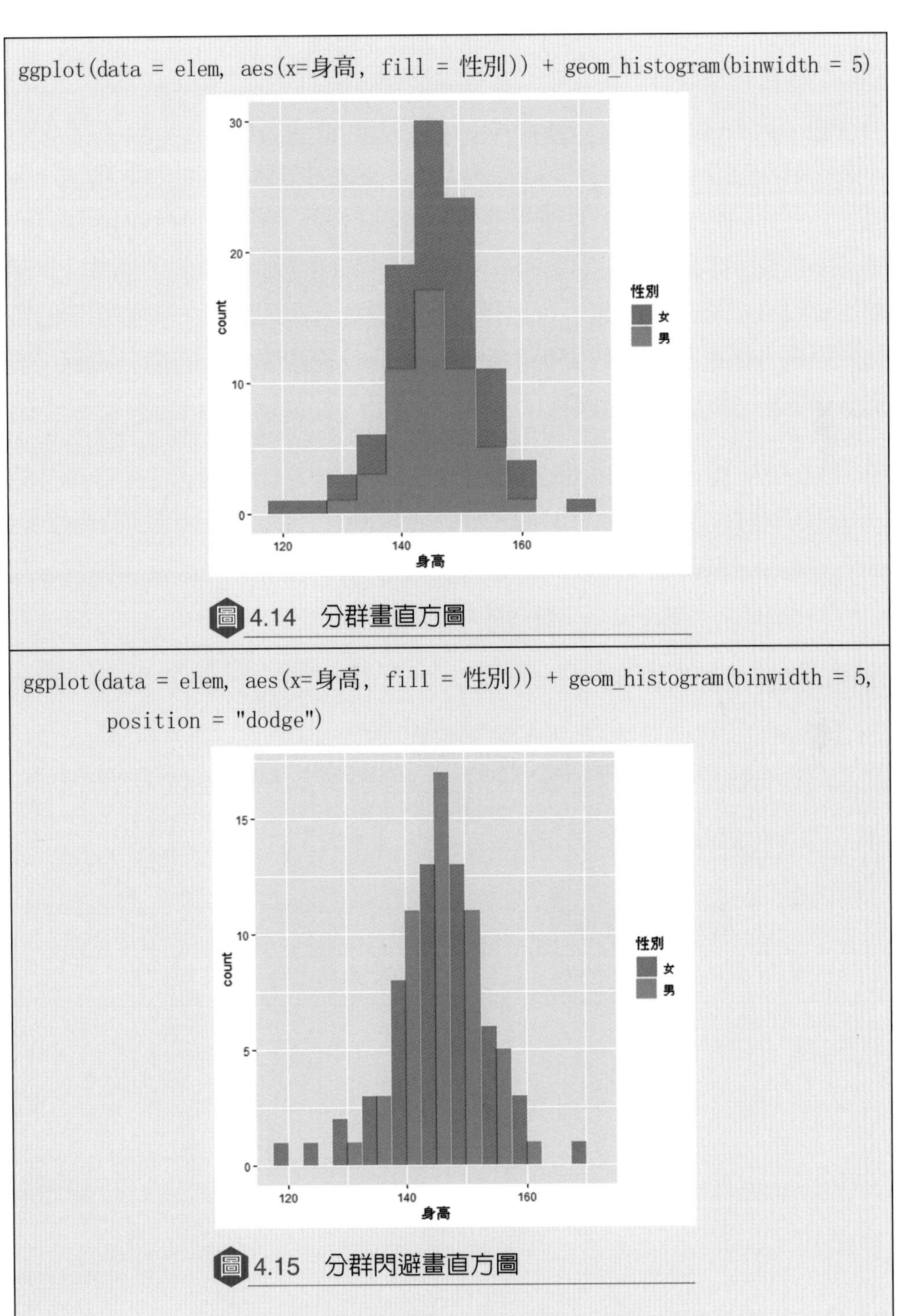


```
ggplot(data = elem, aes(x=身高, fill = 性別)) + geom_histogram(binwidth = 5)
```

圖 4.14　分群畫直方圖

```
ggplot(data = elem, aes(x=身高, fill = 性別)) + geom_histogram(binwidth = 5,
      position = "dodge")
```

圖 4.15　分群閃避畫直方圖

4.6 盒鬚圖

盒鬚圖（箱線圖，box-and-whisker plot，簡稱 boxplot）和直方圖一樣皆是針對連續變項的資料視覺化，其透過繪製數據的五個量數：最小值、下四分位數（第 25 百分位數，Q1）、中位數（第 50 百分位數，Q2）、上四分位數（第 75 百分位數，Q3）以及最大值，來描述變數數值的分布情況（見圖 4.16）。同時盒鬚圖能夠顯示出偏離值 (outlier)（範圍 ±1.5*IQR 以外的值，IQR 表示四分位距，即上四分位數與下四分位數的差值），通常在盒子外的資料會被稱爲離群值，可以用於呈現數據分散的情形。由於盒鬚圖可以針對統計做這些量數的視覺化呈現，因此是相當受歡迎的統計繪圖，特別是在資料分析的探索性階段。

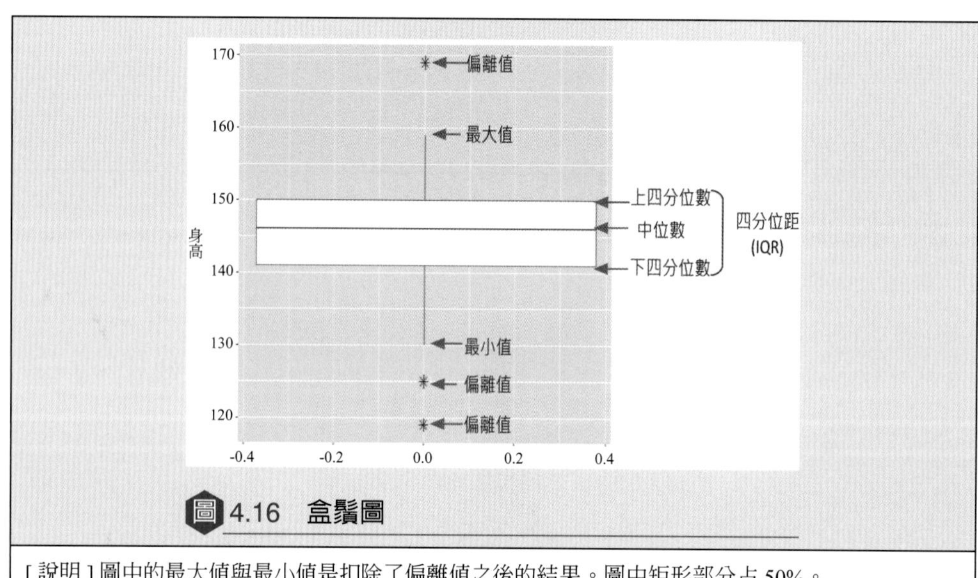

圖 4.16 盒鬚圖

[說明] 圖中的最大值與最小值是扣除了偏離值之後的結果。圖中矩形部分占 50%。

```
ggplot(elem, aes(y = 身高)) +
  geom_boxplot(color = "red",
      outlier.colour = "blue",
      outlier.shape = 8,
      outlier.size = 4)
```

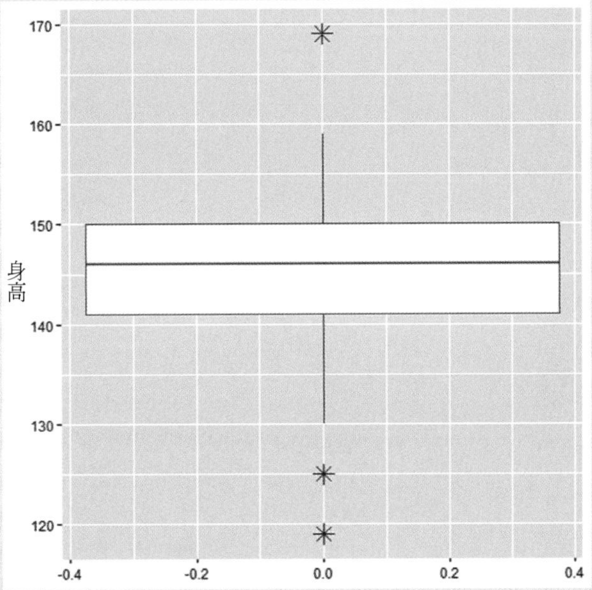

圖 4.17　身高的盒鬚圖

[說明]outlier.shape 是標註偏離值的形狀，8 就是圖中的那個米形狀，outlier.size 就是標註偏離值形狀的大小。

```
ggplot(elem, aes(x = 性別, y = 身高)) +
  geom_boxplot(color = "blue",
  outlier.colour="red", outlier.shape=8,
  outlier.size=4)
```

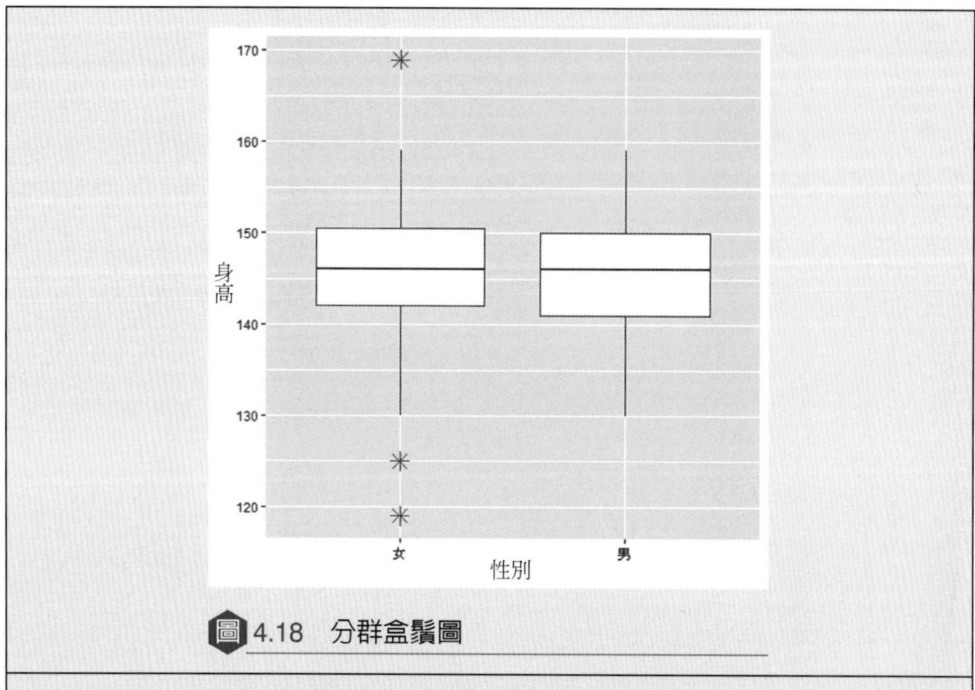

圖 4.18 分群盒鬚圖

```
ggplot(elem, aes(x = 性別, y = 身高)) + geom_boxplot(color  = "blue",
outlier.colour="red", outlier.shape=8, outlier.size=4, notch=TRUE) +
coord_flip()
```

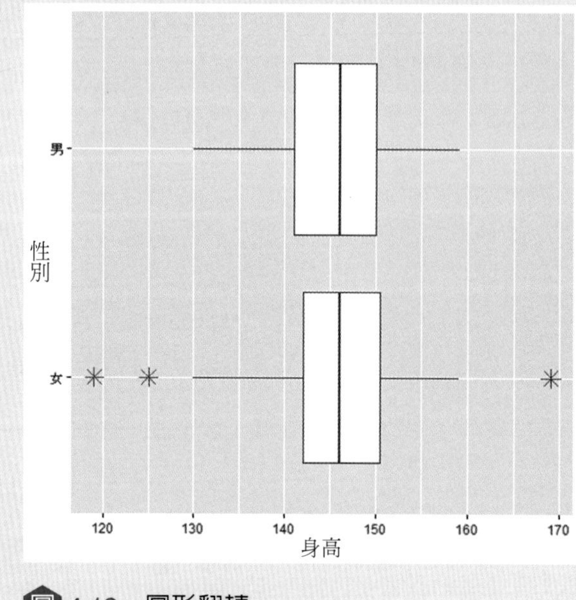

圖 4.19 圖形翻轉

[說明]coord_flip 將圖形翻轉。

4.7 散布圖

散布圖 (scatter plot) 是將兩個變數（通常是連續變項）資料用「點」呈現在座標軸上，一個變項爲 x 軸，另一個變項爲 y 軸。這些點所呈現的散布型態，有些人將之成爲「點子雲」，點子雲的型態可以用來粗略地了解此兩個變項的相關情形。ggplot2 的散布圖函數是 geom_point()。

```
ggplot(elem, aes(x = 國文 , y = 數學)) +
    geom_point(color = "steel blue", size = 2)
```

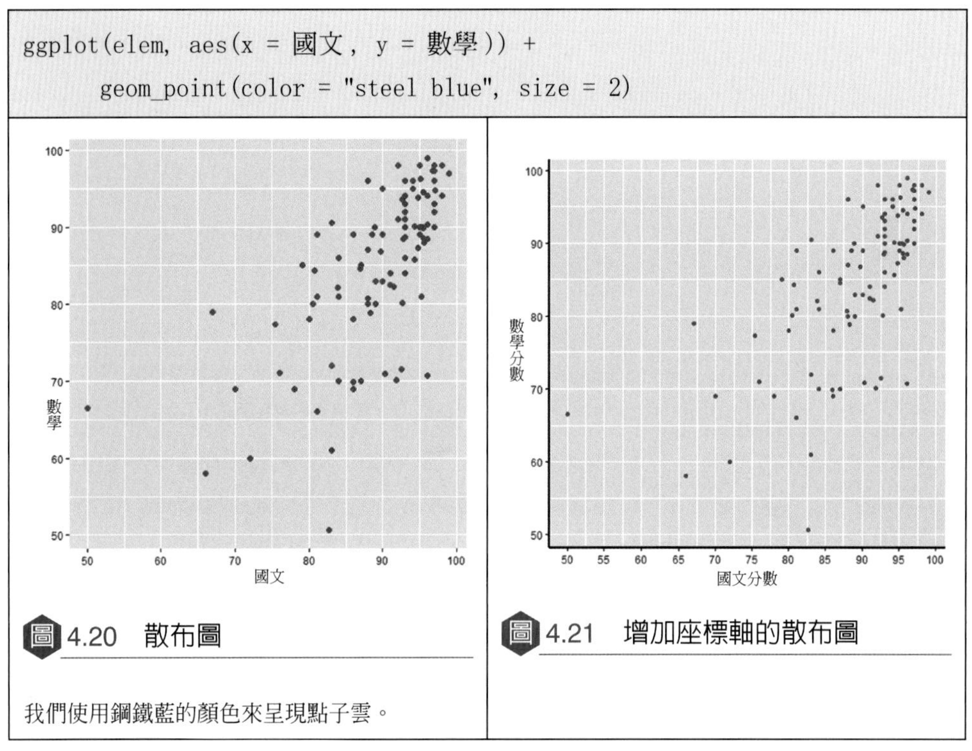

圖 4.20 散布圖

我們使用鋼鐵藍的顏色來呈現點子雲。

圖 4.21 增加座標軸的散布圖

增加軸線與座標值的設定：

```
ggplot(elem, aes(x = 國文 , y = 數學 )) +
  geom_point(color = "steel blue") +
  xlab(" 國文分數 ") +  ylab(" 數學分數 ") +
  ggtitle(" 圖 1 國語分數與數學分數散布圖 ") +
  theme(plot.title = element_text(color  = "blue",  size = 12)) +
  theme(axis.title = element_text(color  = "blue",  size=12)) +
  theme(axis.line = element_line(colour = "black", size = 1)) +
  scale_x_continuous(breaks = seq(0, 100, by = 5))
```

[說明] 上面的程式，我們增加圖的標題，並且使用藍色，12 號字來呈現，改變 x 與 y 軸的標題，也是以藍色，12 號字呈現。增加 x 與 y 軸的軸線，用黑色呈現，size = 1。將 x 軸的座標值設定在 0~100 之間，並且以 5 爲單位劃分間隔（見圖 4.21）。

加入相關值與顯著度：

```
library(ggpubr)
ggplot(elem, aes(x = 國文 , y = 數學 ))  +
  geom_point(color = "steel blue")  +
  xlab('國文分數')  +  ylab('數學分數')  +
  ggtitle("圖 1 國語分數與數學分數散布圖") +
  theme(plot.title=element_text(color = 'blue', size = 12)) +
  theme(axis.title=element_text(color='blue', size=12,)) +
  theme(axis.line = element_line(colour="black", size = 1)) +
  scale_x_continuous(breaks=seq(0, 100, by = 10)) +
  stat_cor(method = "pearson", label.x = 60, label.y = 90, color="red")
```

[說明] 使用 ggpubr 套件，可以幫忙計算相關値以及顯著度，將其標示於圖中。使用 stat_cor(method = "pearson", label.x = 60, label.y = 90, color="red")。請它算出 pearson 相關以及顯著度，並且將其放在 x=60，y=90 的位置。

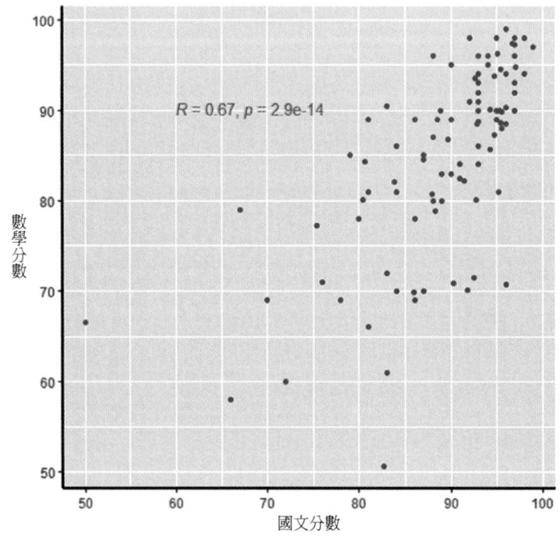

圖 4.22 加入相關值與顯著度

圖 4.23 以及圖 4.24 是六種相關的點子雲分布型態，可以看到點子雲的型態越瘦長，相關越高，越趨向圓形相關越低。由左上向右下的趨勢是負相關，由左下往右上的趨勢是正相關。關於相關的概念我們在單元 13 有詳細討論。

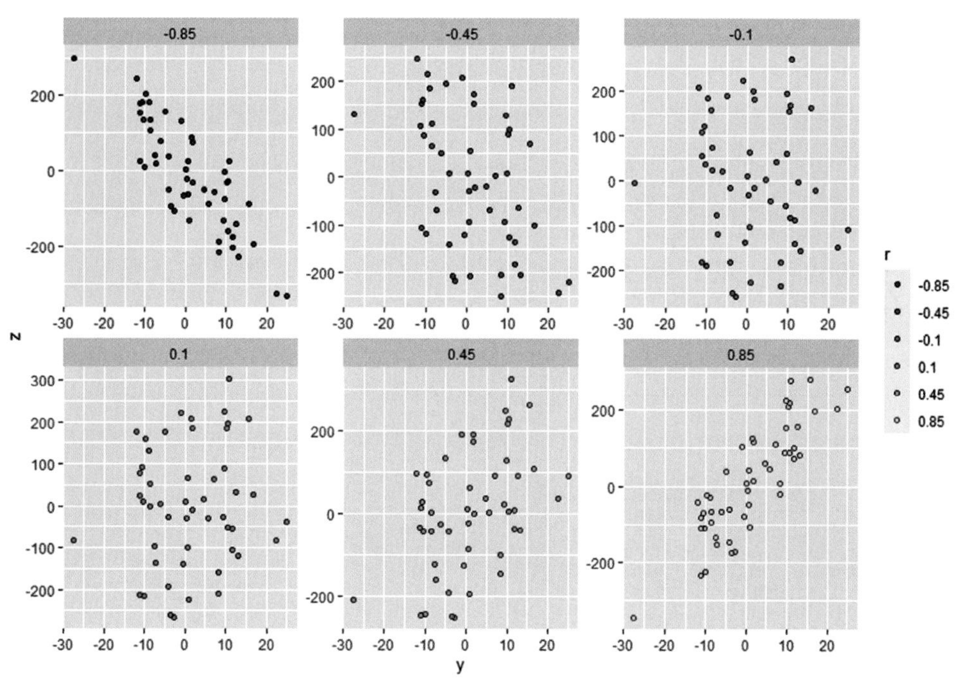

圖 4.23 六種相關的點子雲

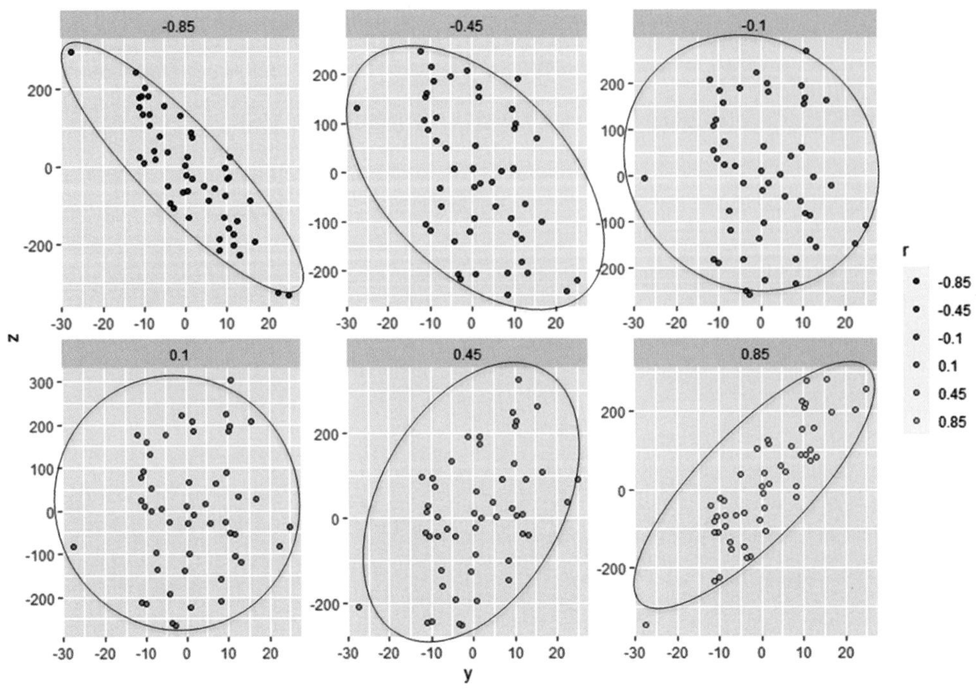

圖 4.24　六種相關點子雲與相關型態

加上趨勢線：

```
ggplot(elem, aes(x = 國文 , y = 數學)) + geom_point(color = "steel
blue") +
  xlab('國文分數') + ylab('數學分數') + ggtitle("圖 1 國語分數與數學分數
  散布圖") +
  theme(plot.title=element_text(color = 'blue', size = 12)) +
  theme(axis.title=element_text(color='blue', size=12,)) +
  theme(axis.line = element_line(colour="black", size = 1))  +
scale_x_continuous(breaks=seq(0, 100, by = 10)) +
  geom_smooth(method = 'lm', formula = y~x, se = FALSE, color = 'red')
```

[說明]ggplot2 可以在散布圖上加上趨勢線，使用的函數是 geom_smoth()。method = "lm"，lm 是線性模式，這部分可以參看單元 14 的迴歸部分，formula = y~x，使用 y~x 的公式，se = FALSE，是不要呈現標準誤，若是 TRUE 則會呈現 95 信賴區間的標準誤。color = 'red'，是紅色線條。

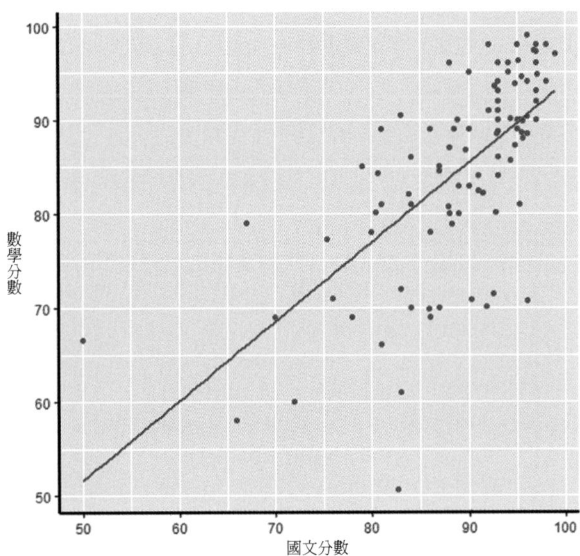

圖 4.25 加入迴歸線

顯示趨勢線的估計方程式：

```
library(ggpmisc)
ggplot(elem, aes(x = 國文 , y = 數學)) + geom_point(color = "steel blue") +
  labs( x=" 國文分數 ",  y=" 數學分數 ",
      title=" 圖 1 國語分數與數學分數散布圖 ",
      subtitle=" 紅色線是迴歸趨勢線 ",
      caption=" 資料來源：教育統計課資料 " ) +
  theme(plot.title=element_text(color = 'blue', size = 12)) +
  theme(axis.title=element_text(color='blue', size=12,)) +
  theme(axis.line = element_line(colour="black", size = 1)) +
scale_x_continuous(breaks=seq(0, 100, by = 10)) +
  geom_smooth(method = 'lm', formula = y~x, se = FALSE, color='red') +
  stat_poly_eq(formula = elem$ 數學 ~ elem$ 國文 ,
eq.with.lhs = "italic(hat(y))~`=`~",
            aes(label = paste(..eq.label.., ..rr.label.., sep = "*plain
            (\",\")~")),
            parse = TRUE)
```

[說明] 使用 ggpmisc 套件，可以將趨勢線的估計方程式顯示在圖中。stat_poly_eq() 函數中，formula = elem$ 數學 ~ elem$ 國文，就是做迴歸的方程式，在這裡你必須使用「elem$ 數學」的方式來告訴它依變項，以及「elem$ 國文」方式告訴它自變項，其他部分無須更改，如果你要呈現更多的東西，可以上網到 CRAN 下載 ggpmisc 的使用手冊。

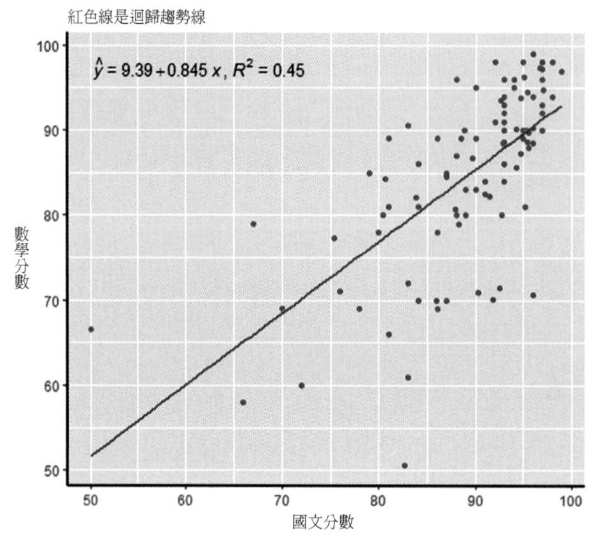

圖 4.26　增加迴歸趨勢線

資料來源：教育統計課資料

4.8　折線圖

折線圖 (line plots) 或曲線圖 (curve chart) 由許多的資料點用直線連接形成的圖形。折線圖能夠顯示隨著時間變化的連續數據，相當適合於顯示相等時間間隔下數據的趨勢。在折線圖中，類別數據沿 x 軸均勻分布，所有數值據沿 y 軸均勻分布。

```
ggplot(Happiness, aes(x=year, y= 快樂指數, color= country)) +
  geom_line(aes(linetype = country)) +
  scale_x_continuous(breaks=seq(2010, 2017, by = 1))
```

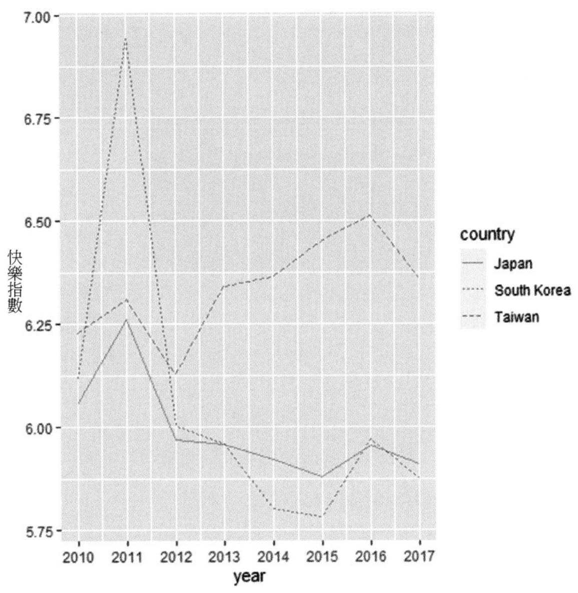

圖 4.27　折線圖

資料來源：https://en.wikipedia.org/wiki/World_Happiness_Report

圖 4.27 呈現日本、南韓、台灣三個國家 2010 年到 2017 年的快樂指數，geom_line() 函數是用於畫折線圖，linetype = country，是線的類型依據 country 來畫，所以可以看到三種不同類型的線段。scale_x_continuous 是針對 x 軸的尺度的劃分，breaks = seq(2010, 2017, by = 1)，從 2010 到 2017 以 1 年切割。

4.9　儲存圖片

當使用 R 畫完圖後，會顯示在 RStudio 的右下角的視窗裡，你可以在那裡，點選 Export，再點選 Save as Image，會出現一個存檔的視窗（見圖 4.29），圖檔的格式包括 PNG、JPEG、TIFF、BMP、metafile、SVG、EPS。也可以存成 PDF 檔，點選 Save as PDF，出現圖 4.30 的視窗，就可以存成 PDF 檔。

圖 4.28　折線圖存檔

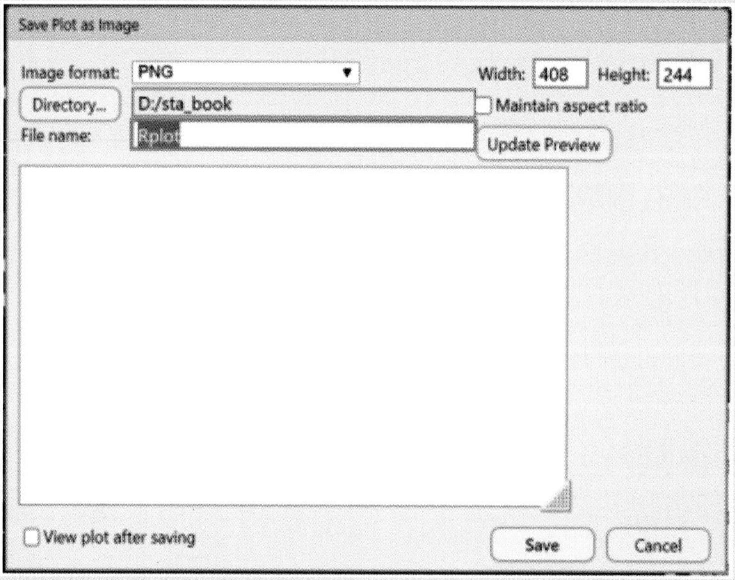

圖 4.29　存檔視窗

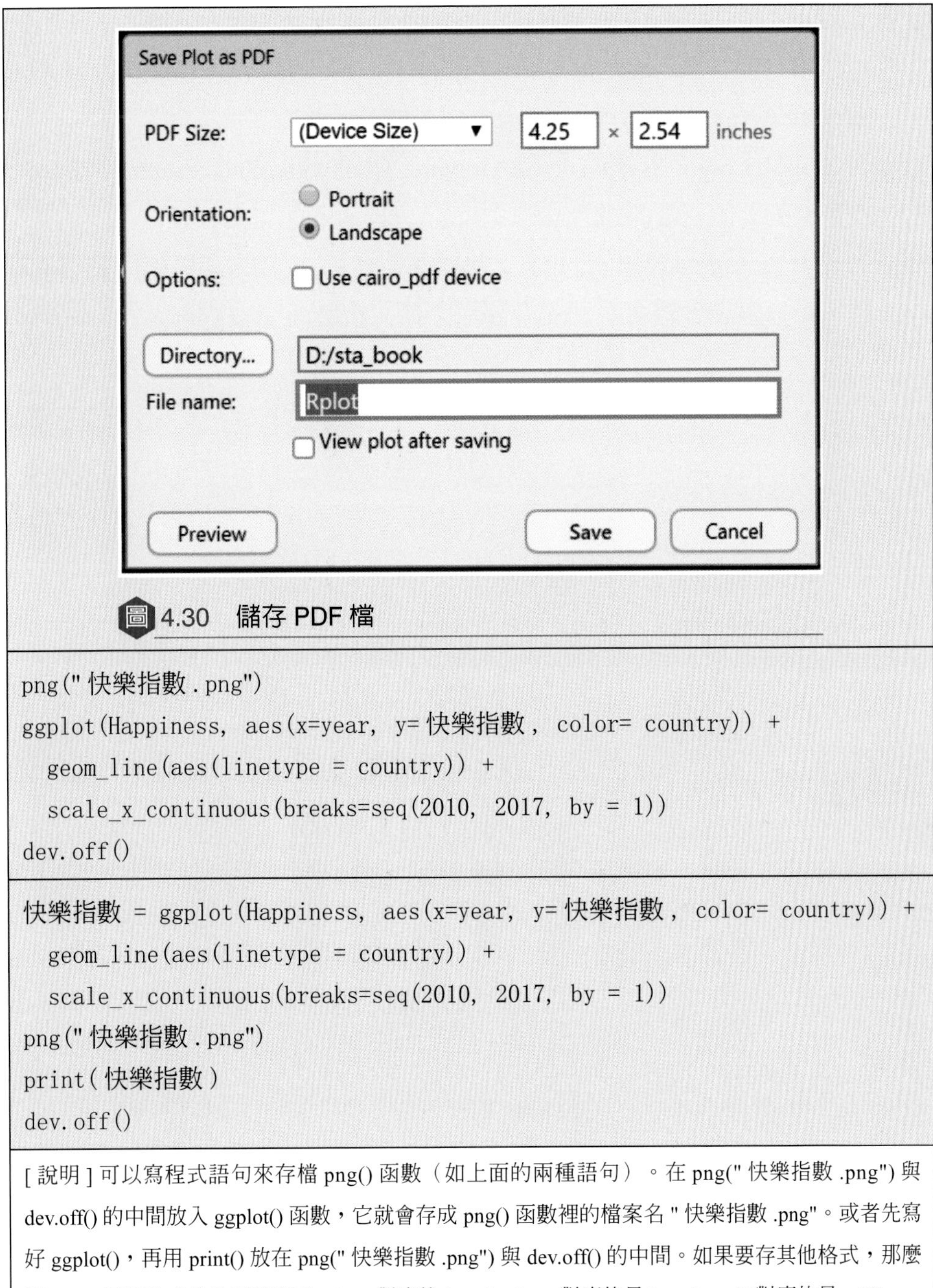

圖 4.30　儲存 PDF 檔

```
png("快樂指數.png")
ggplot(Happiness, aes(x=year, y=快樂指數, color= country)) +
  geom_line(aes(linetype = country)) +
  scale_x_continuous(breaks=seq(2010, 2017, by = 1))
dev.off()
```

```
快樂指數 = ggplot(Happiness, aes(x=year, y=快樂指數, color= country)) +
  geom_line(aes(linetype = country)) +
  scale_x_continuous(breaks=seq(2010, 2017, by = 1))
png("快樂指數.png")
print(快樂指數)
dev.off()
```

[說明] 可以寫程式語句來存檔 png() 函數（如上面的兩種語句）。在 png(" 快樂指數 .png") 與 dev.off() 的中間放入 ggplot() 函數，它就會存成 png() 函數裡的檔案名 " 快樂指數 .png"。或者先寫好 ggplot()，再用 print() 放在 png(" 快樂指數 .png") 與 dev.off() 的中間。如果要存其他格式，那麼將 png() 函數改成其他函數即可：jpeg 對應的 jpeg()，bmp 對應的是 bmp()，pdf 對應的是 pdf()。

參考文獻

Wilke, C. O. (2019). *Fundamentals of data visualization: A primer on making informative and compelling figures*. O'Reilly Media.

https://r-graphics.org/：此網站是「R Graphics Cookbook, 2nd edition」的網站，對畫圖的介紹相當詳細。

https://rpkgs.datanovia.com/ggpubr/：此網站是介紹 ggpubr 套件如何使用的網站，可以讓讀者學會畫出更多圖形來探討統計。

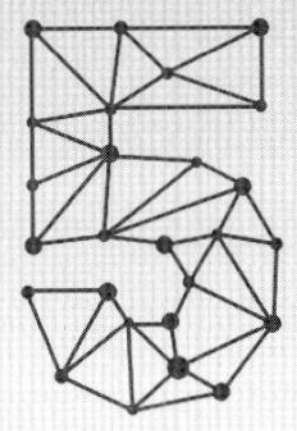

敘述統計

難易指數：☺☺☺（還好）

學習金鑰

- ✦ 了解何為敘述統計
- ✦ 了解次數分配、集中量數、離散性以及偏態與峰度的概念
- ✦ 學習如何使用 R 套件計算描述統計

敘述統計僅在於描述、整理或總結資料（樣本）的基本形貌，並不由已知的資料（樣本[1]）推論到未知的部分（母群[2]）（此爲推論統計，後面會詳談）。通常，一個變項有三個特徵可以來檢視：1. 分配 (distribution)，2. 集中趨勢 (central tendency)，3. 離散性 (dispersion)。而敘述統計最常用來檢視變項的這三個特徵。在一般的社會行爲科學的碩博士論文或是發表的文章中，會使用一小節來介紹樣本的簡單總結統計量，用來了解研究樣本的特徵（參見圖 5.1 研究的敘述統計範例。）

---

1 樣本是從母群中選出來的一群對象。

2 母群是被研究的所有對象。

一、修飾因素描述性統計

樣本之修飾因素描述性統計，根據分析後發現，樣本區域分布北部占24.0%，中部占30.6%，南部占33.1%，東部以及離島占12.3%。塡答者母親約占78.4%，父親20.1%。父母年齡分布從23到65歲，以31-40歲最多約占60.8%，20-30歲次之，占18.6%。家庭月收入以五萬到八萬最多，占31.3%，三萬到五萬次之，占26.6%。父母親的教育程度都是以高中、職到專科的中等教育程度最多，分別占64.8%以及70.6%。父親職業以專業／管理人員最多，占33.0%，母親職業以事務／服務人員33.3%最多，家管次之，占28.3%。父母親籍貫都是以本省閩南籍最多，父親占77.5%，母親占75.5%。

二、父母健康信念量表描述性統計

量表題目第1到第12題爲反向題，其餘皆爲正向題意。表一爲家最健康信念的描述性統計。就障礙性認知而言，整體平均分數是2.33分，介於不同意到有些同意之間。其中最低分的題目是第8題「時時留意並導正孩子的生長及心理健康，我恐怕沒有這種能力」，平均爲1.94。障礙性認知得分最高者爲「願意學習早期發現兒童健康問題的方法，但卻不知道怎麼做」，平均爲2.90。

表一　家長健康信念描述性統計（N = 1561）

		M	SD
障礙性認知		2.33	0.57
保健 篩檢 障礙 認知	1. 孩子還在發展中，爲六歲以下兒童進行一般健康檢查，沒有意義 2. 醫療儀器查都不一定能檢查出問題，何況只是關心兒童的健康 3. 六歲的兒童鬧脾氣只是成長問題，兒童生氣沒有什麼意義 4. 六歲以下孩子情緒來得急去得快，不需要太在意	2.43 2.32 1.99 2.12	1.39 1.18 0.85 0.91

圖 5.1　研究的敘述統計範例

資料來源：楊金寶、張惠美、黃芳銘 & 林炫沛 (2007)。台灣學齡前兒童父母健康信念量表內涵分析。醫護科技學刊，9(1)，65-75。

5.1　次數分配

次數分配 (frequency) 在於處理每一個變項之不同類別的觀察值數目。R中處理次數分配有許多種套件，我們採用 frequency 套件，此套件所呈現的次數分配報表，適合於呈現研究論文所要的資訊。

```
install.packages("frequency")
library(frequency)
```

frequency 套件中，freq() 函數用於產生次數分配。在 burnout_1 的 Excel 檔，變項「職務 1」是問卷中問塡答者的職務，題目如下：
您目前擔任職務：□ (1) 主任 □ (2) 組長 □ (3) 級任 □ (4) 科任

```
position = freq(burnout_1$ 職務 1)
position
```

```
$'x:'
            x    lable    Freq    Percent    Valid Percent    Cumulative Percent
```

Valid	1	14	3.5	3.5	3.5
	2	57	14.2	14.3	17.8
	3	229	57.2	57.4	75.2
	4	99	24.8	24.8	100.0
	Total	399	99.8	100.0	
Missing	<blank>	0	0.0		
	<NA>	1	0.3		
	Total	400	100.0		

5.1.1 使用統計 AI=>GO:(Unit 5.1 frequncy AI)

我們寫了一段程式碼，可以自動幫你把所需的報表以及結果的解釋存成 Excel 檔，方便讀者可以轉貼到 Word 裡，再做成 APA 格式來解釋。這個稱爲「統計 AI=>GO」的 R 檔是「Unit 5.1 frequncy AI」，此檔請上五南官網下載，下面我們呈現其用法。點選「Unit 5.1 frequncy AI」檔後，在 RStudio 的 Script 的視窗會出現整個「Unit 5.1 frequncy AI」的程式碼，其中，你只要關注在我們給你呈現的下面這些部分即可，這些部分以後的指令請不要更動，否則指令在執行時會出錯。

```
# 輸入資料名稱
data = burnout_1
# 輸入要做次數分配的變項名稱（變項名稱，讀者一定要看單元 2.7 資料框部分的說明）
VAR = c("職務 1")
# 輸入要輸出資料的名稱（變項名稱，讀者一定要看單元 2.7 資料框部分的說明）
save_file = c("職務 1_out")
# 請按右鍵，選 select all，然後按右上角的 Run，結果會存成 Excel 檔。
```

[說明] 在「data =」的後面輸入你使用資料的名稱，burnout_1 是我們範例資料的名稱，你要做你的資料，直接更改成你的名稱。「VAR =」後面是做次數分配的變項名稱，必須寫成 c("AAA")，在這裡我們做次數分配的變項名稱是在 burnout_1 裡的「職務 1」（做完這個後，你可以改用 burnout_1 裡的「教育」，這個變項來跑跑看）。「save_file =」的後面是做出來的結果，你想要存檔的檔案名稱，你可以給他任何名稱，但是名稱的第一個字不可以是數字。這些輸入完後，請按右鍵，選 select all，然後按右上角的 Run，它就會幫你做完統計的結果。然後到你所指定的資

料夾裡，找到「職務 1_out」的 Excel 檔，打開就可以把所需的資料貼到 Word 檔，下面是職務 1_out 的資料，我們把裡面的 result.1 與 result.2 貼出來。

result.1

變項類別	次數	百分比	有效百分比	累積百分比
1	14	3.5	3.5	3.5
2	57	14.2	14.3	17.8
3	229	57.2	57.4	75.2
4	99	24.8	24.8	100
有效總數	399	99.8	100	
遺漏值	1	0.2		
總數	400	100		

result.2

職務 1 的次數分配摘要表呈現於表 AAA(result.1)，由表中得知：在職務 1 的次數分配方面，以類別 3 爲最多，次數是 229，占全部有效總數的 57.4%；以類別 4 爲次多，次數是 99，占全部有效總數的 24.8%；以類別 1 爲最少，次數是 14，占全部有效總數的 3.5%。

5.1.2 次數分配的 APA 格式與結果解釋

APA 格式：

表 5.1　職務次數分配摘要表

類別	次數	百分比	有效百分比	累積百分比
主任	14	3.5	3.5	3.5
組長	57	14.2	14.3	17.8
級任	229	57.2	57.4	75.2
科任	99	24.8	24.8	100

報表的解釋：

職務的次數分配摘要表呈現於表 5.1，由表中得知：在職務的次數分配方面，以級任爲最多，次數是 229，占全部有效總數的 57.4%；科任爲次多，次數是 99，占全部有效總數的 24.8%；主任爲最少，次數是 14，占全部有效總數的 3.5%。

5.2 集中量數

集中量數 (measures of central tendency)：用以描述變項（一組數據）或一個分配的集中點的統計量數，例如眾數、平均數、中位數、幾何平均數、調和平均數。集中量數通常是用一個數值來呈現。比較常用的集中量數是眾數、平均數以及中位數。

5.2.1 眾數

眾數是指給定的一組資料集合中出現次數最多的值。一組資料可以有數個眾數，也可以沒有眾數。不同於平均值和中位數，計算眾數可以是數字和字元的資料。眾數一般不受偏離值的影響。由於 R 中沒有眾數的函數，所以我們寫了一個函數來算眾數。

```
Mod <- function(v) {
  k <- v[!is.na(v)]
  y <- unique(k)
  y[which.max(tabulate(match(k, y)))]
}
Mod(burnout_1$ 職務 1)
```

[說明] 在 Mod() 函數中輸入要算眾數的變項，將全部 Block 起來，按 Run，就會獲得眾數。

```
[1] 3
```

輸出結果告訴我們眾數是 3，也就是上面次數分配裡次數最多的那一個：級任教師。

5.2.2 算術平均數

算術平均數是將變項的數值加總並除以觀察值的數量。設此變項數據共有 n 筆觀察值 $x_1, x_2, \cdots, x_n$，算術平均數公式：$\bar{x} = (x_1 + x_2 + \cdots + x_n)/n = (\sum_{i=1}^{n} x_i)/n$。算術平均數有以下的特性：首先是所有觀察值皆列入計算且每個觀察值的權數 (weight) 都是 $1/n$，那麼代表這每個觀察值都是同等重要，沒有被忽視和偏袒的現象。這也是算數平均值的運用極爲普遍的原因之一。其次，任何一個觀察值改變都會造成平均數的改變。有這樣的特性，有時也是一種缺點。任何偏離值都可能造成平均數失眞，無法合理代表數據的集中趨勢。最常被舉例的例子就是收入，一家餐廳想要知道今天在此晚餐顧客的平均月收入是多少，餐廳有 7 個人，報上收入分別爲，3 萬 5 千、5 萬、6 萬 8 千、3 萬 7 千、5 萬 2 千、4 萬 3 千、4 萬 2 千，剛報完，就進來了 1 個客人，老闆請他報上月收入，4 億（這位是郭先生）。那麼平均月薪是多少？

```
mean(burnout_1$教學年資, na.rm = T)
```

[說明]na.rm = T 是告訴 mean() 函數，如果變項有遺漏值，請移除遺漏值，再計算平均數。如果沒有此指令的話，變項裡有遺漏值，mean() 會回傳 NA。

```
[1] 13.62155
```

5.2.3 中位數

將所有觀察值高低排序後找出最中間的那個數，即中位數。觀察值有偶數個，則中位數不是唯一，通常取最中間的兩個數值的平均數作爲中位數。公式如下：

$$\text{median} = \begin{cases} \dfrac{x_{n+1}}{2} & n \text{ 爲奇數} \\ \dfrac{1}{2}(x_{\frac{n}{2}} + x_{\frac{n}{2}+1}) & n \text{ 爲偶數} \end{cases}$$

```
median(burnout_1$教學年資, na.rm = T)
```

```
[1] 12
```

中位數是一個不易受極端值影響的數值，因此研究目的是爲了反映中間水平，使用中位數比較適合。像「人均收入」就是適合用中位數表達。

5.3 離散性

離散性在敘述統計裡使用變異量數 (measures of variability, measures of variation) 來處理，表示一群數值分散情形的統計量數，也是一群數值中個別差異大小的指標。在社會行爲統計裡，常使用的變異量數包括全距 (range)、四分差 (quartile deviation, QD)、變異數 (variance) 以及標準差 (standard deviation, SD) 等。變異量數的數值越大，表示群體數值之分散情形越大。

5.3.1 全距

一組資料最大值與最小值的差。公式爲全距＝最大值 – 最小值。其優點是計算方法很簡單、意義明顯以及容易解釋。缺點是反應不夠靈敏，當極大、極小數值不變，而其他各項數值皆改變時，全距不能反應出變化，易受兩極端數值的影響。

```
max(burnout_1$教學年資, na.rm=T) - min(burnout_1$教學年資, na.rm=T)
```

[說明]max() 是最大值，min() 則是最小值，兩數相減就是全距。

```
[1] 33
```

5.3.2 四分位差

若將資料分隔成相等的 4 等分，則各分隔點稱爲四分位數 (Quartile)。第 1 個四分位數 (First Quartile, Q1)，相當於第 25 個百分位數或第 0.25 個分位數；第 2 個四分位數 (Second Quartile, Q2)，相當於第 50 個百分位數或第 0.5 個分位數（這個也是中位數）；第 3 個四分位數 (Third Quartile, Q3)，則相於第 75 個百分位數或第 0.75 個分位數。四分位距 (Interquartile Range, IQR) 是上四分位數 (Q3) 與下四分位數 (Q1) 的差，而四分位差 (QD) 則是 (Q3 - Q1)/2，即 IQR/2，故又稱半內距 (semi-interquartile range)。用於反映中間 50% 資料的離散程度，數值越小，代表中間的資料越集中；數值越大，代表中間的資料越分散。

```
IQR(burnout_1$ 教學年資, na.rm=T)/2
```

```
[1] 4.5
```

5.3.3 平均絕對離差與中位絕對離差

每個數值減去平均數，叫做離均差 (deviation from the mean)。將離均差取絕對值，叫做絕對離差 (absolute deviation)（數學上計算距離的方式），將絕對離差加總，再除以數值的數目就是平均絕對離差 (average absolute deviation, AAD 或 mean absolute deviation, MAD)。公式如下：

$$\text{AAD} = \frac{\Sigma_1^n |x_i - \bar{x}|}{n}$$

我們使用 AAD 乃是下面的中位絕對離差也簡稱爲 MAD。使用 lsr 套件中的 aad() 函數來計算 AAD。

```
library(lsr)
aad(burnout_1$ 教學年資, na.rm=T)
```

```
[1] 5.618294
```

中位絕對離差 (median absolute deviation, MAD)，這個也是簡稱爲 MAD，乃是每個數值和中位數相減，取絕對值，再取這些值的中位數。公式不容易表達，我們用 R 的指令寫出來，看起來比較容易理解：

median(abs(x - median(x)))。

```
x = na.omit(burnout_1$ 教學年資 )
median(abs(x - median(x)))
```

[說明]na.omit() 是將遺漏值先去除，如果有遺漏值，不去除的話，公式無法計算。

```
[1] 5
```

5.3.4 變異數與標準差

變異數是敘述一個變項數值的離散程度，也就是該變數離其平均數（期望值）的距離。變異數有些特性：(1) 變異數在計算時充分反應每一個數值的影響，是一個比較可靠且穩定的離散量數；(2) 如果將每一個數值皆加上一個常數 C，則新數值的變異數與原來的變異數是一樣的。加上常數只是移位，並未改變數值的分散情形；(3) 如果將每一個數值均乘以一個常數 C，則新數值的變異數為原來數值的變異數乘以 C^2。如果使用同樣的量尺來測量，所獲得的變異數數值越大，表示資料越分散，差異性（異質性）也越大；反之，變異數越小，表示資料越集中於平均數附近，同質性越高。通常變異數只適用於等距變項 (interval variables) 和比率變項 (ratio variables)，且通常與集中量數的平均數配合使用。變異數公式如下：

$$V = \frac{\Sigma_1^n (x_i - \bar{x})^2}{n}$$

母群估計的變異數公式：

$$\hat{\sigma} = \frac{\Sigma_1^n (x_i - \bar{x})^2}{n-1}$$

標準差 (standard deviation)：變異數的單位是資料單位（量尺單位）的平方。它必須開方後才能恢復原來的單位。因此常以變異數開平方來表示資料的分散程度，即所謂的標準差。

$$\text{sd} = \sqrt{\frac{\Sigma_1^n (x_i - \bar{x})^2}{n}}$$

母群估計的標準差公式：

$$\hat{\sigma} = \sqrt{\frac{\Sigma_1^n (x_i - \bar{x})^2}{n-1}}$$

```
x = na.omit(burnout_1$ 教學年資 )
mean( (x - mean(x) )^2)
```

[說明] 這是 V 的公式。

```
[1] 48.78159
```

```
var(burnout_1$ 教學年資 , na.rm=T)
```

[說明] var() 函數是 R 裡算變異數的函數。

```
[1] 48.90416
```

你可以看到上面兩個變異數算出來不太一樣，這是因爲在 R 裡的 var() 函數，使用的是 $\hat{\sigma}^2$ 的公式來計算。由於 R 是從推論統計的角度來計算變異數，統計的重點是推論統計不是描述統計。也就是在後面的推論統計時，計算變異數皆是使用 $\hat{\sigma}^2$ 的公式。這兩個公式，當樣本很大時，其差距就會很小，實際上，當我們在呈現描述統計時，應該使用 V 的公式，不過許多統計軟體，例如 SPSS，計算此公式時，都是使用 $\hat{\sigma}^2$ 的公式，所以大家都習以爲常用 $\hat{\sigma}^2$ 的公式來呈現描述統計變異數的答案。標準差也和變異數一樣，使用 $\hat{\sigma}^2$ 來計算。

```
sd(burnout_1$ 教學年資 , na.rm=T)
```

```
[1] 6.993151
```

5.3.5 相對分散係數 (coefficient of relative dispersion)

前面的變異量數全距、四分位差、變異數與標準差等是屬於「絕對差異量數」(measures of absolute dispersion)，它們要作爲分散性的比較，前提是群體性質必須相當類似以及群體間的單位尺度必須相同，例如：有 A、B 班級各有 5 名學生，考 10 題數學，A 班老師 1 題算 1 分，B 班則 1 題算 10 分，A 班的分數是 5、6、7、8、9，B 班的分數是 50、60、70、80、90。這兩班不論算全距、四分位差、變異數與標準差都是 B 班高出很多，如果下結論是 A 班的程度比 B 班整齊，相信一看就知道不對了。那麼當群體性質差異很大、群體間的單位尺度不同，則可以使用「相對分散係數」。

變異係數 (coefficient of variation)：變異係數運算式為：$CV = (sd_x / \bar{x}) \times 100\%$。這個公式顯示變異係數就是標準差占平均數的百分比，是一種沒有單位的比值。如果平均數等於 0 就無法計算變異係數。除了群體間單位尺度不同時使用之外，也可使用於群體間單位相同，但平均數量數間差異很大的情況。

```
x = na.omit(burnout_1$ 教學年資 )
(sd(x) / mean(x) )* 100
```

```
[1] 51.33886
```

獲得變異係數是 51.33886%。

```
a = c(5, 6, 7, 8, 9)
b = c(50, 60, 70, 80, 90)
sd(a) / mean(a)*100
sd(b) / mean(b)*100
```

```
[1] 22.5877
[1] 22.5877
```

可以看到上面的例子，用變異係數，結果就是兩班程度一樣整齊。

四分位數變異係數 (coefficient of quartile variation, CQV)：基於四分位差 (IQR) 的一種相對分散係數。公式為：$\mathrm{CQV} = \left(\frac{Q_3 - Q_1}{Q_3 + Q_1}\right) \times 100$，這個係數也是沒有單位，可以用來測量同質性 (homogeneity)。

```
library(cvcqv)
cqv_versatile(burnout_1$ 教學年資 , na.rm = TRUE, digits = 2)
```

```
$method
[1] "cqv = (q3-q1)/(q3+q1)"
$statistics
    est
  33.33
```

全距係數 (coefficient of range)：最大值與最小值的差異占最大值與最小值總和的百分比。公式 CR = ((最大值 – 最小值) / (最大值 + 最小值))。

```
x = na.omit(burnout_1$ 教學年資 )
((max(x) - min(x)) / (max(x) + min(x)))*100
```

```
[1] 94.28571
```

5.4 偏態與峰度

偏態與峰度是用來描述分配形狀偏離程度的兩種方式：偏態是描述分配形狀偏離平均數的程度；峰度則是描述分配形狀相對於常態高峻或平坦的程度。

偏態與峰度都是利用動差 (moment) 的方式來計算。偏態的動差方程式如下：

$$g_1 = \frac{\Sigma_{i=1}^{N}(x_i - \bar{x})^3 / N}{\hat{\sigma}^3}$$

峰度的公式如下（我們使用 Pearson measure of kurtosis 或稱 excess kurtosis，如此常態峰是 0）：

$$k = \frac{\Sigma_{i=1}^{N}(x_i - \bar{x})^4 / N}{\hat{\sigma}^4} - 3$$

其中 $\bar{Y}$ 是平均數，$\hat{\sigma}$ 是母群估計的標準差，N 是樣本數。

$g_1 > 0$ 爲正偏態（見圖 5.2 的左圖），又稱右偏態，分配的尾巴靠右。此時中位數在平均數的右邊，眾數在中位數的右邊。$g_1 = 0$ 是平均數左右對稱的分配，因此平均數、中位數、眾數皆在中間的位置。$g_1 < 0$ 是負偏態，又稱左偏態，分配的尾巴靠左，此時，眾數在中位數左邊，中位數在平均數左邊。

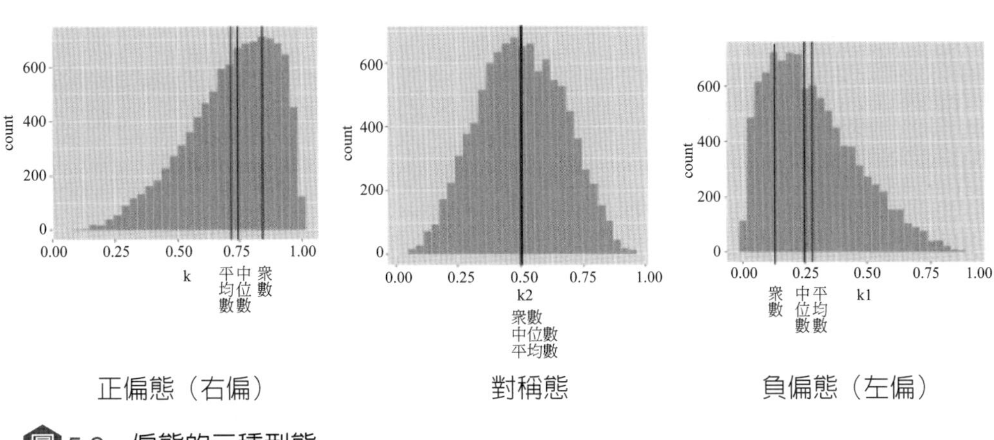

圖 5.2　偏態的三種型態

k > 0 是高狹峰 (platykurtic)，相對於常態分配來得高瘦 (too pointy)。k = 0 是常態峰 (mesokurtic)，可以用高瘦適中來形容 (just pointy enough)。k < 0 是低闊峰 (leptokurtic)，相對於常態分配來得低寬 (too flat)（見圖 5.3）。

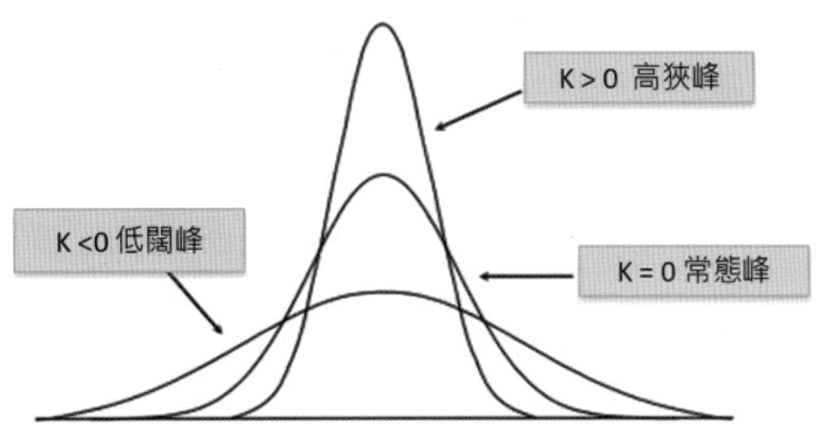

圖 5.3　峰度的三種型態

統計學的重點就是企圖了解群體的分配。如果知曉了群體的分配形狀，就可知在每一個範圍內的個體占群體的比例，亦即知道每一個個體在群體中的相對位置。如此，有利於統計的推論。許多推論統計都要求抽樣分配必須來自於常態分配的母群，峰度與偏態值有助於常態性的檢定，這一部分在後面的章節會詳細地討論。在 R 裡可以使用 psych 套件來計算偏態與峰度。

```
library(psych)
skew(burnout_1$ 教學年資 )
```

```
[1] 0.4295658
```

是正偏態。

```
kurtosi(burnout_1$ 教學年資 , type = 2)
```

[說明] 使用 type = 2 是所使用的公式和 SPSS 以及 SAS 軟體是相同的。

```
[1] -0.2794638
```

是低闊峰。

5.5 使用套件計算描述統計

R 語言中可以用來處理描述統計的套件有許多，其中 psych 套件是社會科學統計經常使用的套件，另外我們介紹 summarytools 套件。

```
des_s = burnout_1 %>% select( 工作負荷 , 學生問題 , 家長壓力 , 教學自主 )
```

先從 burnout_1 資料中選出要做描述統計的變項，存在 des_s 檔。

```
library(psych)
des_tab = describe(des_s)
des_tab
```

```
        vars   n mean   sd median trimmed  mad min max range  skew kurtosis   se
工作負荷    1 400 2.80 0.81    2.6    2.75 0.89   1   5     4  0.43    -0.21 0.04
學生問題    2 400 4.21 1.09    4.0    4.18 0.89   1   7     6  0.17     0.15 0.05
家長壓力    3 400 2.82 0.86    2.8    2.77 0.89   1   5     4  0.44    -0.43 0.04
教學自主    4 400 5.15 0.99    5.0    5.15 1.11   1   7     6 -0.31     0.53 0.05
```

```
library(writexl)
write_xlsx(des_tab, "des_tab.xlsx")
```

存成 Excel 檔，可以作爲論文中呈現描述統計之用。

```
des_tab_1 = data.frame(round(t(des_tab), 3))
write_xlsx(des_tab_1, "des_tab_1.xlsx")
```

```
          工作負荷 學生問題 家長壓力 教學自主
vars         1.000    2.000    3.000    4.000
n          400.000  400.000  400.000  400.000
mean         2.798    4.213    2.823    5.147
sd           0.806    1.087    0.858    0.991
median       2.600    4.000    2.800    5.000
trimmed      2.751    4.183    2.770    5.153
mad          0.890    0.890    0.890    1.112
min          1.000    1.000    1.000    1.000
max          5.000    7.000    5.000    7.000
range        4.000    6.000    4.000    6.000
skew         0.435    0.175    0.436   -0.305
kurtosis    -0.214    0.146   -0.431    0.535
se           0.040    0.054    0.043    0.050
```

將其轉置，再存檔，有些論文是以這樣的格式呈現報表。t() 函數是轉置，round() 函數是取小數位數，在此我們取小數 3 位數。你也可以改成小數 2 位數，就是將後面的 3，改成 2。

```
library(summarytools)
des_tab2 = descr(des_s)
des_tab2
```

```
Descriptive Statistics
des_s
N: 400

                    工作負荷   家長壓力   教學自主   學生問題
----------------- ---------- ---------- ---------- ----------
             Mean       2.80       2.82       5.15       4.21
          Std.Dev       0.81       0.86       0.99       1.09
              Min       1.00       1.00       1.00       1.00
               Q1       2.20       2.20       4.50       3.60
           Median       2.60       2.80       5.00       4.00
               Q3       3.20       3.40       6.00       4.80
              Max       5.00       5.00       7.00       7.00
              MAD       0.89       0.89       1.11       0.89
              IQR       1.00       1.20       1.50       1.20
               CV       0.29       0.30       0.19       0.26
         Skewness       0.43       0.44      -0.31       0.17
      SE.Skewness       0.12       0.12       0.12       0.12
         Kurtosis      -0.21      -0.43       0.53       0.15
          N.Valid     400.00     400.00     400.00     400.00
        Pct.Valid     100.00     100.00     100.00     100.00
```

```
des_tab3 = round(data.frame(des_tab2), 3)
write_xlsx(des_tab3, "des_tab3.xlsx")
```

要存檔此資料，必須先寫成資料框 (data.frame) 的格式，才可以存檔。data.frame() 函數就是將其存成資料框，然後再取小數 3 位數。

5.5.1 統計 AI=>GO:(Unit 5.2 descriptive_general_AI)

```
# 輸入資料名稱
data = burnout_1
# 請填寫量表或者分量表的變項名稱（變項名稱，讀者一定要看單元 2.7 資料框部分的說明）
VARs = c(" 工作負荷 ", " 學生問題 ", " 家長壓力 ", " 教學自主 ")
# 請輸入結果存檔匯出的名稱（變項名稱，讀者一定要看單元 2.7 資料框部分的說明）
save_file = c("des_a_scale")
# 請按右鍵，選 select all，然後按右上角的 Run，結果會存在 output 的 Excel 檔
```

result.1

變項	樣本數	最小值	最大值	平均數	標準差	偏態	峰度
工作負荷	400	1	5	2.798	0.806	0.435	-0.214
學生問題	400	1	7	4.213	1.087	0.175	0.146
家長壓力	400	1	5	2.823	0.858	0.436	-0.431
教學自主	400	1	7	5.147	0.991	-0.305	0.535

result.2

表 AAA(result.1) 呈現各變項之樣本數、最小值、平均數標準差、偏態以及峰度。由表 AAA 得知：工作負荷的樣本數是 400，最小值是 1，最大值是 5，平均數是 2.798，標準差是 0.806，偏態值是 0.435，峰度值是 -0.214。學生問題的樣本數是 400，最小值是 1，最大值是 7，平均數是 4.213，標準差是 1.087，偏態值是 0.175，峰度值是 0.146。家長壓力的樣本數是 400，最小值是 1，最大值是 5，平均數是 2.823，標準差是 0.858，偏態值是 0.436，峰度值是 -0.431。教學自主的樣本數是 400，最小值是 1，最大值是 7，平均數是 5.147，標準差是 0.991，偏態值是 -0.305，峰度值是 0.535。

5.5.2 變項描述統計 APA 格式與結果解釋

APA 格式：

表 5.2 各題項之描述統計

變項	N	平均數	標準差
工作負荷	400	2.798	0.806
學生問題	400	4.213	1.087
家長壓力	400	2.823	0.858
教學自主	400	5.147	0.991

結果解釋：

表 5.2 呈現各變項之樣本數、平均數以及標準差。工作負荷的平均數是 2.798，標準差是 0.806。學生問題的平均數是 4.213，標準差是 1.087。家長壓力的平均數是 2.823，標準差是 0.858。教學自主的平均數是 5.147，標準差是 0.991。

5.5.3 量表題項的描述統計

我們設計了統計 AI=>GO:(Unit 5.3 descriptive_scale_AI) 程式針對量表題項，幫讀者自動地產生描述統計的報表與結果解釋。

資料說明：使用 burnout_1 資料裡的工作倦怠量表中的情緒耗竭分量表來做示範，此分量表有 burn1、burn2、burn3、burn4 四個題項，題項的內容與量尺如下：

	從來沒有	幾乎沒有	很少	偶而	常常	非常多	總是
1. 學校有太多的事情要處理，讓我覺得壓力很大。	1	2	3	4	5	6	7
2. 只要想到要面對學校的工作，我就感到無精打采。	1	2	3	4	5	6	7
3. 我對學校的工作已經感到身心俱疲。	1	2	3	4	5	6	7
4. 學校的工作，搞得我的情緒很低落。	1	2	3	4	5	6	7

5.5.4 統計 AI=>GO:(Unit 5.3 descriptive_scale_AI)

```
# 輸入資料名稱
data = burnout_1
# 請填寫量表或者分量表的變項名稱
VARs = c("burn1" , "burn2", "burn3", "burn4")
## 請輸入組合變項名稱，就是 VARs 裡面的這些題項組合成一個因素的名稱
# 此組合變項的分數會是所有變項分數加總除以變項數 (V1 + V2 + V3 + V4 +...+ Vn)/n
composite_var = c(" 情緒耗竭 ")
# 量表的量尺，例如 Likert 五點量尺 (1 到 5 分），使用 c(1:5)，若是 0 到 4 分，請用 c(0:4)
scale = c(1:7)
# 請輸入量尺相對應的選項名稱，如果不提供請寫「scale_names = NULL」
```

```
scale_names = c("從來沒有", "幾乎沒有", "很少", "偶而", "常常", "非常多", "總是")
#請輸入結果存檔匯出的名稱
save_file = c("des_scale")
```

result.1

變項	樣本數	最小値	最大値	平均數	標準差	偏態	峰度
情緒耗竭	400	1	7	3.642	0.956	0.09	0.888
burn1	400	1	7	4.125	1.064	0.087	0.648
burn2	400	1	7	3.58	1.071	0.159	0.778
burn3	400	1	7	3.487	1.092	0.147	0.388
burn4	400	1	7	3.375	1.052	0.227	0.611

result.2

表 AAA(result.1) 爲情緒耗竭量表的描述統計。就情緒耗竭而言，整體的平均數分數是 3.642 分，屬於「中」程度。情緒耗竭各題目 burn1、burn2、burn3、burn4 的平均數範圍在 3.375 到 4.125 之間，介於「中下」到「中」之間的程度。其中，最高分的題項是 burn1，平均爲 4.125，屬於「中」的程度。最低分的題項是 burn4，平均爲 3.375，屬於「中下」的程度。

result.3

另一種寫法：就情緒耗竭而言，整體的平均數分數是 3.642 分，介於「很少」到「偶而」之間。其中，最高分的題項是 burn1，平均爲 4.125，介於「偶而」到「常常」之間。最低分的題項是 burn4，平均爲 3.375，介於「很少」到「偶而」之間。

result.2 中的等第計分方式呈現於表 5.3。

表 5.3　解釋等第的計分方式

	計分	五等分間距	下	中下	中	中上	上
3 點量尺	1：3	0.4	1~1.4	1.4~1.8	1.8~2.2	2.2~2.6	2.6~3.0
	0：2		0~0.4	0.4~0.8	0.8~1.2	1.2~1.6	1.6~2.0
4 點量尺	1：4	0.6	1~1.6	1.6~2.2	2.2~2.8	2.8~3.4	3.4~4.0
	0：3		0~0.6	0.6~1.2	1.2~1.8	1.8~2.4	2.4~3.0
5 點量尺	1：5	0.8	1~1.8	1.8~2.6	2.6~3.4	3.4~4.2	4.2~5.0
	0：4		0~0.8	0.8~1.6	1.6~2.4	2.4~3.2	3.2~4.0

註：1. 讀者可以以此類推，6、7、8、9、10、11 點量尺。關於量尺可以到幾點，我們建議，最多到 11 點量尺，再多對於變項之間的相關沒有改進，反而會造成填答者的困擾。2. 間距包含下限，不包含上限。

result.3 部分是你必須提供 scale_names = c(" 從來沒有 ", " 幾乎沒有 ", " 很少 ", " 偶而 ", " 常常 ", " 非常多 ", " 總是 ")，若是 scale_names =NULL，則沒有此段。

5.5.5 量表題項 APA 報表與結果解釋

APA 報表：

表 5.4 情緒耗竭量表的描述統計

	平均數	標準差
情緒耗竭	3.642	0.956
1. 學校有太多的事情要處理，讓我覺得壓力很大。	4.125	1.064
2. 只要想到要面對學校的工作，我就感到無精打采。	3.58	1.071
3. 我對學校的工作已經感到身心俱疲。	3.487	1.092
4. 學校的工作，搞得我的情緒很低落。	3.375	1.052

結果解釋：

表 5.4 爲情緒耗竭量表的描述統計。就情緒耗竭而言，整體的平均數分數是 3.642 分，屬於「中」程度。情緒耗竭各題目的平均數範圍在 3.375 到 4.125 之間，介於「中下」到「中」之間的程度。其中，最高分的題項是「1. 學校有太多的事情要處理，讓我覺得壓力很大。」平均爲 4.125，屬於「中」的程度。最低分的題項是「4. 學校的工作，搞得我的情緒很低落。」平均爲 3.375，屬於「中下」的程度。

如果你有一份量表，此量表有數個分量表，你可以一個一個分量表分別進入統計 AI=>GO:(Unit 5 descriptive_scale_AI) 裡，將其存成不同檔案名，再組合成一個 APA 表格來解釋。下面我們就用工作倦怠量表做例子。工作倦怠的第一個分量表是上面的情緒倦怠。下面是第二個分量表去人格：

```
# 輸入資料名稱
# 輸入資料名稱
data = burnout_1
# 請填寫量表或者分量表的變項名稱
VARs = c("burn7" , "burn8", "burn9", "burn10")
## 請輸入組合變項名稱，就是 VARs 裡面的這些題項組合成一個因素的名稱
# 此組合變項的分數會是所有變項分數加總除以變項數 (V1 + V2 + V3 + V4 +...+ Vn)/n
composite_var = c(" 去人格 ")
# 量表的量尺，例如 Likert 五點量尺 (1 到 5 分），使用 c(1:5)，若是 0 到 4 分，請用 c(0:4)
scale = c(1:7)
# 請輸入量尺相對應的選項名稱，如果不提供請寫「scale_names = NULL」
scale_names = c(" 從來沒有 ", " 幾乎沒有 ", " 很少 ", " 偶而 ", " 常常 ", " 非常多 ", " 總是 ")
# 請輸入結果存檔匯出的名稱
save_file = c("des1_scale")
```

result.1

變項	樣本數	最小値	最大値	平均數	標準差	偏態	峰度
去人格	400	1	6	3.268	0.936	0.005	0.068
burn7	400	1	7	3.223	1.167	0.129	-0.001
burn8	400	1	7	3.355	1.188	0.095	0.121
burn9	400	1	7	3.308	1.066	0.197	0.359
burn10	400	1	7	3.188	1.098	0.294	0.304

result.2

表 AAA 爲去人格量表的描述統計。就去人格而言，整體的平均數分數是 3.268 分，屬於「中下」程度。去人格各題目 burn7、burn8、burn9、burn10 的平均數範圍在 3.188 到 3.355 之間，介於「中下」到「中下」之間的程度。其中，最高分的題項是 burn8，平均爲 3.355，屬於「中下」的程度。最低分的題項是 burn10，平均爲 3.188，屬於「中下」的程度。

第三個分量表低成就：

```
# 輸入資料名稱
data = burnout_1
# 請填寫量表或者分量表的變項名稱
VARs = c("burn12" , "burn13", "burn14", "burn15")
## 請輸入組合變項名稱，就是 VARs 裡面的這些題項組合成一個因素的名稱
# 此組合變項的分數會是所有變項分數加總除以變項數 (V1 + V2 + V3 + V4 +...+ Vn)/n
composite_var = c(" 低成就 ")
# 量表的量尺，例如 Likert 五點量尺 (1 到 5 分），使用 c(1:5)，若是 0 到 4 分，請用 c(0:4)
scale = c(1:7)
# 請輸入量尺相對應的選項名稱，如果不提供請寫「scale_names = NULL」
scale_names = c(" 從來沒有 ", " 幾乎沒有 ", " 很少 ", " 偶而 ", " 常常 ", " 非常多 ", " 總是 ")
# 請輸入結果存檔匯出的名稱
save_file = c("des2_scale")
```

result.1

變項	樣本數	最小值	最大值	平均數	標準差	偏態	峰度
低成就	400	1	6.75	3.212	1.174	0.265	-0.093
burn12	400	1	7	2.812	1.217	0.411	0.316
burn13	400	1	7	3.01	1.311	0.421	0.023
burn14	400	1	7	3.303	1.294	0.188	-0.227
burn15	400	1	7	3.723	1.577	0.06	-0.649

result.2

表 AAA 爲低成就量表的描述統計。就低成就而言，整體的平均數分數是 3.212 分，屬於「中下」程度。低成就各題目 burn12、burn13、burn14、burn15 的平均數範圍在 2.812 到 3.723 之間，介於「中下」到「中」之間的程度。其中，最高分的題項是 burn15，平均爲 3.723，屬於「中」的程度。最低分的題項是 burn12，平均爲 2.812，屬於「中下」的程度。

工作倦怠總量表：

```
# 輸入資料名稱
data = burnout_1
# 請填寫量表或者分量表的變項名稱
VARs = c("burn1" , "burn2", "burn3", "burn4", "burn7" , "burn8", "burn9", "burn10",
         "burn12" , "burn13", "burn14", "burn15")
## 請輸入組合變項名稱，就是 VARs 裡面的這些題項組合成一個因素的名稱
# 此組合變項的分數會是所有變項分數加總除以變項數 (V1 + V2 + V3 + V4 +...+ Vn)/n
composite_var = c(" 工作倦怠 ")
# 量表的量尺，例如 Likert 五點量尺 (1 到 5 分），使用 c(1:5)，若是 0 到 4 分，請用 c(0:4)
scale = c(1:7)
# 請輸入量尺相對應的選項名稱，如果不提供請寫「scale_names = NULL」
scale_names = c(" 從來沒有 ", " 幾乎沒有 ", " 很少 ", " 偶而 ", " 常常 ",  " 非常多 ", " 總是 ")
# 請輸入結果存檔匯出的名稱
save_file = c("des3_scale")
```

result.1

變項	樣本數	最小值	最大值	平均數	標準差	偏態	峰度
工作倦怠	400	1	6.167	3.374	0.894	0.07	0.216
burn1	400	1	7	4.125	1.064	0.087	0.648
burn2	400	1	7	3.58	1.071	0.159	0.778
burn3	400	1	7	3.487	1.092	0.147	0.388
burn4	400	1	7	3.375	1.052	0.227	0.611
burn7	400	1	7	3.223	1.167	0.129	-0.001
burn8	400	1	7	3.355	1.188	0.095	0.121
burn9	400	1	7	3.308	1.066	0.197	0.359
burn10	400	1	7	3.188	1.098	0.294	0.304
burn12	400	1	7	2.812	1.217	0.411	0.316
burn13	400	1	7	3.01	1.311	0.421	0.023
burn14	400	1	7	3.303	1.294	0.188	-0.227
burn15	400	1	7	3.723	1.577	0.06	-0.649

result.2
表 AAA 爲工作倦怠量表的描述統計。就工作倦怠而言，整體的平均數分數是 3.374 分，屬於「中下」程度。工作倦怠各題目 burn1、burn2、burn3、burn4、burn7、burn8、burn9、burn10、burn12、burn13、burn14、burn15 的平均數範圍在 2.812 到 4.125 之間，介於「中下」到「中」之間的程度。其中，最高分的題項是 burn1，平均爲 4.125，屬於「中」的程度。最低分的題項是 burn12，平均爲 2.812，屬於「中下」的程度。

組合此三個量表與總量表的工作倦怠：

表 5.5　工作倦怠量表的描述統計

變項	平均數	標準差
工作倦怠	3.374	0.894
情緒耗竭	3.642	0.956
1. 學校有太多的事情要處理，讓我覺得壓力很大。	4.125	1.064
2. 只要想到要面對學校的工作，我就感到無精打采。	3.58	1.071
3. 我對學校的工作已經感到身心俱疲。	3.487	1.092
4. 學校的工作，搞得我的情緒很低落。	3.375	1.052
去人格	3.268	0.936
7. 相較於過去，我已經不會那麼積極地處理學生的問題。	3.223	1.167
8. 現在我比較會以應付的心態來處理學校的一些事情。	3.355	1.188
9. 相對於過去，現在的我對學生比較容易發脾氣。	3.308	1.066
10. 相對於過去，現在的我對學生比較沒有耐心。	3.188	1.098
低成就	3.212	1.174
12. 對我而言，老師這個工作已不再那麼有意義。	2.812	1.217
13. 對我而言，老師這個工作已不再那麼有成就感。	3.01	1.311
14. 對於我這個工作，挫折感是越來越重。	3.303	1.294
15. 我覺得現在當老師並沒有那麼值得驕傲的了。	3.723	1.577

將上面的解釋部分組合改寫成 APA 的報表解釋。

報表解釋：

表 5.5 爲工作倦怠量表的描述統計。就全量表工作倦怠而言，整體的平均數分數是 3.374 分，屬於「中下」程度。

就情緒耗竭分量表而言，整體的平均數分數是 3.642 分，屬於「中」程度。情緒耗竭各題目的平均數範圍在 3.375 到 4.125 之間，介於「中下」到「中」之間的程度。其中，最高分的題項是「1. 學校有太多的事情要處理，讓我覺得壓力很大。」平均爲 4.125，屬於「中」的程度。最低分的題項是「4. 學校的工作，搞得我的情緒很低落。」平均爲 3.375，屬於「中下」的程度。

就去人格分量表而言，整體的平均數分數是 3.268 分，屬於「中下」程度。去人格各題目的平均數範圍在 3.188 到 3.355 之間，介於「中下」到「中下」之間的程度。其中，最高分的題項是「8. 現在我比較會以應付的心態來處理學校的一些事情。」平均爲 3.355，屬於「中下」的程度。最低分的題項是「10. 相對於過去，現在的我對學生比較沒有耐心。」平均爲 3.188，屬於「中下」的程度。

就低成就分量表而言，整體的平均數分數是 3.212 分，屬於「中下」程度。低成就各題目的平均數範圍在 2.812 到 3.723 之間，介於「中下」到「中」之間的程度。其中，最高分的題項是「15. 我覺得現在當老師並沒有那麼值得驕傲的了。」平均爲 3.723，屬於「中」的程度。最低分的題項是「12. 對我而言，老師這個工作已不再那麼有意義。」平均爲 2.812，屬於「中下」的程度。

參考文獻

楊金寶、張惠美、黃芳銘、林炫沛（2007）。台灣學齡前兒童父母健康信念量表內涵分析。醫護科技學刊，9（1），頁 65-75。doi: 10.6563/tjhs.2007.9(1).6

https://bookdown.org/ekothe/navarro26/descriptives.html#var

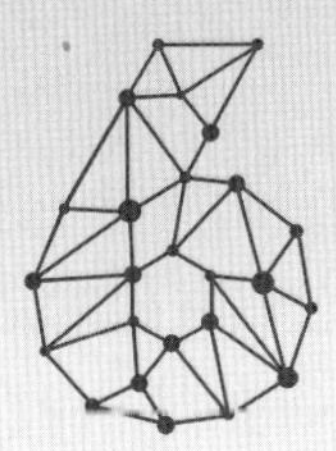

推論統計的基本概念

難易指數：☺☺☺（還好）

學習金鑰

- ✦ 了解何謂假設檢定、第一類型及第二類型錯誤
- ✦ 了解何謂臨界值、p 值與顯著性
- ✦ 了解何謂效果量以及統計檢定力

敘述統計的基本概念在前面的章節介紹完後，接著就是推論統計的方法。然而在進入推論統計時，有一些基本概念必須讓讀者明瞭，如此才有助於讀者了解這些方法在檢定時，到底在做些什麼事。在統計學中，推論統計乃是根據樣本的特徵去推斷母體特徵的統計方法。它是建基於樣本數據的統計量，以機率形式的表述來對母體的未知性質做出推論。

6.1　母群與樣本

母群 (population) 乃是研究者在研究時感興趣事物對象的整體集合，而樣本 (sample) 則是從母群中抽取的一小部分集合。舉例而言，假設我們要研究國小教師的工作倦怠感，那麼所有國小教師就是母群，而我們隨機抽取 400 位國小教師來填寫工作倦怠的問卷，這 400 位國小教師就是樣本。通常，母群，英文是 population，就其一般的定義是某一個國家裡生活在某一個地理區域內全體人口，但是在研究裡，母群不必然是指人，它可以是擁有一種共同特質資料的任何參數。例如：研究台灣家庭收入情形，那麼所有台灣家庭收入的資料就是母群。在研究中，樣本是母群的代表，它用於推論母群。樣本的品質越好，在推論的精確性上就會越高。

6.2 假設檢定

當使用樣本來推論母群時，會進入假設檢定 (hypothesis testing) 的過程。假設 (hypothesis) 乃是對母體參數可判定眞實與否的陳述。假設檢定是以樣本統計量檢定母體參數之陳述是否爲眞的一種操作過程。假設檢定的目的，不在於證明立論（研究假設）爲眞，而是期望能夠有足夠的證據用來推翻相反的立論。假設檢定裡通常會有兩個假設：虛無假設 (null hypothesis) 以及對立假設 (alternative hypothesis)。

虛無假設：以 H_0 來表示，就是希望能宣稱爲「沒有效果」的假設，亦即希望能證明爲錯誤的假設。

對立假設：以 H_1 來表示。希望能宣稱爲「有效果」的假設，就是想要接受的那種可能性。也就是虛無假設的對立狀態。

舉例而言，一位教師建立了一個新的教學法，其希望探討此一教學法是否有效果，因此採用了實驗設計來探討這個教學效果，他設立了實驗組與控制組，實驗組在整個學期的上課皆使用新的教學法，控制組則是使用舊的教學法。那麼，這位教師的期望是此新的教學法有效果（可能是好效果，也可能是不好的效果），此爲對立假設，而此一教學法沒有效果則是虛無假設。其統計假設的寫法是（這種寫法也可以稱爲無方向性假設）：

$$H_0：\mu_{\text{實驗組}} = \mu_{\text{控制組}}$$
$$H_1：\mu_{\text{實驗組}} \neq \mu_{\text{控制組}}$$

如果此位教師的期望是此一新的教學法只有好的效果，沒有不好的效果。那麼，統計假設的寫法是（這種寫法也可以稱為有方向性假設）：

$$H_0：\mu_{實驗組} \leq \mu_{控制組}$$
$$H_1：\mu_{實驗組} > \mu_{控制組}$$

假設很難證明其為眞，但只要有一個反例就可證明其為僞。例如：天下烏鴉一般黑的假設，天下的烏鴉一定抓不完，要證明烏鴉是黑的假設是比登天還難，但只要抓到一隻白烏鴉，那麼此句為假成立。所以，我們通常不會說我們證明了 H_1（研究假設），而是我們目前的實驗結果可以拒絕 H_0（虛無假設），因此接受對立假設。

6.3 第一類型及第二類型錯誤

在檢定假設的過程裡，我們會接受或者拒絕假設。針對虛無假設而言，虛無假設可能是對的，例如研究者使用一種新的教學法，而實際上這種教學法根本無法讓學生學習得更好。另一種狀況就是實際上這種新的教學法有效。那麼，接受與拒絕，加上虛無假設為眞以及為假，共產生四種情況（見表 6.1）。第一類型錯誤 (type I error) 即是 H_0 是眞的，卻被拒絕。第二類型錯誤 (type II error) 即是 H_0 是假的，卻被接受。

表 6.1　第一類型與第二類型錯誤

	H_0 是真的	H_0 是假的
拒絕	錯誤（第一類型錯誤，α） 偽陽性 (false positive, FP)	正確（統計檢定力，$1-\beta$）
接受	正確 $(1-\alpha)$	錯誤（第二類型錯誤，β） 偽陰性 (false negative, FN)

我們用「寧願錯過，不要嫁錯」這句話來說明哪一段是第一類型錯誤，哪一段是第二類型錯誤。從表 6.2 可知，錯過是第一類型錯誤，而嫁錯是第二類型錯誤。

表 6.2 「寧願錯過，不要嫁錯」的第一類型與第二類型錯誤

	H_0 是真命天子	H_0 不是真命天子
拒絕	錯過（第一類型錯誤）（真的被拒絕）	正確 power（統計檢定力）
接受	正確	嫁錯（第二類型錯誤）（假的被接受）

2020 年全球發生了 COVID-19 事件，而這個事件與第一類型錯誤（偽陽性）以及第二類型錯誤（偽陰性）有關的概念是：若是一個人沒有感染 COVID-19，卻錯誤地被識別爲染了 COVID-19，此即犯了第一類型錯誤（偽陽性）（見表 6.3），那麼會導致不必要的檢測、治療、與隔離當事人和密切接觸者（簡單來講就是防疫資源的浪費）。若是感染了 COVID-19，而未能及時被發現 COVID-19，就是犯了第二類型錯誤（偽陰性）（見表 6.3），可能會延誤治療，並造成感染擴散（也就是讓疫情擴大）。所以，防止偽陰性是相當重要的。

表 6.3 COVID-19 檢測的偽陽性與偽陰性

		受檢者	
		沒有 COVID-19	有 COVID-19
檢測結果	陽性 (positive)	偽陽性 (false positive)	真陽性 (true positive)
	陰性 (negative)	真陰性 (true negative)	偽陰性 (false negative)

在統計檢定時，必須針對第一類型錯誤 (α) 做設定。以實驗設計爲例，如果簡單的設計只有一組實驗組以及一組控制組，在做這兩組平均數比較時，必須給它一個第一類型錯誤的設定，通常社會科學的研究每一個檢定的第一類型錯誤是 0.05($\alpha = 0.05$)。當統計檢定的結果告訴我們此一研究的實際錯誤率小於 0.05 時，那麼我們可以勇敢地拒絕虛無假設。

如果一位教師太有創意，發展出兩種新的教學法（神奇教學法與魔法教學法），此教師做了一個實驗，此實驗有兩組實驗組（神奇組與魔法組），有一組控制組（原封不動組），而此教師想要知道神奇組、魔法組以及原封不動組之間的效果差異情形。此教師將此實驗的 α 設定爲 0.05，這時有三組

假設要檢定：

$$H_{0\,神原}：\mu_{神奇組}=\mu_{原封不動組}；H_{1\,神原}：\mu_{神奇組}\neq\mu_{原封不動組}$$
$$H_{0\,神魔}：\mu_{神奇組}=\mu_{魔法組}；H_{1\,神魔}：\mu_{神奇組}\neq\mu_{魔法組}$$
$$H_{0\,魔原}：\mu_{魔法組}=\mu_{原封不動組}；H_{1\,魔原}：\mu_{魔法組}\neq\mu_{原封不動組}$$

而這三組假設是在同一個實驗裡，那麼三組檢定的總第一類型錯誤率必須低於 0.05。這種情形有一種簡便的方式來決定每一個檢定的第一類型錯誤率，總共有三組要檢定，那麼將所設定的 α 除以 3，$\alpha/3$ 就是每一組的檢定所容許的第一類型錯誤值。這個方法稱爲 Bonferroni 校正法 (Bonferroni correction)。也就是有 k 組要比較的話，將 α 除以 k：

$$p_{crit}=\frac{\alpha}{k}$$

6.4　臨界值

在統計檢定時，我們設定 α 之後，就會產生了臨界值 (critical value)，就是判定接受虛無假設以及拒絕虛無假設的判斷點，這個判斷點將檢定的分配區分成「接受區」以及「拒絕區」。當檢定所計算出來的統計量落在接受區時，則是接受虛無假設，落在拒絕區則是拒絕虛無假設。臨界值與 α 設定的大小有關，也與假設的型態有關。就 z 檢定而言，α 設定爲 0.05，虛無假設爲無方向假定，也就是前面例子裡，教師認爲教學法有差異，但不曉得是好的還是不好的，其虛無假設爲 $H_0：\mu_{實驗組}=\mu_{控制組}$。那麼第一類型錯誤 α 的機率會分布在 z 分配的兩端，也就是一端的機率各爲 0.025。那麼就會產生兩個臨界值：一爲 1.96，另一爲 -1.96。兩個臨界值的中間區域是接受區，也就是 z 值落在這個區域的話，皆是 $\mu_{實驗組}=\mu_{控制組}$。而這兩個臨界值可區隔出兩個拒絕區，z 值落在拒絕區，則是 $\mu_{實驗組}\neq\mu_{控制組}$，那麼可以拒絕虛無假設。這種產生兩個臨界值，因而有兩個拒絕區，稱爲雙尾檢定（見圖6.1）。另外，若假設是有方向性，$H_1：\mu_{實驗組}>\mu_{控制組}$，$H_0：\mu_{實驗組}\leq\mu_{控制組}$，那麼臨界值的右邊是拒絕區，左邊是接受區，此種是單尾檢定 (one-tailed tests) 中的右尾檢定 (right tailed test；upper-tail test)（見圖 6.2）。若是 H_1：$\mu_{實驗組} < \mu_{控制組}$，H_0：$\mu_{實驗組} \geq \mu_{控制組}$，則臨界值的左邊是拒絕區，右邊是接受區，此爲單尾檢定的左尾檢定 (left tailed test；lower-tail test)（見圖 6.3）。

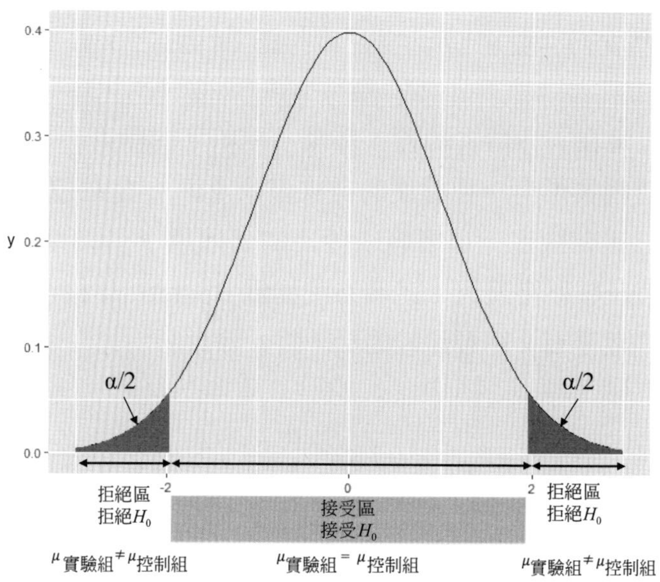

圖 6.1　雙尾檢定

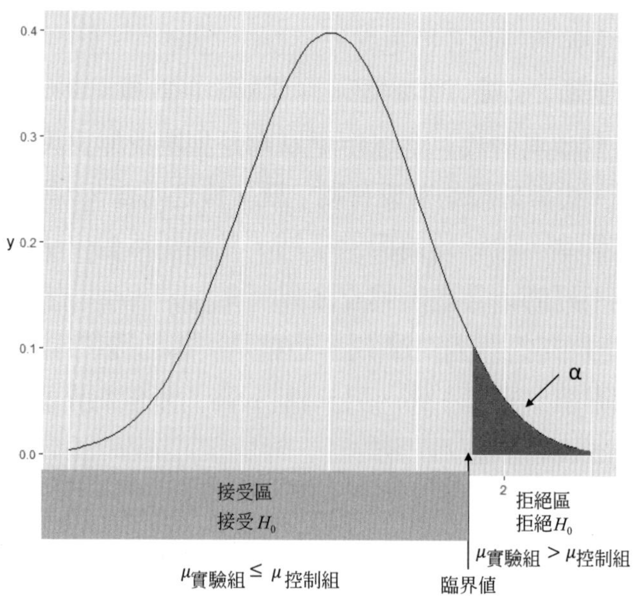

圖 6.2　右尾檢定

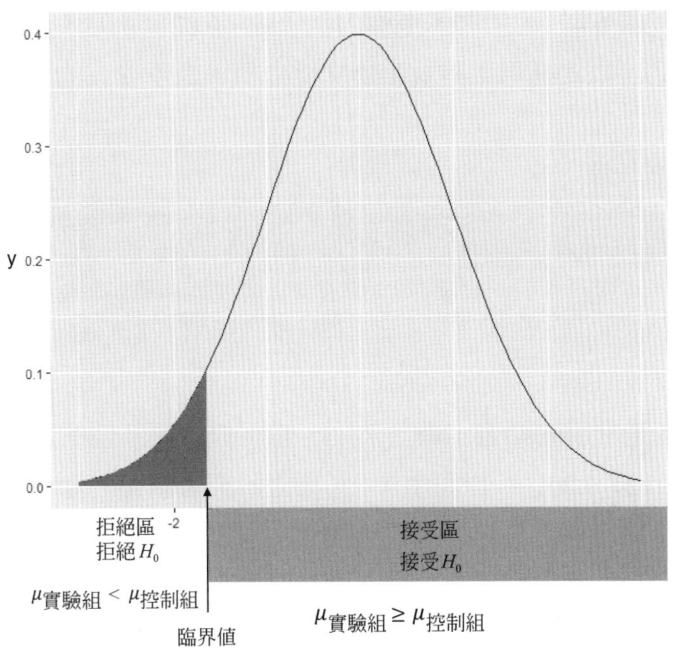

圖 6.3　左尾檢定

6.5　p 值與顯著性

前面我們將第一類型錯誤用 α 來表示，在統計檢定的過程中，α 通常稱爲顯著水準 (significant level)。當實際上用樣本去推估母群時，統計的估計會產生一個 p 值 (p value)。p 值乃是當虛無假設爲眞時，實際上所得到的樣本觀察結果出現的機率。所以，得到的 p 值越小，虛無假設是眞的機率就越小。例如：我們抽取嘉義縣國中生三年級男生 570 名以及女生 614 名，收集他們基測的國文成績，比較男生與女生國文能力是否有差異。我們使用獨立樣本 t-test 來檢定，那麼，虛無假設是男生與女生國文能力相等，對立假設是男生與女生國文能力有顯著差異。如果 t-test 估計出來的 $p = 0.02$。表示只有 2% 的機率虛無假設會是眞的，也就是說在如此抽樣之下，男生與女生國文能力相等的機率是 2%。如果我們研究設定第一類型錯誤 $\alpha = 0.05$，此時 0.05 就是我們所設定的顯著水準，那麼我們會拿 p 值來跟設定的顯著水準做對照。如果 $p \leq 0.05(\alpha)$，就可以拒絕虛無假設，$p > 0.05(\alpha)$ 就不拒絕虛無假設（見表 6.4）。那麼，上面的例子 $p = 0.02 \le 0.05$，因此拒絕虛無假設，所以我們可以宣稱男生與女生國文能力相等是不成立的。

表 6.4　p 值的決策

p 值	決策
$p \le 0.05$	拒絕虛無假設
$p > 0.05$	不拒絕虛無假設

$\alpha = 0.05$ 是常用的顯著水準，然而，也可以使用其他的值作爲決策的判斷，例如 0.01 或 0.001。上面的例子，如果研究者設定的顯著水準是 0.01，那麼就是接受虛無假設，也就是男生與女生國文能力相等成立。所以，假設檢定過程中設定顯著水準是重要的一環。在此，我們提出另一種顯著水準判別的方式，此一方式乃是研究者設定 0.05、0.01 以及 0.001 三個水準，每一個水準給於不同的顯著性，使用標示「*」號來代表顯著的等第，統計估計獲得實際的 p 值時，用 p 值和此三個水準做對照，對照的方式與決策如下表 6.5。

表 6.5　p 值與顯著性

p 值（sig.（顯著性））	決策
$p > 0.05$	不拒絕虛無假設
$0.01 < p \le 0.05$	拒絕虛無假設，標示 *
$0.001 < p \le 0.01$	拒絕虛無假設，標示 **
$p \le 0.001$	拒絕虛無假設，標示 ***

這種做法乃是將顯著性標示等第，三顆星比兩顆星、一顆星有顯著的強烈差別，也就是星數越多信心水準越高，可以越有信心地宣稱（你可以越堅定地對口試委員說）：「虛無假設不成立」。

6.6 效果量

前面我們論述了假設檢定過程中，我們設定了 α（期望可以接受的第一類型錯誤），然後使用統計估計結果的 p 值（實際的第一類型錯誤率），將 p 與 α 對比，若小於 α，即宣稱虛無假設不成立。此種作法有一種「錯誤率越小越好」的感覺，無法凸顯「差異程度」。我們常常看到的研究假設是男女生在國文程度上有顯著差異。實驗組與控制組在憂鬱的程度上有顯著差異。然而，有另一派的學者強調必須告訴我們差異大小的強度 (magnitude)，因此一種稱爲效果量 (effect size) 的計算被發明出來。Cumming and Calin-Jageman (2017) 對效果量做了一個很簡單的定義：「研究所興趣的任何東西的數量」。效果量可以告訴我們研究結果的強度。效果量的計算因統計檢定公式的不同而不同，所以我們會在後面單元中，依據需要提供效果量的計算方式。

6.7 統計檢定力

在表 6.1 中我們呈現了拒絕與接受虛無假設，而虛無假設可能是眞，也可能是假的四種組合情形。在表中我們看到當拒絕虛無假設，而虛無假設是假的那一個格子裡，標示著一個名詞統計檢定力 (power)，其公式是 1-β。亦即 1 減掉第二類型錯誤即是統計檢定力。統計檢定力是正確地拒絕虛無假設是假的機率。從對立假設的角度來看，就是當對立假設是眞的，接受對立假設的機率。它的數值介於 0 到 1 之間，數值越大表示統計檢定力越高。舉例而言，統計檢定力 0.80 表示在進行研究時有 80% 的機率拒絕虛無假設是假的。前面我們抽取嘉義縣男生 570 名以及女生 614 名，同樣的方式我們抽 100 次，如果統計檢定力是 0.80，那麼 100 次的估計裡，我們應該有 80 次男女生的國文能力有顯著差異。也就是有 80 次的決策是拒絕男女生國文程度是相等的（此爲虛無假設）。

補充：樣本數、顯著水準、效果量以及統計檢定力是四個相關連的部分，當確定好任何三個要素，在某種統計檢定下，是可以算出第四個要素的值。以下我們用 pwr 套件中的 pwr.t.test() 來說明。

```
install.packages("pwr")
library(pwr)
```

t-tests 使用下面的函數：

```
pwr.t.test(n = , d = , sig.level = , power = , type = c("two.sample",
"one.sample", "paired"))
```

[說明]n 是樣本數，d 是效果量，sig.level 是顯著水準，power 是統計檢定力，type 裡有三種 t 檢定，two.sample（獨立樣本）、one.sample 以及 paired。如果研究者使用的是不等組樣本數，所使用函數如下：

```
pwr.t2n.test(n1 = , n2= , d = , sig.level =, power = )
```

只有獨立樣本的檢定才有不等組，所以不需要界定何種 t 檢定。

現在我們來求一下樣本數，如果我們想比較嘉義縣男生與女生國文程度是否相等，效果量我們界定為中等（Cohen 建議 d 值 0.2、0.5、以及 0.8 分別代表小、中、大效果量），因此 d=0.5，顯著水準設定為 0.05，power 通常要求是 0.8。而此種檢定是獨立樣本，就是 "two.sample"。

```
pwr.t.test(d =0.5 , sig.level =0.05 , power =0.8 , type = c("two.sample"))
```

沒有 n，就是請它算出樣本數。亦即四個要素放了三個，沒有的就是計算那個要素。

```
Two-sample t test power calculation
           n = 63.76561
           d = 0.5
   sig.level = 0.05
       power = 0.8
 alternative = two.sided
NOTE: n is number in *each* group
```

答案男女生各 64 位即可。

參考文獻

Cumming, G., & Calin-Jageman, R. (2017). *Introduction to the new statistics: Estimation, open science, and beyond*. New York: Routledge.

https://www.geo.fu-berlin.de/en/v/soga/Basics-of-statistics/Hypothesis-Tests/Introduction-to-Hypothesis-Testing/Critical-Value-and-the-p-Value-Approach/index.html

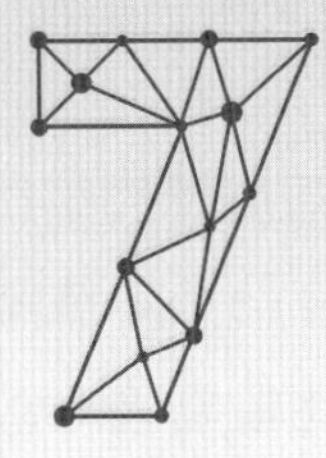

兩個平均數比較

難易指數：☺☺☺（還好）

學習金鑰

- ✦ 了解兩個獨立以及相依樣本 t 檢定的概念以及使用時機
- ✦ 使用 R 套件執行兩個獨立以及相依樣本 t 檢定
- ✦ 學會將 t 檢定以報表的方式來呈現，並且撰寫結果

比較兩個平均數 t 檢定的統計方法有兩種：兩個獨立樣本 t 檢定 (two independent samples t-test) 以及兩個相依樣本 t 檢定 (two dependent samples t-test, paired samples t-test, correlated-samples t-test)。

7.1 兩個獨立樣本 t 檢定

兩個獨立樣本 t 檢定中的「獨立」是指假設兩個母群獨立，例如班上男女生的身高是獨立的，其意思是說班上男生之所以有此身高不是因爲班上女生的身高所造成的。所以比較國小男生女生的身高時，這兩個母群在身高這個變項上具備獨立的特性。

使用的時機是檢驗兩組（群）相互獨立的樣本的平均數之間是否有顯

著差異，其目的是用於決定兩個母群體的平均數是否相等。例如：我們使用隨機抽樣，收集了嘉義縣某年度的 1,184 筆國三學生的基測成績，其中男生 570 名，女生 614 名。我們想要比較嘉義縣當年度國三男生與女生的國文程度，看看男生國文較好還是女生。圖 7.1 是 570 位男生與 614 位女生國文成績的密度圖。中間兩條虛線，左邊虛線是男生的平均數，右邊虛線是女生的平均數。我們可以看到女生的平均數高於男生，但是這樣的差距（目測大概是差距 4 分）是不是具有統計上的顯著性，這就必須使用獨立樣本 t 檢定來檢定。

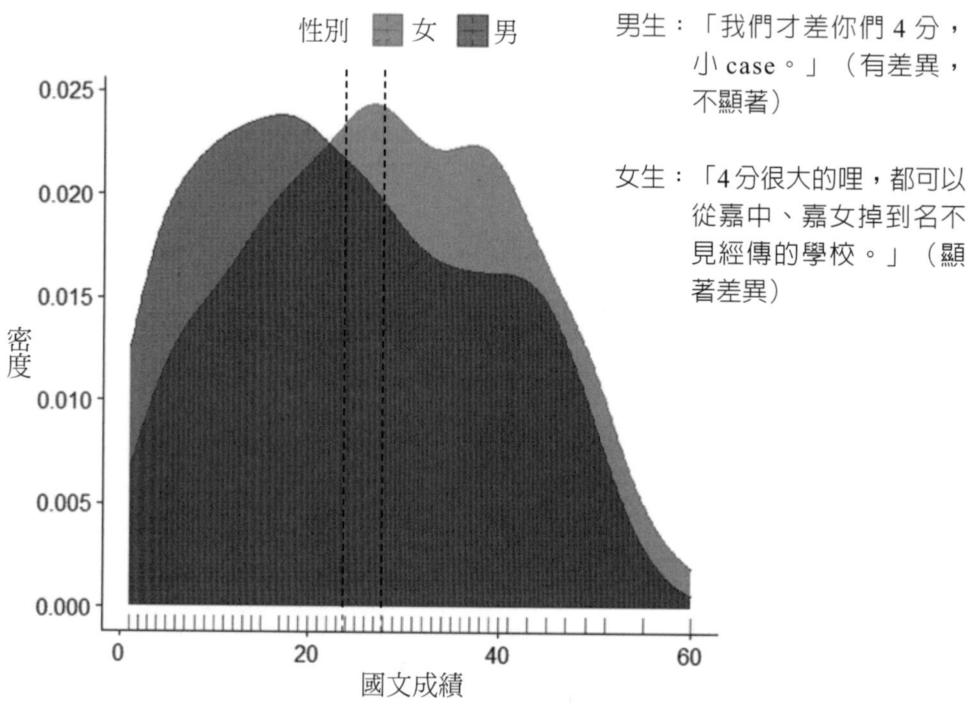

圖 7.1　嘉義縣男女生國文成績密度分配圖

兩個獨立樣本 t 檢定公式如下：

$$t=\frac{(\bar{x}_1-\bar{x}_2)-(\mu_1-\mu_2)}{s_w}\text{（公式 7.1）}，s_w=\sqrt{\frac{(n_1-1)S_1^2+(n_2-1)S_2^2}{n_1+n_2-2}}$$

s_w 是標準誤的估計值，$\bar{x}_1$ 與 $\bar{x}_2$ 是兩個樣本的各自平均數。μ_1 與 μ_2 是兩個樣本所代表的母群的各自母群平均數。由於我們的樣本是從兩個母群抽樣出來，如果研究的虛無假設是眞的 (H_0：$\mu_1 = \mu_2$)，因此在虛無假設之下 $\mu_1 = \mu_2$，那麼 $\mu_1 - \mu_2 = 0$，則公式 7.1 就變成公式 7.2 的樣子。

$$t = \frac{(\bar{x}_1 - \bar{x}_2)}{s_w} \qquad \text{（公式 7.2）}$$

一旦 t 值產生，檢定此值顯著性的自由度是 $n_1 + n_2 - 2$。獨立樣本 t 檢定的目的與資料要求呈現於表 7.1。

表 7.1　獨立樣本 t 檢定的目的與資料要求

目的	自變項		依變項
檢定兩組樣本在依變項的平均數是否有顯著差異。	只有兩個獨立的類別		一個屬於連續的量數
	性別（男、女）實驗組與控制組	→ →	身高 實驗效果

7.1.1　獨立樣本 t 檢定的假定[1]

獨立性 (independence)：觀察值來自彼此獨立的隨機樣本。亦即，一個觀察所獲得的值和其他的觀察所獲得的值沒有任何關連。在教育場域裡，研究者經常基於方便起見，在同一所學校裡，同時設立實驗組和控制組，而且這些班級是同一老師教學。這些班級的學生（研究的參與者），平時都打混在一起，那麼就產生了彼此相互影響的後果，如此就可能破壞了獨立性的假

[1] 假定 (assumptions) 與假設 (hypotheses) 是不一樣的，但是過去限於翻譯無統一的用詞，而一些學者將 assumptions 翻譯成假設，因而造成混淆。假設則是有待驗證的變項間之假想性關連。例如：「性別在數學成就有顯著差異」是研究者想要驗證的一件事，那麼此為一個假設，而驗證這個假設的工作稱為假設檢定 (hypothesis testing)。假定指的是無須驗證就成立的假想性關連。例如：「依變項必須是近似常態」就是假定，也就是在這種假定之下，使用 t 檢定估計，所產定的假設檢定結果才會可靠。

定。另外一種也是在教育場域常使用的就是調查研究。研究者發問卷時，常常是整所學校的老師都發問卷，你問他們校長的領導，他們平時都會「八卦」校長，那麼是不是每一個老師在填寫校長的領導時，會受到其他教師「八卦」的影響。當然，我們必須說明的是「重複量數設計」，參與者收集了前測以及後測，我們期待的是對一個參與者而言，前測與後測必須有相關（這是實驗設計的要求），而對於不同參與者（受試者）之間的行爲必須是獨立的。

違反此項假定對 t 檢定傷害很大，那麼就無法使用獨立樣本 t 檢定來檢定。有些統計教科書直言，如果這項假定被破壞了，請重新設計實驗。如何檢查這個假定，大部分學者都認爲沒有任何方法可以檢定研究資料是否具備獨立性。獨立性在於研究者必須做到正確的隨機化樣本選擇，以及在收集資料的過程中，確保參與者之間不會產生任何連結，而影響到資料的塡答。

常態性 (normality)：就是抽樣分配是常態分配，所以樣本必須取自服從常態分配的母群。有些統計書籍是以在母群中各組依變項必須是常態分配來述說此種假定。有些則是提出誤差項必須是常態分配來述說此一假定，也就是你會看到 $\varepsilon \sim \text{i.i.d. } N(0, \sigma^2)$ 這樣的假定。我們這樣想像，如果我們重複地抽樣（10,000 次）並且計算這些樣本的平均數，這 10,000 個平均數應該是一種常態分配，如此檢定顯著性時才不會偏差。

有許多種方法可以檢定連續變項資料的常態性，這些方法可以歸類爲：(1) 看圖說故事，比較受歡迎的圖形法有：長條圖、盒鬚圖、P-P 圖、Q-Q 圖；(2) 使用正式的統計檢定，比較受歡迎的有：Shapiro–Wilk 檢定、Kolmogorov–Smirnov 檢定、偏態 (skewness)、峰度 (kurtosis)。在這裡，我們討論 Kolmogorov–Smirnov 檢定、Shapiro–Wilk 檢定、偏態、峰度以及 Q-Q 圖。

Kolmogorov–Smirnov 檢定與 Shapiro–Wilk 檢定的虛無假設都是假設資料是從常態母群抽樣而來的，因而 $p > 0.05$ 時，接受虛無假設，可以宣稱資料具備常態性。有些學者強調當樣本數小於 50 時，使用 Shapiro–Wilk 檢定；大於 50 時，使用 Kolmogorov–Smirnov 檢定 (Mishra, et al., 2019)，理由是小於 50 時，Shapiro–Wilk 檢定比較具有統計力。

偏態則是描述分配狀態是偏離平均數的程度；峰度則是描述分配狀態與常態分配比較是較為陡峭或平坦。由於這兩個都是對稱分配型態，因而偏態指數 (skew index) 值為 0，同時峰度指數 (kurtosis index) 也為 0 時，就是常態分配。如果使用偏態指數與峰度指數來判斷違反常態性假定，Mishra, Pandey, Singh, Gupta, Sahu, and Keshri (2019) 則是認為偏態指數與峰度指數在 -1 與 +1 之間，可以成為近似常態。如果是用 z 檢定來判斷的話，小樣本 ($n < 50$) 時 z 值在 ± 1.96 之內，可以說明資料是常態的。中等樣本 ($50 \le n < 300$) 時 z 值在 ± 3.29 之內。大樣本 ($n > 300$) 時，z 值不好判斷，還是回到偏態與峰度指標來判斷，偏態值 ≤ |± 2|，峰度值 ≤ |± 7| 可以視為常態 (kim, 2013)。Kline(2016) 則認為，偏態值 ≥ |± 3|，表示嚴重的偏態。峰度值 ≥ |± 10|，表示峰度嚴重地過於平坦或陡峭。由於 Kline(2016) 這個標準在諸如結構方程模式 (SEM) 這樣的高階統計中，許多學者都以此來判斷是否違反常態性，因此，我們本書中的所有章節中，檢定常態性時皆以此為主要判斷原則。

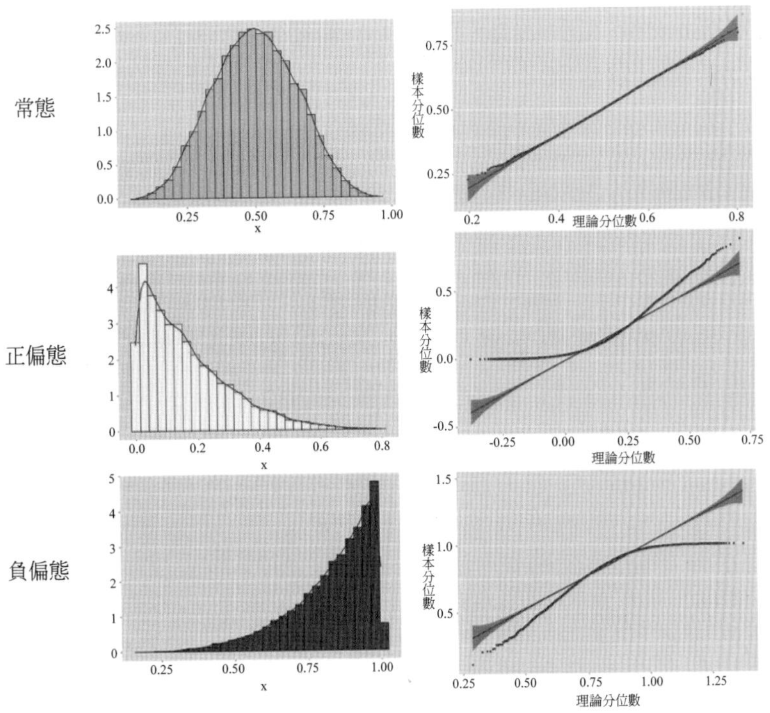

圖 7.2　三種偏態與 QQ-plot 的對照

QQ 圖是用兩組分位數（觀察與理論分位數）來畫散布圖，理論分位數是 x 軸，觀察分位數是 y 軸。當資料是常態分配時，觀察的資料會近似於理論的資料，所以統計上是相等的，那麼他們就會沿著 45 度角的方向發展，因此判斷有無違反常態是看圖中的點有無沿著圖中那條 45 度線發展，所有的點越貼近 45 度線表示資料越常態，越偏離 45 度線表示資料越不常態（見圖 7.2）。雖然看圖比較輕鬆，但是故事是隨人來編，如何判定違反常態性，讀者們就自己決定了。

對於常態性的違反而言，大部分的學者認爲當樣本夠大時，即使是中等的違反，對於統計檢定而言，並不是問題。Ghasemi and Zahediasl (2012) 更直言，依據中央極限定理，當每組的樣本大於 100（有些學者認爲 30 以上），樣本平均數的分配通常會相當近似於常態分配，因此常態性的破壞不是主要的問題。

當常態性被嚴重地違反時，如果你想做些事情的話，有兩個選擇：(1) 使用各種數學算法來轉換資料，讓資料分配變成常態分配（請參見單元 14 迴歸章節中關於資料轉換部分）；(2) 選擇非參數檢定法的 Wilcoxon 排序和檢定 (Wilcoxon rank sum test)，此方法不需要常態假定，是使用中位數而不是平均數來比較兩個母群。

{在 R 中使用此檢定的函數是 wilcox.test(依變項 ~ 自變項, data)}

變異數同質性 (Homogeneity of variance，homoscedasticity)：兩組樣本必須取自變異數相等的母體。亦即，依變項的變異數在各個組別上是相等的。有四種常用的方式可以檢定變異數同質性：

F-test：比較兩群體變異數，資料必須是常態分配。

{在 R 中使用此檢定的函數是 var.test(依變項 ~ 自變項, data, alternative = "two.sided")}

Bartlett's test：比較兩個或者兩個以上群體的變異數。資料必須是常態分配。

{在 R 中使用此檢定的函數是 bartlett.test(依變項 ~ 自變項, data)}

Levene's test：Levene's test 是 Bartlett's test 的一個比較強韌 (robust) 的替代統計，對常態分配比較不敏感。但是，資料在常態之下，Bartlett 檢定在統計檢定力上比較強。

{可以使用 R 裡 car 套件的 leveneTest() 函數，其另是 leveneTest(依變項 ~ 自變項, data)}

Fligner-Killeen's test：一種無母數分析 (non-parametric analysis)。直接使用資料數值估計統計稱爲母數 (parametric) 法，把資料排序之後用排序的名次估計統計叫無母數 (non-parametric) 方法，此種方法完全不受非常態分配的影響。

{在 R 中使用此檢定的函數是 fligner.test(依變項 ~ 自變項, data)}

由於市面上某些統計軟體內定 Levene 檢定，因此大部分我們看到的都是 Levene 檢定。當變異數相等被違反時，處理的方式就是在 t 檢定時採用變異數不同質的 Welch 檢定。(t.test(variable ~ group, var.equal = FALSE))，在 t.test() 函數中，var.equal = FALSE 時，即是 Welch 檢定。雖然，Welch 檢定不需假定變異數相等，但是在樣本數很小之下，必須是常態分配。如果資料不是常態分配，且變異數不相等，則可以採用 Wilcoxon 檢定。

7.1.2 效果量的計算

獨立樣本 t 檢定的效果量的計算方式如下：

$$d = t * \sqrt{\frac{n_1 + n_2}{n_1 n_2}}$$

n_1 與 n_2 是兩組個別的樣本數，t 是 t-test 算出來的統計量的值。如果計算出來的 d = 0.5，則表示兩個群體的平均數差異是 1/2 個標準差。要解釋 Cohen's d 的強度，Cohen 給了下面的標準，見表 7.2。

表 7.2 Cohen's d 強度判斷標準

	小	中	大
Cohen's d	0.2 ~ < 0.5	0.5 ~ < 0.8	≥ 0.8

資料來源：Cohen, J. (1988). Statistical Power Analysis for the Behavioral Sciences (2nd ed.). Hillsdale, NJ Lawrence Erlbaum Associates, Publishers.

我們尋找了 R 語言中可以算 Cohen's d 的套件，發現有好幾個，在這裡我們推薦 rstatix 套件。{cohens_d(依變項 ~ 自變項 , data = data, var.equal = TRUE)}，其中 var.equal = TRUE 表示變異數同質時使用此語句，若不同質則使用 var.equal = FALSE。

7.1.3 獨立樣本 t 檢定的實例解說與 R 的操作

研究目的：探討男女教師在家庭工作衝突的差異情形。

研究問題：男教師與女教師在家庭工作衝突是否有差異？

研究假設：男教師與女教師在家庭工作衝突上有顯著的差異。

H_0：男教師與女教師在家庭工作衝突上沒有顯著的差異。

H_1：男教師與女教師在家庭工作衝突上有顯著的差異。

在一般社會科學的研究論文中，慣例上可以不寫 H_0，只要呈現 H_1 即可。

檢定程序：

獨立性檢查：沒有任何方法來檢定觀察值是否獨立。我們假設使用的這筆資料收集上沒有問題，所以，獨立性假定成立。大部分的研究論文中在做 t 檢定時，都是如此假定。

常態性檢查：雖然我們在上面討論到樣本數對 Shapiro–Wilk 檢定以及 Kolmogorov–Smirnov 檢定的選擇，但大部分的書籍或發表的文章，對這部分比較沒那麼挑剔，所以我們採用 Shapiro–Wilk 檢定。

```
model  <- lm(家庭工作衝突 ~ 性別, data = burnout_1)
```

[說明] 一般檢定常態性時都使用殘差來檢定，而一般 t 檢定函數不會產生殘差，因此必須藉助於 lm() 函數，也就是用線性迴歸來求取殘差。將結果存在 model 這個資料檔名，而這個檔案中殘差值存在 residuals 這個變項名中。

使用 shapiro_test() 函數檢定常態性。

```
library(rstatix)
shapiro_test(model$residuals)
```

[說明] 在 shapiro_test() 函數中叫出殘差值就是使用 model$residuals。

```
  variable          statistic  p.value
  <chr>             <dbl>      <dbl>
1 residuals(model)  0.972      0.000000507
```

分群檢定常態性。

```
burnout_1 %>%
  group_by( 性別 ) %>%
  shapiro_test( 家庭工作衝突 )
```

[說明]這裡檢定的不是殘差項，而是針對男性的家庭工作衝突與女性家庭工作衝突來檢定常態性。

```
    性別  variable      statistic   p
    <dbl> <chr>         <dbl>       <dbl>
1     1   家庭工作衝突    0.953       0.00134
2     2   家庭工作衝突    0.967       0.00000225
```

使用 psych 套件，檢定偏態值。

```
library(psych)
skew(model$residuals)
```

```
[1] 0.3378479
```

使用 psych 套件，檢定峰度值。

```
kurtosi(model$residuals)
```

```
[1] 0.9605249
```

使用分群求偏態與峰度。

```
burnout_1 %>%
  group_by(性別) %>%
  summarise(skew(家庭工作衝突), kurtosi(家庭工作衝突))
```

```
    性別      `skew(家庭工作衝突)`   `kurtosi(家庭工作衝突)`
    <dbl>         <dbl>                 <dbl>
1     1           0.632                 1.12
2     2           0.241                 0.883
```

從上面所呈現的結果來看：無論是使用殘差項或者是分群的方式使用 Shapiro–Wilk 檢定，皆顯示常態性不成立。但是，偏態與峰度的檢定則顯示，沒有偏態絕對值 >3，表示沒有嚴重的偏態現象；沒有峰度的絕對值大於 10，表示沒有嚴重的過於平坦或陡峭的現象 (Kline, 2016)。

雖然，我們同時使用殘差與分群的方式來檢定常態性，但實際上讀者要寫文章或論文，一定要檢定常態性時，只要採用一種即可。這裡我們看到，不論是 Shapiro–Wilk 或者是 Kolmogorov–Smirnov 檢定都比 Kline(2016) 的建議保守，讀者可以自行決定要使用何者。

變異數同質性檢定：

檢定兩組母體的變異數是否有差異：

$$H_0：\sigma_A^2 = \sigma_B^2；H_1：\sigma_A^2 \neq \sigma_B^2$$

使用 rstatix 套件中的 levene_test() 函數檢定變異數同質性。

```
library(rstatix)
burnout_1 %>% levene_test(家庭工作衝突 ~ factor(性別))
```

[說明] levene_test() 函數中自變項必須是類別變項，所以加上 factor() 函數，使其成爲類別變項，讀者可參看單元 2「R 的資料型態」中因素變項。

```
    df1   df2   statistic   p
  <int> <int>   <dbl>     <dbl>
1   1    398    0.0273    0.869
```

levene 檢定顯示 p-value = 0.869 > 0.05，變異數相等。

如果獲得變異數同質時，t-test 採用變異數相等的檢定方式來檢定。

```
t.test(y ~ x, data, var.equal = TRUE)
```

如果獲得變異數不同質時，t-test 採用變異數不相等的檢定方式來檢定。

```
t.test(y ~ x, data, var.equal = FALSE)
```

```
t.test(家庭工作衝突 ~ factor(性別), data = burnout_1, var.equal = TRUE)
```

```
        Two Sample t-test
data:  家庭工作衝突 by factor(性別)
t = -0.99034, df = 398, p-value = 0.3226
alternative hypothesis: true difference in means is not equal to 0
95 percent confidence interval:
 -0.3258752  0.1075419
sample estimates:
mean in group 1 mean in group 2
       2.812500        2.921667
```

計算樣本數、平均數、標準差。

```
group_by(burnout_1, 性別 ) %>%
  summarise(
    count = n(),
    mean = round(mean( 家庭工作衝突 , na.rm = TRUE), 3),
    sd = round(sd( 家庭工作衝突 , na.rm = TRUE), 3)
  )
```

```
    性別  count  mean   sd
   <dbl>  <int>  <dbl>  <dbl>
1     1    100   2.81   0.946
2     2    300   2.92   0.957
```

計算效果量：使用 rstatix 套件中的 cohens_d() 函數計算效果量 d。

```
library(rstatix)
cohens_d( 家庭工作衝突 ~ 性別 , data = burnout_1, var.equal = TRUE)
```

[說明] cohens_d() 函數計算效果量時，也是設定 var.equal = TRUE 或 FALSE。

```
     .y.          group1  group2  effsize   n1    n2   magnitude
   * <chr>        <chr>   <chr>   <dbl>    <int>  <int>  <ord>
1 家庭工作衝突     1       2      -0.114    100    300   negligible
```

7.1.4 統計 AI=>GO:(Unit 7.1 independent t test AI)

```
# 請輸入資料的名稱
data = burnout_1
# 請輸入自變項的名稱 ( 變項名稱，讀者一定要看單元 2.7 資料框部分的說明 )
independent_var = c(" 性別 ")
# 請輸入依變項的名稱 ( 變項名稱，讀者一定要看單元 2.7 資料框部分的說明 )
dependent_var = c(" 家庭工作衝突 ")
# 請輸入輸出結果的名稱 ( 變項名稱，讀者一定要看單元 2.7 資料框部分的說明 )
save_file = c("t_test")
```

[說明] 我們寫了一個程式檔，檔名 Unit 7.1 independent t test AI。請在 RStudio 中打開此檔，將你要分析的資料匯入 RStudio，只要填入資料名稱、自變項名稱、依變項名稱以及想要輸出檔案的名稱。然後按右鍵，選取「sellect all」，然後，按右上角的 Run 鍵，它就幫你自動產生結果解釋，存在你所設定的路徑的檔案夾裡的 Excel 檔。

我們的資料檔案名是「burnout_1」=> 更改爲你的資料檔名。

自變項名稱是「性別」=> 更改爲你的自變項名稱。

依變項名稱是「家庭工作衝突」=> 更改爲你的依變項名稱。

輸出檔名是「t_test」=> 更改爲你想要輸出的名稱。

如果你對 c("t_test")、c(" 性別 ")、c(" 家庭工作衝突 ") 這樣的指令不熟悉，請到本書的單元 2 資料型態那一章節，有詳細的介紹。

[輸出結果]

result.1

檢定	統計量	p 值
Shapiro–Wilk 檢定	0.972	0
偏態 (Skewness)	0.338	
峰度 (Kurtosis)	0.961	

result.2

表 AAA(result.1) 的 Shapiro–Wilk 常態性檢定顯示，Shapiro–Wilk 統計量 = 0.972，p 值 = 0 < 0.05，進一步檢定偏態值與峰度值。偏態值 = 0.338，絕對值小於 3，表示沒有嚴重的偏態現象。峰度值 = 0.961，絕對值≦ 10，表示沒有嚴重的過於平坦或陡峭的現象。雖然 Shapiro–Wilk 常態性檢定顯示非常態，然而偏態值顯示沒有嚴重的偏態現象，峰度值顯示沒有嚴重的過於平坦或陡峭的現象，因此依然可以使用獨立樣本 t 檢定。

result.3

df1	df2	F 值	p 值	同質與否
1	398	0.027	0.869	變異數同質性

result.4

表 BBB(result.3) 中的 Leven 變異數同質性檢定顯示，F = 0.027，p > 0.05，顯示兩個群體的變異數是相等的，因此 t 檢定中採用變異數相等的假定。

result.5

性別	N	平均數	標準差	t 值	自由度	p 值	效果量
1	100	2.812	0.946	-0.99	398	0.323	-0.114
2	300	2.922	0.957				可忽視的效果

result.6

性別在家庭工作衝突的獨立樣本 t 檢定結果如表 CCC(result.5)，性別在家庭工作衝突的 t = -0.99，df = 398，p > 0.05，未達到顯著水準，表示性別在家庭工作衝突沒有顯著的差異。效果量 d = -0.114 屬於可忽視的效果。

7.1.5 獨立樣本 t-test 的 APA 表格與結果解釋

表 7.3 性別在家庭工作衝突之變異數同質性檢定

df1	df2	F 值	p 值	同質與否
1	398	0.027	0.869	變異數同質性

表 7.3 中的 Leven 變異數同質性檢定顯示，F = 0.027，p > 0.05，顯示兩個群體的變異數是相同的，因此 t 檢定中採用變異數相等的假定。

表 7.4 性別在家庭工作衝突之 t 檢定摘要表

性別	N	平均數	標準差	t 值	自由度	p 值	效果量
1	100	2.812	0.946	-0.99	398	0.323	-0.114
2	300	2.922	0.957				

性別在家庭工作衝突的獨立樣本 t 檢定結果如表 7.4，性別在家庭工作衝突的 t = -0.99，df = 398，p > 0.05，未達到顯著水準，表示性別在家庭工作衝突沒有顯著的差異。效果量 d = -0.114 屬於可忽視的效果。

7.2 相依樣本 t 檢定

相依樣本有些統計學者會使用成對樣本 t 檢定 (paired t-test) 這個詞，主要是因為兩組母群之間有某種關連性（不是獨立的）。所以，相依樣本 t 檢定是比較有關連的兩群樣本的平均數差異之檢定方法。

相依：量表中兩個因素。例如同一組人填了經濟與政治的滿意度量表，比較選民對政府在經濟與政治的作為上滿意度的差異。

重複量數：前測與後測。例如只有一組人做了教學實驗，實施前、後測。檢定後測是否因為教學法的效果比前測所得的分數有顯著的高。

成對（配對）：雙胞胎、夫妻、母子、運動員的雙打球員、教練與選手、教師與學生。例如：在一百個班級中，每班抽取一位學生與該班的導師配對，填寫情緒勞務量表，學生知覺教師的情緒勞務，導師知覺學生的情緒勞務，比較兩種知覺是否有差異。

相依樣本 t 檢定的目的與資料要求呈現於表 7.5。

表 7.5　相依樣本 t 檢定的目的與資料要求

目的	自變項		依變項
檢定有關連的兩組樣本在依變項的平均數上是否有顯著差異。	一個只有兩個相互關連的組別或類別的自變項。		一個屬於連續的量數
	雙胞胎 夫妻 經濟、政治（同一組人） 前後測（同一組人）	→ → → →	IQ 婚姻滿意度 滿意程度 憂鬱

7.2.1　相依樣本 t 檢定效果量

相依樣本 t 檢定的 d 值計算如下：

$$d=\frac{\text{兩組平均數差異}}{\text{差異分數之標準差}}$$

效果量的強度的判斷同獨立樣本 t 檢定的效果量，請參看前面這部分的說明。

7.2.2　相依樣本 t 檢定的假定

獨立性：主要是規定研究參與者彼此之間沒有關係。而個人所收集的兩次分數可以存在著相關性。對一個實驗參與者（受試者）而言，個人的前測以及後測分數可以有相關，而對於不同參與者之間的分數必須是獨立的。這部分跟獨立樣本 t 檢定一樣，違反獨立性假定對相依樣本 t 檢定傷害也是很大。

差異分數在母群是常態性：相關的兩個假定群體，其差異分數必須近似常態分配。例如：前測與後測，後測減掉前測的分數需具備近似常態性。檢定的方法同上面的獨立樣本，只是使用兩群分數的差異分數來檢定。當常態性被嚴重地違反時，和獨立樣本一樣，有兩個選擇：(1) 使用各種數學算法來轉換資料，讓資料分配變成常態分配（請參見單元 14 迴歸章節中關於資料轉換部分）；(2) 選擇 Wilcoxon 兩樣本配對符號等級檢定 (Wilcoxon two-sample paired signed rank test)。{wilcox.test(x, y, paired = TRUE, alternative = "two.sided")}

最後，不同於獨立樣本，他們是不同的兩群人，相依樣本則是同一組人，所以不需要檢定變異數同質或不同質，因為同一群人的母群變異數必然相同。

7.2.3 相依樣本 t 檢定的實例解說與 R 的操作

研究目的：探討教師在學校中同事支持與校長支持的差異情形。
研究問題：教師在學校中的同事支持與校長支持是否有差異？
研究假設：教師在學校中的同事支持與校長支持有顯著差異。

H_0：$\mu_{\text{同事支持}} = \mu_{\text{校長支持}}$（同事支持的平均數 = 校長支持的平均數）
H_1：$\mu_{\text{同事支持}} \neq \mu_{\text{校長支持}}$（同事支持的平均數 ≠ 校長支持的平均數）

7.2.4 相依樣本的公式

相依樣本檢定的公式如下：

$t = \frac{(\bar{x}_1 - \bar{x}_2) - (\mu_1 - \mu_2)}{s_w}$ 由於 $\mu_1 - \mu_2$ 為 0，公式變成 $t = \frac{(\bar{x}_1 - \bar{x}_2)}{s_w}$，其中 $s_w = s/\sqrt{n}$，n 是樣本數。由於相依樣本，所以樣本數是一對一對來算的。一旦 t 值產生後，檢定此值的顯著度，其自由度是 $n-1$。

7.2.5 相依樣本假定的 R 檢定方式

常態性檢定：

使用 rstatix 套件中的 shapiro_test() 檢定常態性。

```
d = burnout_1$同事支持 - burnout_1$校長支持
library(rstatix)
shapiro_test(d)
```

[說明] 先算出兩個變項的差異分數，將其存在 d 變項。

```
  variable  statistic  p.value
  <chr>     <dbl>      <dbl>
1   d        0.924      2.46e-13
```

用 psych 套件的 skew() 與 kurtosi() 函數檢定偏態與峰度。

```
library(psych)
skew(d)
```

```
[1] 0.792249
```

```
kurtosi(d)
```

```
[1] 2.312953
```

Shapiro–Wilk 檢定顯示 $p < 0.001$，常態性未成立。偏態值是 0.792，絕對值小於 3，表示沒有嚴重的偏態現象；峰度是 2.313，絕對值小於 10，表示沒有嚴重的過於平坦或陡峭的現象 (Kline, 2016)，因此可以使用相依樣本 t-test。

7.2.6 使用 R 套件執行相依樣本 t 檢定

```
t.test(burnout_1$同事支持, burnout_1$校長支持, paired = TRUE,
    alternative = "two.sided")
```

[說明] t.test() 函數中，paired = TRUE 是宣告此爲相依樣本，alternative = "two.sided" 是雙尾檢定，顯著性檢定有三種 alternative = c("two.sided", "less", "greater")，如果假設是有方向性則採用 "less" 或 "greater"，無方向性採用 "two.sided"。關於有方向性與無方向性假設請參看單元 6 中「6.2 假設檢定」。

```
        Paired t-test
data:  burnout_1$同事支持 and burnout_1$校長支持
t = 10.06, df = 399, p-value < 2.2e-16
alternative hypothesis: true difference in means is not equal to 0
95 percent confidence interval:
 0.3922296 0.5827704
```

```
sample estimates:
mean of the differences
                  0.4875
```

使用 psych 套件的 describe() 函數計算樣本數、平均數與標準差：

```
library(psych)
dat = burnout_1 %>% select(同事支持, 校長支持)
describe(dat)[ ,2:4]
```

```
        n mean  sd
同事支持 400 4.83 0.93
校長支持 400 4.34 1.02
```

使用 effsize 套件計算效果量：

```
id = rownames(dat)
dat1 = cbind(id = id, dat)
pair_long = dat1 %>% gather(group, score, 同事支持:校長支持, factor_key
= TRUE)
library(effsize)
cohen.d(score ~ group | Subject(id), data = pair_long, paired = T)
```

[說明] 在做相依樣本的 d 值，R 的套件要求資料的格式與前面相依樣本的 t 檢定是不一樣的，其資料要求的是一種長格式的資料，所以，我們將寬式資料轉爲長式資料。在長格式中必須要有 id，以便能夠辨識配對，所以我們創造了一個 id 變項。gather() 函數就是用來將寬格式轉換成長格式的函數，其中，group 就是兩個群體轉換成長格式的變項名（此爲自變項），score 就是兩個群體得分在長格式中的變項名（此爲依變項），「同事支持、校長支持」就是此兩個變項要轉成長格式，factor_key = TRUE 就是 group 此變項裡會被儲存爲 factor 型態的資料，並且保留了原始欄位的次序。如果是 FALSE，那麼 group 此變項是一個字串型態的變項（請參見單元 2 資料型態，有詳細範例說明）。

cohen.d() 函數中 score ~ group，前者爲依變項，後者爲自變項，在轉換後的長格式資料中，我們的依變項命名爲 score，自變項命名爲 group。Subject(id) 就是要告訴它受試者如何辨識，我們是用 id 變項來辨識。paired = T，告訴它此爲配對樣本。

```
Cohen's d
d estimate: 0.4972488 (small)
95 percent confidence interval:
    lower     upper
0.3943978 0.6000997
```

結果顯示效果量 Cohen's d 是 0.497，這是一個小效果。

7.2.7 統計 AI=>GO:(Unit 7.2 dependent t test AI)

```
#請輸入資料的名稱
data = burnout_1
# 請輸入變項的名稱（名稱可以是英文、中文或數字，但第一個字不可以是數字，字與字之間不可以有空格）
dependent_var = c("同事支持", "校長支持")
#請輸入輸出結果的名稱
save_file = c("pair_out")
```

[說明] 我們寫了一個程式檔，檔名 Unit 7.2 dependent t test AI。請在 RStudio 中打開此檔，將你要分析的資料檔，匯入 RStudio。只要填入資料檔名稱、變項名稱以及想要輸出檔案的名稱，然後按右鍵，選取「sellect all」，然後，按右上角的 Run 鍵，它就幫你自動產生結果解釋，存在設定的路徑的檔案夾裡。

我們的資料檔案名是「burnout_1」– 更改爲你的資料檔名。

變項名稱是「同事支持」與「校長支持」– 更改爲你的變項名稱。

輸出檔名是「pair_out」– 更改爲你想要輸出的名稱。

[結果輸出]

result.1

檢定	統計量	p 值
Shapiro–Wilk 檢定	0.924	0
偏態 (Skewness)	0.792	
峰度 (Kurtosis)	2.313	

result.2

表 AAA(result.1) 的 Shapiro–Wilk 常態性檢定顯示，Shapiro–Wilk 統計量 = 0.924，p 值 = 0 < 0.05，進一步檢定偏態值與峰度值。偏態值 = 0.792，絕對值小於 3，表示沒有嚴重的偏態現象。峰度值 = 2.313，絕對值≦ 10，表示沒有嚴重的過於平坦或陡峭的現象。雖然 Shapiro–Wilk 常態性檢定顯示非常態，然而偏態值顯示沒有嚴重的偏態現象，峰度值顯示沒有嚴重的過於平坦或陡峭的現象，因此依然可以使用相依樣本 t 檢定。

result.3

組別	N	平均數	標準差	t 值	自由度	p 值	效果量 (d)
同事支持	400	4.826	0.933	10.06	399	0	0.497
校長支持	400	4.338	1.022				小效果

result.4

同事支持與校長支持相依樣本 t 檢定的結果如表 BBB(result.3)，結果顯示 t 值爲 10.06，df 爲 399，p < 0.001，d = 0.497，達到顯著水準，表示同事支持 (M = 4.826, SD = 0.933) 與校長支持 (M = 4.338, SD = 1.022) 有顯著的差異。從表中得知同事支持的平均數顯著地大於校長支持的平均數。

7.2.8 APA 報表與結果之撰寫

表 7.6　同事支持與校長支持之相依樣本 t 檢定摘要表

組別	N	平均數	標準差	t 值	自由度	p 值	效果量 (d)
同事支持	400	4.826	0.933	10.06	399	<0.001	0.497
校長支持	400	4.338	1.022				

同事支持與校長支持相依樣本 t 檢定的結果如表 7.6，結果顯示 t 值爲 10.06，df 爲 399，p < 0.001，d = 0.497，達到顯著水準，表示同事支持 (M = 4.826, SD = 0.933) 與校長支持 (M = 4.338, SD = 1.022) 有顯著的差異。從表中得知同事支持的平均數顯著大於校長支持的平均數。

參考文獻

Cohen, J. (1988). *Statistical power analysis for the behavioral sciences* (2nd ed.). Hillsdale, N.J: L. Erlbaum Associates.

Field, A. P., Miles, J., & Field, Z. (2012). *Discovering statistics using R*. Thousand Oaks, Calif.: SAGE.

Ghasemi, A., & Zahediasl, S. (2012). Normality tests for statistical analysis: a guide for non-statisticians. *International journal of endocrinology and metabolism, 10*(2), 486-489. doi:10.5812/ijem.3505

Kim, H.-Y. (2013). Statistical notes for clinical researchers: assessing normal distribution (2) using skewness and kurtosis. *Restor Dent Endod, 38*(1), 52-

54. doi:10.5395/rde.2013.38.1.52

Kline, R. B. (2016). *Principles and practice of structural equation modeling* (3rd ed.). New York: Guilford Press.

Mishra, P., Pandey, C. M., Singh, U., Gupta, A., Sahu, C., & Keshri, A. (2019). Descriptive statistics and normality tests for statistical data. *Annals of cardiac anaesthesia, 22*(1), 67-72. doi:10.4103/aca.ACA_157_18

https://cran.r-project.org/web/packages/webr/vignettes/plot-htest.html

https://stackoverflow.com/questions/36508020/can-r-visualize-the-t-test-or-other-hypothesis-test-results

https://rpkgs.datanovia.com/ggpubr/

https://www.datanovia.com/en/lessons/how-to-do-a-t-test-in-r-calculation-and-reporting/how-to-do-paired-t-test-in-r/

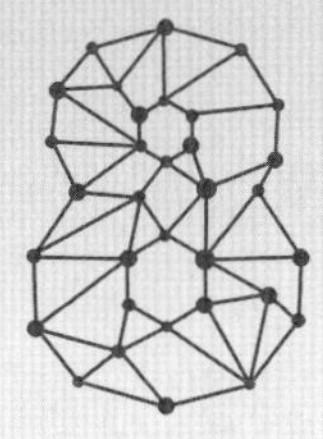

單因子變異數分析

難易指數：☺☺（難）

學習金鑰

- ✦ 了解單因子獨立以及相依樣本 ANOVA 的概念以及使用時機
- ✦ 使用 R 套件執行單因子獨立以及相依樣本 ANOVA 檢定
- ✦ 能將 ANOVA 分析結果，以報表方式呈現，並撰寫結果

單因子變異數分析 (one way ANOVA) 是用於比較兩個以上群組在依變項的平均數差異。ANOVA 與 t 檢定是很類似的，都是比較平均數的不同，t 檢定就只檢定自變項，只有兩個群組，而 ANOVA 可以有較多的群組，所以，對研究而言，ANOVA 對於實驗設計與結果解釋上具有較大的彈性。在本單元中我們主要論述與呈現單因子變異數分析，雙因子變異數分析則是放在後面的單元，至於三因子以上的 ANOVA，由於一般的研究很少會用到三因子以上的設計，本書就不討論。單因子就是一個自變項，雙因子就是兩個自變項，以此類推。本單元介紹的有單因子獨立樣本變異數分析以及單因子相依樣本變異數分析。這裡的獨立樣本與相依樣本的概念與 t 檢定那

一單元的概念是相同的（請參看單元 7）。

8.1　單因子獨立樣本變異數分析

使用時機：檢驗多群組相互獨立樣本在依變項的平均數差異。若組別效果達到顯著時，可進行事後比較 (post hoc test)，以確認各群組的差異情形。例如：教育程度（國小、國中、高中職、大學、研究所）在收入的差異情形。三種教學法（傳統教學法、合作教學法、創新融合教學法）對英文能力提升是否有差異。單因子獨立樣本 ANOVA 的目的與資料要求呈現於表 8.1。

表 8.1　單因子獨立樣本 ANOVA 的目的與資料要求

目的	自變項		依變項
檢定多群組樣本在依變項平均數的差異情形。	多個獨立類別的量數		一個屬於連續的量數
	教育程度 三種教學法	→ →	收入 英文能力

8.1.1　單因子獨立樣本 ANOVA 的假設

H_0：$\mu_1 = \mu_2 = \mu_3 \cdots = \mu_k$。或 H_0：各組平均數皆相等。

H_1：不是所有的平均數皆相等。或 H_1：至少有兩組的平均數不相等。

μ 是母群平均數，k 是群體數。

8.1.2　ANOVA 的變異來源與 F 檢定

ANOVA 是一種變異數分解的統計技術，使用 F 統計來檢定假設的顯著性。ANOVA 將全體變異（全體離均差平方和，SS_T）分解爲組間變異（組間離均差平方和，SS_B）以及組內變異（組內離均差平方和，SS_W）兩個成分（見公式 8.1 以及圖 8.1）。然後，將各個離均差平方和除以各自的自由度，形成均方和 (MS)，兩個均方和的比值就是 F 檢定（見公式 8.2 以及表 8.2）。

$$SS_T = SS_B + SS_W \qquad \text{（公式 8.1）}$$

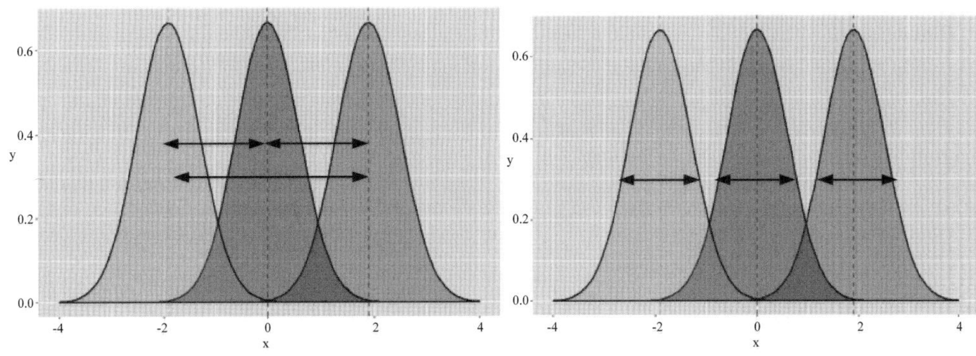

圖 8.1 組間變異與組內變異圖

$$F = MS_B/MS_W = \frac{\sum_{j=1}^{k} n_j(\bar{x}_j - \bar{x})^2/(k-1)}{\sum_{j=1}^{k}\sum_{i=1}^{n_j}(x_{ij} - \bar{x}_j)^2/(N-k)} \quad \text{(公式 8.2)}$$

表 8.2 ANOVA 變異來源與 F 檢定的公式

變異來源	離均差平方和 (SS)	自由度 (DF)	均方和 (MS)	F（檢定）
組間	$SS_B = \sum_{j=1}^{k} n_j (\bar{x}_j - \bar{x})^2$	$k-1$	$SS_B = \sum_{j=1}^{k} n_j (\bar{x}_j - \bar{x})^2/ (k-1)$	MS_B/MS_W
組內	$SS_W = \sum_{j=1}^{k}\sum_{i=1}^{n_j} (x_{ij} - \bar{x}_j)^2$	$(N-1)-(k-1) = N-k$	$SS_W = \sum_{j=1}^{k}\sum_{i=1}^{n_j} (x_{ij} - \bar{x}_j)^2/ (N-k)$	
全體	$SS_T = \sum_{j=1}^{k}\sum_{i=1}^{n_j} (x_{ij} - \bar{x})^2$	$N-1$		

在這裡，我們使用三個班級氣氛對英文考試焦慮的資料來演算變異來源，資料如圖 8.2。虛線呈現的是組內變異部分，實線是組間變異的部分。

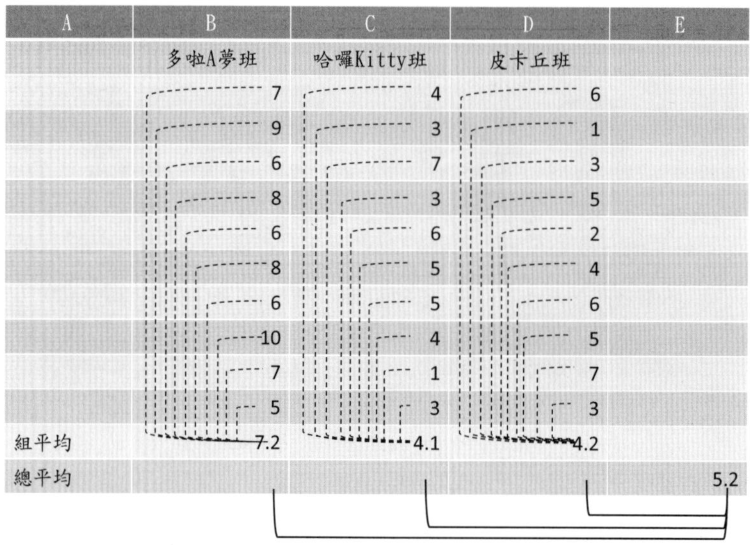

A	B	C	D	E
	多啦A夢班	哈囉Kitty班	皮卡丘班	
	7	4	6	
	9	3	1	
	6	7	3	
	8	3	5	
	6	6	2	
	8	5	4	
	6	5	6	
	10	4	5	
	7	1	7	
	5	3	3	
組平均	7.2	4.1	4.2	
總平均				5.2

圖 8.2　班級氣氛對英文考試焦慮的資料

組間變異：

（各組平均數 – 總平均數）^{2} 再乘以該組樣本數，再全部加總。

$$SS_B = \Sigma_{j=1}^{k} n_j\,(\bar{x}_j - \bar{x})^2 = 10(7.2-5.2)^2 + 10(4.1-5.2)^2 + 10(4.2-5.2)^2 = 62.07$$

組內變異：

（各組內的每個值 – 各組平均數）^{2} 加總後，將所有加總的再全部加總起來。

$$SS_W = \Sigma_{j=1}^{k}\Sigma_{i=1}^{n_j}\,(x_{ij} - \bar{x}_j)^2 = \Sigma\,(x_{1j} - \bar{x}_1)^2 + \Sigma\,(x_{2j} - \bar{x}_2)^2 + \Sigma\,(x_{3j} - \bar{x}_3)^2$$
$$= [(7-7.2)^2 + (9-7.2)^2 \cdots + (5-7.2)^2] + [(4-4.1)^2 + (3-4.1)^2 \cdots + (3-4.1)^2]$$
$$+ [(6-4.2)^2 + (1-4.2)^2 \cdots + (3-4.2)^2] = 82.10$$

總變異：

$$SS_T = \Sigma_{j=1}^{k}\Sigma_{i=1}^{n_j}\,(x_{ij} - \bar{x}_j)^2 = SS_B + SS_W = \Sigma_{j=1}^{k} n_j\,(\bar{x}_j - \bar{x})^2 + \Sigma_{j=1}^{k}\Sigma_{i=1}^{n_j}\,(x_{ij} - \bar{x}_j)^2$$
$$= 62.07 + 82.10 = 144.17$$

自由度：

$$df_B = k - 1 = 3 - 1 = 2;\ df_W = N - k = 30 - 3 = 27;\ df_T = N - 1 = 29$$

均方和：

$$MS_B = SS_B(k - 1) = (62.07)/2 = 31.03;\ MS_W = SS_W/(N - k) = (82.10)/27 = 3.04$$

F 值：

$$F = MS_B/MS_W = (31.03)/3.04 = 10.21$$

將這些結果填入表中，即成為 ANOVA 檢定的摘要資訊（見表 8.3。）

表 8.3　班級氣氛對英文考試焦慮 ANOVA 摘要表

變異來源	離均差平方和 (SS)	自由度 (DF)	均方和 (MS)	F（檢定）
組間	62.07	2	31.03	10.21
組內	82.10	27	3.04	
全體	144.17	29		

8.1.3　F 檢定

F 檢定 (F-test)，常用名為聯合假設檢驗 (joint hypotheses test) 或可稱變異數比率檢驗、變異數同質性檢定等。一種可以用於兩個常態母體變異數 σ_1、σ_2 的檢定方法。我們從兩個常態母群抽取樣本的變異數，經由兩個樣本的自由度 (df1 = n1-1；df2 = n2-1) 所對應的 F 分布（見圖 8.3）進行 σ_1 與 σ_2 比值 $\left(\frac{\sigma_1}{\sigma_2}\right)$，其假設如下：

H_0：$\sigma_1/\sigma_2 \leqq 1$

H_1：$\sigma_1/\sigma_2 > 1$

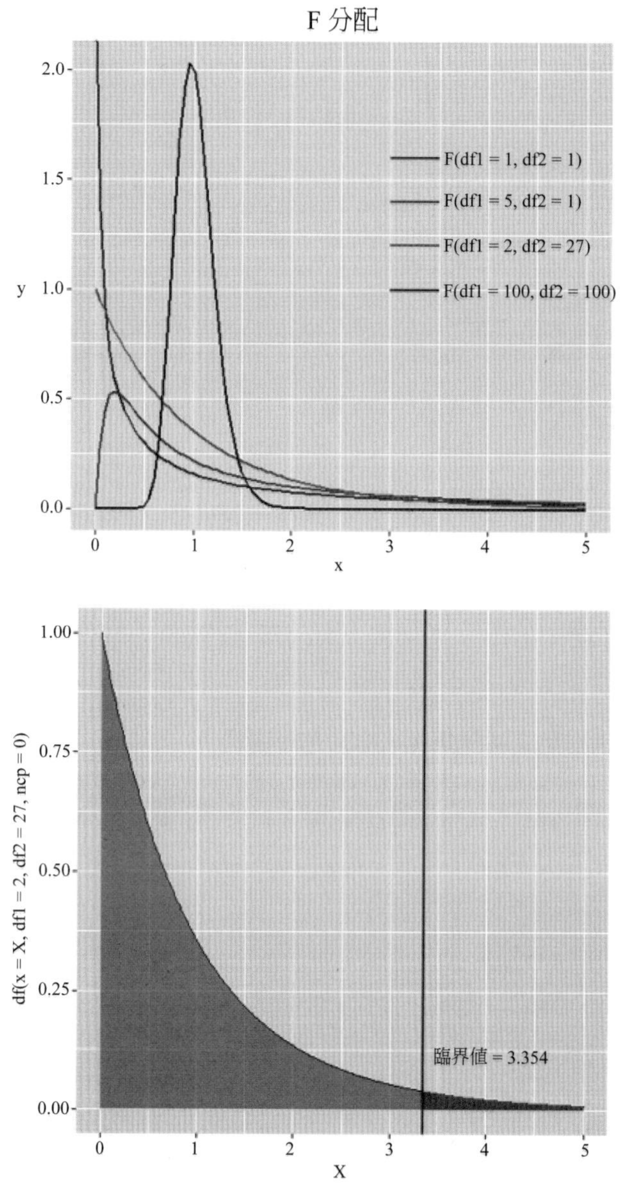

圖 8.3 F 分配

我們來看看 ANOVA 統計上，F 檢定的邏輯，$F = MS_B / MS_W$，組間變異當成分子，組內變異當成分母。當兩個一樣大時比值是 1，比值大於 1 時，是組間變異大於組內變異，組間變異來自於各組的平均數與總平均數差異所算出來的數值，我們做 ANOVA 是比較各組平均數的差異，所以，比值大於 1 是我們所期望的結果，比值越大於 1 則表示各組之間差異越大（這些概念可以參見圖 8.4 的說明）。F 檢定顯著通常意味組間有差異，但無法告訴我們到底哪些組有差異。

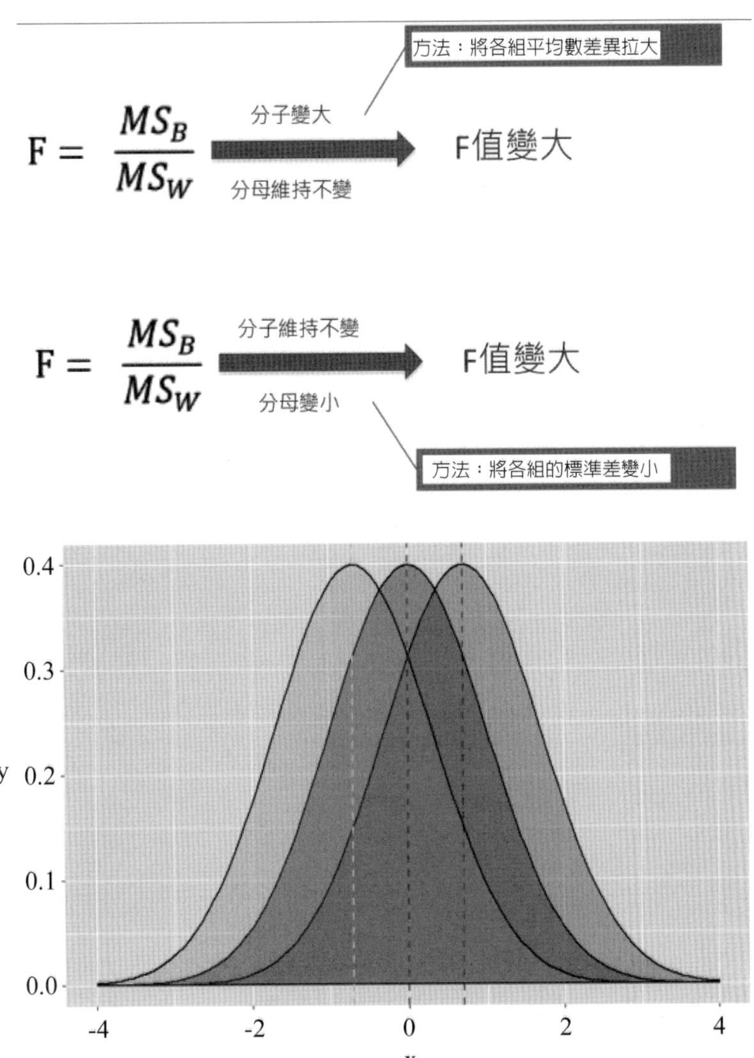

任何兩組若是完全重疊，則這兩組的平均數是相同的。所以，組與組之間重疊越小，平均數差異越大。

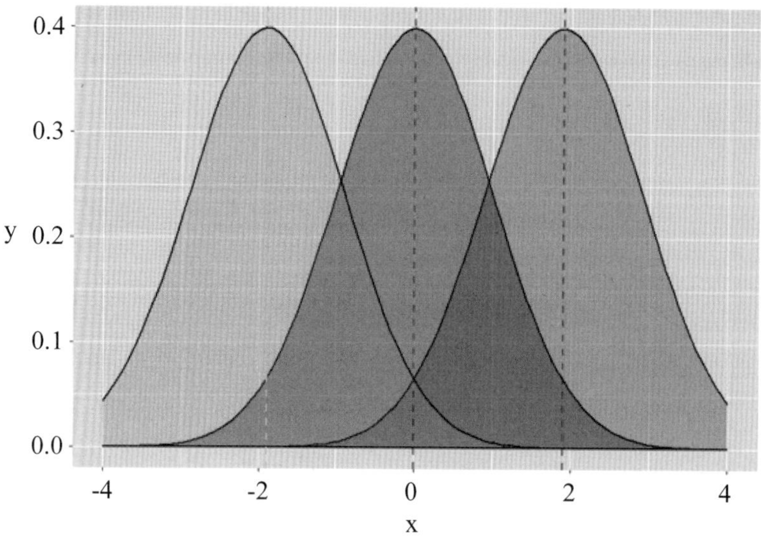

將平均數距離拉大，相對於第一張圖，三組之間重疊的比率變小。

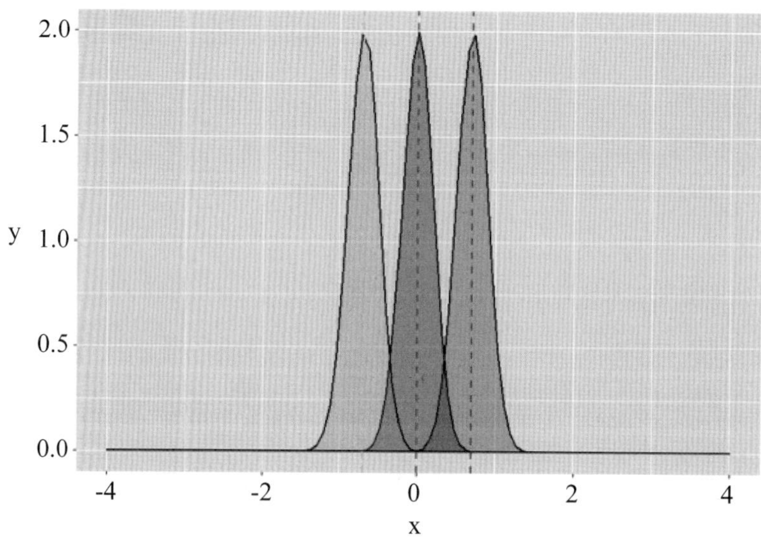

將標準差縮小，相對於第一張圖，三組之間重疊比率變小。

圖 8.4　F 檢定的邏輯

8.1.4　單因子獨立樣本 ANOVA 的效果量

單因子獨立樣本 ANOVA 效果量常使用的是偏 η^2，其公式如下：

$$偏\eta^2 = \frac{SS_B}{SS_B + SS_w}$$

Cohen (1988) 針對偏 η^2 的強度給予以下的判斷原則：0.01 ≤ 偏 η^2 < 0.058 視爲小效果；0.058 ≤ 偏 η^2 < 0.138 視爲中效果；0.138 ≤ 偏 η^2 視爲大效果。以下兩個函數皆可以用來計算偏 η^2。{anova_stats(model) 在 R 的 sjstats 套件 } 以及 {taSq (model) 在 R 的 DescTools 套件 }

8.1.5　單因子獨立樣本變異數分析的假定

獨立性 (independence)：觀察値來自彼此獨立的隨機樣本（這個假定和獨立樣本 t 檢定是一樣的，詳細說明參見單元 7）。

常態性 (normality)：就是抽樣分配是常態分配，所以樣本必須取自服從常態分配的母群（詳細說明參見單元 7）。當常態性被嚴重地違反時，可以做些什麼事？有兩個選擇：(1) 使用各種數學算法來轉換資料，讓資料分配變成常態分配。讀者可以參考單元 14 迴歸部分有詳細的資料轉換的介紹；(2) 選擇非參數檢定法 Kruskal-Wallis H 檢定，此方法不需要常態假定。{kruskal.test(weight ~ group, data = data) in R}

變異數同質性 (homogeneity of variance)：各組樣本必須取自變異數相等的母體。亦即，依變項的變異數在各個組別上是相等的（見圖 8.5）。此一假定被違反時，可以做些什麼？還是兩條路，第一條是改用 Welch 檢定 { welch.test（依變項 ~ 自變項 , data) 在 R 的 onewaytests 套件 } 或者 Brown and Forsythe 檢定 { bf.test（依變項 ~ 自變項 , data) 在 R 的 onewaytests 套件 }。第二條是事後檢定時採用假設變異數不同質的檢定法，我們的推薦是 Games-Howell 事後檢定或者 Dunnett's T3 法（見下面的 8.1.6 多重比較事後 (Post Hoc) 檢定）。

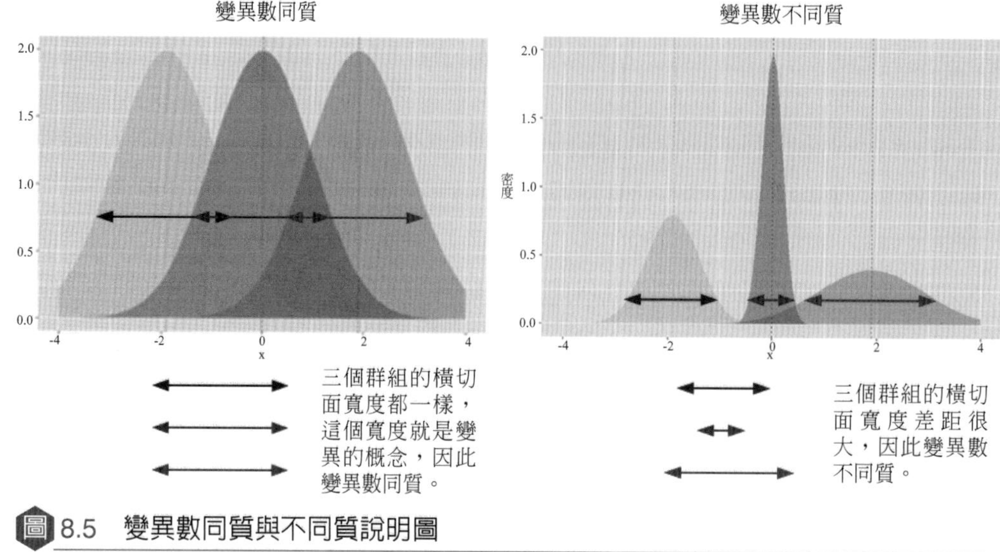

圖 8.5　變異數同質與不同質說明圖

8.1.6　多重比較事後 (Post Hoc) 檢定——比較到底哪些組別之間有差異

前面討論 F 統計時，提及可以幫我們拒絕虛無假設（所有組平均數皆相等），但是對立假設卻是至少有一組的平均數和其他組平均數不相等。那麼，要知道到底哪些組別的平均數是不相等的，必須做多重比較事後檢定。事後的意思是 ANOVA 檢定後發現有顯著才去做比較，如果沒有顯著就不用做比較。多重比較事後檢定的技術相當多，市面上一般統計軟體提供的方法有：(1) 假定相同變異數的事後檢定，包括 LSD、Bonferroni、Scheffee、Tukey、Duncan、Dunnett 等；(2) 假定不相同變異數的事後檢定，包括 Tamhane's T2、Dunnett's T3、Games-Howell、Dunnett's C。每種事後比較的統計技術都有其優缺點，一些統計書籍的作者在論及這一部分時，都會告訴我們慎選多重比較技術，但有些書籍則直接了當地告訴我們，要選何種的檢定就在於你希望檢定是保守點或寬鬆點。本書則提供一般我們論文常被用到的事後檢定給讀者做參考：Bonferroni、Tukey、Scheffee、Dunnett's T3、Games-Howell。

Bonferroni 法：以原先設定的顯著水準除以所要檢定的次數，作爲控制第一類型錯誤率的方法。例如有 k 組要比較，將 α 除以 k，$p_{crit} = \alpha/k$。

由於這個方法簡單易操作，所以廣受歡迎。{ PostHocTest(model, method = c("bonferroni")) 在 R 的 DescTools 套件 }

Tukey 法：使用學生化全距分配 (studentized range distribution) 來決定在所有可能的配對裡是否有平均數差異存在的配對檢定。這方法會檢定所有群組的所有可能配對。首先將各組平均數從小排到大，檢定的次序是最大平均數與最小平均數相比，接著次大與最小相比，如此一直到兩平均數無顯著差異之後，其後的組別就無須檢定。{ PostHocTest(model, method = c("hsd")) 在 R 的 DescTools 套件 }

Scheffe 法：對所有可能的配對平均數組合進行同時聯合配對比較。可用於檢查群組平均數的所有可能線性組合，並不是只進行簡單的配對比較。因此，被認爲是最保守的檢定方法。它的好處是給實驗者較大的彈性檢定任何比較，缺點是相對於其他預先計畫好的實驗設計的檢定方法而言，其具備較低的統計檢定力。國內教育研究論文中，在做 ANOVA 的事後比較，相當常用此一方法，我想會使用這一檢定的理由應當是用 Scheffe 法會獲得顯著的話，其他方法也應該顯著，因爲它是最保守的。由於 Scheffe 法的保守性格，有學者建議做此檢定時可以將 α 設定爲 0.10 或 0.20，以確保重要的事情不會被遺漏 (Lee & Lee, 2018)。{ PostHocTest(model, method = c("scheffe") 在 R 的 DescTools 套件 }

Dunnett's T3 法：當群組變異數同質的假定被破壞時，使用此法比較平均數的差異是相當受到青睞的。此法是以學生化最大模數分配 (studentized maximum modulus distribution) 爲基礎的配對比較檢定。如果每組的樣本數少於 50，Dunnett's T3 的檢定被認爲比 Games-Howell 檢定還要好。如各組樣本數大於 50 時，使用 Games-Howell 法會比 Dunnett's T3 法正確。{ dunnettT3Test(model) 在 R 的 PMCMRplus 套件 }

Games-Howell 法：此爲 Tukey-Kramer 法的一種改進版，也是使用於變異數同質假定被破壞時。它是使用 Welch-Satterthwaite 自由度方程式（其乃是廣爲所知的組合自由度 (the pooled degrees of freedom)）以及 Tukey 的學生化全距分配的一種統計。它也被認爲是一種非參數的事後檢定取向。Games-Howell 法採取對整個比較做第一類型錯誤控制的策略，當每一組的樣本數很小時，它比較會容忍第一類型錯誤的控制。所以此方法可以運用在樣本數 6 以上的檢定 (Lee & Lee, 2018)。{games_howell_test(y~x, data=) 在 R 的 rstatix 套件 }

8.1.7 單因子獨立樣本 ANOVA 實例解說與 R 的操作

研究目的：探討不同職務在工作負荷的差異情形。
研究問題：不同職務是否在工作負荷上有差異？
研究假設：不同職務在工作負荷上有顯著差異。

$$H_0：\mu_{行政} = \mu_{級任} = \mu_{科任}$$

行政職教師的工作負荷平均數 = 級任教師的工作負荷平均數 = 科任教師的工作負荷平均數
H_1：至少有一種職務的工作負荷平均數和其他職務的平均數有差異。

8.1.8 檢查單因子獨立樣本 ANOVA 假定

獨立性的假定：沒有任何方法來檢定觀察值是否獨立。此一假定唯有在研究者正確地隨機化研究設計被滿足時方可成立。我們假設使用的這筆資料在研究設計上沒有問題。所以，獨立性假定成立。

常態性假定：常態性的定義有在母群中各組的依變項必須是常態分配以及誤差項必須是常態分配這兩種說法，兩者是在說同樣的定義，但檢定時就不太一樣，前者是將各組的依變項一個一個地檢定，後者是先作爲 ANOVA，使用殘差項來檢定。這裡我們是使用後者來檢定，至於前者的方法，請參見單元 7。

```
ANO_model = aov(工作負荷 ~ factor(職務), data = burnout_1)
shapiro_test(ANO_model$residuals)
```

[說明]aov() 函數就是 R 中計算 ANOVA 的函數，factor(職務) 就是將職務這個變項轉成因素變項。做出來的結果存在 ANO_model 這個檔名裡，殘差項就是存在這個檔案中的 residuals 這個變項名。抓出這個變項的方式就是 ANO_model$residuals。

```
    variable               statistic    p.value
    <chr>                  <dbl>        <dbl>
1  residuals(ANO_model)    0.975        0.00000190
```

檢定偏態。

```
library(psych)
skew(ANO_model$residuals)
```

```
0.4898398
```

檢定峰度。

```
kurtosi(ANO_model$residuals)
```

```
[1] -0.2010221
```

從上面所呈現的結果 Shapiro–Wilk 檢定顯示常態性不成立。然而，偏態與峰度的檢定則顯示：偏態絕對值 <3，表示沒有嚴重的偏態現象；峰度的絕對值 <10，表示沒有嚴重的過於平坦或陡峭的現象 (Kline, 2016)。由於樣本數有 399（不是 400，有一個遺漏值），足夠大，因此可以使用單因子變異數分析來檢定職務在工作負荷的差異情形。

變異數同質性假定：使用 rstatix 套件中的 levene_test() 函數檢定變異數同質性。

```
library(rstatix)
burnout_1 %>% levene_test(工作負荷 ~ factor(職務))
```

```
     df1    df2   statistic    p
    <int>  <int>  <dbl>      <dbl>
1     2     396   0.000840   0.999
```

levene 檢定顯示 F = 0.0008，p = 0.999 > 0.05，表示職務在工作負荷上的變異數沒有統計上顯著的不同，所以，變異數同質性假定成立。

8.1.9 R 的單因子獨立樣本 ANOVA 分析

```
ANO_model = aov(工作負荷 ~ factor(職務), data = burnout_1)
summary(ANO_ model)
```

```
              Df  Sum Sq  Mean Sq   F value  Pr(>F)
factor(職務)   2     5.58   2.7883     4.409   0.0128 *
Residuals    396  250.46   0.6325
Signif. codes:  0 ‘***’ 0.001 ‘**’ 0.01 ‘*’ 0.05 ‘.’ 0.1 ‘ ’ 1
1 observation deleted due to missingness
```

事後檢定：由於變異數同質性成立，我們採用 scheffe 檢定作爲事後檢定。

```
library(DescTools)
PostHocTest(ANO_ model, method = c("scheffe"))
```

[說明] PostHocTest() 函數中的事後比較 method = c("scheffe")，除了 scheffe 之外，尙有 c("hsd", "bonferroni", "lsd", "newmankeuls", "duncan") 等比較法。

```
  Posthoc multiple comparisons of means: Scheffe Test
    95% family-wise confidence level
$`factor(職務)`
           diff       lwr.ci       upr.ci      pval
2-1 -0.07241528  -0.3378436   0.19301309  0.7989
3-1 -0.32192346  -0.6258099  -0.01803703  0.0348 *
3-2 -0.24950818  -0.4845446  -0.01447174  0.0343 *
Signif. codes:  0 '***' 0.001 '**' 0.01 '*' 0.05 '.' 0.1 ' ' 1
```

計算效果量。

```
library(sjstats)
anova_sta = anova_stats(ANO_ model)
anova_sta$partial.etasq[1]
```

```
[1] 0.022
```

計算樣本數、平均數與標準差。

```
group_by(burnout_1, 職務) %>%
  summarise(count = n(), mean = round(mean(工作負荷, na.rm = TRUE), 3),
                sd = round(sd(工作負荷, na.rm = TRUE), 3), .groups = "drop")
```

```
    職務   count  mean    sd
    <dbl>  <int>  <dbl>  <dbl>
1     1     71    2.92   0.794
2     2    229    2.85   0.783
3     3     99    2.60   0.824
4    NA      1     1      NA
```

8.1.10 統計 AI=>GO:(Unit 8.1 one way independent sample ANOVA AI)

```
#請輸入資料的名稱
data = burnout_1
#請輸入自變項的名稱（變項名稱，讀者一定要看單元 2.7 資料框部分的說明）
independent_var = c("職務")
#請輸入依變項的名稱（變項名稱，讀者一定要看單元 2.7 資料框部分的說明）
dependent_var = c("工作負荷")
#請輸入輸出結果的名稱（變項名稱，讀者一定要看單元 2.7 資料框部分的說明）
save_file = c("ANO_out")
```

[輸出結果]

result.1

檢定	統計量	p 值
Shapiro–Wilk 檢定	0.975	0
偏態 (Skewness)	0.49	
峰度 (Kurtosis)	-0.201	

result.2

表 AAA(result.1) 的 Shapiro–Wilk 常態性檢定顯示，Shapiro–Wilk 統計量 = 0.975，p 值 = 0 < 0.05，進一步檢定偏態值與峰度值。偏態值 = 0.49，絕對值 < 3，表示沒有嚴重的偏態現象。峰度值 = -0.201，絕對值 < 10，表示沒有嚴重的過於平坦或陡峭的現象。雖然 Shapiro–Wilk 常態性檢定顯示非常態，然而偏態值顯示沒有嚴重的偏態現象，峰度值顯示沒有嚴重的過於平坦或陡峭的現象，因此依然可以使用單因子獨立樣本 ANOVA 檢定。

result.3

df1	df2	F 值	p 值	同質與否
2	396	0.001	0.999	變異數同質性

result.4

表 BBB(result.3) 中的 Leven 變異數同質性檢定顯示，F = 0.001，p > 0.05，顯示兩個群體的變異數是相等的。

result.5

職務	N	平均數	標準差	F	df	p	偏 η2	事後比較 (Scheffe 法)
1	71	2.924	0.794	4.409*	(2, 396)	0.013	0.022	1 > 3；2 > 3
2	229	2.852	0.783					
3	99	2.602	0.824					

result.6

表 CCC(result.5) 呈現職務在工作負荷的單因子獨立樣本 ANOVA 分析，結果顯示，F(2, 396) = 4.409，p = 0.013，小於 0.05，達顯著水準，所以接受研究假設，顯示不同職務在工作負荷上有顯著差異。效果量偏 η^2 = 0.022，屬於小效果。經 Scheffe 事後比較，職務的比較組別 1 在工作負荷的平均分數顯著地大於組別 3；組別 2 在工作負荷的平均分數顯著地大於組別 3。

8.1.11 單因子獨立樣本 APA 報表與結果之撰寫

表 8.4 不同職務在工作負荷之 ANOVA 摘要表

職務	N	平均數	標準差	F	df	p	偏 η^2	事後比較（Scheffe 法）
行政	71	2.924	0.794	4.409*	(2, 396)	0.013	0.022	1 > 3；2 > 3
級任	229	2.852	0.783					
科任	99	2.602	0.824					

*p < 0.05

表 8.4 呈現職務在工作負荷的單因子獨立樣本 ANOVA 分析，結果顯示，$F(2, 396) = 4.409$，$p = 0.013$，小於 0.05，達顯著水準，所以接受研究假設，顯示不同職務在工作負荷上有顯著差異。效果量偏 $\eta^2 = 0.022$，屬於小效果。經 Scheffe 事後比較，行政職的教師在工作負荷的平均分數顯著地大於科任職的教師，級任職的教師在工作負荷的平均分數顯著地大於科任職的教師。

8.2 單因子相依樣本變異數分析

使用時機：檢驗多群組相互關連樣本或受試者內因子的平均數差異，若組別效果達到顯著時，可進行事後比較，以確認各組的差異情形。單因子相依樣本的例子：同一組受試者測量兩次以上，比較某校學生第一次月考、第二次月考與第三次月考之測驗分數的平均數是否有不同。比較某個實驗組在紅光、綠光及黃光反應時間的差異（每個受試者都必須做紅光、綠光及黃光的反應時間）。實驗設計的實驗組或是控制組前測、後測與延宕後測之差異分析（多個受試者內因子）。心理資本量表有四個因素：自我效能、樂觀、希望與韌性，比較這四個因素平均數的差異。對民眾調查政治、經濟與社會的滿意度，比較這三者的滿意度差異情形。三角戀愛的研究，比較這三組人愛情觀的差異情形。單因子相依樣本 ANOVA 的目的與資料要求呈現於表 8.5。

表 8.5　單因子相依樣本 ANOVA 的目的與資料要求

目的	自變項		依變項
檢定多組有關連的樣本在依變項平均數的差異情形。	多個有關連的群體，或多個受試者內因子。		一個屬於連續的量數
	實驗組前測、後測、延宕後測三角戀愛。	→ →	數學測驗 愛情觀量表

8.2.1 單因子相依樣本 ANOVA 假設

虛無假設：H_0：$\mu_1 = \mu_2 = \mu_3 = \cdots = \mu_k$，或者 H_0：各組平均數皆相等。

對立假設：H_1：不是所有的平均數皆相等，或者 H_1：至少有兩組平均數有顯著差異。

μ 是母群平均數，k 是群體數。

8.2.2 單因子相依樣本變異數分解與 F 檢定

表 8.6 是單因子相依樣本 ANOVA 的變異數來源與 F 檢定，圖 8.6 說明獨立樣本和相依樣本變異數分解的不同以及 F 檢定的要素。相依樣本與獨立樣本有相同類型的變異數。然而，在相依樣本 ANOVA 中組內離均平方和被分解爲受試者變異以及誤差變異（見表 8.6）。

表 8.6 重複量數 ANOVA 變異數來源與 F 檢定

變異來源	SS	df	MS	F
組間	$SS_B = \sum_{j=1}^{k} n_j (\bar{x}_j - \bar{x})^2$	$k-1$	$MS_b = \frac{SS_B}{k-1}$	$\frac{MS_B}{MS_{error}}$
受試者間	$SS_{subjects} = k * \sum_{i=1}^{n_j} (x_{ij} - \bar{x}_j)^2$	$n-1$	$MS_{subjects} = \frac{SS_{subjects}}{n-1}$	
誤差	$SS_W - SS_{subjects}$	$(k-1)(n-1)$	$MS_{error} = \frac{SS_{error}}{(k-1)(n-1)}$	
總體	$SS_T = \sum_{j=1}^{k} \sum_{i=1}^{n_j} (x_{ij} - \bar{x}_j)^2$	$nk-1$		

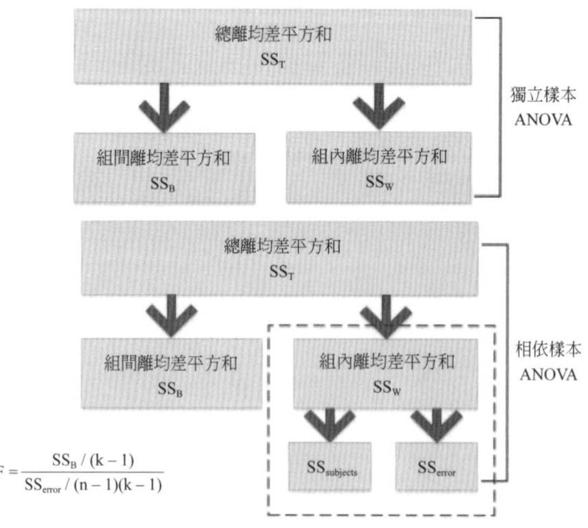

圖 8.6 相依樣本 ANOVA 變異數分解

8.2.3 事後比較

正如前面「8.1.6 多重比較事後檢定」裡所呈現的，多重事後比較的方法有許多，而單因子相依樣本 ANOVA 的事後比較，我們建議使用 Bonferroni 法，理由有二：其一是許多軟體都有提供此種方法，其二是 Maxwell (1980) 的模擬研究以及 Keselman and Keselman(1988) 的文章都認爲，當球型假定有問題時，Bonferroni 法對第一類型誤差的控制比較好。

8.2.4 相依樣本 ANOVA 效果量的計算

此部分和單因子獨立樣本 ANOVA 的效果量一樣，見前面效果量的計算部分。

8.2.5 相依樣本 ANOVA 變異數計算實例

表 8.7 重複量數 ANOVA 變異數計算實例

受試者	自我效能	希望	韌性	樂觀	受試者平均
1	4.17	3.75	3.75	4.00	3.92
2	2.00	2.25	2.25	2.00	2.12
3	2.17	3.25	2.50	3.00	2.73
4	3.67	3.75	3.75	3.75	3.73
5	4.00	4.00	4.00	3.50	3.88
6	2.50	4.00	3.50	2.50	3.12
7	3.00	4.00	2.75	3.00	3.19
8	2.50	3.25	3.00	2.25	2.75
9	3.33	4.00	4.00	4.00	3.83
10	4.67	4.25	3.25	4.00	4.04
因素平均	3.20	3.65	3.28	3.20	
總平均					3.33

$$SS_B = 10*[(3.20-3.33)^2 + (3.65-3.33)^2 + (3.28-3.33)^2 + (3.20 - 3.33)^2] = 1.39$$

SS_w = [(4.17 − 3.20)^2 + (2.00 − 3.20)^2 + (2.17 − 3.20)^2 + (3.67 − 3.20)^2 + (4.00 − 3.20)^2 + (2.50 − 3.20)^2 + (3.00 − 3.20)^2 + (2.50 − 3.20)^2 + (3.33 − 3.20)^2 + (4.67 − 3.20)^2] + [(3.75 − 3.65)^2 + (2.25 − 3.65)^2 + (3.25 − 3.65)^2 + (3.75 − 3.65)^2 + (4.00 − 3.65)^2 + (4.00 − 3.65)^2 + (4.00 − 3.65)^2 + (3.25 − 3.65)^2 + (4.00 − 3.65)^2 + (4.25 − 3.65)^2] + [(3.75 − 3.28)^2 + (2.25 − 3.28)^2 + (2.50 − 3.28)^2 + (3.75 − 3.28)^2 + (4.00 − 3.28)^2 + (3.50 − 3.28)^2 + (2.75 − 3.28)^2 + (3.00 − 3.28)^2 + (4.00 − 3.28)^2 + (3.25 − 3.28)^2] + [(4.00 − 3.20)^2 + (2.00 − 3.20)^2 + (3.00 − 3.20)^2 + (3.75 − 3.20)^2 + (3.50 − 3.20)^2 + (2.50 − 3.20)^2 + (3.00 − 3.20)^2 + (2.25 − 3.20)^2 + (4.00 − 3.20)^2 + (4.00 − 3.20)^2] = 19.43

$SS_{subjects}$ = 4*[(3.92 − 3.33)^2 + (2.12 − 3.33)^2 + (2.73 − 3.33)^2 + (3.73 − 3.33)^2 + (3.88 − 3.33)^2 + (3.12 − 3.33)^2 + (3.19 − 3.33)^2 + (2.75 − 3.33)^2 + (3.83 − 3.33)^2 + (4.04 − 3.33)^2] = 15.16

SS_{error} = 19.43 − 15.16 = 4.27

MS_B = 1.39/3 = 0.46

$MS_{subjects}$ = 15.16/(10 − 1) = 1.78

MS_{error} = 4.27/[(4 − 1)(10 − 1)] = 0.16

F = 0.46/0.16 = 2.88

偏 η^2 = $SS_B/(SS_B + SS_{error})$ = 1.39/(1.39 + 15.16) = 0.246

一般化 η^2 = $SS_B/(SS_B + SS_{subjects} + SS_{error})$ = 1.39/(1.39 + 4.27 + 15.16) = 0.067

8.2.6 單因子相依樣本變異數分析的假定

獨立性：主要是規定研究參與者彼此之間沒有依賴性。而個人所收集的數次分數可以存在著相關性。就是前面所提及的對一個實驗參與者而言，個人的前測、中測以及後測分數可以有相關，但對於不同參與者之間的分數必須是獨立的。

常態性：在相關的兩個或兩個以上的群體，其依變項近似常態分配。這裡的檢定也是和獨立樣本一樣使用 Shapiro–Wilk 檢定，而當殘差顯示嚴重非常態時，可以做些什麼事？有兩個選擇：(1) 使用各種數學算法來轉換資料，讓資料分配變成常態分配（請參考單元 14 迴歸部分有詳細的資料轉換的介紹）；(2) 改用非參數的 Friedman 檢定來替代。

{friedman.test（依變項 ~ 自變項 |id, data = Data) in R} 或 {friedman_test(data, 依變項 ~ 自變項 |id) in R 的 rstatix 套件 }，讀者可以參考下面的網站：

https://rcompanion.org/handbook/F_10.html (Friedman Test)

球型（球度，sphericity）：相關群體（水準）所有配對之間的差異分數的變異數相等。例如：前測、中測以及後測三個水準或稱爲三個相關群體或者三個個體內條件 (within-subject conditions)，其兩兩相減分數的變異數相等。也就是：

$$變異數_{中測-前測} = 變異數_{後測-中測} = 變異數_{後測-前測}$$

這樣的檢定就是所有條件（水準）之間的變異數相等（這部分類似獨立樣本設計的變異數同質性）以及所有條件配對的相關是相等的。這種檢定有一個名詞叫做複對稱 (compound symmetry) 。當球型假定未被滿足時，會導致檢定結果過於寬鬆，亦即第一類型錯誤會增加，一個實際上不顯著的檢定會變成統計上顯著。檢定這種球型假定最爲常用的方法就是 Mauchly 球型檢定 (Mauchly's test of sphericity)。當球型假定被違反時，我們必須針對 F 檢定調整自由度，這種調整被稱爲更正統計量，有二個常用的更正統計量 Greenhouse and Geisser 更正以及 Huynh and Feldt 更正，前者比較保守，後者比較寬鬆。

8.2.7 單因子相依樣本 ANOVA 範例與說明

研究目的：分析國小教師在工作負荷、學生問題與家長壓力等三個壓力構面得分的差異情形。

研究問題：國小教師在工作負荷、學生問題與家長壓力等三個壓力構面得分是否有顯著差異？

研究假設：國小教師在工作負荷、學生問題與家長壓力等三個壓力構面得分有顯著差異。

虛無假設與對立假設：

H_0：$\mu_{工作負荷} = \mu_{學生問題} = \mu_{家長壓力}$

H_1：至少有一種構面的平均數和其他構面的平均數有差異。

在 R 中做相依樣本 ANOVA 檢定時，資料的格式通常需要改爲長格式 (long form)，下面是資料轉成長格式的語句。

```
library(tidyverse)
da_repeat = burnout_1 %>% select(c("工作負荷", "學生問題", "家長壓力"))
id = rownames(da_repeat)
da_repeat1 = cbind(id = id, da_repeat)
da_repeat_long = da_repeat1 %>% gather(group, score, 工作負荷:家長壓力,
factor_key=TRUE)
```

[說明] 關於這種轉換在「7.2.6 使用 R 套件執行相依樣本 t 檢定」部分有詳細說明。

常態性檢定。

```
library(rstatix)
da_repeat_long %>%
  group_by(group) %>%
  shapiro_test(score)
```

```
  group     variable  statistic    p
  <fct>     <chr>     <dbl>        <dbl>
1 工作負荷   score     0.970        0.000000282
2 學生問題   score     0.986        0.000623
3 家長壓力   score     0.962        0.0000000101
```

```
library(psych)
da_repeat_long %>%
  group_by(group) %>%
  summarize(skew(score), kurtosi(score))
```

```
  group       `skew(score)`   `kurtosi(score)`
  <fct>         <dbl>           <dbl>
1 工作負荷       0.435          -0.214
2 學生問題       0.175           0.146
3 家長壓力       0.436          -0.431
```

從上面所呈現的結果，三個變項工作負荷、學生問題與家長壓力的 Shapiro–Wilk 檢定，皆顯示非常態性。而偏態與峰度的檢定則顯示，沒有偏

態的絕對值≧ 3，顯示沒有嚴重的偏態現象；沒有峰度的絕對值≧ 10，表示沒有嚴重的過於平坦或陡峭的現象。

Mauchly 球度檢定：使用 rstatix 套件來做單因子相依樣本 ANOVA，使用這個套件乃是其 anova_test() 函數，會檢定 Mauchly 球度檢定，並且會計算出更正的統計。

```
library(rstatix)
rep_tab = anova_test(data = da_repeat_long, dv = score, wid = id, within
= group)
rep_tab
```

[說明] dv 是依變項，wid 是 id 變項，within 是自變項

```
ANOVA Table (type III tests)
$ANOVA
  Effect  DFn  DFd     F        p      p<.05    pes
1  group   2   798   562.207 4.41e-153    *     0.585
$`Mauchly's Test for Sphericity`
   Effect   W     p     p<.05
1  group  0.97   0.002    *
$`Sphericity Corrections`
  Effect  GGe  DF[GG]      p[GG]    p[GG]<.05  HFe   DF[HF]     p[HF]    p[HF]<.05
1 group  0.971  1.94, 774.85  9.75e-149   *      0.976 1.95, 778.58  1.94e-149      *
```

使用 get_anova_table() 函數來獲得 ANOVA 輸出表格，它會自動抓出正確的資料。

```
get_anova_table(rep_tab)
```

```
ANOVA Table (type III tests)
   Effect   DFn     DFd       F         p        p<.05     pes
1  group   1.94   774.85  562.207  9.75e-149          *    0.585
```

使用 Bonferroni 調整法來計算事後檢定。

```
pairwise.t.test(da_repeat_long$score, da_repeat_long$group,
                p.adj = "bonferroni", paired = TRUE)
```

```
                 Pairwise comparisons using paired t tests
data:  da_repeat_long$score and da_repeat_long$group
         工作負荷 學生問題
學生問題 <2e-16   -
家長壓力 1        <2e-16
P value adjustment method: bonferroni
```

計算效果量：get_anova_table() 所輸出的表格中的 pes 就是效果量。

```
ANOVA Table (type III tests)
   Effect  DFn    DFd      F          p       p<.05   pes
1  group   1.94   774.85  562.207  9.75e-149     *    0.585
```

計算樣本數、平均數、標準差。

```
da_repeat_long %>% group_by(group) %>%
  summarise( count = n(), mean = round(mean(score, na.rm = TRUE), 3),
             sd = round(sd(score, na.rm = TRUE), 3), .groups = "drop" )
```

```
  group     count  mean   sd
  <fct>     <int>  <dbl>  <dbl>
1 工作負荷   400    2.80   0.806
2 學生問題   400    4.21   1.09
3 家長壓力   400    2.82   0.858
```

8.2.8 統計 AI=>GO:(Unit 8.2 one way repeated measure ANOVA AI)

```
# 請輸入資料的名稱
data = burnout_1
# 請輸入變項的名稱（變項名稱，讀者一定要看單元 2.7 資料框部分的說明）
變項 = c(" 工作負荷 ", " 學生問題 ", " 家長壓力 ")
# 請輸入輸出結果的名稱
save_file = c("rep_out")
```

[結果輸出]

result.1

變項	Shapiro–Wilk 統計量	p	偏態值	峰度值
工作負荷	0.97	0	0.435	-0.214
學生問題	0.986	0.001	0.175	0.146
家長壓力	0.962	0	0.436	-0.431

result.2

表 AAA(result.1) 呈現工作負荷、學生問題與家長壓力常態分配檢定摘要表，表中顯示：工作負荷的 Shapiro–Wilk 統計量 = 0.97，p = 0 < 0.05，進一步檢定此一群體的偏態值與峰度值。偏態值 = 0.435，絕對值 < 3，表示沒有嚴重的偏態現象。峰度值 = -0.214，絕對值 < 10，表示沒有嚴重的過於平坦或陡峭的現象。雖然 Shapiro–Wilk 常態性檢定顯示非常態，然而偏態值顯示沒有嚴重的偏態現象，峰度值顯示沒有嚴重的過於平坦或陡峭的現象，此一群體可以用於單因子相依樣本 ANOVA 檢定。學生問題的 Shapiro–Wilk 統計量 = 0.986，p = 0.001 < 0.05，進一步檢定此一群體的偏態值與峰度值。偏態值 = 0.175，絕對值 < 3，表示沒有嚴重的偏態現象。峰度值 = 0.146，絕對值 < 10，表示沒有嚴重的過於平坦或陡峭的現象。雖然 Shapiro–Wilk 常態性檢定顯示非常態，然而偏態值顯示沒有嚴重的偏態現象，峰度值顯示沒有嚴重的過於平坦或陡峭的現象，此一群體可以用於單因子相依樣本 ANOVA 檢定。家長壓力的 Shapiro–Wilk 統計量 = 0.962，p = 0 < 0.05，進一步檢定此一群體的偏態值與峰度值。偏態值 = 0.436，絕對值 < 3，表示沒有嚴重的偏態現象。峰度值 = -0.431，絕對值 < 10，表示沒有嚴重的過於平坦或陡峭的現象。雖然 Shapiro–Wilk 常態性檢定顯示非常態，然而偏態值顯示沒有嚴重的偏態現象，峰度值顯示沒有嚴重的過於平坦或陡峭的現象，此一群體可以用於單因子相依樣本 ANOVA 檢定。

result.3

變項	次數	平均數	標準差	球度 Mauchly 檢定	F 值 (df1, df2)	偏 η2	事後比較 (Bonferroni 法)
工作負荷	400	2.798	0.806	0.97	562.207***	0.585	學生問題 > 家長壓力
學生問題	400	4.213	1.087	(p = 0.002)	(1.94, 774.85)		學生問題 > 工作負荷
家長壓力	400	2.823	0.858				

result.4

從表 BBB(result.3) 得知，球度 Mauchly 檢定值是 0.97，$p < 0.05$，表示違反球度的假定，使用 Greenhouse and Geisser 更正的 F 值來檢定顯著性。表中顯示 $F(1.94, 774.85) = 562.207$，$p < 0.001$，偏 $\eta^2 = 0.585$，拒絕虛無假設，所以這些變項平均數之間至少有一組有差異。Bonferroni 調整法的事後檢定顯示學生問題的平均數顯著地大於家長壓力；學生問題的平均數顯著地大於工作負荷。

8.2.9 單因子相依樣本 APA 報表與結果之撰寫

表 8.8 教師工作負荷、學生問題、家長壓力的 ANOVA 分析摘要表

變項	次數	平均數	標準差	球度 Mauchly 檢定	F 值 (df1, df2)	偏 η^2	事後比較 (Bonferroni 法)
工作負荷	400	2.798	0.806	0.97 (p = 0.002)	562.207***	0.585	學生問題 > 家長壓力
學生問題	400	4.213	1.087		(1.94, 774.85)		學生問題 > 工作負荷
家長壓力	400	2.823	0.858				

從表 8.8 得知，球度 Mauchly 檢定值是 0.97，$p < 0.05$，表示違反球度的假定，使用 Greenhouse and Geisser 更正的 F 值來檢定顯著性。表中顯示 $F(1.94, 774.85) = 562.207$，$p < 0.001$，偏 $\eta^2 = 0.585$，拒絕虛無假設。所以這些變項平均數之間至少有一組有差異。Bonferroni 調整法的事後檢定顯示學生問題的平均數顯著地大於家長壓力；學生問題的平均數顯著地大於工作負荷。

參考文獻

Lee, S., & Lee, D. K. (2018). What is the proper way to apply the multiple comparison test? *Korean journal of anesthesiology, 71*(5), 353-360. doi:10.4097/kja.d.18.00242

Bakeman, R. (2005). Recommended effect size statistics for repeated measures designs. *Behavior Research Methods, 37*(3), 379-384. doi:10.3758/BF03192707

Keselman, H. J., & Keselman, J. C. (1988). Repeated Measures Multiple Comparison Procedures: Effects of Violating Multisample Sphericity in Unbalanced Designs. *Journal of Educational Statistics, 13*(3), 215-226. doi:10.3102/10769986013003215

Lakens, D. (2013). Calculating and reporting effect sizes to facilitate cumulative science: a practical primer for t-tests and ANOVAs. *Frontiers in psychology, 4*(863). doi:10.3389/fpsyg.2013.00863

Maxwell, S. E. (1980). Pairwise Multiple Comparisons in Repeated Measures Designs. *Journal of Educational Statistics, 5*(3), 269-287. doi:10.3102/10769986005003269

Richardson, J. T. E. (2011). Eta squared and partial eta squared as measures of effect size in educational research. *Educational Research Review, 6*(2), 135-147. doi:doi.org/10.1016/j.edurev.2010.12.001

https://www.datanovia.com/en/lessons/anova-in-r/#two-way-independent-anova

ANOVA in R: The Ultimate Guide-Datanovia

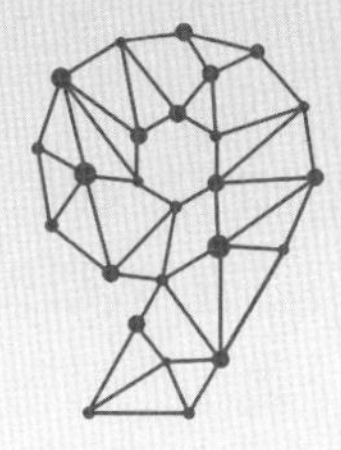

二因子獨立樣本變異數分析

難易指數：☺（超難）

學習金鑰

- 了解二因子獨立樣本變異數分析的概念以及使用時機
- 使用 R 套件執行二因子獨立樣本變異數分析
- 能將二因子獨立樣本變異數分析結果，以報表方式呈現，並撰寫結果

二因子獨立樣本變異數分析 (two way independent samples ANOVA) 顧名思義就是使用兩個因子（自變項）估計一個連續依變項的統計分析。兩個因子 A 與 B 都是含有兩個類別以上的變項且都是獨立樣本，分析他們對一個連續變項 Y 的效果。二因子獨立樣本 ANOVA 在許多方面和單因子獨立樣本 ANOVA 是非常類似的，由於有兩個因子，他們就有可能對依變項產生組合的效果 (combined effects)，這種組合效果稱爲交互作用 (interaction)。亦即，一個因子對依變項的影響，視另一個因子的值而定。所以，另一個變項的值不同，該變項對依變項的效果也不同。換句話說，A 因子對依變項的效果，會受到 B 因子的影響；同樣的，B 因子對依變項的效果，也會受到 A 因子的影響。

給一個實際的例子，請見表 9.1 以及圖 9.1。表 9.1 呈現數學教學法的實驗，有三種教學法：合作教學、創意教學以及傳統教學。每一種教學又分成男生與女生組（每組 10 人），表中的分數是實驗後的數學考試成績。兩個因子分別是教學法與性別，依變項則是數學分數。我們將表 9.1 中的各組內的平均數依據因子來畫兩個圖，圖 9.1 的上圖是以教學法作爲橫軸，下圖則改以性別作爲橫軸，如果這兩個變項對依變項沒有交互作用的話，那麼所有的線應當看起來是「平行的」，但是我們看到的是「不平行的」。在這個例子裡的交互作用就是教學法對數學能力的效果，視性別而定。圖 9.2 呈現各種有無交互作用的類型，上面三個是沒有交互作用，下面三個是有交互作用。二因子獨立樣本 ANOVA 的目的，因子與依變項的要求呈現於表 9.2。

表 9.1　二因子獨立樣本 ANOVA 的例子

總平均數 ($M_{總} = 68.5$)		教學法		
		合作教學 ($M_{合作教學} = 73.6$)	創意教學 ($M_{創意教學} = 74.6$)	傳統教學 ($M_{傳統教學} = 57.2$)
性別	男生 ($M_{男} = 70.5$)	75, 80, 70, 70, 70	80, 75, 70, 80, 75	65, 75, 80, 65, 65
		65, 70, 65, 70, 70	70, 70, 60, 72, 72	70, 65, 65, 68, 68
		($M_{(男,合作教學)} = 76.7$)	($M_{(男,創意教學)} = 76.9$)	($M_{(男,傳統教學)} = 68.6$)
	女生 ($M_{女} = 66.4$)	60, 65, 90, 75, 80	55, 70, 95, 75, 80	40, 40, 40, 65, 45
		85, 85, 75, 76, 76	80, 90, 70, 77, 77	30, 55, 50, 46, 46
		($M_{(女,合作教學)} = 70.5$)	($M_{(女,創意教學)} = 72.4$)	($M_{(女,傳統教學)}=45.7$)

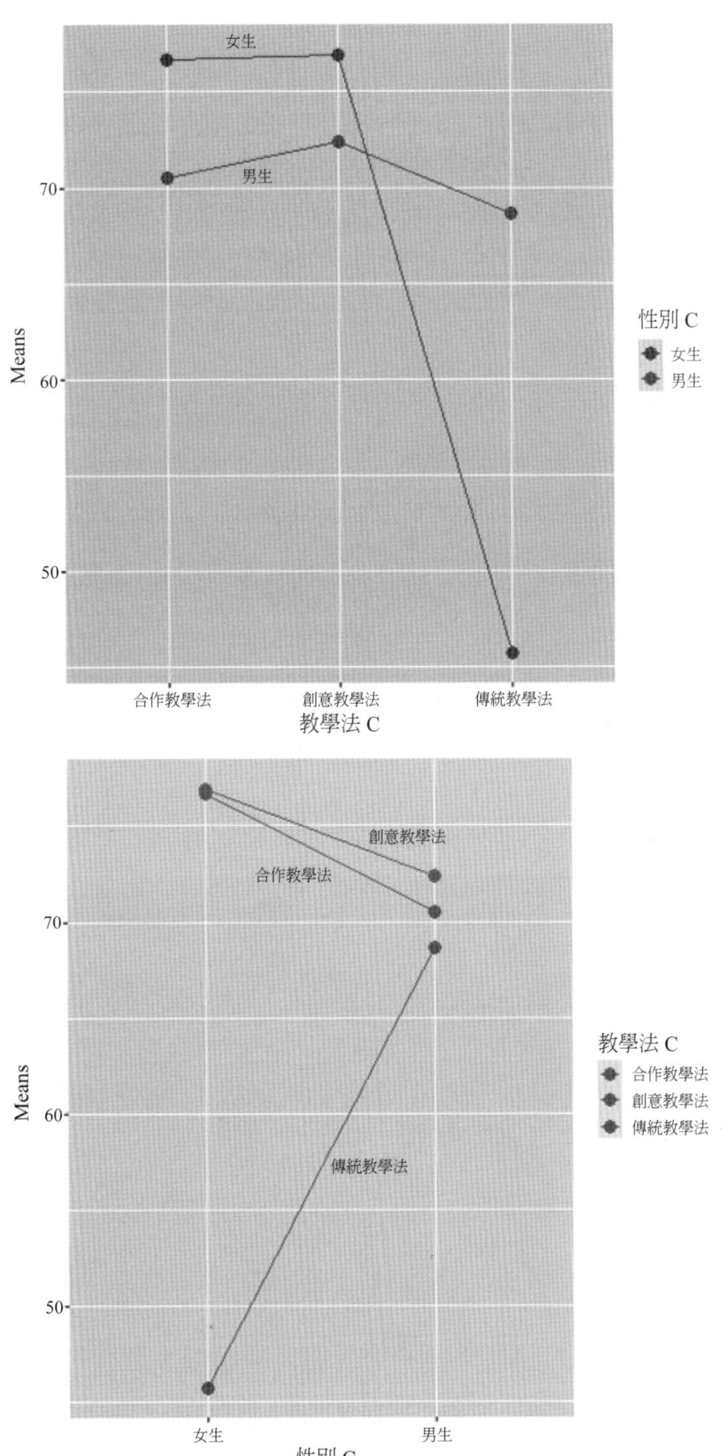

圖 9.1 二因子獨立樣本 ANOVA 交互作用圖例

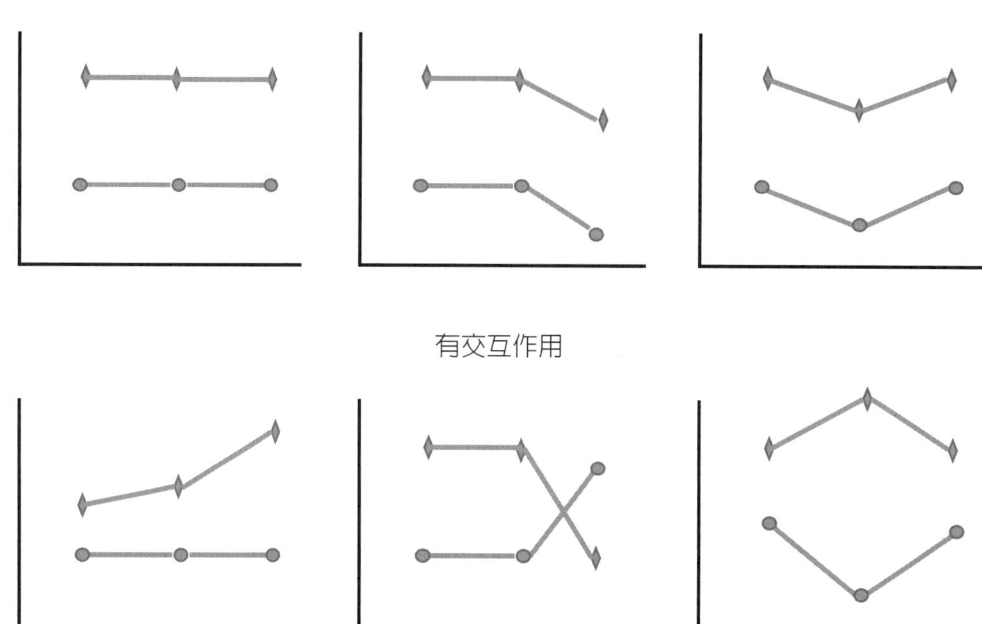

圖 9.2　有無交互作用的類型

表 9.2　二因子獨立樣本 ANOVA 的目的與變項要求

目的	因子		依變項
檢定兩個主要效果和一個交互作用的效果	兩個因子，每一個因子含有兩個以上的類別。		一個屬於連續的量數
	因子 A（教育程度）	→	收入
	因子 B（性別）		
	因子 A（教育程度）× 因子 B（性別）		

9.1　二因子獨立樣本 ANOVA 的假設

二因子獨立樣本 ANOVA 的假設有三組，兩組假設是針對主要效果，一組假設是針對交互作用效果，請參見表 9.3。

表 9.3　二因子獨立樣本 ANOVA 的假設

虛無假設	對立假設
H_{A0}：$\mu_{A1}=\mu_{A2}=\mu_{A3}\cdots=\mu_{Ak}$	H_{A1}：不是所有的因子 A 組別的平均數皆相等
H_{B0}：$\mu_{B1}=\mu_{B2}=\mu_{B3}\cdots=\mu_{Bk}$	H_{B1}：不是所有的因子 B 組別的平均數皆相等
H_{AB0}：沒有交互作用效果 一個因子在依變項平均數差異，並不依賴另外一個因子的組別而定。	H_{AB1}：有交互作用效果 一個因子在依變項平均數的差異，依賴另外一個因子的組別而定。

9.2　二因子獨立樣本 ANOVA 變異數分解

表 9.4 呈現二因子獨立樣本 ANOVA 變異數分解，有兩個因子，因此就有兩個組間變異（行與列），加上兩個因子的組合效果（交互作用的變異），剩下的就是誤差變異，這些變異加總就是總變異。兩個組間變異構成了二因子獨立樣本 ANOVA 的兩個主效果 (main effect) 來源，交互作用變異是交互作用的效果的來源。

表 9.4　二因子獨立樣本 ANOVA 變異數分解

	離均差平方和 (SS)	自由度 (DF)	均方和 (MS)	F（檢定）
因子 A（行組間變異）	SS_A	p–1（組別 –1）	$MS_A = SS_A/(p-1)$	MS_A/MS_E
因子 B（列組間變異）	SS_B	q–1（組別 –1）	$MS_B = SS_B/(q-1)$	MS_B/MS_E
因子 AB（交互作用變異）	SS_{AB}	(p–1) (q–1)	$MS_{AB} = SS_{AB}/(p-1)(q-1)$	MS_{AB}/ MS_E
誤差變異	SS_E	N–p*q	$MS_E = SS_e/(N-p*q)$	
全體	SS_T（總變異）	N–1(樣本數 –1)		

9.3　多重比較

二因子獨立樣本 ANOVA 檢定二個主要效果以及一個交互作用效果。而最重要的是交互作用效果，當交互作用效果達到顯著水準，說明了一個因子的效果，依賴另外一個因子的組別而定。檢定這樣的效果，最受歡迎的技術是分解交互作用的效果，稱爲單純主要效果分析 (simple main effects analysis)。其作法乃是在另一個因子的個別水準裡，檢定一個因子在依變項的平均數差異。依我們上面的例子就是：

(1) 性別設定爲男生時，檢定教學法在數學能力上的平均數差異。性別設定爲女生時，檢定教學法在數學能力上的平均數差異。

(2) 教學法設定爲合作教學時，檢定性別的數學能力的平均數差異。教學法設定爲創意教學時，檢定性別的數學能力的平均數差異。教學法設定爲傳統教學時，檢定性別的數學能力的平均數差異（參見圖 9.3）。

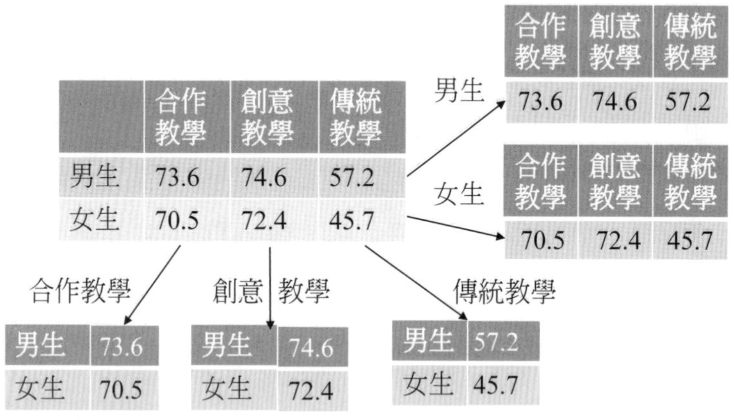

圖 9.3 單純主要效果圖例

如果交互作用效果未達顯著水準，則可以回頭來檢定有顯著的主要效果。這部分可以對主要效果做事後比較，比較的方法則是使用單因子 ANOVA 的方法，這部分請參見單元 8「8.1.6 多重比較事後 (Post Hoc) 檢定」的部分。二因子獨立樣本 ANOVA 的分析流程呈現於圖 9.4。

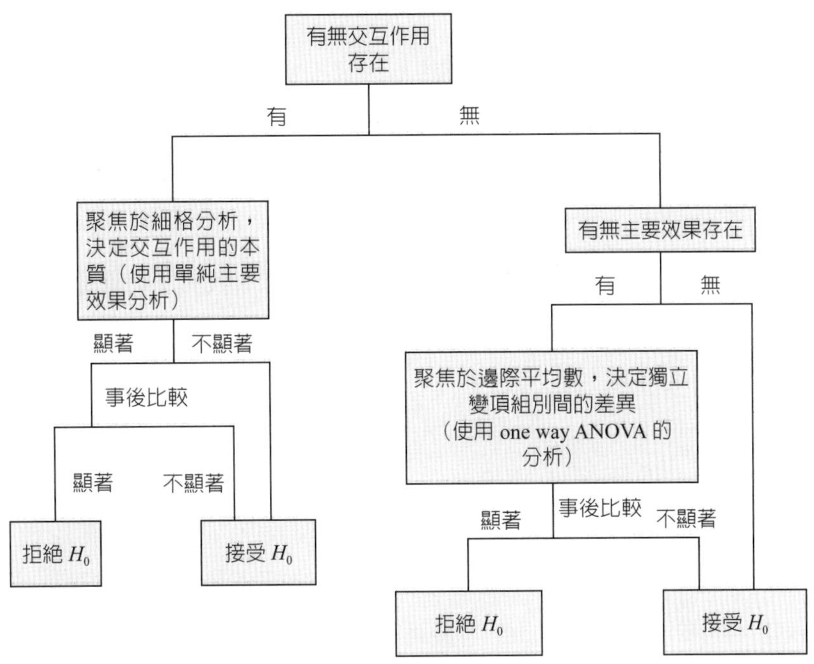

圖 9.4　二因子獨立樣本 ANOVA 的分析流程

9.4　效果值的計算

和單因子獨立樣本變異數一樣，偏 η^2 依然是最常被使用的二因子獨立樣本變異數分析的效果值的指標。其公式如下：

$$偏\eta^2 = \frac{SS_{effect}}{SS_{effect+SS_{error}}}$$

SS_{effect} 放的是 SS_A，則是因子 A 的效果值；放的是 SS_B，則是因子 B 效果值；放的是 SS_{AB}，則是交互作用的效果值。這裡的 SS 主要是使用 Type III 來計算。

9.5　二因子獨立樣本 ANOVA 的假定

觀察值的獨立性：觀察值來自彼此獨立的隨機樣本（詳細說明參見單元

7 的獨立性假定）。

常態性 (normality)：每一個群體（一個細格爲一個群體）的依變項是來自於常態分配的母群：例如表 9.1 有六個細格（有六群人），這六個群體的分數（每一細格 10 個），必須取自服從常態分配的母群（詳細說明參見單元 7 的常態性檢定）。當常態性被嚴重地違反時，可以使用各種數學算法來轉換依變項，讓分配變成常態分配。讀者可以參考單元 14 迴歸的「線性假設未成立的處理方式」以及「常態假定未成立時的處理方式」，此兩部分有詳細的變項轉換的介紹。

變異數同質性 (homogeneity of variance)：每一個群體變異數必須相等。由於此部分涉及因子 A 與 B 的主要效果，以及因子 A 與 B 的交互作用效果。通常先考慮交互作用效果的變異數同質性，如果交互作用沒有顯著時，要檢定主要效果時，再考慮因子 A 與 B 的個別變異數同質性。在 R 裡的 rstatix 套件中的 levene_test() 函數可以檢定交互作用的變異數同質性，其語法爲 { levene_test(依變項 ~ 因子 A* 因子 B)}。至於主要效果的變異數同質性檢定和單元 8 的單因子獨立樣本 ANOVA 的檢定是一樣的，其語法是 {levene_test(依變項 ~ 因子)}，也是使用 rstatix 套件。

交互作用部分的變異數同質性未成立時的處理方式：

(1) 這部分涉及到各群體的樣本數是否一樣，如果各群體的樣本數大致一樣，那麼問題比較不嚴重。有些學者認爲，當使用的樣本很大時，這個問題是可以忽略。有學者建議進行資料轉換，然後重新進行二因子獨立樣本 ANOVA（顏志龍、鄭中平，2019），關於資料轉換部分，請參考單元 14 迴歸的「線性假設未成立的處理方式」以及「常態假定未成立時的處理方式」，此兩部分有詳細的變項轉換的介紹。最後，Ellen Marshal 提出了一個相當不錯的建議，她認爲發生這個問題所造成的是不容易判定到底所犯的第一類型誤差該是多少，那麼使用較保守的方法，將 ANOVA 的顯著度設定爲 $\alpha = 0.01$（取代 0.05），應當可以補救這個問題（參見 Marshall 著，網路 PDF 檔，網站：https://www.sheffield.ac.uk/polopoly_fs/1.885120!/file/69_ANOVA2.pdf）。

(2) 各群體的樣本數差距很大時，那麼只能接受學者的建議放棄使用二因子變異數分析了 (Yockey, 2016)。有些學者提倡改用非參數的檢定，在 R 中有一些套件可以處理多因子 ANOVA 交互作用的非參數檢定 (nonparametric tests for the interaction)，但這個部分已經超出本單元的範疇，有興趣者可參見 Feys（2016）。

9.6 二因子獨立樣本 ANOVA 實例解說與 R 的操作

研究目的：探討教師的性別與教育程度以及其組合在情緒耗竭的差異情形。

研究問題：1. 教師的性別在情緒耗竭平均數是否有差異？
2. 教師的教育程度在情緒耗竭平均數是否有差異？
3. 教師的性別與教育程度是否在情緒耗竭平均數上具有交互作用的效果？

研究假設：1. 教師的性別在情緒耗竭平均數有顯著差異。
2. 教師的教育程度在情緒耗竭平均數有顯著差異。
3. 教師的性別與教育程度對情緒耗竭平均數具有交互作用。

敘述統計：樣本數、平均數與標準差。

```
library(tidyverse)
tw_ano_msd = burnout_1 %>% group_by( 性別, 教育 ) %>%
  summarise(
    count = n(),
    mean = round(mean( 情緒耗竭, na.rm = TRUE), 3),
    sd = round(sd( 情緒耗竭, na.rm = TRUE), 3)
  )
colnames(tw_ano_msd) = c(" 性別 ", " 教育 ", "N", " 平均數 ", " 標準差 ")
tw_ano_msd
```

```
    性別   教育   N     平均數  標準差
    <dbl> <dbl> <int> <dbl>  <dbl>
1     1     1    45    3.6    1.00
2     1     2    26    4.3    1.01
3     1     3    29    3.28   0.866
4     2     1   161    3.75   0.922
5     2     2    78    3.60   0.762
6     2     3    61    3.18   1.01
```

性別：1 是男生、2 是女生。教育：1 是大學、2 是四十學分班、3 是研究所。

9.6.1 檢查二因子獨立樣本 ANOVA 的假定

常態性檢定：

常態性檢定有兩種方式：母群中各組的依變項必須是常態分配以及誤差項必須是常態分配，在這裡我們示範用這兩種方式檢定常態性。

使用 lm 來執行雙因子獨立樣本的模式：

```
model  <- lm( 情緒耗竭 ~ 性別 * 教育 , data = burnout_1)
```

使用 lm 所執行出來的殘差來檢定常態性：

```
library(rstatix)
shapiro_test(residuals(model))
```

```
# A tibble: 1 x 3
  variable           statistic    p.value
  <chr>                  <dbl>      <dbl>
1 residuals(model)       0.986   0.000577
```

使用 group_by 來分割資料，檢定常態：

```
library(rstatix)
burnout_1 %>%
  group_by( 性別 , 教育 ) %>%
  shapiro_test( 情緒耗竭 )
```

```
# A tibble: 6 x 5
    性別   教育   variable   statistic   p
   <dbl>  <dbl>    <chr>      <dbl>   <dbl>
1      1      1   情緒耗竭     0.958   0.104
2      1      2   情緒耗竭     0.941   0.140
3      1      3   情緒耗竭     0.976   0.717
4      2      1   情緒耗竭     0.983   0.0446
5      2      2   情緒耗竭     0.981   0.289
6      2      3   情緒耗竭     0.971   0.164
```

使用 psych 套件來算模式殘差的偏態與峰度：

```
library(psych)
skew(model$residuals)
```

```
[1] 0.130783
```

```
kurtosi(model$residuals)
```

```
[1] 0.9696249
```

使用 group_by 分群方式檢定各群體的偏態與峰度：

```
burnout_1 %>%
  group_by(性別, 教育) %>%
  summarise(skew(情緒耗竭), kurtosi(情緒耗竭))
```

```
# Groups:   性別 [2]
    性別   教育   `skew(情緒耗竭)`   `kurtosi(情緒耗竭)`
   <dbl>  <dbl>      <dbl>              <dbl>
1    1      1        0.414              1.63
2    1      2        0.780              0.195
3    1      3       -0.145              0.571
4    2      1        0.0394             0.846
5    2      2        0.0958            -0.0796
6    2      3       -0.109              0.0660
```

上面的結果顯示使用模式殘差檢定常態性，獲得 Shapiro–Wilk 統計量爲 0.986，$p < 0.001$，相當顯著，但檢定六個群體的 Shapiro–Wilk 統計量只有女性—大學這一群 $p = 0.0446 < 0.05$，且 p 值相當接近 0.05。而偏態與峰度的數值顯示不論是模式殘差的檢定或者是各群體的檢定偏態的絕對值皆小於 3，峰度的絕對值皆小於 10，符合 Kline (2016) 的建議，沒有嚴重地違反常態性。

變異數同質性檢定。

```
library(rstatix)
burnout_1 %>% levene_test(情緒耗竭 ~ as.factor(性別)*as.factor(教育))
```

```
    df1   df2   statistic      p
  <int> <int>       <dbl>  <dbl>
1     5   394       0.627  0.680
```

Levene 檢定統計量是 0.627，p > 0.05，可以假定群體間是變異數同質。

二因子獨立樣本 ANOVA 檢定。

```
library(rstatix)
burnout_1 %>% anova_test(情緒耗竭 ~ factor(性別)*factor(教育),
                        type = 3, detailed = T, effect.size = "pes")
```

```
ANOVA Table (type III tests)

                   Effect      SSn     SSd DFn DFd        F          p p<.05   pes
1             (Intercept) 3609.834 332.059   1 394 4283.194  8.88e-214     * 0.916
2            factor(性別)    3.270 332.059   1 394    3.880   5.00e-02     * 0.010
3            factor(教育)   20.701 332.059   2 394   12.281   6.70e-06     * 0.059
4 factor(性別):factor(教育)    9.189 332.059   2 394    5.451   5.00e-03     * 0.027
```

主要效果：性別對情緒耗竭有顯著效果，$F(1, 394) = 3.880$，$p = 0.05 < 0.05$，偏 $\eta^2 = 0.01$，達顯著水準；教育對情緒耗竭有顯著效果，$F(2, 394) = 12.281$，$p = 6.70e\text{-}06 < 0.001$，偏 $\eta^2 = 0.059$，達顯著水準。

註：p = 0.05 時慣例上都歸爲 < 0.05，同樣地，若是 p = 0.01 歸爲 <0.01，p = 0.001 歸爲 <0.001。

交互作用效果：性別與教育對情緒耗竭有交互作用，$F(2, 394) = 5.451$，$p = 5.00e\text{-}03 < 0.01$，偏 $\eta^2 = 0.027$，達顯著水準。由於交互作用效果達到顯著，因此檢定單純主要效果。

單純主要效果檢定。

先以 lm() 建立模式：

```
lm_model <- lm(情緒耗竭 ~ as.factor(性別)*as.factor(教育), data =
burnout_1)
```

為何要使用 lm() 建立模式，乃是為了求殘差值，Keppel and Wickens (2004) 以及 Maxwell and Delaney (2004) 建議使用整體的殘差值作為輸入值，輸入 one-way ANOVA 的模式，比較容易偵測到統計上顯著性。其次，lm() 函數中的因子（性別與教育）必須是 factor 的資料類別，統計計算出來的模式的殘差才是正確的。而 R 中的 anova_test() 函數也設計了使用殘差值來計算顯著性，見下面的函數，其中 error = lm_model，就是採用 lm 模式，anova_test() 自動抓取殘差值來計算單純主要效果的 ANOVA 分析。

以性別分群：

```
burnout_1 %>%
  group_by(性別) %>%
  anova_test(情緒耗竭 ~ as.factor(教育), error = lm_model)
```

```
   性別 Effect             DFn   DFd     F          p  `p<.05`   ges
  <dbl> <chr>             <dbl> <dbl> <dbl>    <dbl>  <chr>    <dbl>
1     1 as.factor(教育)      2   394  8.81  0.000181    *      0.043
2     2 as.factor(教育)      2   394  8.56  0.000229    *      0.042
```

教育程度對情緒耗竭的得分的單純主要效果在男性與女性兩個組別上皆達統計的顯著水準 ($p < 0.001$)。

以性別分群的單純配對比較：

當單純主要效果顯著時，可以做簡單配對比較，採用 Bonferroni 的調整檢定。在 R 中 emmeans 套件可以處理這個檢定。

```
library(rstatix)
library(emmeans)
burnout_1 %>%
```

```
  group_by(性別) %>%
  emmeans_test(情緒耗竭 ~ 教育, p.adjust.method = "bonferroni")
```

rstatix 套件中的 emmeans_test() 在檢定配對比較時（使用此一函數，請加裝 emmeans 套件，它會將結果幫忙秀出來），因子（教育）無需要指定爲 factor 的資料型態。p.adjust.method = "bonferroni"，是所想要調整顯著性的方法。還有這些調整法 "holm", "hochberg", "hommel", "BH", "BY", "fdr", "none"，在此不介紹，有需要的請參看 rstatix 的使用說明。

```
  性別 term   .y.      group1 group2  df   statistic  p          p.adj     p.adj.signif
* <dbl> <chr> <chr>    <chr>  <chr>  <dbl> <dbl>     <dbl>      <dbl>     <chr>
1    1  教育  情緒耗竭  1      2      394   -3.10     0.00211    0.00632   **
2    1  教育  情緒耗竭  1      3      394    1.45     0.148      0.443     ns
3    1  教育  情緒耗竭  2      3      394    4.10     0.0000496  0.000149  ***
4    2  教育  情緒耗竭  1      2      394    1.22     0.224      0.673     ns
5    2  教育  情緒耗竭  1      3      394    4.14     0.0000428  0.000128  ***
6    2  教育  情緒耗竭  2      3      394    2.66     0.00817    0.0245    *
```

男性教師：大學在情緒耗竭的平均數顯著地小於四十學分班 (p = 0.00211)。四十學分班在情緒耗竭的平均數顯著地大於研究所 (p = 0.0000496)。

女性教師：大學在情緒耗竭的平均數顯著地大於研究所 (p = 0.0000428)。四十學分班在情緒耗竭的平均數顯著地大於研究所 (p = 0.00817)。

以教育分群：

```
burnout_1 %>%
  group_by(教育) %>%
  anova_test(情緒耗竭 ~ 性別, error = lm_model)
```

```
  教育 Effect             DFn   DFd   F      p         `p<.05`  ges
  <dbl> <chr>             <dbl> <dbl> <dbl>  <dbl>     <chr>    <dbl>
1    1  as.factor(性別)    1     394   0.958  0.328     ""       0.002
2    2  as.factor(性別)    1     394   11.4   0.000799  "*"      0.028
3    3  as.factor(性別)    1     394   0.245  0.621     ""       0.000621
```

大學：性別沒有顯著的單純主要效果，F(1, 394) = 0.958，p = 0.328，偏 η^2 = 0.002。
四十學分班：性別有顯著的單純主要效果，F(1, 394) = 11.4，p =0.0008，偏 η^2 = 0.028。
研究所：性別沒有顯著的單純主要效果，F(1, 394) = 0.245，p = 0.621，偏 η^2 = 0.0006。
由於性別只有兩個組別，因此無須再進行分群的單純配對檢定。如果你的變項不是三個以上，那麼就必須針對顯著的群組再做單純配對檢定。

9.6.2 統計 AI=>GO:(Unit 9 two way independent sample ANOVA AI)

```
#請輸入資料的名稱
data = burnout_1
#請填寫依變項名稱（變項名稱，讀者一定要看單元 2.7 資料框部分的說明）
dependent_var = c("情緒耗竭")
#請填寫因子名稱（變項名稱，讀者一定要看單元 2.7 資料框部分的說明）
independent_var = c("性別", "教育")
#請填寫要輸出結果的檔案名稱
save_file = c("a2_out")
```

result.1

變項組別	敘述統計	1	2	3
1	N	45	26	29
	平均數	3.6	4.3	3.283
	標準差	1.004	1.008	0.866
2	N	161	78	61
	平均數	3.752	3.597	3.18
	標準差	0.922	0.762	1.006

result.2

檢定	統計量	p 值
Shapiro–Wilk 檢定	0.988	0.002
偏態 (Skewness)	0.126	
峰度 (Kurtosis)	0.863	

result.3

表 BBB(result.2) 的 Shapiro–Wilk 常態性檢定顯示，Shapiro–Wilk 統計量 = 0.988，p 值 = 0.002 < 0.05 ，進一步檢定偏態值與峰度值。偏態值 = 0.126，絕對值 < 3，表示沒有嚴重的偏態現象。峰度值 = 0.863，絕對值 < 10，表示沒有嚴重的過於平坦或陡峭的現象。雖然 Shapiro–Wilk 常態性檢定顯示非常態，然而偏態值顯示沒有嚴重的偏態現象，峰度值顯示沒有嚴重的過於平坦或陡峭的現象，因此依然可以使用二因子獨立樣本 ANOVA 檢定。

result.4

df1	df2	F	p
5	394	0.627	0.68

result.5

交互作用項的 Leven 變異數同質性檢定呈現於表 CCC(result.4)，由表 CCC 得知，F = 0.627，p > 0.05，不同群體間變異數同質性成立。

result.6

變異來源	SS	df	F	p	顯著性	偏 η^2
性別	3.27	1	3.88	0.05	*	0.01
教育	20.701	2	12.281	0.0000067	***	0.059
性別 × 教育	9.189	2	5.451	0.005	**	0.027
誤差	332.059	394				

result.7

以二因子獨立樣本 ANOVA 分析性別與教育對情緒耗竭之效果，各細格描述統計如表 AAA(result.1)，性別與教育對情緒耗竭之 ANOVA 摘要表呈現於表 DDD(result.6)。主要效果檢定的結果顯示：性別對情緒耗竭有顯著效果，F(1, 394) = 3.88，p = 0.05 < 0.05，偏 η^2 = 0.01。教育對情緒耗竭有顯著效果，F(2, 394) = 12.281，p = 0.0000067 < 0.001，偏 η^2 = 0.059。交互作用效果檢定顯示：性別與教育對情緒耗竭有交互作用效果，F(2, 394) = 5.451，p = 0.005 < 0.01，偏 η^2 = 0.027。

result.8

變異來源	SS	df1	df2	F	p	Bonferroni 調整事後比較
教育在性別						
1	14.849	2	394	8.809	0.000181	2 > 3; 1 < 2
2	14.435	2	394	8.564	0.000229	1 > 3; 2 > 3
性別在教育						
1	0.808	1	394	0.958	0.328	
2	9.625	1	394	11.421	0.000799	1 > 2
3	0.206	1	394	0.245	0.621	

result.9

由於交互作用效果達顯著水準，所以檢定單純主要效果，單純主要效果檢定的結果呈現於表EEE(result.8)，結果顯示：對性別類別 1 而言，教育有顯著的單純主要效果，F(2, 394) = 8.809，p = 0.000181 < 0.001，偏 η^2 = 0.043。Bonferroni 事後調整比較顯示：性別類別 1 的教育類別 2 在情緒耗竭的平均數顯著地大於性別類別 1 的教育類別 3；性別類別 1 的教育類別 2 在情緒耗竭的平均數顯著地大於性別類別 1 的教育類別 1。對性別類別 2 而言，教育有顯著的單純主要效果，F(2, 394) = 8.564，p = 0.000229 < 0.001，偏 η^2 = 0.042。Bonferroni 事後調整比較顯示：性別類別 2 的教育類別 1 在情緒耗竭的平均數顯著地大於性別類別 2 的教育類別 3。性別類別 2 的教育類別 2 在情緒耗竭的平均數顯著地大於性別類別 2 的教育類別 3。對教育類別 1 而言，性別沒有顯著的單純主要效果，F(1, 394) = 0.958，p = 0.328，偏 η^2 = 0.002。對教育類別 2 而言，性別有顯著的單純主要效果，F(1, 394) = 11.421，p = 0.000799 < 0.001，偏 η^2 = 0.028。Bonferroni 事後調整比較顯示：教育類別 2 的性別類別 1 在情緒耗竭的平均數顯著地大於教育類別 2 的性別類別 2。對教育類別 3 而言，性別沒有顯著的單純主要效果，F(1, 394) = 0.245，p = 0.621，偏 η^2 = 0.000621。交互作用顯著，有兩張交互作用圖存在你指定檔案夾中的 png 檔，檔名 tw_plot_A.png 以及 tw_plot_B.png。

9.6.3 APA 報表與結果之撰寫

表 9.5 教師性別與教育程度對情緒耗竭 ANOVA 之常態性分析

檢定	統計量	p 值
Shapiro–Wilk 檢定	0.988	0.002
偏態 (Skewness)	0.126	
峰度 (Kurtosis)	0.863	

表 9.5 的 Shapiro–Wilk 常態性檢定顯示，Shapiro–Wilk 統計量 = 0.988，p = 0.002 < 0.05，進一步檢定偏態值與峰度值。偏態值 = 0.126，絕對值 < 3，表示沒有嚴重的偏態現象。峰度值 = 0.863，絕對值 < 10，表示沒有嚴重的過於平坦或陡峭的現象。雖然 Shapiro–Wilk 常態性檢定顯示非常態，然而偏態值顯示沒有嚴重的偏態現象，峰度值顯示沒有嚴重的過於平坦或陡峭的現象，因此依然可以使用二因子獨立樣本 ANOVA 檢定。

表 9.6 教師性別與教育程度對情緒耗竭 ANOVA 分析之細格變異數同質性分析

df1	df2	F	p
5	394	0.627	0.68

交互作用項的 Leven 變異數同質性檢定呈現於表 9.6，由表 9.6 得知，F = 0.627，p > 0.05，不同群體間變異數同質性成立。

表 9.7 教師性別與教育程度對情緒耗竭 ANOVA 分析之各細格描述統計

變項組別	敘述統計	大學	四十學分班	研究所
男性	N	45	26	29
	平均數	3.6	4.3	3.283
	標準差	1.004	1.008	0.866
女性	N	161	78	61
	平均數	3.752	3.597	3.18
	標準差	0.922	0.762	1.006

表 9.8 教師性別與教育程度對情緒耗竭 ANOVA 分析之摘要表

變異來源	SS	df	F	p	偏 η^2
性別	3.27	1	3.88*	0.05	0.01
教育	20.701	2	12.281***	< 0.001	0.059
性別 × 教育	9.189	2	5.451**	0.005	0.027
誤差	332.059	394			

* p < 0.05; ** p < 0.01; *** p < 0.001

以二因子獨立樣本 ANOVA 分析性別與教育對情緒耗竭之效果，各細格描述統計如表 9.7，性別與教育對情緒耗竭之 ANOVA 摘要表呈現於表 9.8。主要效果檢定的結果顯示：性別對情緒耗竭有顯著效果，F(1, 394) = 3.88，p = 0.05 ≤ 0.05，偏 η^2 = 0.01。教育對情緒耗竭有顯著效果，F(2, 394) = 12.281，p = 0.0000067 ≤ 0.001，偏 η^2 = 0.059。交互作用效果檢定顯示：性別與教育對情緒耗竭有交互作用效果，F(2, 394) = 5.451，p = 0.005 ≤ 0.01，偏 η^2 = 0.027。

表 9.9 教師性別與教育程度的單純主要效果檢定

變異來源	SS	df1	df2	F	p	Bonferroni 調整事後比較
教育在性別						
男性	14.849	2	394	8.809***	<0.001	四十學分班 > 研究所； 四十學分班 > 大學
女性	14.435	2	394	8.564***	<0.001	大學 > 研究所； 四十學分班 > 研究所
性別在教育						
大學	0.808	1	394	0.958	0.328	
四十學分班	9.625	1	394	11.421***	<0.001	男性 > 女性
研究所	0.206	1	394	0.245	0.621	

由於交互作用效果達顯著水準，所以檢定單純主要效果，單純主要效果檢定的結果呈現於表 9.9，結果顯示：對男性教師而言，教育有顯著的單純主要效果，F(2, 394) = 8.809，p = 0.000181 ≤ 0.001，偏 η^2 = 0.043。Bonferroni 事後調整比較顯示：男性教師是四十學分班在情緒耗竭的平均數顯著地大於男性教師是研究所；男性教師是四十學分班在情緒耗竭的平均數顯著地大於男性教師是大學。（註：這兩句可以改爲：男性教師是四十學分班在情緒耗竭的平均數顯著地大於男性教師是大學以及研究所）。

對女性教師而言，教育有顯著的單純主要效果，F(2, 394) = 8.564，p = 0.000229 ≤ 0.001，偏 η^2 = 0.042。Bonferroni 事後調整比較顯示：女性教師是大學在情緒耗竭的平均數顯著地大於女性教師是研究所。女性教師是四十學分班在情緒耗竭的平均數顯著地大於女性教師是研究所。（註：這兩句可以改為：女性教師是大學以及四十學分班在情緒耗竭的平均數顯著地大於女性教師是研究所）。對大學而言，性別沒有顯著的單純主要效果，F(1, 394) = 0.958，p = 0.328，偏 η^2 = 0.002。對四十學分班而言，性別有顯著的單純主要效果，F(1, 394) = 11.421，p = 0.000799 ≤ 0.001，偏 η^2 = 0.028。Bonferroni 事後調整比較顯示：男性教師在情緒耗竭的平均數顯著地大於女性教師。對研究所而言，性別沒有顯著的單純主要效果，F(1, 394) = 0.245，p = 0.621，偏 η^2 = 0.000621。

無論交互作用是否顯著，程式會產生兩個交互作用圖 (png 檔），存在讀者設定路徑中檔名為 tw_plot_A 與 tw_plot_B。若是交互作用顯著，在論文可以呈現交互作用圖；沒顯著這些圖是沒有意義的，所以不需要在論文中呈現它們。

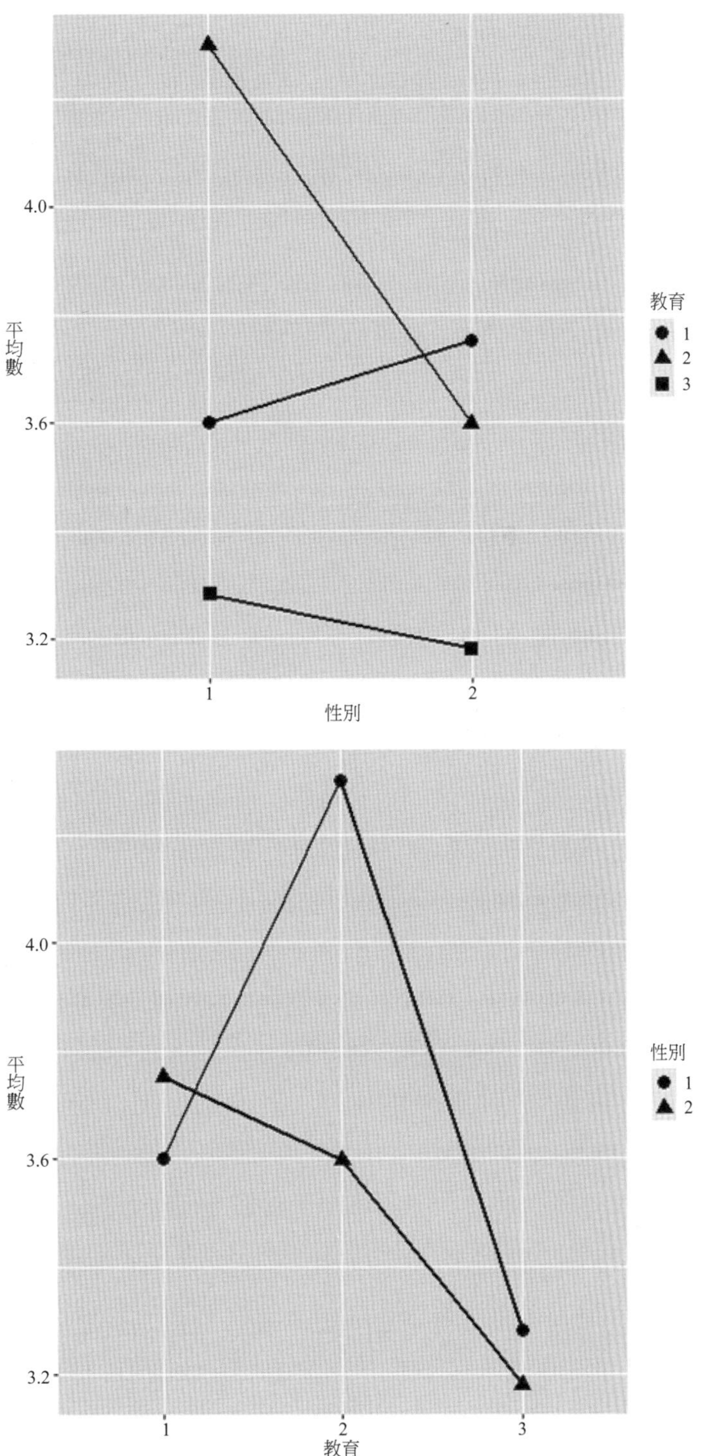

圖 9.5　二因子獨立樣本 ANOVA 交互作用圖

參考文獻

顏志龍、鄭中平（2019）。給論文寫作者的統計指南：傻瓜也會跑統計（第3 版）。台北市：五南。

Howell, D. C. (2013). *Statistical methods for psychology* (8th ed.). Belmont, CA: Wadsworth Cengage Learning.

Feys, J. (2016). Nonparametric tests for the interaction in two-way factorial designs using R. *The R Journal, 8*(1), 367-378.

Field, A. P. (2013). *Discovering statistics using IBM SPSS statistics* (4th ed.). Los Angeles: Sage.

Maxwell, S. E., & Delaney, H. D. (2004). *Designing experiments and analyzing data: A model comparison perspective* (2nd ed.). Mahwah, N.J.: Lawrence Erlbaum Associates

Keppel, G., & Wickens, T. D. (2004). *Design and analysis: a researcher's handbook* (4th ed.). Upper Saddle River, N.J.: Pearson Prentice Hall.

Yockey, R. D. (2016). *SPSS Demystified: A Simple Guide and Reference* (3 ed.): Routledge.

https://dzchilds.github.io/stats-for-bio/two-way-anova-in-r.html

https://www.theanalysisfactor.com/when-unequal-sample-sizes-are-and-are-not-a-problem-in-anova/

https://rpkgs.datanovia.com/rstatix/reference/welch_anova_test.html

https://rcompanion.org/rcompanion/d_08a.html

Two-way Anova with Robust Estimation

https://www.datanovia.com/en/lessons/anova-in-r/#two-way-independent-anova

二因子相依樣本變異數分析

難易指數：☺（超難）

學習金鑰

- ✦ 了解二因子相依樣本變異數分析的概念以及使用時機
- ✦ 使用 R 套件執行二因子相依樣本變異數分析
- ✦ 能將二因子相依樣本變異數分析結果，以報表方式呈現，並撰寫結果

二因子相依樣本變異數分析 (two way dependent sample ANOVA)，就是兩個因子（自變項）A 與 B，而 A 與 B 都是皆爲重複量數的類別變項，目的是分析二個相依樣本因子對某依變項的效果。由於有兩因子，所以和二因子獨立樣本變異數分析一樣，重點是探討此兩因子在依變項的交互作用。二因子相依樣本變異數分析的例子有：不同的閱讀器（紙本、iPad) 以及不同呈現方式（文字、圖畫）探討閱讀理解能力。同一群人都參與紙本文字、紙本繪圖、iPad 文字、iPad 繪圖這四個閱讀理解測驗，檢定這兩因子（閱讀器、內容呈現方式）在閱讀理解測驗分數的差異。同一群學生不同考試時間（第一次段考、第二次段考、第三次段考）以及不同科目（數學、物理、化學）成績的差異。很明顯地，二因子相依樣本 ANOVA 分析的資料型態是同一群人參與了所有實驗（測驗）的條件。表 10.1 是二因子相依樣本

ANOVA 分析範例，3 個人皆參與飲品與咖啡因含量組合的 12 種情境的實驗，每一個人測量 12 次的睡眠問題量表。我們這一章節，是以此種例子做實例分析，使用 R 的模擬資料產生了 50 個受試者，每個受試者皆有 12 筆睡眠問題分數。二因子相依樣本 ANOVA 的目的與變項要求呈現於表 10.2。

表 10.1　二因子相依樣本 ANOVA 分析範例

		咖啡因			
		50mg	100mg	150mg	200mg
飲品	咖啡	a1_ 咖啡 _50mg a2_ 咖啡 _50mg a3_ 咖啡 _50mg	a1_ 咖啡 _100mg a2_ 咖啡 _100mg a3_ 咖啡 _100mg	a1_ 咖啡 _150mg a2_ 咖啡 _150mg a3_ 咖啡 _150mg	a1_ 咖啡 _200mg a2_ 咖啡 _200mg a3_ 咖啡 _200mg
	茶	a1_ 茶 _50mg a2_ 茶 _50mg a3_ 茶 _50mg	a1_ 茶 _100mg a2_ 茶 _100mg a3_ 茶 _100mg	a1_ 茶 _150mg a2_ 茶 _150mg a3_ 茶 _150mg	a1_ 茶 _200mg a2_ 茶 _200mg a3_ 茶 _200mg
	可口可樂	a1_ 可口可樂 _50mg a2_ 可口可樂 _50mg a3_ 可口可樂 _50mg	a1_ 可口可樂 _100mg a2_ 可口可樂 _100mg a3_ 可口可樂 _100mg	a1_ 可口可樂 _150mg a2_ 可口可樂 _150mg a3_ 可口可樂 _150mg	a1_ 可口可樂 _200mg a2_ 可口可樂 _200mg a3_ 可口可樂 _200mg

表 10.2　二因子相依樣本 ANOVA 的目的與變項要求

目的	因子		依變項
檢定兩個相依樣本因子的主要效果和一個由此兩個相依樣本因子組合的交互作用的效果	兩個因子：都是具兩個以上的水準的相依樣本		一個屬於連續的量數
	因子 A（飲品：咖啡、茶、可口可樂）	→	睡眠問題分數
	因子 B（咖啡因：50mg、100mg、150mg、200mg）		
	因子 A（飲品）× 因子 B（咖啡因含量）		

10.1　二因子相依樣本 ANOVA 的假設

二因子相依樣本 ANOVA 的假設有三組，三個虛無假設以及三個相對應的對立假設，其中兩組假設是針對兩個相依樣本因子的主要效果，一組假設是針對兩個因子組合的交互作用效果，請參見表 10.3。

表 10.3　二因子相依樣本 ANOVA 的假設

虛無假設	對立假設
H_{A0}：$\mu_{A1}=\mu_{A2}=\mu_{A3}\cdots=\mu_{Ak}$	H_{A1}：不是所有的因子 A 類別的平均數皆相等
H_{B0}：$\mu_{B1}=\mu_{B2}=\mu_{B3}\cdots=\mu_{Bk}$	H_{B1}：不是所有的因子 B 類別的平均數皆相等
H_{AB0}：因子 A 與因子 B 沒有交互作用效果	H_{AB1}：因子 A 與因子 B 有交互作用效果

10.2　二因子相依樣本 ANOVA 的變異數分解

表 10.4 呈現二因子相依樣本 ANOVA 變異數的分解，這些都是組內受試者，所以因子 A、因子 B 以及因子 AB 都各自有其 SS 以及誤差 SS，最後有一個受試者誤差 SS，這 7 個 SS 的加總就是全部的 SS。各因子的 MS 除以其誤差MS，就是構成兩個主要效果的F值以及一個交互作用效果的F值。

表 10.4　二因子相依樣本 ANOVA 變異數分解

變異來源	SS	df	MS	F
因子 $_A$ 誤差 $_A$	SS_A $SS_{誤差\ A}$	$df_A=p-1$ $df_{誤差\ A}=(n-1)(p-1)$	MS_A $MS_{誤差\ A}$	$F_A=MS_A/MS_{誤差\ A}$
因子 $_B$ 誤差 $_B$	SS_B $SS_{誤差\ B}$	$df_B=q-1$ $df_{誤差\ B}=(n-1)(q-1)$	MS_B $MS_{誤差\ B}$	$F_B=MS_B/MS_{誤差\ B}$
因子 $_{AB}$ 誤差 $_{AB}$	SS_{AB} SS_{AB}	$df_{AB}=(p-1)*(q-1)$ $df_{誤差\ AB}=(n-1)(p-1)(q-1)$	MS_{AB} $MS_{誤差\ AB}$	$F_{AB}=MS_{AB}/MS_{誤差\ AB}$
誤差 $_{subjects}$	$SS_{誤差\ subjects}$	$df_{誤差\ subjects}=(n-1)$	$MS_{誤差\ subjects}$	
全體	$SS_{全體}$	$df_{全體}=p*q*n-1$		

註：p 是因子 A 的類別數（類別水準），q 是因子 B 的類別數，n 是參與人數。

10.3　單純主要效果檢定與事後比較

二因子相依樣本 ANOVA 分析和二因子獨立樣本 ANOVA 分析是很類似

的，只是差在前者使用相依樣本，後者使用獨立樣本，那麼分析的目的與程序和解釋結果的方式都相當類似，只是檢定時使用的統計公式不一樣。所以，當交互作用效果獲得顯著，此時的解釋聚焦於單純主要效果分析上。以我們這單元所使用的例子來說（見圖 10.1），就是檢定飲品的個別水準裡的不同咖啡因含量在睡眠問題平均數的差異，以及檢定咖啡因含量的個別水準裡不同飲品在睡眠問題平均數的差異。所以，飲品有三個水準，咖啡因含量有四個水準，因此總共要檢定 7 個相依樣本 ANOVA。當這裡面有任何一個 ANOVA 的 F 值達到顯著水準，就可以針對該組資料進行事後檢定，其事後檢定大都採用 Bonferroni 調整配對 t 檢定。

如果交互作用項未達顯著水準，則可以聚焦於主要效果的事後檢定，針對有顯著的主要效果做事後檢定，也是採用 Bonferroni 調整配對 t 檢定。

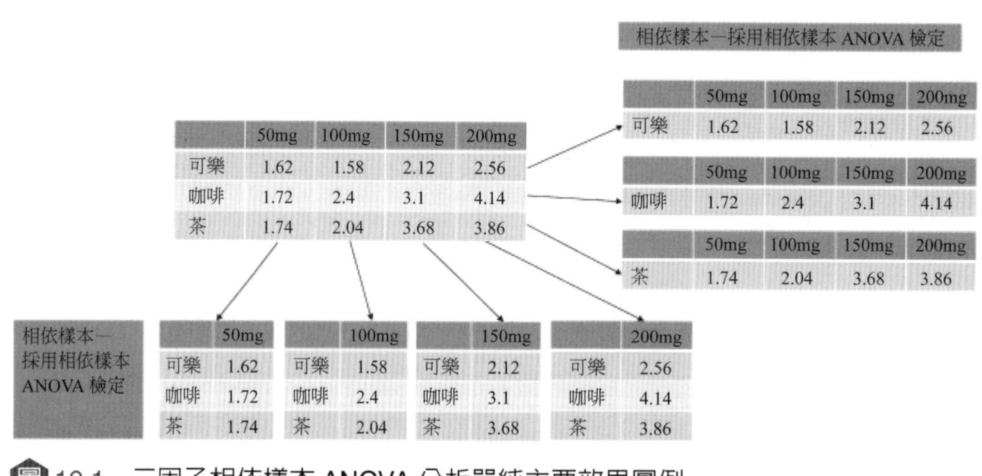

圖 10.1　二因子相依樣本 ANOVA 分析單純主要效果圖例

10.4　二因子相依樣本 ANOVA 的假定

觀察值的獨立性：觀察值來自彼此獨立的隨機樣本，由於這裡的二因子皆是相依樣本，因此主要是規定研究參與者在依變項上的分數不受到其他參與者的影響，而參與者個人所收集的每一個實驗（測驗）條件的依變項分數可以存在著相關性。和前面其他單元一樣，獨立性被破壞，對使用二因子相依樣本 ANOVA 檢定傷害很大，因此只能放棄此一檢定方法。

常態性：每一個群體（一個細格爲一個群體）的依變項的分配近似常態（詳細說明參見單元 7「常態性」那一小節）。此假定沒有嚴重的破壞之下，二因子相依樣本 ANOVA 的估計結果依然是有效的。這裡的檢定也是使用 Shapiro–Wilk 檢定，而當資料顯示嚴重非常態時，二因子相依樣本 ANOVA 檢定是不可信，發生這種現象時，研究者可以轉換資料，來達成符合常態性假定，至於如何轉換，請參見單元 14 迴歸的「線性假設未成立的處理方式」以及「常態假定未成立時的處理方式」，此兩部分有詳細的變項轉換的介紹。

球型假定：所有組合群體（類別、水準）在所有配對之間差異分數的變異數相等（詳細的定義可以參見單元 8）。我們的範例是二個因子 (A 因子有三個類別，B 因子有四個類別），組合起來共 12 個群體，它們的變異數需相等。此項假定若被違反，將會影響變異數估計的正確性，此時可以使用 Greenhouse–Geisser 或者 Huynh–Feldt 之類的更正統計來調整因違反此一假定所導致的誤差（請參見單元 8）。通常使用 Mauchly 球度檢定來檢定此一假定，在 rstatix 套件中的 anova_test() 在檢定時會自動檢定球型檢定，並且提供 Greenhouse–Geisser 以及 Huynh–Feldt 更正統計。{ anova_test (data = 資料 , dv = 依變項 , wid = id, within = c(因子 A, 因子 B), detailed = T, effect.size = "pes")}

10.4.1 效果値的計算

在效果値的計算方面，二因子相依樣本 ANOVA 分析較常採用的是偏 η^2，其公式如下：

$$偏\ \eta^2 = \frac{SS_{效果}}{SS_{效果} + SS_{因子誤差}}$$

$SS_{效果}$與 $SS_{因子誤差}$，請參見表 10.4「二因子相依樣本 ANOVA 變異數分解」。

10.5 二因子相依樣本 ANOVA 範例與說明

研究目的：分析飲品種類與咖啡因含量對睡眠問題的影響。

研究問題：飲品種類與咖啡因含量對睡眠問題是否有影響？

研究假設：1. 飲品種類在睡眠問題上有顯著差異。

2. 咖啡因含量在睡眠問題上有顯著差異。

3. 飲品種類與咖啡因含量對睡眠問題具有交互作用。

10.5.1 二因子相依樣本 ANOVA 資料準備

在 Excel 的資料準備上，要分析二因子相依樣本 ANOVA，必須包括可以辨識所有參與者的變項，如表 10.5 中 id 變項（我們只秀出 1 個參與者的資料），有 12 筆，讀者可以看我們所附 Excel 檔資料 (Unit_10_bev_coffin)，有 50 個參與者，600 筆資料，二個因子（各含兩類別以上），我們要分析的飲品有咖啡、茶以及可口可樂三個類別，咖啡因含量有 50mg、100mg、150mg 以及 200mg 四個類別，最後是一個依變項，這裡是睡眠問題量表的分數。每一個參與者都有 12 筆睡眠問題分數。

表 10.5 二因子混合設計 ANOVA 分析的資料型態

id	飲品	咖啡因	睡眠問題
1	咖啡	200mg	3
1	咖啡	150mg	2
1	咖啡	100mg	2
1	咖啡	50mg	1
1	茶	200mg	4
1	茶	150mg	3
1	茶	100mg	1
1	茶	50mg	1
1	可口可樂	200mg	2
1	可口可樂	150mg	1
1	可口可樂	100mg	2
1	可口可樂	50mg	0

如果你建置的資料是 SPSS 要求的那種資料（見圖 10.2），此種格式稱爲寬格式。這種資料必須轉成表 10.5 的資料方式（此種稱爲長格式），才有辦法輸入我們的統計 AI=>GO 中來進行統計檢定。我們寫了一個程式讓你可以轉換成表 10.5 那一種類性的資料（此程式的檔名是 Unit 10 wide to long）。

A	B	C	D	E	F	G	H	I	J	K	L	M	N	O
A1_B1	A1_B2	A1_B3	A1_B4	A1_B5	A2_B1	A2_B2	A2_B3	A2_B4	A2_B5	A3_B1	A3_B2	A3_B3	A3_B4	A3_B5
3.00	3.00	3.00	3.00	2.00	2.00	2.00	2.00	3.00	2.00	2.00	2.00	2.00	2.00	2.00
2.00	2.00	2.00	2.00	1.00	2.00	2.00	5.00	2.00	2.00	3.00	2.00	3.00	2.00	3.00
3.00	2.00	2.00	2.00	2.00	2.00	2.00	2.00	1.00	1.00	2.00	2.00	2.00	2.00	5.00
4.00	4.00	4.00	4.00	4.00	3.00	3.00	3.00	3.00	3.00	3.00	3.00	3.00	3.00	3.00
3.00	3.00	3.00	3.00	3.00	3.00	4.00	4.00	3.00	3.00	2.00	4.00	3.00	4.00	5.00
3.00	2.00	4.00	3.00	7.00	4.00	7.00	7.00	2.00	2.00	1.00	1.00	4.00	4.00	4.00
2.00	2.00	2.00	2.00	2.00	2.00	2.00	2.00	2.00	2.00	2.00	1.00	1.00	1.00	1.00
3.00	4.00	3.00	3.00	3.00	2.00	3.00	3.00	2.00	2.00	2.00	2.00	2.00	4.00	4.00
4.00	3.00	3.00	4.00	4.00	4.00	4.00	4.00	4.00	4.00	3.00	2.00	3.00	3.00	3.00

10.2　SPSS 型態的資料

10.5.2　統計 AI=>GO:(Unit 10 wide to long)

```
# 輸入資料名稱
data = two_way_dependent_wide_form
# 輸入第一個因子（因子 A）的類別名稱
var_A = c("A1", "A2", "A3")
# 輸入第二個因子（因子 A）的類別名稱
var_B = c("B1", "B2", "B3", "B4", "B5")
# 輸入第一個與第二個因子（因子 A 與因子 B）的名稱
var_names = c("A", "B")
# 請填寫要輸出結果的檔案名字
save_file = c("long_out")
```

圖 10.2 這種資料是由一個具有三個水準 (A1、A2、A3) 的因子 A 與一個具有 5 個水準 (B1、B2、B3、B4、B5) 的因子 B 聯合構成的資料，有 9 個受試者，每一個受試者皆接受 15 個實驗：A1_B1、A1_B2、A1_B3、A1_B4、A1_B5、A2_B1、A2_B2、A2_B3、A2_B4、A2_B5、A3_B1、A3_B2、A3_B3、A3_B4、A3_B5。要使用統計 AI=>GO:(Unit 10 wide to long)

幫你轉換格式，必須遵守一個原則，就是你的 Excel 檔裡，需事先依據 A1_B1…A1_B5, A2_B1…A2_B5, A3_B1…A3_B5，這種方式依序排列資料。也就是因子 A 的第一個類別 (A1) 與因子 B 的所有類別先排，然後是因子 A 的第二個類別 (A2) 與因子 B 的所有類別，以此類推。假設你的因子 A 是月考（有三次月考），因子 B 是科目（國文、數學、英文），則有九個變項，排列方式：第一次月考 _ 國文、第一次月考 _ 數學、第一次月考 _ 英文、第二次月考 _ 國文、第二次月考 _ 數學、第二次月考 _ 英文、第三次月考 _ 國文、第三次月考 _ 數學、第三次月考 _ 英文。你存在檔名是 test 的 Excel 檔。

```
# 輸入資料名稱
data = test
# 輸入第一個因子 (因子 A) 的類別名稱
var_A = c("第一次月考", "第二次月考", "第三次月考")
# 輸入第二個因子 (因子 A) 的類別名稱
var_B = c("國文", "數學", "英文")
# 輸入第一個與第二個因子 (因子 A 與因子 B) 的名稱
var_names = c("月考", "科目")
# 請填寫要輸出結果的檔案名字
save_file = c("test_long")
```

10.5.3 告訴 R 針對類別變項水準 (levels) 的次序

在做二因子相依樣本變異數分析時，最好先將因子 A 與因子 B 此兩類別變項的水準（類別）將呈現的次序事先設定好。下面的輸出結果，就是沒有宣告水準的次序，可以看到 50mg 被排在後面，就我們的習慣，總是看起來不太舒服。其實，這是四個類別，怎麼排都不影響統計，不過宣告一下，讓報表呈現的看起來自己覺得舒服就好（宣告後的統計結果，請參看敘述統計的結果）。

```
library(tidyverse)
library(rstatix)
Unit_10_bev_coffin %>%
  group_by(飲品, 咖啡因) %>%
  get_summary_stats(睡眠問題, type = "mean_sd")
```

```
   飲品     咖啡因 variable      n  mean    sd
   <chr>    <chr>  <chr>     <dbl> <dbl> <dbl>
 1 可口可樂 100mg  睡眠問題     50  1.58 0.992
 2 可口可樂 150mg  睡眠問題     50  2.12 0.895
 3 可口可樂 200mg  睡眠問題     50  2.56 0.884
 4 可口可樂 50mg   睡眠問題     50  1.62 0.987
 5 咖啡     100mg  睡眠問題     50  2.4  0.926
 6 咖啡     150mg  睡眠問題     50  3.1  0.974
 7 咖啡     200mg  睡眠問題     50  4.14 0.904
 8 咖啡     50mg   睡眠問題     50  1.72 0.904
 9 茶       100mg  睡眠問題     50  2.04 0.947
10 茶       150mg  睡眠問題     50  3.68 0.957
11 茶       200mg  睡眠問題     50  3.86 1.05
12 茶       50mg   睡眠問題     50  1.74 1.01
```

```
Unit_10_bev_coffin$飲品 = Unit_10_bev_coffin$飲品 %>%
ordered(levels = c("可口可樂", "咖啡", "茶"))
Unit_10_bev_coffin$咖啡因 = Unit_10_bev_coffin$咖啡因 %>% ordered(levels
= c("50mg", "100mg", "150mg", "200mg"))
```

[說明] 宣告類別的次序，ordered() 函數裡的 levels = c("可口可樂", "咖啡", "茶")，就是呈現這些類別資訊時的次序是可口可樂、咖啡、茶。上面的指令就是將 Unit_10_bev_coffin$ 飲品傳送到 ordered() 函數，依據 c("可口可樂", "咖啡", "茶") 裡的次序來訂定 levels，再存回 Unit_10_bev_coffin$ 飲品。

10.5.4 敘述統計

呈現敘述統計，包括每一個因子的每一個水準的樣本數、平均數、標準差。

```
library(rstatix)
Unit_10_bev_coffin %>%
  group_by(飲品, 咖啡因) %>%
  get_summary_stats(睡眠問題, type = "mean_sd")
```

```
   飲品     咖啡因 variable      n    mean    sd
  <ord>    <ord>   <chr>     <dbl>  <dbl>  <dbl>
 1 可口可樂 50mg   睡眠問題     50   1.62   0.987
 2 可口可樂 100mg  睡眠問題     50   1.58   0.992
 3 可口可樂 150mg  睡眠問題     50   2.12   0.895
 4 可口可樂 200mg  睡眠問題     50   2.56   0.884
 5 咖啡     50mg   睡眠問題     50   1.72   0.904
 6 咖啡     100mg  睡眠問題     50   2.4    0.926
 7 咖啡     150mg  睡眠問題     50   3.1    0.974
 8 咖啡     200mg  睡眠問題     50   4.14   0.904
 9 茶       50mg   睡眠問題     50   1.74   1.01
10 茶       100mg  睡眠問題     50   2.04   0.947
11 茶       150mg  睡眠問題     50   3.68   0.957
12 茶       200mg  睡眠問題     50   3.86   1.05
```

10.5.5 常態性檢定

用 group_by 分割資料，以 shapiro_test() 函數檢定各組的依變項常態性。若讀者有閱讀單元 9 時，或許會質疑這裡為何沒有使用殘差項來檢定，答案是其為相依樣本，無法藉助 lm() 函數來求殘差項。

```
library(rstatix)
Unit_10_bev_coffin %>%
  group_by(飲品, 咖啡因) %>%
  shapiro_test(睡眠問題)
```

```
  飲品     咖啡因 variable  statistic      p
  <ord>    <ord>  <chr>         <dbl>  <dbl>
1 可口可樂 50mg   睡眠問題      0.842  0.00000968
```

```
 2 可口可樂 100mg  睡眠問題    0.897    0.000394
 3 可口可樂 150mg  睡眠問題    0.863    0.0000365
 4 可口可樂 200mg  睡眠問題    0.878    0.0000950
 5 咖啡     50mg   睡眠問題    0.884    0.000144
 6 咖啡     100mg  睡眠問題    0.888    0.000193
 7 咖啡     150mg  睡眠問題    0.901    0.000522
 8 咖啡     200mg  睡眠問題    0.839    0.00000789
 9 茶       50mg   睡眠問題    0.868    0.0000481
10 茶       100mg  睡眠問題    0.882    0.000129
11 茶       150mg  睡眠問題    0.895    0.000322
```

針對每一個群體檢定偏態與峰度。

```
library(psych)
Unit_10_bev_coffin %>%
  group_by(飲品, 咖啡因) %>%
  summarise(skewness = skew(睡眠問題), kurtosis = kurtosi(睡眠問題))
```

```
  飲品     咖啡因 skewness kurtosis
  <chr>    <chr>    <dbl>    <dbl>
 1 可口可樂 100mg    0.275   -0.208
 2 可口可樂 150mg    0.607    1.17
 3 可口可樂 200mg    0.429   -0.131
 4 可口可樂 50mg     1.04     1.39
 5 咖啡     100mg    0.363   -0.132
 6 咖啡     150mg    0.325    0.513
 7 咖啡     200mg    0.869    0.788
 8 咖啡     50mg     0.399    0.0304
 9 茶       100mg    0.630    0.667
10 茶       150mg   -0.0291   0.0580
11 茶       200mg    0.792    0.395
12 茶       50mg     0.757    1.23
```

常態性檢定的結果，以 Shapiro–Wilk test 來看，12 個群體全部的 p 值皆小於 0.05。從偏態與峰度來看，偏態值介於 -0.029 到 1.04 之間，絕對值皆小於 3，顯然沒有嚴重的偏態現象。峰度值介於 -0.208 到 1.39，絕對值皆小於 10，顯然沒有嚴重的過於平坦或陡峭的現象。因此，可以使用二因子相依樣本 ANOVA 的估計方法。

10.5.6 球型檢定

R 中的 rstatix 套件中的可以 anova_test() 函數呈現球型檢定，同時呈現 GG 以及 DF 更正以及二因子相依樣本 ANOVA 檢定摘要表。

```
library(rstatix)
twR_ano_re = anova_test(
  data = bev_coffin, dv = 睡眠問題, wid = id,
  within = c(飲品, 咖啡因), detailed = T, effect.size = "pes")
twR_ano_re
```

```
ANOVA Table (type III tests)

$ANOVA
       Effect  DFn DFd      SSn      SSd        F        p    p<.05   pes
1 (Intercept)    1  49  3891.307  431.36  442.030  3.58e-26     *   0.900
2         飲品    2  98    99.773   14.06  347.716  3.12e-45     *   0.876
3       咖啡因    3 147   321.533   31.80  495.444  1.27e-76     *   0.910
4 飲品:咖啡因     6 294    50.787   57.38   43.370  8.29e-38     *   0.470
$`Mauchly's Test for Sphericity`
       Effect     W     p  p<.05
1         飲品 0.979 0.600
2       咖啡因 0.818 0.089
3 飲品:咖啡因 0.621 0.328
$`Sphericity Corrections`
       Effect   GGe  DF[GG]        p[GG] p[GG]<.05 HFe  DF[HF]          p[HF]  HF]<.05
1         飲品 0.979 1.96, 95.98 2.37e-44 *       1.020 2.04, 99.93 3.12e-45   *
2       咖啡因 0.879 2.64, 129.24 1.09e-67 *      0.934 2.8, 137.26 1.01e-71   *
3 飲品:咖啡因 0.883 5.3, 259.72 1.08e-33 *       1.003 6.02, 294.92 8.29e-38   *
```

從輸出的結果，可以看到三個球型檢定的統計量，分別是 0.979、0.818、0.621，p 值分別是 0.600、0.089 以及 0.328，皆大於 0.05，因此不論飲品、咖啡因以及飲品與咖啡因的交互項，球型檢定皆成立。

10.5.7 二因子相依樣本 ANOVA 檢定

前面球型檢定時，就產生了二因子相依樣本 ANOVA 的結果，我們可以使用 get_anova_table() 函數來獲得摘要表，如此做乃是因為此函數會依據球型檢定的結果，抓取正確的摘要資訊，也就是任何一個因子有違反球型假定時，其所抓的是 GG 更正的結果。

```
library(rstatix)
get_anova_table(twR_ano_re)
```

```
ANOVA Table (type III tests)
       Effect  DFn  DFd      SSn     SSd       F         p  p<.05   pes
1 (Intercept)    1   49 3891.307  431.36 442.030  3.58e-26      *  0.900
2        飲品    2   98   99.773   14.06 347.716  3.12e-45      *  0.876
3      咖啡因    3  147  321.533   31.80 495.444  1.27e-76      *  0.910
4 飲品:咖啡因    6  294   50.787   57.38  43.370  8.29e-38      *  0.470
```

上述摘要表所呈現的結果顯示：飲品在睡眠問題上有顯著效果，$F(2, 98) = 347.716$，$p < 0.001$，偏 $\eta^2 = 0.876$。咖啡因在睡眠問題上有顯著效果，$F(3, 147) = 495.444$，$p < 0.001$，偏 $\eta^2 = 0.910$。飲品與咖啡因對睡眠問題上有交互作用效果，$F(6, 294) = 43.370$，$p < 0.001$，偏 $\eta^2 = 0.470$。

由於交互作用項有顯著的效果，因此我們聚焦於單純主要效果的檢定。

10.5.8 單純主要效果檢定

以飲品來區分檢定咖啡因的單純主要效果。

```
library(rstatix)
Unit_10_bev_coffin %>%
```

```
  group_by(咖啡因) %>%
  anova_test(dv = 睡眠問題, wid = ID, within = 飲品) %>%
  get_anova_table() %>%
  adjust_pvalue(method = "bonferroni")
```

```
  飲品     Effect  DFn   DFd    F       p      `p<.05`  pes     p.adj
  <chr>    <chr>   <dbl> <dbl> <dbl>  <dbl>    <chr>   <dbl>   <dbl>
1 可口可樂 咖啡因      3   147  51.4  8.71e-23  *       0.512  2.61e-22
2 咖啡     咖啡因      3   147 294.   7.03e-62  *       0.857  2.11e-61
3 茶       咖啡因      3   147 278.   2.46e-60  *       0.85   7.38e-60
```

飲品是可口可樂，咖啡因對睡眠問題上有單純主要效果，F(3, 147) = 51.4，調整 $p < 0.001$，偏 $\eta^2 = 0.512$。飲品是咖啡，咖啡因對睡眠問題上有單純主要效果，F(3, 147) = 294，調整 $p < 0.001$，偏 $\eta^2 = 0.857$。飲品是茶，咖啡因對睡眠問題上有單純主要效果，F(3, 147) = 278，調整 $p < 0.001$，偏 $\eta^2 = 0.85$。

以飲品區分咖啡因的單純主要效果事後檢定。

```
bev_coffin %>%
  group_by(飲品) %>%
  pairwise_t_test(睡眠問題 ~ 咖啡因, paired = TRUE,
                  p.adjust.method = "bonferroni")
```

```
  飲品     .y.      group1 group2  n1    n2  statistic  df     p        p.adj   p.adj.signif
* <ord>    <chr>    <chr>  <chr> <int> <int>  <dbl>   <dbl>  <dbl>     <dbl>     <chr>
1 可口可樂 睡眠問題 50mg   100mg   50    50   0.389    49  6.99e-1   1.00e+ 0    ns
2 可口可樂 睡眠問題 50mg   150mg   50    50  -6.09     49  1.68e-7   1.01e- 6    ****
3 可口可樂 睡眠問題 50mg   200mg   50    50  -10.7     49  1.87e-14  1.12e-13    ****
4 可口可樂 睡眠問題 100mg  150mg   50    50  -5.64     49  8.21e-7   4.93e- 6    ****
5 可口可樂 睡眠問題 100mg  200mg   50    50  -10.6     49  2.90e-14  1.74e-13    ****
6 可口可樂 睡眠問題 150mg  200mg   50    50  -5.09     49  5.71e-6   3.43e- 5    ****
7 咖啡     睡眠問題 50mg   100mg   50    50  -7.37     49  1.80e-9   1.08e- 8    ****
```

```
 8 咖啡      睡眠問題 50mg   150mg    50      50   -16.2       49    2.59e-21 1.55e-20    ****
 9 咖啡      睡眠問題 50mg   200mg    50      50   -25.4       49    6.88e-30 4.13e-29    ****
10 咖啡      睡眠問題 100mg 150mg     50      50   -9.10       49    4.20e-12 2.52e-11    ****
11 咖啡      睡眠問題 100mg 200mg     50      50   -23.3       49    3.40e-28 2.04e-27    ****
12 咖啡      睡眠問題 150mg 200mg     50      50   -12.2       49    2.07e-16 1.24e-15    ****
13 茶        睡眠問題 50mg   100mg    50      50   -2.78       49    8.00e-3  4.60e- 2    *
14 茶        睡眠問題 50mg   150mg    50      50   -19.3       49   1.61e-24  9.66e-24    ****
15 茶        睡眠問題 50mg   200mg    50      50   -23.9       49   1.16e-28  6.96e-28    ****
16 茶        睡眠問題 100mg 150mg     50      50   -18.4       49   1.27e-23  7.62e-23    ****
17 茶        睡眠問題 100mg 200mg     50      50   -21.6       49   1.06e-26  6.36e-26    ****
18 茶        睡眠問題 150mg 200mg     50      50   -2.14       49   3.80e- 2  2.26e- 1     ns
```

飲品是可口可樂，其咖啡因含量是 150mg 和 200mg 在睡眠問題的平均分數顯著地大於 100mg 以及 50mg；咖啡因含量是 200mg 在睡眠問題的平均分數顯著地大於 150mg。飲品是咖啡，其咖啡因含量是 200mg 在睡眠問題的平均分數顯著地大於 150mg、100mg 以及 50mg；咖啡因含量是 150mg 在睡眠問題的平均分數顯著地大於 100mg、50mg；咖啡因含量是 100mg 在睡眠問題的平均分數顯著地大於 50mg。飲品是茶，其咖啡因含量是 200mg 在睡眠問題的平均分數顯著地大於 100mg 以及 50mg；咖啡因含量是 150mg 在睡眠問題的平均分數顯著地大於 100mg、50mg；咖啡因含量是 100mg 在睡眠問題的平均分數顯著地大於 50mg。

以咖啡因區分檢定飲品的單純主要效果。

```
library(rstatix)
Unit_10_bev_coffin  %>%  group_by(咖啡因) %>%
  anova_test(dv = 睡眠問題, wid = id, within = 飲品,
             effect.size = "pes")  %>%
  get_anova_table() %>%
  adjust_pvalue(method = "bonferroni")
```

```
  咖啡因 Effect   DFn   DFd    F      p     `p<.05`  pes     p.adj
  <ord>  <chr>  <dbl>  <dbl>  <dbl>  <dbl>   <chr>  <dbl>   <dbl>
```

```
1 50mg    飲品    2    98    0.859   4.27e- 1    ""     0.017   1.00e+ 0
2 100mg   飲品    2    98    63.2    2.39e-18    "*"    0.563   9.56e-18
3 150mg   飲品    2    98    171.    1.12e-32    "*"    0.777   4.48e-32
4 200mg   飲品    2    98    206.    8.17e-36    "*"    0.808   3.27e-35
```

咖啡因是 100mg，飲品對睡眠問題上有單純主要效果，F(2, 98) = 63.2，調整 $p < 0.001$，偏 $\eta^2 = 0.563$。咖啡因是 150mg，飲品對睡眠問題上有單純主要效果，F(2, 98) = 171，調整 $p < 0.001$，偏 $\eta^2 = 0.777$。咖啡因是 200mg，飲品對睡眠問題上有單純主要效果，F(2, 98) = 206，調整 $p < 0.001$，偏 $\eta^2 = 0.808$。

以咖啡因區分飲品的單純主要效果事後檢定。

```
bev_coffin %>%
  group_by(咖啡因) %>%
  pairwise_t_test(睡眠問題 ~ 飲品, paired = TRUE,
    p.adjust.method = "bonferroni")
```

```
咖啡因      .y.      group1  group2  n1    n2   statistic  df    p         p.adj.adj.signif
* <ord>    <chr>    <chr>   <chr>  <int> <int>  <dbl>    <dbl> <dbl>      <dbl>    <chr>
1 50mg    睡眠問題  可口可樂  咖啡    50    50    -1.09     49   2.80e-1   8.40e-1   ns
2 50mg    睡眠問題  可口可樂  茶      50    50    -1.23     49   2.24e-1   6.72e-1   ns
3 50mg    睡眠問題  咖啡      茶      50    50    -0.191    49   8.50e-1   1.00e+0   ns
4 100mg   睡眠問題  可口可樂  咖啡    50    50    -12.0     49   3.07e-16  9.21e-16  ****
5 100mg   睡眠問題  可口可樂  茶      50    50     -5.62    49   8.99e-7   2.70e-6   ****
6 100mg   睡眠問題  咖啡      茶      50    50      5.25    49   3.26e-6   9.78e-6   ****
7 150mg   睡眠問題  可口可樂  咖啡    50    50    -11.8     49   6.83e-16  2.05e-15  ****
8 150mg   睡眠問題  可口可樂  茶      50    50    -17.1     49   2.51e-22  7.53e-22  ****
9 150mg   睡眠問題  咖啡      茶      50    50     -7.14    49   4.07e-9   1.22e-8   ****
10 200mg  睡眠問題  可口可樂  咖啡    50    50    -18.3     49   1.37e-23  4.11e-23  ****
11 200mg  睡眠問題  可口可樂  茶      50    50    -15.0     49   6.71e-20  2.01e-19  ****
12 200mg  睡眠問題  咖啡      茶      50    50      3.69    49   5.57e-4   2.00e-3   **
```

咖啡因含量 100mg，咖啡和茶在睡眠問題的平均分數顯著地大於可口可樂；咖啡在睡眠問題的平均分數顯著地大於茶。咖啡因含量 150mg，咖啡和茶在睡眠問題的平均分數顯著地大於可口可樂；茶在睡眠問題的平均分數顯著地大於咖啡。咖啡因含量 200mg，咖啡和茶在睡眠問題的平均分數顯著地大於可口可樂；咖啡在睡眠問題的平均分數顯著地大於茶。咖啡因含量是 200mg 在睡眠問題的平均分數顯著地大於 150mg。飲品是咖啡的，咖啡因含量是 200mg 在睡眠問題的平均分數顯著地大於 150mg、100mg 以及 50mg；咖啡因含量是 150mg 在睡眠問題的平均分數顯著地大於 100mg、50mg；咖啡因含量是 100mg 在睡眠問題的平均分數顯著地大於 50mg。飲品是茶的，咖啡因含量是 200mg 在睡眠問題的平均分數顯著地大於 100mg 以及 50mg；咖啡因含量是 150mg 在睡眠問題的平均分數顯著地大於 100mg、50mg；咖啡因含量是 100mg 在睡眠問題的平均分數顯著地大於 50mg。

10.5.9 交互作用圖

如果交互作用顯著，在論文可以呈現交互作用圖，沒顯著這些圖是沒有意義，所以不需要在論文中呈現它們。

```
library(tidyverse)
twR_inter_plot <-
  Unit_10_bev_coffin %>%
  group_by(飲品, 咖啡因) %>%
  summarise(平均數 = mean(睡眠問題, na.rm = T))
twR_plot_A = ggplot(twR_inter_plot,
                aes(x = 飲品, y = 平均數,
                    group = 咖啡因)) +
  geom_point(aes(shape = 咖啡因), size = 4) +
  scale_shape(name = "咖啡因") +
  geom_line(size = 1) +
  xlab("飲品")
twR_plot_A
```

```
twR_plot_B = ggplot(twR_inter_plot,
                aes(x = 咖啡因, y = 平均數,
                    group = 飲品)) +
  geom_point(aes(shape = 飲品), size = 4) +
  scale_shape(name = "飲品") +
  geom_line(size = 1) +
  xlab("咖啡因")
twR_plot_B

## 存圖檔
png("twR_plot_A.png")
print(twR_plot_A)
dev.off()
png("twR_plot_B.png")
print(twR_plot_B)
dev.off()
```

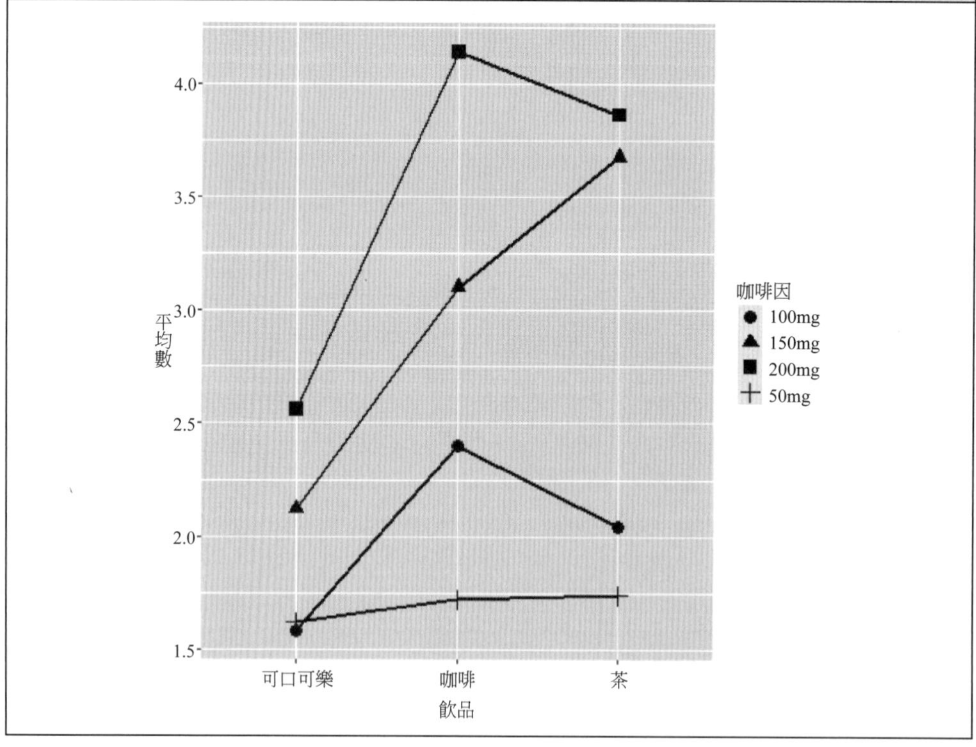

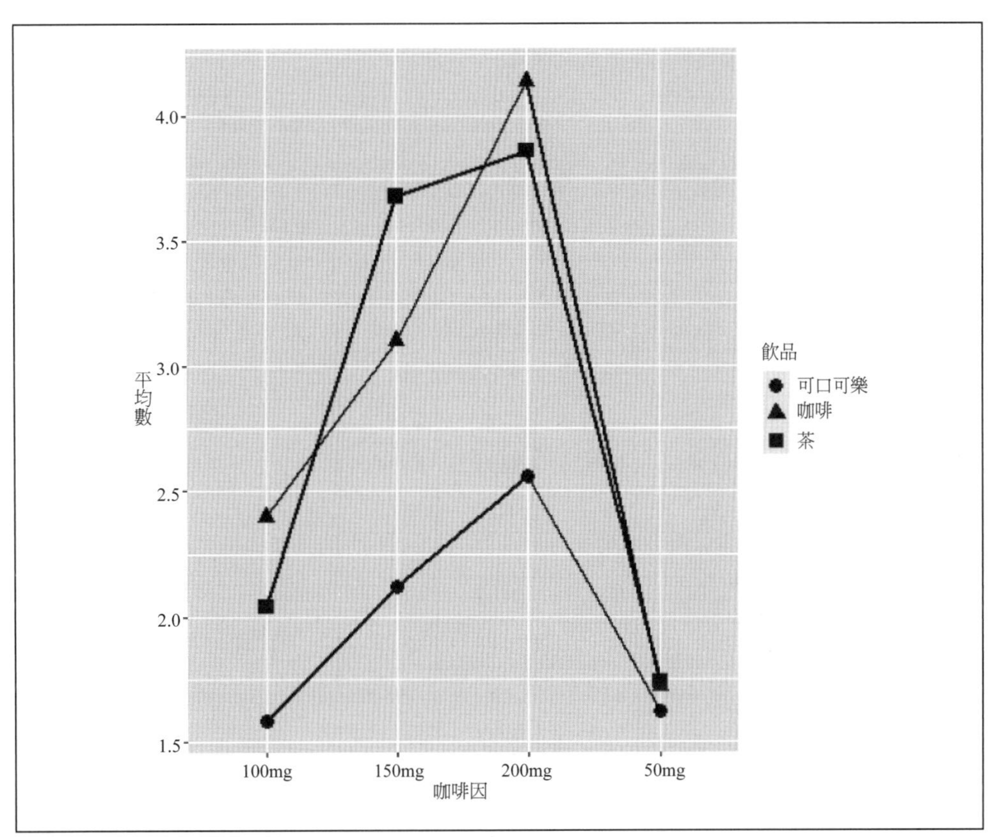

圖 10.3　二因子相依樣本 ANOVA 交互作用圖

10.5.10　統計 AI=>GO:(Unit 10 two way repeated measures ANOVA AI)

```
# 請填寫資料名稱
data = Unit_10_bev_coffin
# 請填寫依變項名稱（變項名稱，讀者一定要看單元 2.7 資料框部分的說明）
dependent_var = c(" 睡眠問題 ")
# 請填寫因子名稱（變項名稱，讀者一定要看單元 2.7 資料框部分的說明）
independent_var = c(" 飲品 ", " 咖啡因 ")
# 請給第一個因子各類別的排序，如果是數字，請依您希望排序的數字填寫例如 c("1", "2", "3")
level_A = c(" 可口可樂 ", " 咖啡 ", " 茶 ")
# 請給第二個因子各類別的排序，如果是數字，請依您希望排序的數字填寫例如 c("1", "2", "3", "4")
```

```
level_B = c("50mg", "100mg", "150mg", "200mg")
# 請填寫樣本編碼變項
id_var = c("id")
# 請填寫要輸出結果的檔案名字
save_file = c("twR_out")
```

result.1

變項類別	敘述統計	50mg	100mg	150mg	200mg
可口可樂	N	50	50	50	50
	平均數	1.62	1.58	2.12	2.56
	標準差	0.987	0.992	0.895	0.884
咖啡	N	50	50	50	50
	平均數	1.72	2.4	3.1	4.14
	標準差	0.904	0.926	0.974	0.904
茶	N	50	50	50	50
	平均數	1.74	2.04	3.68	3.86
	標準差	1.006	0.947	0.957	1.05

result.2

飲品	咖啡因	Shapiro–Wilk 統計量	p	偏態值	峰度值
可口可樂	50mg	0.842	0	1.043	1.394
可口可樂	100mg	0.897	0	0.275	-0.208
可口可樂	150mg	0.863	0	0.607	1.175
可口可樂	200mg	0.878	0	0.429	-0.131
咖啡	50mg	0.884	0	0.399	0.03
咖啡	100mg	0.888	0	0.363	-0.132
咖啡	150mg	0.901	0.001	0.325	0.513
咖啡	200mg	0.839	0	0.869	0.788
茶	50mg	0.868	0	0.757	1.228
茶	100mg	0.882	0	0.63	0.667
茶	150mg	0.895	0	-0.029	0.058
茶	200mg	0.877	0	0.792	0.395

result.3

效果	Mauchly's W	p
飲品	0.979	0.6
咖啡因	0.818	0.089
飲品：咖啡因	0.621	0.328

result.4

變異來源	SS	誤差 SS	df	誤差 df	F	p	偏 η^2
飲品	99.773	14.06	2	98	347.716	0	0.876
咖啡因	321.533	31.8	3	147	495.444	0	0.91
飲品：咖啡因	50.787	57.38	6	294	43.37	0	0.47

result.5

以二因子相依樣本 ANOVA 分析飲品與咖啡因對睡眠問題之效果，各細格描述統計如表 AAA(result.1)，Shapiro–Wilk 常態性檢定表 BBB(result.2)，Mauchly 球型檢定如表 CCC(result.3)，飲品與咖啡因對睡眠問題之 ANOVA 摘要表如表 DDD(result.4)。

result.6

由表 BBB 得知，可口可樂與 50mg 群體的 Shapiro–Wilk 統計量 = 0.842，p = 0 < 0.05，進一步檢定此一群體的偏態值與峰度值。偏態值 = 1.043，絕對值 < 3，表示沒有嚴重的偏態現象。峰度值 = 1.394，絕對值 < 10，表示沒有嚴重的過於平坦或陡峭的現象。雖然 Shapiro–Wilk 常態性檢定顯示非常態，然而偏態值顯示沒有嚴重的偏態現象，峰度值顯示沒有嚴重的過於平坦或陡峭的現象，此一群體可以用於二因子相依樣本 ANOVA 檢定。可口可樂與 100mg 群體的 Shapiro–Wilk 統計量 = 0.897，p = 0 < 0.05，進一步檢定此一群體的偏態值與峰度值。偏態值 = 0.275，絕對值 < 3，表示沒有嚴重的偏態現象。峰度值 = -0.208，絕對值 < 10，表示沒有嚴重的過於平坦或陡峭的現象。雖然 Shapiro–Wilk 常態性檢定顯示非常態，然而偏態值顯示沒有嚴重的偏態現象，峰度值顯示沒有嚴重的過於平坦或陡峭的現象，此一群體可以用於二因子相依樣本 ANOVA 檢定。可口可樂與 150mg 群體的 Shapiro–Wilk 統計量 = 0.863，p = 0 < 0.05，進一步檢定此一群體的偏態值與峰度值。偏態值 = 0.607，絕對值 < 3，表示沒有嚴重的偏態現象。峰度值 = 1.175，絕對值 < 10，表示沒有嚴重的過於平坦或陡峭的現象。雖然 Shapiro–Wilk 常態性檢定顯示非常態，然而偏態值顯示沒有嚴重的偏態現象，峰度值顯示沒有嚴重的過於平坦或陡峭的現象，此一群體可以用於二因子相依樣本 ANOVA 檢定。可口可樂與 200mg 群體的 Shapiro–Wilk 統計量 = 0.878，p = 0 < 0.05，進一步檢定此一群體的偏態值與峰度值。偏態值 = 0.429，絕對值 < 3，表示沒有嚴重的偏態現象。峰度值 = -0.131，絕對值 < 10，表示沒有嚴重的過於平坦或陡峭的現象。雖然 Shapiro–Wilk 常態性檢定顯示非常態，然而偏態值顯示沒有嚴重的偏態現象，峰度值顯示沒有嚴重的過於平坦或陡峭的現象，此一群體可以用於二因子相依樣本 ANOVA 檢定。咖啡與 50mg 群體的 Shapiro–Wilk 統計量 = 0.884，p = 0 < 0.05，進一步檢定此一群體的偏態值與峰度值。偏態值 = 0.399，絕對值 < 3，表示沒有嚴重的偏態現象。峰度值 = 0.03，絕對值 < 10，表示沒有嚴重的過於平坦或陡峭的現

象。雖然 Shapiro–Wilk 常態性檢定顯示非常態，然而偏態值顯示沒有嚴重的偏態現象，峰度值顯示沒有嚴重的過於平坦或陡峭的現象，此一群體可以用於二因子相依樣本 ANOVA 檢定。咖啡與 100mg 群體的 Shapiro–Wilk 統計量 = 0.888，p = 0 < 0.05，進一步檢定此一群體的偏態值與峰度值。偏態值 = 0.363，絕對值 < 3，表示沒有嚴重的偏態現象。峰度值 = -0.132，絕對值 < 10，表示沒有嚴重的過於平坦或陡峭的現象。雖然 Shapiro–Wilk 常態性檢定顯示非常態，然而偏態值顯示沒有嚴重的偏態現象，峰度值顯示沒有嚴重的過於平坦或陡峭的現象，此一群體可以用於二因子相依樣本 ANOVA 檢定。咖啡與 150mg 群體的 Shapiro–Wilk 統計量 = 0.901，p = 0.001< 0.05，進一步檢定此一群體的偏態值與峰度值。偏態值 = 0.325，絕對值 < 3，表示沒有嚴重的偏態現象。峰度值 = 0.513，絕對值 < 10，表示沒有嚴重的過於平坦或陡峭的現象。雖然 Shapiro–Wilk 常態性檢定顯示非常態，然而偏態值顯示沒有嚴重的偏態現象，峰度值顯示沒有嚴重的過於平坦或陡峭的現象，此一群體可以用於二因子相依樣本 ANOVA 檢定。咖啡與 200mg 群體的 Shapiro–Wilk 統計量 = 0.839，p = 0 < 0.05，進一步檢定此一群體的偏態值與峰度值。偏態值 = 0.869，絕對值 < 3，表示沒有嚴重的偏態現象。峰度值 = 0.788，絕對值 < 10，表示沒有嚴重的過於平坦或陡峭的現象。雖然 Shapiro–Wilk 常態性檢定顯示非常態，然而偏態值顯示沒有嚴重的偏態現象，峰度值顯示沒有嚴重的過於平坦或陡峭的現象，此一群體可以用於二因子相依樣本 ANOVA 檢定。茶與 50mg 群體的 Shapiro–Wilk 統計量 = 0.868，p = 0 < 0.05，進一步檢定此一群體的偏態值與峰度值。偏態值 = 0.757，絕對值 < 3，表示沒有嚴重的偏態現象。峰度值 = 1.228，絕對值 < 10，表示沒有嚴重的過於平坦或陡峭的現象。雖然 Shapiro–Wilk 常態性檢定顯示非常態，然而偏態值顯示沒有嚴重的偏態現象，峰度值顯示沒有嚴重的過於平坦或陡峭的現象，此一群體可以用於二因子相依樣本 ANOVA 檢定。茶與 100mg 群體的 Shapiro–Wilk 統計量 = 0.882，p = 0 < 0.05，進一步檢定此一群體的偏態值與峰度值。偏態值 = 0.63，絕對值 < 3，表示沒有嚴重的偏態現象。峰度值 = 0.667，絕對值 < 10，表示沒有嚴重的過於平坦或陡峭的現象。雖然 Shapiro–Wilk 常態性檢定顯示非常態，然而偏態值顯示沒有嚴重的偏態現象，峰度值顯示沒有嚴重的過於平坦或陡峭的現象，此一群體可以用於二因子相依樣本 ANOVA 檢定。茶與 150mg 群體的 Shapiro–Wilk 統計量 = 0.895，p = 0 < 0.05，進一步檢定此一群體的偏態值與峰度值。偏態值 = -0.029，絕對值 < 3，表示沒有嚴重的偏態現象。峰度值 = 0.058，絕對值 < 10，表示沒有嚴重的過於平坦或陡峭的現象。雖然 Shapiro–Wilk 常態性檢定顯示非常態，然而偏態值顯示沒有嚴重的偏態現象，峰度值顯示沒有嚴重的過於平坦或陡峭的現象，此一群體可以用於二因子相依樣本 ANOVA 檢定。茶與 200mg 群體的 Shapiro–Wilk 統計量 = 0.877，p = 0 < 0.05，進一步檢定此一群體的偏態值與峰度值。偏態值 = 0.792，絕對值 < 3，表示沒有嚴重的偏態現象。峰度值 = 0.395，絕對值 < 10，表示沒有嚴重的過於平坦或陡峭的現象。雖然 Shapiro–Wilk 常態性檢定顯示非常態，然而偏態值顯示沒有嚴重的偏態現象，峰度值顯示沒有嚴重的過於平坦或陡峭的現象，此一群體可以用於二因子相依樣本 ANOVA 檢定。

result.7

由表 CCC 得知，飲品的 Mauchly 檢定顯示 Mauchly's W = 0.979，p > 0.05，球型假定成立。咖啡

因的 Mauchly 檢定顯示 Mauchly's W = 0.818，p > 0.05，球型假定成立。飲品：咖啡因的 Mauchly 檢定顯示 Mauchly's W = 0.621，p > 0.05，球型假定成立。

result.8

由表 DDD 得知，飲品對睡眠問題有顯著主要效果，F(2, 98) = 347.716，p = 0 < 0.001，偏 η^2 = 0.876。咖啡因對睡眠問題有顯著主要效果，F(3, 147) = 495.444，p = 0 < 0.001，偏 η^2 = 0.91。飲品與咖啡因對睡眠問題有交互作用效果，F(6, 294) = 43.37，p = 0 < 0.001，偏 η^2 = 0.47。

result.9

變異來源	SS	誤差 SS	df	誤差 df	F	p.adj	偏 η^2	Bonferroni 調整事後比較
咖啡因在飲品								
可口可樂	32.26	30.74	3	147	51.423	0	0.512	150mg > 50mg；200mg > 50mg；150mg > 100mg；200mg > 100mg；200mg > 150mg
咖啡	160.28	26.72	3	147	293.927	0	0.857	100mg > 50mg；150mg > 50mg；200mg > 50mg；150mg > 100mg；200mg > 100mg；200mg > 150mg
茶	179.78	31.72	3	147	277.718	0	0.85	100mg > 50mg；150mg > 50mg；200mg > 50mg；150mg > 100mg；200mg > 100mg
飲品在咖啡因								
50mg	0.413	23.587	2	98	0.859	0.427	0.017	
100mg	16.893	13.107	2	98	63.157	0	0.563	咖啡 > 茶；咖啡 > 可口可樂；茶 > 可口可樂
150mg	62.173	17.827	2	98	170.895	0	0.777	咖啡 > 可口可樂；茶 > 可口可樂；茶 > 咖啡
200mg	71.08	16.92	2	98	205.846	0	0.808	咖啡 > 茶；咖啡 > 可口可樂；茶 > 可口可樂

result.10

由於交互作用效果達顯著水準，所以檢定單純主要效果，單純主要效果檢定的結果呈現於表 EEE(result.9)，結果顯示：對飲品類別可口可樂而言，咖啡因有顯著的單純主要效果，F(3, 147) = 51.423，調整 p = 0 < 0.001，偏 η^2 = 0.512。Bonferroni 事後調整比較顯示：飲品類別可口可樂的咖啡因類別 150mg 在睡眠問題的平均數顯著地大於飲品類別可口可樂的咖啡因類別 50mg。飲品類別可口可樂的咖啡因類別 200mg 在睡眠問題的平均數顯著地大於飲品類別可口可樂的咖啡因類別 50mg。飲品類別可口可樂的咖啡因類別 150mg 在睡眠問題的平均數顯著地大於飲品類別可口可樂的咖啡因類別 100mg。飲品類別可口可樂的咖啡因類別 200mg 在睡眠問題的平均數顯著地大於飲品類別可口可樂的咖啡因類別 100mg。飲品類別可口可樂的咖啡因類別 200mg 在睡眠問題的平均數顯著地大於飲品類別可口可樂的咖啡因類別 150mg。對飲品類別咖啡而言，咖啡因有顯著的單純主要效果，F(3, 147) = 293.927，調整 p = 0 < 0.001，偏 η^2 = 0.857。Bonferroni 事後調整比較顯示：飲品類別咖啡的咖啡因類別 100mg 在睡眠問題的平均數顯著地大於飲品類別咖啡的咖啡因類

別 50mg。飲品類別咖啡的咖啡因類別 150mg 在睡眠問題的平均數顯著地大於飲品類別咖啡的咖啡因類別 50mg。飲品類別咖啡的咖啡因類別 200mg 在睡眠問題的平均數顯著地大於飲品類別咖啡的咖啡因類別 50mg。飲品類別咖啡的咖啡因類別 150mg 在睡眠問題的平均數顯著地大於飲品類別咖啡的咖啡因類別 100mg。飲品類別咖啡的咖啡因類別 200mg 在睡眠問題的平均數顯著地大於飲品類別咖啡的咖啡因類別 100mg。飲品類別咖啡的咖啡因類別 200mg 在睡眠問題的平均數顯著地大於飲品類別咖啡的咖啡因類別 150mg。對飲品類別茶而言，咖啡因有顯著的單純主要效果，$F(3, 147) = 277.718$，調整 $p = 0 < 0.001$，偏 $\eta^2 = 0.85$。Bonferroni 事後調整比較顯示：飲品類別茶的咖啡因類別 100mg 在睡眠問題的平均數顯著地大於飲品類別茶的咖啡因類別 50mg。飲品類別茶的咖啡因類別 150mg 在睡眠問題的平均數顯著地大於飲品類別茶的咖啡因類別 50mg。飲品類別茶的咖啡因類別 200mg 在睡眠問題的平均數顯著地大於飲品類別茶的咖啡因類別 50mg。飲品類別茶的咖啡因類別 150mg 在睡眠問題的平均數顯著地大於飲品類別茶的咖啡因類別 100mg。飲品類別茶的咖啡因類別 200mg 在睡眠問題的平均數顯著地大於飲品類別茶的咖啡因類別 100mg。

result.11

對咖啡因類別 50mg 而言，飲品沒有顯著的單純主要效果，$F(2, 98) = 0.859$，調整 $p = 1 > 0.05$，偏 $\eta^2 = 0.017$。對咖啡因類別 100mg 而言，飲品有顯著的單純主要效果，$F(2, 98) = 63.157$，調整 $p = 0 < 0.001$，偏 $\eta^2 = 0.563$。Bonferroni 事後調整比較顯示：咖啡因類別 100mg 的飲品類別咖啡在睡眠問題的平均數顯著地大於咖啡因類別 100mg 的飲品類別茶。咖啡因類別 100mg 的飲品類別咖啡在睡眠問題的平均數顯著地大於咖啡因類別 100mg 的飲品類別可口可樂。咖啡因類別 100mg 的飲品類別茶在睡眠問題的平均數顯著地大於咖啡因類別 100mg 的飲品類別可口可樂。對咖啡因類別 150mg 而言，飲品有顯著的單純主要效果，$F(2, 98) = 170.895$，調整 $p = 0 < 0.001$，偏 $\eta^2 = 0.777$。Bonferroni 事後調整比較顯示：咖啡因類別 150mg 的飲品類別咖啡在睡眠問題的平均數顯著地大於咖啡因類別 150mg 的飲品類別可口可樂。咖啡因類別 150mg 的飲品類別茶在睡眠問題的平均數顯著地大於咖啡因類別 150mg 的飲品類別可口可樂。咖啡因類別 150mg 的飲品類別茶在睡眠問題的平均數顯著地大於咖啡因類別 150mg 的飲品類別咖啡。對咖啡因類別 200mg 而言，飲品有顯著的單純主要效果，$F(2, 98) = 205.846$，調整 $p = 0 < 0.001$，偏 $\eta^2 = 0.808$。Bonferroni 事後調整比較顯示：咖啡因類別 200mg 的飲品類別咖啡在睡眠問題的平均數顯著地大於咖啡因類別 200mg 的飲品類別茶。咖啡因類別 200mg 的飲品類別咖啡在睡眠問題的平均數顯著地大於咖啡因類別 200mg 的飲品類別可口可樂。咖啡因類別 200mg 的飲品類別茶在睡眠問題的平均數顯著地大於咖啡因類別 200mg 的飲品類別可口可樂。

result.12

有兩張交互作用圖存在你指定檔案夾中的 png 檔，檔名 twR_plot_A.png 以及 twR_plot_B.png。

10.5.11 APA 報表與結果之撰寫

表 10.6 飲品與咖啡因 ANOVA 分析之各細格描述統計

飲品	咖啡因	N	平均數	標準差
可口可樂	50mg	50	1.62	0.987
可口可樂	100mg	50	1.58	0.992
可口可樂	150mg	50	2.12	0.895
可口可樂	200mg	50	2.56	0.884
咖啡	50mg	50	1.72	0.904
咖啡	100mg	50	2.4	0.926
咖啡	150mg	50	3.1	0.974
咖啡	200mg	50	4.14	0.904
茶	50mg	50	1.74	1.006
茶	100mg	50	2.04	0.947
茶	150mg	50	3.68	0.957
茶	200mg	50	3.86	1.05

表 10.7 飲品與咖啡因組合群體的常態性檢定

飲品	咖啡因	Shapiro–Wilk 統計量	p	偏態值	峰度值
可口可樂	50mg	0.842	< 0.001	1.043	1.394
可口可樂	100mg	0.897	< 0.001	0.275	-0.208
可口可樂	150mg	0.863	< 0.001	0.607	1.175
可口可樂	200mg	0.878	< 0.001	0.429	-0.131
咖啡	50mg	0.884	< 0.001	0.399	0.03
咖啡	100mg	0.888	< 0.001	0.363	-0.132
咖啡	150mg	0.901	0.001	0.325	0.513
咖啡	200mg	0.839	< 0.001	0.869	0.788
茶	50mg	0.868	< 0.001	0.757	1.228
茶	100mg	0.882	< 0.001	0.63	0.667
茶	150mg	0.895	< 0.001	-0.029	0.058
茶	200mg	0.877	< 0.001	0.792	0.395

表 10.8　Mauchly 球型檢定

效果	Mauchly's W	p
飲品	0.979	0.6
咖啡因	0.818	0.089
飲品 × 咖啡因	0.621	0.328

表 10.9　飲品與咖啡因相依樣本 ANOVA 摘要表

變異來源	SS	誤差 SS	df	誤差 df	F	p	偏 η^2
飲品	99.773	14.06	2	98	347.716	< 0.001	0.876
咖啡因	321.533	31.8	3	147	495.444	< 0.001	0.91
飲品 × 咖啡因	50.787	57.38	6	294	43.37	< 0.001	0.47

以二因子相依樣本 ANOVA 分析飲品與咖啡因對睡眠問題之效果，各細格描述統計如表 10.6，Shapiro–Wilk 常態性檢定如表 10.7，Mauchly 球型檢定如表 10.8，飲品與咖啡因對睡眠問題之 ANOVA 摘要表如表 10.9。

由表 10.7 得知，飲品與咖啡因的 12 個組合群體的 Shapiro–Wilk 統計量皆顯示常態性未成立。然而，它們的偏態值介於 -0.029 與 1.043 之間，絕對值皆小於 3，峰度值介於 -0.208 與 1.394 之間，絕對值皆小於 10，因此此 12 個群體皆可用於二因子相依樣本 ANOVA 檢定。

由表 10.8 得知，飲品的 Mauchly 檢定顯示 Mauchly's W = 0.979，$p > 0.05$，球型假定成立。咖啡因的 Mauchly 檢定顯示 Mauchly's W = 0.818，$p > 0.05$，球型假定成立。飲品 × 咖啡因的 Mauchly 檢定顯示 Mauchly's W = 0.621，$p > 0.05$，球型假定成立。

由表 10.9 得知，飲品對睡眠問題有顯著主要效果，$F(2, 98) = 347.716$，$p = 0 < 0.001$，偏 $\eta^2 = 0.876$。咖啡因對睡眠問題有顯著主要效果，$F(3, 147) = 495.444$，$p = 0 < 0.001$，偏 $\eta^2 = 0.91$。飲品 × 咖啡因對睡眠問題有交互作用效果，$F(6, 294) = 43.37$，$p = 0 < 0.001$，偏 $\eta^2 = 0.47$。

表 10.10　飲品與咖啡因相依樣本 ANOVA 的單純主要效果檢定

變異來源	SS	誤差 SS	df	誤差 df	F	p.adj	偏 η^2	Bonferroni 調整事後比較
咖啡因在飲品								
可口可樂	32.26	30.74	3	147	51.423	< 0.001	0.512	150mg > 50mg；200mg > 50mg；150mg > 100mg；200mg > 100mg；200mg > 150mg
咖啡	160.28	26.72	3	147	293.927	< 0.001	0.857	100mg > 50mg；150mg > 50mg；200mg > 50mg；150mg > 100mg；200mg > 100mg；200mg > 150mg
茶	179.78	31.72	3	147	277.718	< 0.001	0.85	100mg > 50mg；150mg > 50mg；200mg > 50mg；150mg > 100mg；200mg > 100mg
飲品在咖啡因								
50mg	0.413	23.587	2	98	0.859	0.427	0.017	
100mg	16.893	13.107	2	98	63.157	< 0.001	0.563	咖啡 > 茶；咖啡 > 可口可樂；茶 > 可口可樂
150mg	62.173	17.827	2	98	170.895	< 0.001	0.777	咖啡 > 可口可樂；茶 > 可口可樂；茶 > 咖啡
200mg	71.08	16.92	2	98	205.846	< 0.001	0.808	咖啡 > 茶；咖啡 > 可口可樂；茶 > 可口可樂

由於交互作用效果達顯著水準，所以檢定單純主要效果，單純主要效果檢定的結果呈現於表 10.10，結果顯示：對可口可樂而言，咖啡因有顯著的單純主要效果，$F(3, 147) = 51.423$，調整 $p < 0.001$，偏 $\eta^2 = 0.512$。Bonferroni 事後調整比較顯示：可口可樂的咖啡因類別 150mg 在睡眠問題的平均數顯著地大於可口可樂的咖啡因類別 50mg。可口可樂的咖啡因類別 200mg 在睡眠問題的平均數顯著地大於可口可樂的咖啡因類別 50mg。可口可樂的咖啡因類別 150mg 在睡眠問題的平均數顯著地大於可口可樂的咖啡因類別 100mg。可口可樂的咖啡因類別 200mg 在睡眠問題的平均數顯著地大於可口可樂的咖啡因類別 100mg。可口可樂的咖啡因類別 200mg 在睡眠問題的平均數顯著地大於可口可樂的咖啡因類別 150mg。

對咖啡而言，咖啡因有顯著的單純主要效果，$F(3, 147) = 293.927$，調整

$p < 0.001$，偏 $\eta^2 = 0.857$。Bonferroni 事後調整比較顯示：咖啡的咖啡因類別 100mg 在睡眠問題的平均數顯著地大於咖啡的咖啡因類別 50mg。咖啡的咖啡因類別 150mg 在睡眠問題的平均數顯著地大於咖啡的咖啡因類別 50mg。咖啡的咖啡因類別 200mg 在睡眠問題的平均數顯著地大於咖啡的咖啡因類別 50mg。咖啡的咖啡因類別 150mg 在睡眠問題的平均數顯著地大於咖啡的咖啡因類別 100mg。咖啡的咖啡因類別 200mg 在睡眠問題的平均數顯著地大於咖啡的咖啡因類別 100mg。咖啡的咖啡因類別 200mg 在睡眠問題的平均數顯著地大於咖啡的咖啡因類別 150mg。

對茶而言，咖啡因有顯著的單純主要效果，$F(3, 147) = 277.718$，調整 $p < 0.001$，偏 $\eta^2 = 0.85$。Bonferroni 事後調整比較顯示：茶的咖啡因類別 100mg 在睡眠問題的平均數顯著地大於茶的咖啡因類別 50mg。茶的咖啡因類別 150mg 在睡眠問題的平均數顯著地大於茶的咖啡因類別 50mg。茶的咖啡因類別 200mg 在睡眠問題的平均數顯著地大於茶的咖啡因類別 50mg。茶的咖啡因類別 150mg 在睡眠問題的平均數顯著地大於茶的咖啡因類別 100mg。茶的咖啡因類別 200mg 在睡眠問題的平均數顯著地大於茶的咖啡因類別 100mg。

對咖啡因類別 50mg 而言，飲品沒有顯著的單純主要效果，$F(2, 98) = 0.859$，調整 $p > 0.05$，偏 $\eta^2 = 0.017$。

對咖啡因類別 100mg 而言，飲品有顯著的單純主要效果，$F(2, 98) = 63.157$，調整 $p < 0.001$，偏 $\eta^2 = 0.563$。Bonferroni 事後調整比較顯示：咖啡因類別 100mg 的咖啡在睡眠問題的平均數顯著地大於咖啡因類別 100mg 的茶。咖啡因類別 100mg 的咖啡在睡眠問題的平均數顯著地大於咖啡因類別 100mg 的可口可樂。咖啡因類別 100mg 的茶在睡眠問題的平均數顯著地大於咖啡因類別 100mg 的可口可樂。

對咖啡因類別 150mg 而言，飲品有顯著的單純主要效果，$F(2, 98) = 170.895$，調整 $p < 0.001$，偏 $\eta^2 = 0.777$。Bonferroni 事後調整比較顯示：咖啡因類別 150mg 的咖啡在睡眠問題的平均數顯著地大於咖啡因類別 150mg 的可口可樂。咖啡因類別 150mg 的茶在睡眠問題的平均數顯著地大於咖啡因類別 150mg 的可口可樂。咖啡因類別 150mg 的茶在睡眠問題的平均數顯著地大於咖啡因類別 150mg 的咖啡。

對咖啡因類別 200mg 而言，飲品有顯著的單純主要效果，$F(2, 98) = 205.846$，調整 $p < 0.001$，偏 $\eta^2 = 0.808$。Bonferroni 事後調整比較顯示：咖啡因類別 200mg 的咖啡在睡眠問題的平均數顯著地大於咖啡因類別 200mg 的茶。咖啡因類別 200mg 的咖啡在睡眠問題的平均數顯著地大於咖啡因類別 200mg 的可口可樂。咖啡因類別 200mg 的茶在睡眠問題的平均數顯著地大於咖啡因類別 200mg 的可口可樂。

10.5.12 主要效果的事後檢定

和二因子獨立樣本 ANOVA 分析一樣，二因子相依樣本 ANOVA 交互作用沒有顯著時，研究者可以將單純主要效果部分的檢定過程全部跳過，改處理有顯著主要效果的事後比較。如果主要效果類別只有兩類，不需要事後檢定，直接判定兩類別之間有差異，再使用平均數來判定高低。三個類別以上則採用 Bonferroni 調整的配對 t 檢定。在這裡我們繼續使用上面的資料來做主要效果檢定，作爲讀者將來資料檢定交互作用項不顯著時參考之用。至於我們的統計 AI=>GO 裡，已將此部分設計於程式中，它自動會判定狀況，產生所需要的結果。

飲品的主要效果的事後檢定。

```
Unit_10_bev_coffin %>%
  pairwise_t_test(
    睡眠問題 ~ 飲品, paired = TRUE,
    p.adjust.method = "bonferroni" )
```

```
  .y.      group1   group2 n1    n2    statistic df    p        p.adj    p.adj.signif
* <chr>    <chr>    <chr>  <int> <int> <dbl>     <dbl> <dbl>    <dbl>    <chr>
1 睡眠問題 可口可樂 咖啡   200   200   -15.7     199   1.36e-36 4.08e-36 ****
2 睡眠問題 可口可樂 茶     200   200   -14.1     199   9.36e-32 2.81e-31 ****
3 睡眠問題 咖啡     茶     200   200     0.204   199   8.39e- 1 1.00e+ 0 ns
```

Bonferroni 事後比較顯示：咖啡與茶在睡眠問題的平均分數上皆顯著的高於可口可樂。

咖啡因的主要效果的事後檢定。

```
Unit_10_bev_coffin %>%
  pairwise_t_test(
    睡眠問題 ~ 咖啡因, paired = TRUE,
    p.adjust.method = "bonferroni" )
```

```
  .y.      group1 group2   n1    n2   statistic   df        p      p.adj  p.adj.signif
* <chr>    <chr>  <chr>  <int> <int>    <dbl>   <dbl>    <dbl>    <dbl>    <chr>
1 睡眠問題 100mg  150mg    150   150    -15.0     149  1.56e-31 9.36e-31     ****
2 睡眠問題 100mg  200mg    150   150    -26.4     149  4.82e-58 2.89e-57     ****
3 睡眠問題 100mg  50mg     150   150     4.99     149  1.69e- 6 1.01e- 5     ****
4 睡眠問題 150mg  200mg    150   150    -9.68     149  1.73e-17 1.04e-16     ****
5 睡眠問題 150mg  50mg     150   150    18.0      149  3.24e-39 1.94e-38     ****
6 睡眠問題 200mg  50mg     150   150    24.8      149  1.05e-54 6.30e-54     ****
```

Bonferroni 事後比較顯示：200mg 在睡眠問題的平均分數上顯著地高於 150mg、100mg 以及 50mg。150mg 在睡眠問題的平均分數上顯著地高於 100mg 以及 50mg。100mg 在睡眠問題的平均分數上顯著地高於 50mg。

參考文獻

https://www.datanovia.com/en/lessons/repeated-measures-anova-in-r/#two-way-repeated-measures-anova

https://nathanielwoodward.com/posts/repeated-measures-anova-in-r/#two-within-subjects-factors

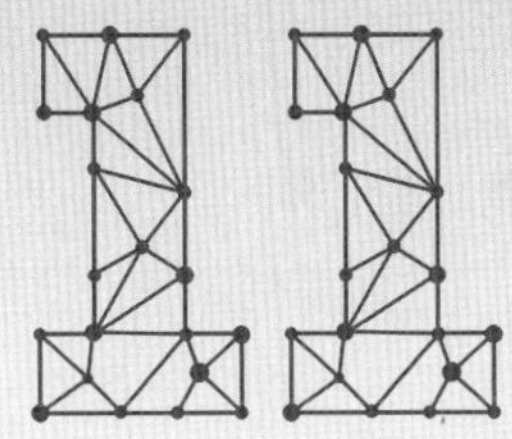

二因子混合設計變異數分析

難易指數：☺（超難）

學習金鑰

- 了解二因子混和設計變異數分析的概念以及使用時機
- 使用 R 套件執行二因子混合設計變異數分析
- 能將二因子混合設計變異數分析結果，以報表方式呈現，並撰寫結果

二因子混合設計變異數分析乃是探討二個因子，一個因子是獨立樣本（受試者間），一個因子是相依樣本（受試者內），對依變項的影響效果。例如：有兩種教學法（傳統與創意），每一種教學法皆有數學測驗的前測、後測以及延宕測驗。對教學法而言，傳統與創意各有一群人，所以是獨立樣本，而傳統教學法的那群人都有數學前測、後測以及延宕測驗，創意教學法也是一樣，所以對數學測驗而言，是相依樣本（見表 11.1）。

表 11.1　二因子混合設計變異數分析範例

		數學測驗		
		前測	後測	延宕測驗
教學法	傳統	a1_1, a2_1, a3_1	a1_2, a2_2, a3_2	a1_3, a2_3, a3_3
	創意	b1_1, b2_1, b3_1	b1_2, b2_2, b3_2	b1_3, b2_3, b3_3

在醫護臨床試驗或者教育介入型的研究中會採取準實驗設計法，實驗組和控制組有前、後測的檢驗，此種 2×2 的研究設計，就是一種二因子混合設計，其中組間因子是實驗組以及控制組（獨立樣本），組內因子則是前測與後測（相依樣本）。二因子混合設計 ANOVA 的目的與變項要求呈現於表 11.2。

表 11.2　二因子混合設計 ANOVA 的目的與變項要求

目的	因子		依變項
檢定兩個主要效果和一個交互作用的效果	兩個因子： 一個因子是獨立樣本（具兩個以上的水準） 一個因子是相依樣本（具兩個以上的水準）		一個屬於連續的量數
	因子 A（職務：行政、導師、科任）		
	因子 B（壓力源：工作負荷、家長壓力、學生問題）	→	壓力分數
	因子 A（職務）× 因子 B（壓力源）		

11.1　二因子混合設計 ANOVA 的假設

二因子混合設計 ANOVA 的虛無假設有三個，當然也對應著三個對立假設，其中兩組假設是針對兩個主要效果，一組假設是針對交互作用效果，請參見表 11.3。

表 11.3　二因子混合設計 ANOVA 的假設

虛無假設	對立假設
H_{A0}：$\mu_{A1}=\mu_{A2}=\mu_{A3}\cdots=\mu_{Ak}$	H_{A1}：不是所有的因子 A 組別的平均數皆相等
H_{B0}：$\mu_{B1}=\mu_{B2}=\mu_{B3}\cdots=\mu_{Bk}$	H_{B1}：不是所有的因子 B 組別的平均數皆相等
H_{AB0}：因子 A 與因子 B 沒有交互作用效果	H_{AB1}：因子 A 與因子 B 有交互作用效果

11.2　二因子混合設計 ANOVA 的變異來源與 F 檢定

表 11.4 呈現二因子混合設計 ANOVA 變異數分解，有一個變項是獨立樣本，所以有一個組間變異，這個組間變異裡有其因子的變異以及組間誤差的變異。一個是相依樣本，而交互作用項部分也是一種相依樣本，因此組內變異就包括組內因子變異與交互作用因子變異以及組內誤差變異等。

表 11.4 二因子混合設計 ANOVA 變異數分解

變異來源	SS	df	MS	F
組間				
因子$_{組間}$	$SS_{組間}$	$df_{組間}=a-1$	$MS_{組間}$	$F_{組間}=MS_{組間}/MS_{誤差（組間）}$
組間誤差	$SS_{誤差（組間）}$	$df_{誤差（組間）}=a(n-1)$	$MS_{誤差（組間）}$	
組內				
因子$_{組內}$	$SS_{組內}$	$df_{組內}=b-1$	$MS_{組內}$	$F_{組內}=MS_{組內}/MS_{誤差（組內）}$
因子$_{組內*組間}$	$SS_{組內*組間}$	$df_{組內*組間}=(a-1)(b-1)$	$MS_{組內*組間}$	$F_{組內*組間}=MS_{組內*組間}/MS_{誤差（組內）}$
組內誤差	$SS_{誤差（組內）}$	$df_{誤差（組內）}=a(b-1)(n-1)$	$MS_{誤差（組內）}$	
全體	$SS_{全體}$	$df_{全體}=(a)(b)(n)-1$		

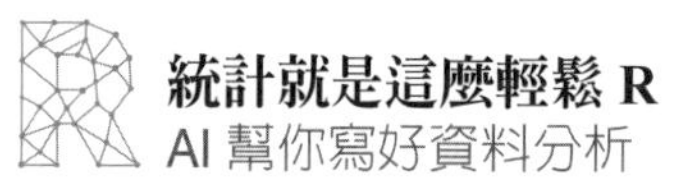

11.3 單純主要效果檢定與事後比較

二因子混合設計 ANOVA 分析檢定二個主要效果以及一個交互作用效果。和其他二因子 ANOVA 分析模式一樣，當交互作用效果獲得顯著，此時的解釋必須放在單純主要效果分析上。由於混合設計的兩個因子不一樣，一個是獨立樣本，一個是相依樣本，因此由獨立樣本這邊所形成的單純主要效果，乃是在檢定相依樣本這部分的平均差異，所以是依循相依樣本 ANOVA 的分析方式來檢定。而另一方面則是由相依樣本這邊所形成的單純主要效果，此乃是在檢定獨立樣本的平均差異，此部分依循獨立樣本 ANOVA 的分析方式來檢定。使用本單元的範例來說明圖 11.1 呈現二因子混合設計 ANOVA 分析單純主要效果圖例。當這些單純主要效果產生顯著水準時，不論是獨立樣本或相依樣本，其事後的檢定大都採用 Bonferroni 調整的配對 t 檢定。

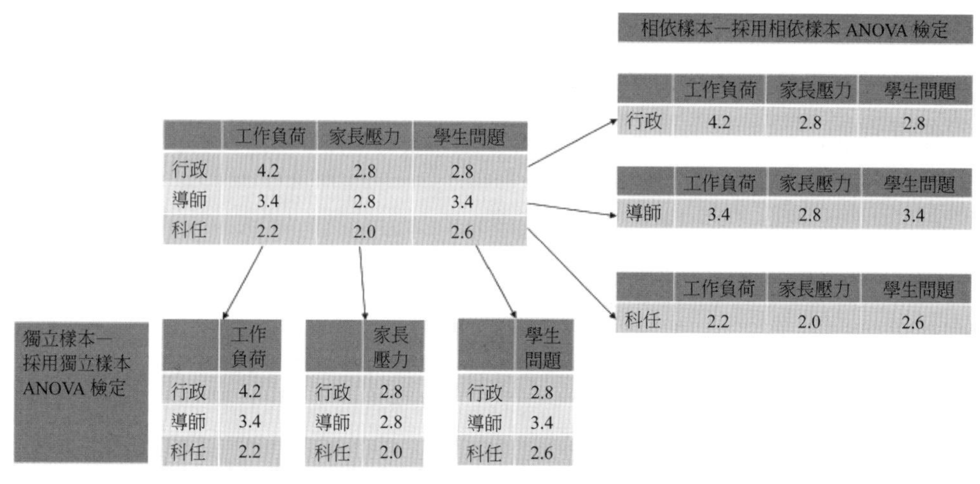

圖 11.1 二因子混合設計 ANOVA 分析單純主要效果圖例

如果交互作用項未達顯著水準，則可以回過頭來檢定有顯著的主要效果。如果在獨立樣本這個部分的主要效果達顯著水準，事後檢定可以完全依循單因子獨立樣本 ANOVA 的事後檢定分析方式來檢定。而相依樣本部分的事後檢定則可以依循單因子相依樣本 ANOVA 分析的事後檢定方式來檢定

（請參看單元 8）。

11.4 二因子混合設計 ANOVA 的假定

觀察值的獨立性：觀察值來自彼此獨立的隨機樣本（詳細說明參見單元 7）。和目前我們所談的其他檢定一樣，違反此項假定對二因子混合設計 ANOVA 分析的檢定傷害很大，如果有足夠的證據確認此項假定被違反了，只好放棄使用二因子混合設計 ANOVA 分析。

常態性：此處的常態性乃是指組間因子與組內因子之間組合的群體的依變項需近似常態。依我們在此部分的範例而言，組間變項是職務，包括行政、導師與科任三個類別，而組內變項是壓力源，包括工作負荷、家長壓力、學生問題等三個相依樣本，因此組內變項的類別也是三類，而依變項是壓力分數：工作負荷的壓力分數、家長壓力的壓力分數、學生問題的壓力分數，那麼就有九個群體的壓力分數。這九個群體的母群的依變項必須是常態分配。

當常態性被嚴重地違反時，可以使用各種數學算法來轉換依變項，讓分配變成常態分配。讀者可以參考單元 14 迴歸的「線性假設未成立的處理方式」以及「常態假定未成立時的處理方式」，此兩部分有詳細的變項轉換的介紹。

變異數同質性：這裡每一個受試者內因子類別之受試者間的每一個類別變異數必須是相等。在我們這裡的範例乃是工作負荷這一個變項有行政、導師、科任填寫此項的分數，行政、導師、科任這三個群體在工作負荷的壓力分數上變異數需相等。另外家長壓力、學生問題也是同樣地在這三個群體的變異數也需相等。{levene_test（依變項 ~ 因子）在 R 的 rstatix 套件 }

變異數—共變數矩陣的同質性：乃是指在母群中，組間因子不同類別變異數以及相對應的共變數必須相等。以我們的範例來說，職務有行政、導師以及科任，行政這一類別有相對應的變異數（變異數$_{\text{工作負荷}}$、變異數$_{\text{家長壓力}}$、變異數$_{\text{學生問題}}$）以及相對應的共變數（共變數$_{\text{工作負荷,家長壓力}}$、共變數$_{\text{工作負荷,學生問題}}$、共變數$_{\text{學生問題,家長壓力}}$）。導師這一類別有相對應的變異數（變異數$_{\text{工作負荷}}$、變異數$_{\text{家長壓力}}$、變異數$_{\text{學生問題}}$）以及相對應的共變數（共變數$_{\text{工作負荷,家長壓力}}$、共變數$_{工作負荷,學生問題}$、共變數$_{學生問題,家長壓力}$）。科任這一類別有相對應的變異數（變異數$_{工作負荷}$、變異數$_{家長壓力}$、變異數$_{學生問題}$）以及相對應的共變數（共變數$_{工作負荷,家長壓力}$、共變數$_{工作負荷,學生問題}$、共變數$_{學生問題,家長壓力}$），這三組變異數—共變數矩陣必須相等。

YocKey(2018) 的書 *SPSS Demystified A Simple Guide and Reference* 中提到如果樣本數大致相等，那麼中等程度的違反假定是可以被容忍的，但樣本數差異很大，而變異數—共變數矩陣的差異也達到中等程度，那麼不適合使用二因子混合設計 ANOVA。不過，書中並沒有定義何謂中等程度的違反。

通常檢定此項假定會用 Box's M{ boxM() 在 heplots 套件 }，而 Box's M 是非常敏感的統計量，因此大部分學者建議以 $p < 0.001$ 作爲違反的門檻。當 $p < 0.001$ 時，該怎麼辦？其實，它顯示的是交互作用項的檢定會有問題，因此，眞的違反很嚴重時，有些學者認爲當 Box's M 以及 Leven 的變異數同質性兩者都被違反，那事情就大條了，唯一的方式是放棄交互作用項，單獨去檢定獨立樣本 ANOVA 以及相依樣本 ANOVA(Cohen, 2008)。

球型假定：母群中所有組間因子所對應的組內因子的群體，其變異數需相等。違反此項假定會影響變異數分析的正確性，可以使用 Greenhouse–Geisser 或者 Huynh–Feldt 之類的更正統計來調整因違反球型所導致的誤差（請參見單元 8）。

11.5　效果値的計算

和其他二因子 ANOVA 一樣，在效果値的計算方面，二因子混合設計 ANOVA 分析較常採用的還是偏 η^2，其公式如下：

$$偏\ \eta^2 = \frac{SS_{效果}}{SS_{效果} + SS_{因子誤差}}$$

$SS_{效果}$與 $SS_{誤差}$，請參見表 11.4「二因子混合設計 ANOVA 變異數分解」。

11.6 二因子混合設計 ANOVA 實例解說與 R 的操作

研究目的：探討不同職務教師（行政、導師、科任）與壓力源（工作負荷、家長壓力、學生問題）在壓力分數的差異情形。

※ 工作負荷、家長壓力、學生問題的共同名稱爲壓力源，他們的分數皆成爲壓力分數。

研究問題：1. 不同職務的教師在壓力分數是否有差異？

2. 不同壓力源的壓力分數是否有差異？

3. 教師的職務與壓力源是否在壓力分數上具有交互作用的效果？

研究假設：1. 教師的職務在壓力分數有顯著差異。

2. 教師的壓力源的壓力分數有顯著差異。

3. 教師的職務與壓力源對壓力分數具有交互作用。

資料準備：

由於混合設計的資料比較複雜，因此，在 Excel 的資料準備上，必須包括可以辨識所有參與者的變項，如下表 11.5 中 id 變項，另外，有一個因子是組間變項，如職務，以及一個因子是相依樣本的變項，我們有工作負荷、學生問題、家長壓力，所有的參與者都填寫這三個變項，所以資料排列的方式是分別給一個變項名稱。

表 11.5 二因子混合設計 ANOVA 分析的資料型態

id	職務	工作負荷	學生問題	家長壓力
1	1	2.2	3.8	1.6
2	2	1.6	3.8	2.6
3	1	3	4	2
4	1	2.6	4	2.8
5	3	2.2	4.4	2.2
6	3	2.6	4.6	2.6
7	1	2.6	2.8	2.2
8	3	2	3.6	2.2
9	3	2.2	4.2	3.2
10	3	2.2	3.8	2.6

這樣的資料稱爲寬格式資料，在二因子混合設計分析中，有些檢定會使用此種寬格式，不過大部分是使用一種長格式資料，這部分我們會使用 R 的程式來轉換。

挑選要探討變項的資料：

```
library(tidyverse)
dat_press = burnout_1 %>% select("id", "職務", "工作負荷", "學生問題",
"家長壓力")
```

將資料轉成長格式 (long form)：

```
library(tidyverse)
library(rstatix)
dat_press = dat_press %>%
  gather(key = "壓力源", value = "分數", "工作負荷", "學生問題",
        "家長壓力") %>% convert_as_factor(id, 職務, 壓力源)
dat_press = na.omit(dat_press)
```

[說明]key = " 壓力源 "，此乃是將 " 工作負荷 "、" 學生問題 "、" 家長壓力 " 這三個重複量數變項轉成一個因子，給予此變項的名稱，我們給他命名爲 " 壓力源 "。

value = " 分數 "，此乃是依變項，也就是本研究混合設計中測量的量表分數，量表中有三個分量表 " 工作負荷 "、" 學生問題 "、" 家長壓力 "，現在要將這些分數整合成一個依變項，我們給的名稱是 " 分數 "。最後，此資料的型態會變成四個變項：id、職務、壓力源與分數。

convert_as_factor()（它是 rstatix 套件中的函數）是因爲二因子混合設計中二個因子以及 id 必須是類別變項（或者稱爲因素變項），所以使用此一函數將其轉爲類別變項。na.omit(dat_press) 是把遺漏值移除。遺漏值要移除，否則在做後面的統計時，會因爲有遺漏值而造成某些函數無法執行。隨機抽取一筆資料來檢視，看看是否轉換成功。

```
set.seed(1234)
dat_press %>% sample_n_by(職務, 壓力源, size = 1)
```

[說明] sample_n_by() 是 rstatix 套件中的函數。

```
   id    職務   壓力源     分數
  <fct> <fct>  <fct>     <dbl>
1  123   1     工作負荷    4.2
2  116   1     家長壓力    2.8
```

```
3  40   1    學生問題   2.8
4  227  2    工作負荷   3.4
5  283  2    家長壓力   2.8
6  239  2    學生問題   3.4
7  9    3    工作負荷   2.2
8  399  3    家長壓力   2
9  386  3    學生問題   2.6
```

11.6.1　敘述統計

呈現敘述統計，包括樣本數、平均數、標準差。

```
dat_press %>%
  group_by(職務, 壓力源) %>%
  get_summary_stats(分數, type = "mean_sd")
```

```
   職務   壓力源   variable     n    mean    sd
  <fct>  <fct>    <chr>    <dbl>  <dbl>  <dbl>
1  1    工作負荷   分數       71   2.92   0.794
2  1    家長壓力   分數       71   2.65   0.815
3  1    學生問題   分數       71   3.99   1.12
4  2    工作負荷   分數      229   2.85   0.783
5  2    家長壓力   分數      229   2.85   0.846
6  2    學生問題   分數      229   4.27   1.07
7  3    工作負荷   分數       99   2.60   0.824
8  3    家長壓力   分數       99   2.90   0.894
9  3    學生問題   分數       99   4.24   1.1
```

11.6.2　常態性檢定

針對兩個因子類別的組合，使用 Shapiro–Wilk 檢定來檢定常態性。職務有三類，壓力源有三類，所以有九個群體。

```
dat_press %>%
  group_by(職務, 壓力源) %>%
  shapiro_test(分數)
```

```
職務  壓力源  variable  statistic     p
 <fct> <fct>   <chr>    <dbl>      <dbl>
1 1   工作負荷  分數     0.937      0.00154
2 1   家長壓力  分數     0.956      0.0147
3 1   學生問題  分數     0.951      0.00745
4 2   工作負荷  分數     0.974      0.000275
5 2   家長壓力  分數     0.959      0.00000399
6 2   學生問題  分數     0.986      0.0235
7 3   工作負荷  分數     0.960      0.00415
8 3   家長壓力  分數     0.958      0.00308
9 3   學生問題  分數     0.979      0.118
```

針對每一個群體檢定偏態與峰度。

```
library(psych)
dat_press %>%
  group_by(職務, 壓力源) %>%
  summarise(偏態 = skew(分數), 峰度 = kurtosi(分數))
```

```
  職務  壓力源    偏態    峰度
 <fct> <fct>     <dbl>  <dbl>
1 1   工作負荷  0.607   -0.489
2 1   家長壓力  0.472   -0.321
3 1   學生問題  0.606   -0.256
4 2   工作負荷  0.406   -0.341
5 2   家長壓力  0.449   -0.523
6 2   學生問題  0.147    0.260
7 3   工作負荷  0.566    0.122
8 3   家長壓力  0.406   -0.503
9 3   學生問題 -0.0659   0.421
```

常態性檢定的結果，以 Shapiro–Wilk 檢定來看，九個群體中有八個 p < 0.05，只有「職務 3」的「學生問題」此一群體的 p > 0.05。從偏態與峰度來看，偏態值介於 -0.0659 到 0.607 之間，絕對值皆小於 3，顯然沒有嚴重的偏態現象。峰度值介於 -0.5230 到 0.260，絕對值皆小於 10，顯然沒有嚴重的過於平坦或陡峭的現象。因此，可以使用二因子混合設計 ANOVA 的估計方法。

11.6.3 檢定變異數同質性

這部分的檢定是檢定組間變項內各組之間的變異數是否同質，那麼就需要依據組內變項的類別來分組，檢定組間變項內各組之間的變異數同質性。

```
library(rstatix)
dat_press %>%
  group_by(壓力源) %>%
  levene_test(分數 ~ factor(職務))
```

```
  壓力源      df1   df2   statistic   p
  <fct>     <int> <int>    <dbl>   <dbl>
1 工作負荷      2   396   0.000840  0.999
2 家長壓力      2   396   0.142     0.868
3 學生問題      2   396   0.0375    0.963
```

三個壓力源在職務的 Levene 檢定皆未達顯著水準，變異數同質性皆成立。

11.6.4 變異數—共變數矩陣同質性

使用 Box's M 檢定變異數—共變數矩陣同質性。由於 heplots 套件的 boxM() 函數裡必須提供寬格式的資料型態，前面的 dat_press 是長格式，所以我們再選取一次資料，dat_box 的資料就是寬格式。下面程式中 dat_box[,3:5] 是工作負荷、學生問題、家長壓力此三個變項在 dat_box 資料夾裡的 3、4、5 欄。

```
library(heplots)
dat_box = burnout_1 %>% select("id", "職務", "工作負荷", "學生問題", "
家長壓力")
dat_box = na.omit(dat_box)
boxM(dat_box[,3:5], dat_box$職務)
```

```
        Box's M-test for Homogeneity of Covariance Matrices
data:  dat_box[, 3:5]
Chi-Sq (approx.) = 7.351, df = 12, p-value = 0.8336
```

從輸出的結果可以知道 Box's M 的統計量是 7.35，$p > 0.001$，因此判定變異數—共變數矩陣是同質的。

11.6.5 球型檢定

在 rstatix 套件中的 anova_test() 函數會自動檢查球型檢定，並提供 Greenhouse–Geisser 以及 Huynh–Feldt 的更正統計。

```
library(rstatix)
mix_ano = anova_test(data = dat_press, dv = 分數, wid = id,
                     between = 職務, within = 壓力源,
                     detailed = T, effect.size = "pes")
mix_ano
```

[說明]dv 是依變項，wid 是觀察值的辨識碼，between 是獨立樣本的因子，within 是相依樣本的因子。detailed 是輸出詳細資料，effect.size 是效果量，pes 是偏 η^2，如果改為 ges 則是一般化 η^2。

```
ANOVA Table (type III tests)
$ANOVA
     Effect     DFn DFd       SSn     SSd        F         p   p<.05   pes
1 (Intercept)    1  396 10013.899 641.448 6182.109 9.46e-244     *   0.940
2 職務           2  396     3.461 641.448    1.068  3.45e-01         0.005
3 壓力源         2  792   395.584 362.334  432.339 1.19e-127     *   0.522
4 職務:壓力源    4  792     9.514 362.334    5.199  3.88e-04     *   0.026
$`Mauchly's Test for Sphericity`
```

```
      Effect      W        p      p<.05
1 壓力源        0.973    0.004      *
2 職務：壓力源  0.973    0.004      *
$`Sphericity Corrections`
      Effect     GGe   DF[GG] p[GG]  p[GG]<.05 HFe   DF[HF]  p[HF]   p[HF]<.05
1      壓力源    0.974 1.95, 771.05  2.32e-124  *   0.978   1.96,  774.81  5.98e-125 *
2 職務：壓力源 0.974 3.89, 771.05  4.48e-04   *   0.978   3.91,  774.81  4.36e-04  *
```

「壓力源」以及「職務：壓力源」（此爲職務與壓力源交互作用項）的球型檢定皆顯示 $p < 0.05$，球型假定沒有成立，因此需使用 Greenhouse–Geisser 球型更正來判定顯著性。在 rstatix 套件 get_anova_table() 會自動幫我們抓此資料。

11.6.6 二因子混合設計 ANOVA 檢定

在此使用 get_anova_table() 所產生的報表來判定顯著性，這個函數所呈現的是 Type III 的統計量數，其次會依球型檢定有無違反來呈現出正確的統計量數。可以看到第三列與第四列中的數據和上面 $`Sphericity Corrections` 那裡的 GG 更正的數據一樣。

```
get_anova_table(mix_ano)
```

```
ANOVA Table (type III tests)
        Effect   DFn    DFd      SSn       SSd        F          p        p<.05  pes
1  (Intercept)  1.00 396.00  10013.899  641.448  6182.109  9.46e-244    *    0.940
2 職務          2.00 396.00      3.461  641.448     1.068  3.45e-01          0.005
3 壓力源        1.95 771.05    395.584  362.334   432.339  2.32e-124    *    0.522
4 職務：壓力源  3.89 771.05      9.514  362.334     5.199  4.48e-04     *    0.026
```

職務在壓力源的得分上沒有顯著效果，$F(2, 396) = 1.068$，$p = 0.345 > 0.05$，偏 $\eta^2 = 0.005$。壓力源在壓力分數上有顯著效果，$F(1.95, 771.05) = 432.339$，$p = 2.32e\text{-}124 < 0.001$，偏 $\eta^2 = 0.522$。職務與壓力源對壓力分數上有交互作用效果，$F(3.89, 771.05) = 5.199$，$p = 0.000448 < 0.001$，偏 $\eta^2 = 0.026$。

11.6.7 單純主要效果的檢定

由於交互作用達到顯著水準，因此進行單純主要效果分析。職務中類別 1 是行政，類別 2 是導師，類別 3 是科任。

職務分組的單純主要效果：

```
dat_press %>%
  group_by( 職務 ) %>%
  anova_test(dv = 分數, wid = id, within = 壓力源,
             detailed = T, effect.size = "pes") %>%
  get_anova_table() %>%
  adjust_pvalue(method = "bonferroni")
```

[說明] 將 dat_press 傳送給 group_by()，請它依職務分群，然後傳送給 anova_test()，請它做 ANOVA 檢定，再傳送給 get_anova_table()，請它抓出報表，再傳送給 adjust_pvalue()，請它採用調整 p 值來檢定，調整方法是 bonferroni。

```
  職務  Effect      DFn  DFd   SSn   SSd    F       p       `p<.05`  pes   p.adj
  <fct> <chr>      <dbl><dbl> <dbl> <dbl> <dbl>  <dbl>      <chr>  <dbl>  <dbl>
1  1   (Intercept)  1   70   2165.  114.  1323.  3.34e- 47  *      0.95  2.00e-46
2  1   壓力源       2   140  71.0   63.2  78.6   1.29e- 23  *      0.529 7.74e-23
3  2   (Intercept)  1   228  7595.  343.  5047.  1.61e-157  *      0.957 9.66e-157
4  2   壓力源       2   456   309.  219.   321.  9.44e- 88  *      0.585 5.66e-87
5  3   (Intercept)  1    98  3137.  184.  1672.  2.17e- 63  *      0.945 1.30e-62
6  3   壓力源       2   196   151.  79.7   186.  4.94e- 46  *      0.655 2.96e-45
```

職務是 1（行政），壓力源有單純主要效果，F(2, 140) = 78.6，調整 p = 7.74e-23 < 0.001，偏 η^2 = 0.529。職務是 2（導師），壓力源有單純主要效果，F(2, 456) = 321，調整 p = 5.66e-87 < 0.001，偏 η^2 = 0.585。職務是 3（科任），壓力源有單純主要效果，F(2, 196) = 186，調整 p = 2.96e-45 < 0.001，偏 η^2 = 0.655。

職務分組單純主要效果事後檢定。

```
dat_press %>%
  group_by(職務) %>%
  pairwise_t_test(分數 ~ 壓力源, paired = TRUE,
                  p.adjust.method = "bonferroni")
```

[說明] pairwise_t_test() 就是配對檢定，p.adjust.method = "bonferroni"，就是採用 Bonferroni 調整法，因此就是使用 Bonferroni 調整法配對檢定。paired = TRUE，告訴它是做相依樣本，因爲壓力源是相依樣本。

```
  職務  .y.   group1   group2    n1    n2  statistic df       p      p.adj  p.adj.signif
* <fct> <chr> <chr>   <chr>   <int> <int>     <dbl> <dbl>   <dbl>    <dbl>   <chr>
1 1     分數  工作負荷 家長壓力    71    71    2.45      70 1.70e-2  5.00e- 2  ns
2 1     分數  工作負荷 學生問題    71    71   -8.81      70 5.81e-13 1.74e-12  ****
3 1     分數  家長壓力 學生問題    71    71  -12.7       70 8.27e-20 2.48e-19  ****
4 2     分數  工作負荷 家長壓力   229   229    0.0282  228 9.78e-1  1.00e+ 0  ns
5 2     分數  工作負荷 學生問題   229   229  -20.4      228 2.15e-53 6.45e-53  ****
6 2     分數  家長壓力 學生問題   229   229  -22.7      228 1.74e-60 5.22e-60  ****
7 3     分數  工作負荷 家長壓力    99    99   -3.58      98 5.40e-4  2.00e- 3  **
8 3     分數  工作負荷 學生問題    99    99  -16.5       98 5.23e-30 1.57e-29  ****
9 3     分數  家長壓力 學生問題    99    99  -15.3       98 8.15e-28 2.44e-27  ****
```

Bonferroni 事後配對檢定顯示：職務是 1（行政），工作負荷與學生問題的比較有顯著差異，學生問題的平均分數顯著地高於工作負荷；家長壓力與學生問題的比較有顯著差異，學生問題的平均分數顯著地高於家長壓力。職務是 2（導師），工作負荷與學生問題的比較有顯著差異，學生問題的平均分數顯著地高於工作負荷；家長壓力與學生問題的比較有顯著差異，學生問題的平均分數顯著地高於家長壓力。職務是 3（科任），工作負荷與家長壓力的比較有顯著差異，家長壓力的平均分數顯著地高於工作負荷；工作負荷與學生問題的比較有顯著差異，學生問題的平均分數顯著地高於工作負荷；家長壓力與學生問題的比較有顯著差異，學生問題的平均分數顯著地高於家長壓力。

以壓力源分組的單純主要效果。

```
dat_press %>%
  group_by(壓力源) %>%
  anova_test(dv = 分數, wid = id, between = 職務,
             detailed = T, type = 3, effect.size = "pes") %>%
  get_anova_table() %>%
  adjust_pvalue(method = "bonferroni")
```

[說明] 這部分的程式與職務分組的單純主要效果，請參看上面的說明。

```
  壓力源   Effect        SSn   SSd  DFn  DFd  F       p `       p<.05`  pes   p.adj
  <fct>    <chr>        <dbl><dbl><dbl><dbl> <dbl>   <dbl>     <chr>   <dbl> <dbl>
1 工作負荷 (Intercept) 2458.  250.   1   396 3886.   7.84e-207 "*"     0.908 4.70e-206
2 工作負荷 職務          5.58 250.   2   396    4.41 1.30e-2   "*"     0.022 7.80e-2
3 家長壓力 (Intercept) 2473.  288.   1   396 3403.   1.55e-196 "*"     0.896 9.30e-196
4 家長壓力 職務          2.90 288.   2   396 1.99    1.38e-1   ""      0.01  8.28e-1
5 學生問題 (Intercept) 5478.  466.   1   396 4660.   4.07e-221 "*"     0.922 2.44e-220
6 學生問題 職務          4.50 466.   2   396 1.91    1.49e-1   ""      0.01  8.94e-1
```

三個壓力源在職務上都沒有單純主要效果 (p.adj = 0.078、p.adj = 0.828、p.adj = 0.894)。

以壓力源分組的單純主要效果事後檢定。

由於單純主要效果都沒有顯著，所以不需要做任何事後檢定。下面所做的是提供示範給讀者，如果讀者所用的分析在此部分有顯著，需要做事後比較，其與法如下：

```
dat_press %>%
  group_by(壓力源) %>%
  pairwise_t_test(分數 ~ 職務, p.adjust.method = "bonferroni")
```

[說明] pairwise_t_test() 函數中，沒有 paired = TRUE，其內定是 FALSE，也就是說，內定是做獨立樣本的配對比較，我們的職務是獨立樣本，所以就沒有寫 paired = TRUE。

```
  壓力源    .y.   group1 group2    n1    n2 statistic    df      p p.adj  p.adj.signif
* <fct>    <chr> <chr>  <chr>  <int> <int>     <dbl> <dbl>  <dbl> <dbl>  <chr>
1 工作負荷 分數  1      2         71   229     0.674  115.  0.502 1      ns
2 工作負荷 分數  1      3         71    99     2.57   154.  0.011 0.034  *
3 工作負荷 分數  2      3        229    99     2.55   178.  0.012 0.034  *
4 家長壓力 分數  1      2         71   229    -1.78   120.  0.077 0.232  ns
5 家長壓力 分數  1      3         71    99    -1.91   159.  0.058 0.173 ns
6 家長壓力 分數  2      3        229    99    -0.503  177.  0.615 1      ns
7 學生問題 分數  1      2         71   229    -1.90   113.  0.06  0.181 ns
8 學生問題 分數  1      3         71    99    -1.48   150.  0.14  0.42  ns
9 學生問題 分數  2      3        229    99     0.220  181.  0.826 1      ns
```

Bonferroni 事後配對檢定顯示：工作負荷此一壓力源中，職務 1（行政）與職務 3（科任）以及職務 2（導師）與職務 3（科任）之間有顯著的差異，行政以及導師的工作負荷平均分數顯著地大於科任。讀者可以發現，整體檢定沒有顯著，個別的檢定還是會發生顯著的現象。記得，整體不顯著，那麼個別比較的顯著是沒有意義的。

交互作用圖。

若是交互作用顯著，在論文可以呈現交互作用圖；沒顯著這些圖是沒有意義，所以不需要在論文中呈現它們。

```
library(tidyverse)
library(rstatix)
inter_plot  =  dat_press %>%
   group_by( 職務 , 壓力源 ) %>%
   summarise( 平均數 = mean( 分數 , na.rm = T))
plot_A = ggplot(inter_plot, aes(x = 職務 , y = 平均數 , group = 壓力源 )) +
         geom_point(aes(shape = 壓力源 ), size = 4) +
         scale_shape(name = " 壓力源 ") +
         geom_line(size = 1) +
         xlab(" 職務 ")
plot_A
```

```
plot_B = ggplot(inter_plot, aes(x = 壓力源 , y = 平均數 , group = 職務 )) +
         geom_point(aes(shape = 職務 ), size = 4) +
         scale_shape(name = " 職務 ") +
         geom_line(size = 1) +
         xlab(" 壓力源 ")
plot_B
## 存圖檔
png("mix_plot_A.png")
print(plot_A)
dev.off()

png("mix_plot_B.png")
print(plot_B)
dev.off()
```

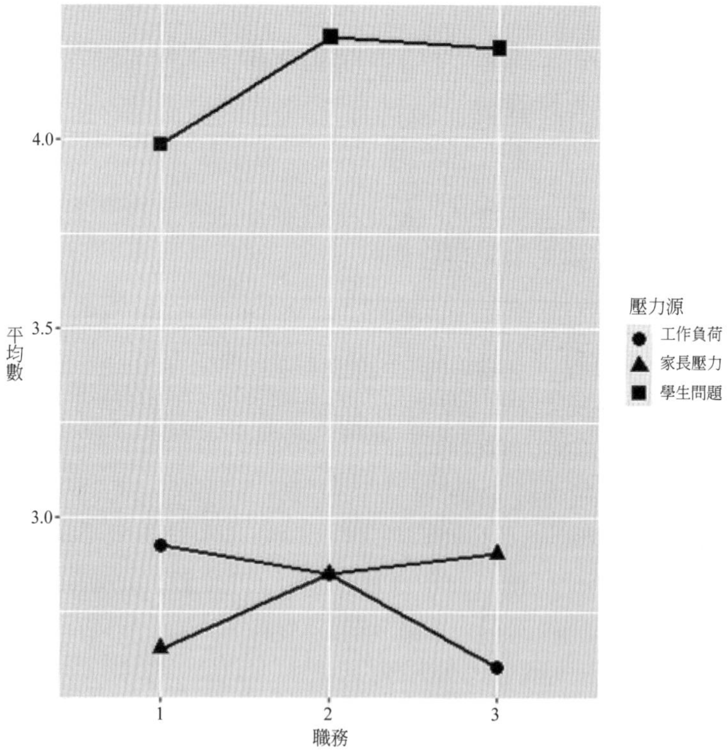

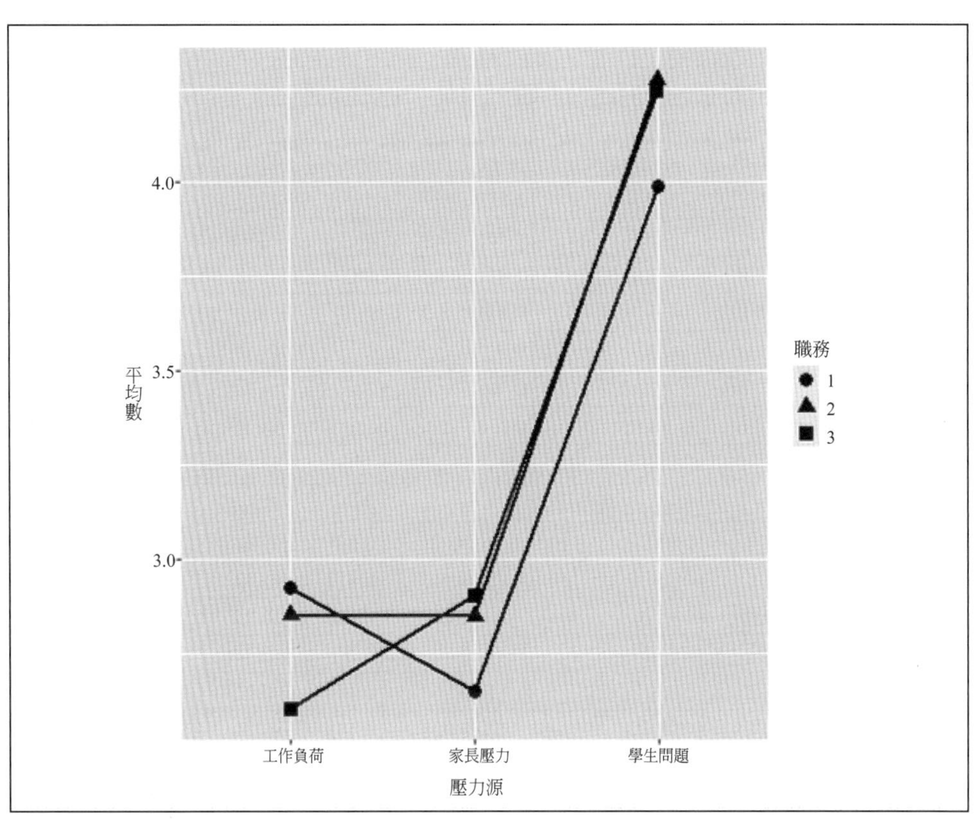

圖 11.2 交互作用圖

11.6.8 統計 AI=>GO:(Unit 11 two way mixed design ANOVA AI)

```
#請填寫資料名稱
data = burnout_1
#請填寫組間變項名稱
Between_subjects_var = c("職務")
#請填寫組內變項名稱
Within_subjects_var = c("工作負荷", "學生問題", "家長壓力")
#請填寫組內變項的共同名稱
Within_name = c("壓力源")
#請填寫 id 名稱(資料是用其他的名稱作爲 id 名稱,請填入該名稱)
id_var = c("id")
#請填寫要輸出結果的檔案名字
save_file = c("mix_test")
```

result.1

變項組別	敘述統計	工作負荷	家長壓力	學生問題
職務組別 1	N	71	71	71
	平均數	2.924	2.651	3.989
	標準差	0.794	0.815	1.115
職務組別 2	N	229	229	229
	平均數	2.852	2.85	4.273
	標準差	0.783	0.846	1.067
職務組別 3	N	99	99	99
	平均數	2.602	2.903	4.244
	標準差	0.824	0.894	1.1

result.2

職務	壓力源	Shapiro–Wilk 統計量	p	偏態值	峰度值
1	工作負荷	0.937	0.002	0.607	-0.489
1	家長壓力	0.956	0.015	0.472	-0.321
1	學生問題	0.951	0.007	0.606	-0.256
2	工作負荷	0.974	0	0.406	-0.341
2	家長壓力	0.959	0	0.449	-0.523
2	學生問題	0.986	0.023	0.147	0.26
3	工作負荷	0.96	0.004	0.566	0.122
3	家長壓力	0.958	0.003	0.406	-0.503
3	學生問題	0.979	0.118	-0.066	0.421

result.3

壓力源	df1	df2	F	p
工作負荷	2	396	0.001	0.99916
家長壓力	2	396	0.142	0.867746
學生問題	2	396	0.037	0.963226

result.4

Box_M 統計量	p
7.351	0.833574

result.5

效果	Mauchly's W	p
壓力源	0.973	0.004
職務：壓力源	0.973	0.004

result.6

變異來源	SS	誤差 SS	df	誤差 df	F	p	偏 η^2
職務	3.461	641.448	2	396	1.068	0.345	0.005
壓力源	395.584	362.334	1.95	771.05	432.339	0	0.522
職務：壓力源	9.514	362.334	3.89	771.05	5.199	0.00045	0.026

result.7

以二因子混合設計 ANOVA 分析職務與壓力源類別變項對依變項壓力源分數之效果，各細格描述統計如表 AAA(result.1)，Shapiro–Wilk 常態性檢定如表 BBB(result.2)，Leven 變異數同質性檢定如表 CCC(result.3)，Box's M 變異數一共變數矩陣同質性檢定如表 DDD(result.4)，Mauchly 球型檢定如表 EEE(result.5)，職務與壓力源類別變項對依變項壓力源分數之 ANOVA 摘要表如表 FFF(result.6)。

result.8

由表 BBB 得知，「職務組別 1 與工作負荷」此群組的 Shapiro–Wilk 統計量 = 0.937，p 值 = 0.002 ≦ 0.05，進一步檢定此群組的偏態值與峰度值。偏態值 = 0.607，絕對值小於 3，表示沒有嚴重的偏態現象。峰度值 = -0.489，絕對值≦ 10，表示沒有嚴重的過於平坦或陡峭的現象。雖然 Shapiro–Wilk 常態性檢定顯示非常態，然而偏態值顯示沒有嚴重的偏態現象，峰度值顯示沒有嚴重的過於平坦或陡峭的現象，此一群組可以用於二因子混合設計 ANOVA 的檢定。「職務組別 1 與家長壓力」此群組的 Shapiro–Wilk 統計量 = 0.956，p 值 = 0.015 ≦ 0.05，進一步檢定此群組的偏態值與峰度值。偏態值 = 0.472，絕對值小於 3，表示沒有嚴重的偏態現象。峰度值 = -0.321，絕對值≦ 10，表示沒有嚴重的過於平坦或陡峭的現象。雖然 Shapiro–Wilk 常態性檢定顯示非常態，然而偏態值顯示沒有嚴重的偏態現象，峰度值顯示沒有嚴重的過於平坦或陡峭的現象，此一群組可以用於二因子混合設計 ANOVA 的檢定。「職務組別 1 與學生問題」此群組的 Shapiro–Wilk 統計量 = 0.951，p 值 = 0.007 ≦ 0.05，進一步檢定此群組的偏態值與峰度值。偏態值 = 0.606，絕對值小於 3，表示沒有嚴重的偏態現象。峰度值 = -0.256，絕對值≦ 10，表示沒有嚴重的過於平坦或陡峭的現象。雖然 Shapiro–Wilk 常態性檢定顯示非常態，然而偏態值顯示沒有嚴重的偏態現象，峰度值顯示沒有嚴重的過於平坦或陡峭的現象，此一群組可以用於二因子混合設計 ANOVA 的檢定。「職務組別 2 與工作負荷」此群組的 Shapiro–Wilk 統計量 = 0.974，p 值 = 0 ≦ 0.05，進一步檢定此群組的偏態值與峰度值。偏態值 = 0.406，絕對值小於 3，表示沒有嚴重的偏態現象。峰度值 = -0.341，絕對值≦ 10，表示沒有嚴重的過於平坦或陡峭的現象。雖然 Shapiro–Wilk 常態性檢定顯示非常態，然而偏態值顯示沒有嚴重的偏態現象，峰度值顯示沒有嚴重的過於平坦或陡峭的現象，此一群組可以用於二因子混合設計 ANOVA 的檢定。「職務組別 2 與家長壓力」此群組的 Shapiro–Wilk 統計量 = 0.959，p 值 = 0 ≦ 0.05，進一步檢定此群組的偏態值與峰度值。偏態值 = 0.449，絕對值小於 3，表示沒有嚴重的偏態現象。峰度值 = -0.523，絕對值≦ 10，表示沒有嚴重的過於平坦或陡峭的現象。雖然 Shapiro–Wilk 常態性檢定顯示非常態，然而偏態值顯示沒有嚴重的偏態現象，峰度值顯示沒有嚴重的過於平坦或陡峭的現象，此一群組可以用於二因子混合設計 ANOVA 的檢定。「職務組別 2 與學生問題」此群組的 Shapiro–Wilk 統計量 = 0.986，p 值 = 0.023 ≦ 0.05，進一步檢定此群組的偏態值與峰度值。偏態值 = 0.147，絕對值小於 3，表示沒有嚴重的偏態現象。峰度值 = 0.26，絕對值≦ 10，表示沒有嚴重的過於平坦或陡峭的現象。雖然 Shapiro–Wilk 常態性檢定顯示非常態，然而偏態值顯示沒有嚴重的偏態現象，峰度值顯示沒有嚴重的過於平坦或陡峭的現象，此一群組可以用於二因子混合設計 ANOVA 的檢定。「職務組別 3 與工作負荷」此群組的 Shapiro–Wilk 統計量 = 0.96，p 值 = 0.004 ≦ 0.05，進一步檢定此群組的偏態值與峰度值。偏態值 = 0.566，絕對值小於 3，表示沒有嚴重的偏態現象。峰度值 = 0.122，絕對值≦ 10，表示沒有嚴重的過於平坦或陡峭的現象。雖然 Shapiro–Wilk 常態性檢定顯示非常態，然而偏態值顯示沒有嚴重的偏態現象，峰度值顯示沒有嚴重的過於平坦或陡峭的現象，此一群組可以用於二因子混合設計 ANOVA 的檢定。「職務組別 3 與家長壓力」此群組的 Shapiro–Wilk 統計量 = 0.958，p 值 = 0.003 ≦ 0.05，進一步檢定此群組的偏態值與峰度值。偏態值 = 0.406，絕對值小於 3，表示沒有嚴重的偏態現象。峰度值 = -0.503，絕對值≦ 10，表示沒有嚴重的過於平坦或陡峭的現象。雖然 Shapiro–Wilk 常態性檢定顯示非常態，然而偏態值顯示沒有嚴重的偏態現象，峰度值顯示沒有嚴重的過於平坦或陡峭的現象，此一群組可以用於二因子混合設計 ANOVA 的檢定。「職務組別 3 與學生問題」此群組的 Shapiro–Wilk 統計量 = 0.979，p 值 = 0.118 > 0.05，表示此群組的常態性假定成立。

result.9

由表 CCC 得知，職務在工作負荷的 Leven 變異數同質性檢定顯示，F = 0.001，p > 0.05，變異數相等成立。職務在家長壓力的 Leven 變異數同質性檢定顯示，F = 0.142，p > 0.05，變異數相等成立。職務在學生問題的 Leven 變異數同質性檢定顯示，F = 0.037，p > 0.05，變異數相等成立。

result.10

由表 DDD 得知，Box’s M 檢定顯示，Box's M 統計量 = 7.351，p = 0.834 >0.001，變異數一共變數同質性假設成立。

result.11

由表 EEE 得知，壓力源的 Mauchly 檢定顯示 Mauchly's W = 0.973，p < 0.05，球型假定未成立，使用 Greenhouse–Geisser (GG) 更正的統計估計值來檢定顯著性。職務：壓力源的 Mauchly 檢定顯示 Mauchly's W = 0.973，p < 0.05，球型假定未成立，使用 Greenhouse–Geisser (GG) 更正的統計估計值來檢定顯著性。

result.12

由表 FFF 的 ANOVA 摘要表得知：職務在依變項壓力源分數上沒有顯著效果，F(2, 396) = 1.068，p = 0.345 > 0.05，偏 η^2 = 0.005。壓力源在依變項壓力源分數上有顯著效果，F(1.95, 771.05) = 432.339，p = 0 ≦ 0.001，偏 η^2 = 0.522。職務與壓力源在依變項壓力源分數上有交互作用效果，F(3.89, 771.05) = 5.199，p = 0.00045 ≦ 0.001，偏 η^2 = 0.026。

result.13

變異來源	SS	誤差 SS	df	誤差 df	F	p.adj	偏 η^2	Bonferroni 調整事後比較
壓力源在職務								
1	70.971	63.189	2	140	78.62	0	0.529	工作負荷 > 家長壓力；學生問題 > 工作負荷；學生問題 > 家長壓力
2	309.012	219.441	2	456	321.065	0	0.585	學生問題 > 工作負荷；學生問題 > 家長壓力

3	151.389	79.704	2	196	186.141	0	0.655	家長壓力 > 工作負荷；學生問題 > 工作負荷；學生問題 > 家長壓力
職務在壓力源								
工作負荷	5.577	250.461	2	396	4.409	0.078	0.022	
家長壓力	2.898	287.799	2	396	1.994	0.828	0.01	
學生問題	4.501	465.523	2	396	1.914	0.894	0.01	

result.14

由於交互作用效果達顯著水準，所以進一步檢定單純主要效果，單純主要效果檢定的結果呈現於表 GGG(result.8)，結果顯示：對職務中的類別 1 而言，壓力源類別的分數有顯著的單純主要效果，F(2, 140) = 78.62，調整 p = 0 ≦ 0.001，偏 η^2 = 0.529。Bonferroni 事後調整比較顯示：對職務中的類別 1 而言，壓力源的類別工作負荷的平均分數顯著地大於壓力源的類別家長壓力。壓力源的類別學生問題的平均分數顯著地大於壓力源的類別工作負荷。壓力源的類別學生問題的平均分數顯著地大於壓力源的類別家長壓力。對職務中的類別 2 而言，壓力源類別的分數有顯著的單純主要效果，F(2, 456) =321.065，調整 p = 0 ≦ 0.001，偏 η^2 = 0.585。Bonferroni 事後調整比較顯示：對職務中的類別 2 而言，壓力源的類別學生問題的平均分數顯著地大於壓力源的類別工作負荷。壓力源的類別學生問題的平均分數顯著地大於壓力源的類別家長壓力。對職務中的類別 3 而言，壓力源類別的分數有顯著的單純主要效果，F(2, 196) = 186.141，調整 p = 0 ≦ 0.001，偏 η^2 = 0.655。Bonferroni 事後調整比較顯示：對職務中的類別 3 而言，壓力源的類別家長壓力的平均分數顯著地大於壓力源的類別工作負荷。壓力源的類別學生問題的平均分數顯著地大於壓力源的類別工作負荷。壓力源的類別學生問題的平均分數顯著地大於壓力源的類別家長壓力。對壓力源中的類別工作負荷而言，職務類別的得分沒有顯著的單純主要效果，F(2, 396) = 4.409，調整 p = 0.078 > 0.05，偏 η^2 = 0.022。對壓力源中的類別家長壓力而言，職務類別的得分沒有顯著的單純主要效果，F(2, 396) = 1.994，調整 p = 0.828 > 0.05，偏 η^2 = 0.01。對壓力源中的類別學生問題而言，職務類別的得分沒有顯著的單純主要效果，F(2, 396) = 1.914，調整 p = 0.894 > 0.05，偏 η^2 = 0.01。

11.6.9 APA 報表與結果之撰寫

表 11.6 職務與壓力源 ANOVA 分析之各細格描述統計

變項組別	敘述統計	工作負荷	家長壓力	學生問題
	N	71	71	71
行政	平均數	2.924	2.651	3.989
	標準差	0.794	0.815	1.115
	N	229	229	229
級任	平均數	2.852	2.85	4.273
	標準差	0.783	0.846	1.067

變項組別	敘述統計	工作負荷	家長壓力	學生問題
	N	99	99	99
科任	平均數	2.602	2.903	4.244
	標準差	0.824	0.894	1.1

表 11.7　職務與壓力源各群組的常態性檢定

職務	壓力源	Shapiro–Wilk 統計量	p	偏態值	峰度值
行政	工作負荷	0.937	0.002	0.607	-0.489
行政	家長壓力	0.956	0.015	0.472	-0.321
行政	學生問題	0.951	0.007	0.606	-0.256
級任	工作負荷	0.974	< 0.001	0.406	-0.341
級任	家長壓力	0.959	< 0.001	0.449	-0.523
級任	學生問題	0.986	0.023	0.147	0.26
科任	工作負荷	0.96	0.004	0.566	0.122
科任	家長壓力	0.958	0.003	0.406	-0.503
科任	學生問題	0.979	0.118	-0.066	0.421

表 11.8　Leven 變異數同質性檢定

壓力源	df1	df2	F	p
工作負荷	2	396	0.001	0.999
家長壓力	2	396	0.142	0.868
學生問題	2	396	0.037	0.963

表 11.9　Box's M 變異數—共變數矩陣同質性檢定

Box_M 統計量	p
7.351	0.833574

表 11.10　Mauchly 球型檢定

效果	Mauchly's W	p
壓力源	0.973	0.004
職務 × 壓力源	0.973	0.004

表 11.11　職務與壓力源混合設計 ANOVA 摘要表

變異來源	SS	誤差 SS	df	誤差 df	F	p	偏 η^2
職務	3.461	641.448	2	396	1.068	0.345	0.005
壓力源	395.584	362.334	1.95	771.05	432.339	<0.001	0.522
職務×壓力源	9.514	362.334	3.89	771.05	5.199	<0.001	0.026

以二因子混合設計 ANOVA 分析職務與壓力源類別變項對依變項壓力源分數之效果，各細格描述統計如表 11.6，Shapiro–Wilk 常態性檢定如表 11.7，Leven 變異數同質性檢定如表 11.8，Box's M 變異數一共變數矩陣同質性檢定如表 11.9，Mauchly 球型檢定如表 11.10，職務與壓力源類別變項對依變項壓力源分數之 ANOVA 摘要表如表 11.11。

由表 11.7 得知，除「科任與學生問題」此一群組在 Shapiro–Wilk 統計量上顯示符合常態性之外，另外八個群組 Shapiro–Wilk 統計量皆顯示未符合常態性，然而，此九個群組的偏態與峰度値皆顯示沒有嚴重的非常態現象，因此這些群組的資料皆可以用於二因子混合設計 ANOVA 的檢定。

註：上面報表的輸出在這部分的敘述相當冗長，這是因爲程式必須一條一條地檢視，在這裡，有相同結果的可以採用簡短的敘述即可。

由表 11.8 得知，職務在工作負荷的 Leven 變異數同質性檢定顯示，$F = 0.001$，$p > 0.05$，變異數相等成立。職務在家長壓力的 Leven 變異數同質性檢定顯示，$F = 0.142$，$p > 0.05$，變異數相等成立。職務在學生問題的 Leven 變異數同質性檢定顯示，$F = 0.037$，$p > 0.05$，變異數相等成立。

由表 11.9 得知，Box’s M 檢定顯示，Box's M 統計量 = 7.351，$p = 0.834 > 0.001$，變異數一共變數同質性假設成立。

由表 11.10 得知，壓力源的 Mauchly 檢定顯示 Mauchly's W = 0.973，$p < 0.05$，球型假定未成立。職務 × 壓力源的 Mauchly 檢定顯示 Mauchly's W = 0.973，$p < 0.05$，球型假定未成立。此兩個改用 Greenhouse–Geisser (GG) 更正的統計估計値來檢定顯著性。

由表 11.11 的 ANOVA 摘要表得知：職務在依變項壓力源分數上沒有顯著主要效果，$F(2, 396) = 1.068$，$p = 0.345 > 0.05$，偏 $\eta^2 = 0.005$。壓力源在依變項壓力源分數上有顯著主要效果，$F(1.95, 771.05) = 432.339$，$p = 0 \leqq$

0.001，偏 η^2 = 0.522。職務與壓力源在依變項壓力源分數上有交互作用效果，F(3.89, 771.05) = 5.199，p = 0.00045 ≦ 0.001，偏 η^2 = 0.026。

表 11.12　職務與壓力源混合設計 ANOVA 分析的單純主要效果檢定

變異來源	SS	誤差 SS	df	誤差 df	F	p.adj	偏 η^2	Bonferroni 調整事後比較
壓力源在職務								
行政	70.971	63.189	2	140	78.62	<0.001	0.529	工作負荷 > 家長壓力；學生問題 > 工作負荷；學生問題 > 家長壓力
級任	309.012	219.441	2	456	321.065	<0.001	0.585	學生問題 > 工作負荷；學生問題 > 家長壓力
科任	151.389	79.704	2	196	186.141	<0.001	0.655	家長壓力 > 工作負荷；學生問題 > 工作負荷；學生問題 > 家長壓力
職務在壓力源								
工作負荷	5.577	250.461	2	396	4.409	0.078	0.022	
家長壓力	2.898	287.799	2	396	1.994	0.828	0.01	
學生問題	4.501	465.523	2	396	1.914	0.894	0.01	

由於交互作用效果達顯著水準，所以進一步檢定單純主要效果，單純主要效果檢定的結果呈現於表 11.12，結果顯示：對行政教師而言，壓力源類別的分數有顯著的單純主要效果，F(2, 140) = 78.62，調整 p ≦ 0.001，偏 η^2 = 0.529。Bonferroni 事後調整比較顯示：對行政教師而言，工作負荷的平均分數顯著地大於家長壓力。學生問題的平均分數顯著地大於工作負荷。學生問題的平均分數顯著地大於家長壓力。

對級任教師而言，壓力源類別的分數有顯著的單純主要效果，F(2, 456) = 321.065，調整 p ≦ 0.001，偏 η^2 = 0.585。Bonferroni 事後調整比較顯示：對級任教師而言，學生問題的平均分數顯著地大於工作負荷。學生問題的平均分數顯著地大於家長壓力。

對科任教師而言，壓力源類別的分數有顯著的單純主要效果，F(2, 196)

= 186.141，調整 $p = 0 \leqq 0.001$，偏 $\eta^2 = 0.655$。Bonferroni 事後調整比較顯示：對科任教師而言，家長壓力的平均分數顯著地大於工作負荷。學生問題的平均分數顯著地大於工作負荷。學生問題的平均分數顯著地大於家長壓力。

對工作負荷而言，職務類別的得分沒有顯著的單純主要效果，$F(2, 396) = 4.409$，調整 $p = 0.078 > 0.05$，偏 $\eta^2 = 0.022$。

對家長壓力而言，職務類別的得分沒有顯著的單純主要效果，$F(2, 396) = 1.994$，調整 $p = 0.828 > 0.05$，偏 $\eta^2 = 0.01$。

對學生問題而言，職務類別的得分沒有顯著的單純主要效果，$F(2, 396) = 1.914$，調整 $p = 0.894 > 0.05$，偏 $\eta^2 = 0.01$。

11.6.10 主要效果的事後檢定

如果交互作用沒有顯著，則研究者不需要處理單純主要效果，前面關於單純主要效果部分的檢定過程可以全部跳過。直接依據 ANOVA 摘要表中的兩個主要效果來判定是否需要處理主要效果的事後檢定。主要效果的檢定達到顯著則進行事後檢定。主要效果有兩種，一是獨立樣本，另一是相依樣本。獨立樣本部分，如果類別只有兩類，ANOVA 摘要表中有顯著的話，不需要事後檢定，直接判定兩類別之間有差異，再用平均數來判定高低，誰高於誰。三個類別以上則採用單因子獨立樣本 ANOVA 的多重比較方式來做事後比較，我們在此建議還是要對此部分做變異數同質性檢定，在前面的檢定是針對交互作用項，因此會產生三個 levent 檢定（依據相依樣本的因子來分開檢定，我們有三個相依樣本的類別）。所以，必須要說的是即使前面的檢定變異數同質性成立，不表示主要效果的變異數一定是相等的。另一方面，相依樣本的主要效果檢定，也必須符合球型假定，這部分在前面的球型檢定中就已經檢定了，而且我們使用 get_anova_table() 函數來獲得 ANOVA 的變異數分解，它已經幫我們抓取正確的檢定估計量。

這裡我們繼續使用前面的資料來示範，讓讀者未來碰到二因子混合設計 ANOVA 分析時，交互作用項不顯著時，可以處理主要效果的事後檢定。至於這部分我們設計在統計 AI=>GO 的程式中，若資料發生此種現象，其自動依據下面的程序幫讀者產生事後檢定的結果。

組間主要效果的事後比較。

```
library(car)
leveneTest(分數 ~ 職務, data = dat_press)
```

```
Levene's Test for Homogeneity of Variance (center = median)
        Df F  value  Pr(>F)
group    2   1.925   0.1463
      1194
```

Leven 檢定顯示變異數同質性成立。

```
library(DescTools)
PostHocTest(aov(分數 ~ 職務, data = dat_press), method = c("scheffe"))
```

```
Posthoc multiple comparisons of means: Scheffe Test
    95% family-wise confidence level
$職務
           diff        lwr.ci     upr.ci    pval
2-1  0.13709740 -0.08084343 0.3550382 0.3051
3-1  0.06203822 -0.18748018 0.3115566 0.8306
3-2 -0.07505918 -0.26804548 0.1179271 0.6350
Signif. codes:  0 '***' 0.001 '**' 0.01 '*' 0.05 '.' 0.1 ' ' 1
```

讀者回去看表 11.10，其實職務這項主要效果並沒有顯著，因此在此的事後比較也沒有顯著。如果變異數不同質時，使用 Games-Howell 事後比較。

```
library(rstatix)
dat_press %>% games_howell_test(分數 ~ 職務)
```

```
  .y.   group1 group2 estimate conf.low conf.high p.adj p.adj.signif
* <chr> <chr>  <chr>     <dbl>    <dbl>     <dbl> <dbl> <chr>
1 分數  1      2         0.137   -0.0647     0.339 0.248  ns
2 分數  1      3         0.0620  -0.176      0.300 0.813  ns
3 分數  2      3        -0.0751  -0.266      0.115 0.624  ns
```

組內主要效果的事後比較。

```
library(rstatix)
dat_press %>%
  pairwise_t_test(分數 ~ 壓力源, paired = TRUE,
    p.adjust.method = "bonferroni" )
```

```
  .y.   group1   group2      n1    n2 statistic    df      p      p.adj p.adj.signif
* <chr> <chr>    <chr>     <int> <int>   <dbl>   <dbl>   <dbl>      <dbl>  <chr>
1 分數  工作負荷 家長壓力   399   399    -0.538   398    5.91e-    1 1.00e+    0  ns
2 分數  工作負荷 學生問題   399   399   -27.0     398    7.18e-   92 2.15e-   91 ****
3 分數  家長壓力 學生問題   399   399   -30.2     398    4.63e-105 1.39e-104    ****
```

Bonferroni 事後比較顯示：學生問題的平均壓力分數顯著高於工作負荷。學生問題的平均壓力分數顯著地高於家長壓力。

參考文獻

https://www.datanovia.com/en/lessons/mixed-anova-in-r/

http://www.alexanderdemos.org/ANOVA13.html#

https://ademos.people.uic.edu/Chapter21.html

https://statistics.laerd.com/spss-tutorials/mixed-anova-using-spss-statistics.php

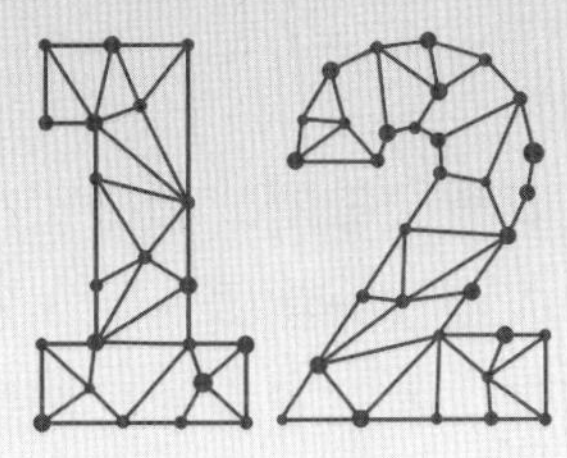

卡方檢定

難易指數：☺（超難）

學習金鑰

- ✦ 了解卡方檢定的概念以及使用時機
- ✦ 使用 R 套件執行卡方檢定
- ✦ 能將卡方檢定分析結果，以報表方式呈現，並撰寫結果

本單元介紹卡方檢定 (Chi-Square test)，此檢定在社會科學中，爲相當常見的一種假設檢定。此檢定乃是使用在類別變項裡的每個類別（群組）次數是否與理論或期望的次數之間相一致的檢定，或者兩個類別變項之間是否有關連的檢定。卡方檢定是一種無母數（或稱爲非參數）的統計，我們無須知道母群體之分布特性 (distribution-free)。無母數統計可以用於下列的情境：檢定的變項是名義 (nominal) 或是次序（ordinal，或稱等級），當這兩種變項被視爲是類別變項時。變項是等距 (interval) 或比率 (ratio)，但是母數統計的假定被破壞了，包括變項嚴重地偏態或峰度太過於平坦或是陡峭（亦即常態假定被違反）以及變異數同質性被違反等，此時，此種連續性變項可以將他們分割成少數的類別，作爲類別變項來探討。例如：想要探討國文成

績與數學成績的相關，國文成績與數學成績檢定常態性時，嚴重地負偏態，那麼可以將國文成績與數學成績改分為優、甲、乙、丙、丁五個等級，那麼就可以使用卡方檢定來處理了。本單元主要是探討卡方檢定中的常用檢定：適配度檢定 (goodness-of-fit test)、獨立性檢定 (test of independence) 以及百分比同質性檢定 (test for homogeneity of proportions)。

12.1 適配度檢定

檢定某組資料是否符合某種分布，亦即檢定一組觀察值的次數分布是否和理論上（或稱為期望）的分布相同。例如：某一系所研究所考試，錄取的男女生人數（男 8 名，女 12 名）和報名人數的男女生次數比例是否一樣。又如抽血 1,000 人，O 型 400 人，A 型 300 人，B 型 280 人以及 AB 型 20 人，這樣的樣本與台灣人血型分布是否相符（O 型 44%、A 型 26%、B 型 24%、AB 型 6%）。所以適配度檢定通常用於研究者有一個理論，此理論已經知道每一個類別的比率是多少，而且他相信此一理論是眞的。

12.1.1 適配度檢定假設

虛無假設：樣本的分布與某種分布一致。例如：樣本的血型分布與台灣母群血型分布一致。錄取男女生的分布與報名男女生的分布一致。

對立假設：樣本的分布與某種分布不一致。例如：樣本的血型分布與台灣母群血型分布不一致。錄取男女生的分布與報名男女生的分布不一致。

適配度卡方檢定的公式如下：

$$\chi^2 = \Sigma_{i=1}^{k}\frac{(\text{觀察值}_i - \text{期望值}_i)^2}{\text{期望值}_i} = \frac{(\text{觀察值}_1 - \text{期望值}_1)^2}{\text{期望值}_1} + \frac{(\text{觀察值}_2 - \text{期望值}_2)^2}{\text{期望值}_2} + \cdots + \frac{(\text{觀察值}_k - \text{期望值}_k)^2}{\text{期望值}_k}$$

df 是 $k-1$，k 是組別（群組、水準）。

12.1.2 適配度檢定實例計算

表 12.1 研究所錄取男女生分布人數（期望人數一樣）

	上榜名單	期望上榜人數
男生	8	10
女生	12	10

註：假設不曉得報名人數男女生分布，那麼我們就預設期望上榜男生與女生理論上人數一樣多。

$\chi^2 = \frac{(8-10)^2}{10} + \frac{(12-10)^2}{10} = 0.8$，$df = 2-1 = 1$。

表 12.2 研究所錄取男女生分布人數（期望人數分布依據報名人數分布）

	上榜名單	期望上榜人數
男生	8	2
女生	12	18

註：報名考試的男生有 20 名與女生 180 名。我們預設考上的分布應當和報名的分布是一樣的。

$\chi^2 = \frac{(8-2)^2}{10} + \frac{(12-18)^2}{10} = 0.72$，$df = 1$。

表 12.3 血型的抽樣分布人數

血型	O	A	B	AB
樣本	400	300	280	20
期望次數	440(1000×44%)	260(1000*26%)	240(1000*24%)	60(1000*6%)

註：總樣本數是 1000，括弧中是 1000× 台灣母群血型分布比率。

$\chi^2 = \frac{(400-440)^2}{440} + \frac{(300-260)^2}{260} + \frac{(280-240)^2}{240} + \frac{(20-60)^2}{60} = 43.12354$，

$df = 4-1 = 3$。

12.2 獨立性檢定

其目的乃是驗證來自相同母群的兩個類別變數的配對觀察次數是否互相獨立？或者，從另一個角度而言，驗證兩個類別變項是否有相關？

12.2.1 獨立性檢定的假設

虛無假設：兩個變項沒有關連。例如學生的父親與母親教育程度沒有關連。
對立假設：兩個變項有關連。例如學生的父親與母親教育程度有關連。
獨立檢定的卡方公式：

$\chi^2 = \Sigma_{i=1}^{R}\Sigma_{j=1}^{C}\frac{(\text{觀察值}_{ij}-\text{期望值}_{ij})^2}{\text{期望值}_{ij}}$，$\text{期望值}_{ij}=\frac{\text{列 } i \text{ 的總數} \times \text{欄 } j \text{ 的總數}}{\text{全部的總數}}$，$df = (R-1)(C-1)$，$R$ 是列數，C 是欄數。觀察值 $_{ij}$ 是第 i 列與第 j 欄中的觀察次數。

期望值 $_{ij}$ 是第 i 列與第 j 欄中的期望次數。以下使用學生的父母親教育程度爲例來計算卡方（見表 12.4)。

表 12.4　學生的父母親教育程度列聯表

		母親教育程度				
		國小（期望值）	國中（期望值）	高中職（期望值）	大學（期望值）	總數
父親教育程度	國小	97 $(\frac{249\times334}{2101})$	113 $(\frac{249\times736}{2101})$	36 $(\frac{249\times849}{2101})$	3 $(\frac{249\times182}{2101})$	249
	國中	152 $(\frac{677\times334}{2101})$	347 $(\frac{677\times736}{2101})$	166 $(\frac{677\times849}{2101})$	12 $(\frac{677\times182}{2101})$	677
	高中職	77 $(\frac{872\times334}{2101})$	250 $(\frac{872\times736}{2101})$	508 $(\frac{872\times849}{2101})$	37 $(\frac{872\times182}{2101})$	872
	大學	8 $(\frac{303\times334}{2101})$	26 $(\frac{303\times736}{2101})$	139 $(\frac{303\times849}{2101})$	130 $(\frac{303\times182}{2101})$	303
	總數	334	736	849	182	2101

$$\chi^2 = \frac{(97-(\frac{249\times334}{2101}))^2}{(\frac{249\times334}{2101})} + \frac{(113-(\frac{249\times736}{2101}))^2}{(\frac{249\times736}{2101})} + \frac{(36-(\frac{249\times849}{2101}))^2}{(\frac{249\times849}{2101})} + \frac{(3-(\frac{249\times182}{2101}))^2}{(\frac{249\times182}{2101})} +$$

$$\frac{(152-(\frac{677\times334}{2101}))^2}{(\frac{677\times334}{2101})} + \frac{(347-(\frac{677\times736}{2101}))^2}{(\frac{677\times736}{2101})} + \frac{(166-(\frac{677\times849}{2101}))^2}{(\frac{677\times849}{2101})} + \frac{(12-(\frac{677\times182}{2101}))^2}{(\frac{677\times182}{2101})} +$$

$$\frac{(77-(\frac{872\times334}{2101}))^2}{(\frac{872\times334}{2101})}+\frac{(250-(\frac{872\times736}{2101}))^2}{(\frac{872\times736}{2101})}+\frac{(508-(\frac{872\times849}{2101}))^2}{(\frac{872\times849}{2101})}+\frac{(37-(\frac{872\times182}{2101}))^2}{(\frac{872\times182}{2101})}+$$

$$\frac{(8-(\frac{303\times334}{2101}))^2}{(\frac{303\times334}{2101})}+\frac{(26-(\frac{303\times736}{2101}))^2}{(\frac{303\times736}{2101})}+\frac{(139-(\frac{303\times849}{2101}))^2}{(\frac{303\times849}{2101})}+\frac{(130-(\frac{303\times182}{2101}))^2}{(\frac{303\times182}{2101})}$$

$$= 929.18 \quad df = (4-1)(4-1) = 9$$

12.3 同質性檢定

百分比同質性檢定（或稱齊一性檢定）目的是用來檢定兩個或兩個以上的母群樣本在同一類別變項下的次數分布是否相同。例如採用兩種不同教學方法對學生進行教學，檢定不同教學法下學生對教師教學滿意度的等第分布是否相同。又如，兩種不同的商品，檢定顧客對此兩種商品試用的滿意度。同質性意味著結構或組成是相同的。這個檢定的名稱是來自於它的虛無假設，亦即不同群體有相同的反應結構。同質性與獨立性滿相似的，不同的在於研究設計，獨立性是相同母群不同的兩個類別變項，也就是針對同一個群體收集兩個類別變項。同質性是不同母群相同的一個類別變項。同質性的資料是從每一個母群隨機抽取的，每一個群體樣本調查相同的類別變項。

12.3.1 同質性檢定的假設

虛無假設：不同母群在該類別變項上的分配是相同的。或者是不同群體在該類別變項上比率上是相同的。

對立假設：不同母群在該類別變項上的分配是不同的。或者是不同群體在該類別變項上比率上是不同的。

同質性檢定計算公式與獨立性考驗相同，公式如下：

$\chi^2=\Sigma_{i=1}^{R}\Sigma_{j=1}^{C}\frac{(\text{觀察值}_{ij}-\text{期望值}_{ij})^2}{\text{期望值}_{ij}}$，$\text{期望值}_{ij}=\frac{\text{列}\ i\ \text{的總數}\times\text{欄}\ j\ \text{的總數}}{\text{全部的總數}}$，$df = (R-1)(C-1)$，$R$ 是列數，C 是欄數。觀察值 $_{ij}$ 是第 i 列與第 j 欄中的觀察次數。

期望值 $_{ij}$ 是第 i 列與第 j 欄中的期望次數。以下以嘉義大學男女生與學院交叉表爲例來計算同質性檢定（見表 12.5）。

表 12.5 嘉義大學男女生與學院人數分配交叉表

	人文藝術學院	生命科學院	師範學院	理工學院	農學院	管理學院	獸醫學院	總數
男生	532 (9.1%) $(\frac{5860\times1471}{11391})$	623 (10.6%) $(\frac{5860\times1300}{11391})$	760 (13.0%) $(\frac{5860\times2111}{11391})$	1613 (27.5%) $(\frac{5860\times1957}{11391})$	1291 (22.0%) $(\frac{5860\times2296}{11391})$	905 (15.4%) $(\frac{5860\times1975}{11391})$	136 (2.3%) $(\frac{5860\times281}{11391})$	5860 (100%)
女生	939 (17.0%) $(\frac{5531\times1471}{11391})$	677 (12.2%) $(\frac{5531\times1300}{11391})$	1351 (24.4%) $(\frac{5531\times2111}{11391})$	344 (6.2%) $(\frac{5531\times1957}{11391})$	1005 (18.2%) $(\frac{5531\times2296}{11391})$	1070 (19.3%) $(\frac{5531\times1975}{11391})$	145 (2.6%) $(\frac{5531\times281}{11391})$	5531 (100%)
	1471	1300	2111	1957	2296	1975	281	11391

$$\chi^2=\frac{(532-(\frac{5860\times1471}{11391}))^2}{(\frac{5860\times1471}{11391})}+\frac{(623-(\frac{5860\times1300}{11391}))^2}{(\frac{5860\times1300}{11391})}+\frac{(760-(\frac{5860\times2111}{11391}))^2}{(\frac{5860\times2111}{11391})}+$$

$$\frac{(1613-(\frac{5860\times1957}{11391}))^2}{(\frac{5860\times1957}{11391})}+\frac{(1291-(\frac{5860\times2296}{11391}))^2}{(\frac{5860\times2296}{11391})}+\frac{(905-(\frac{5860\times1975}{11391}))^2}{(\frac{5860\times1975}{11391})}+$$

$$\frac{(136-(\frac{5860\times281}{11391}))^2}{(\frac{5860\times281}{11391})}+\frac{(939-(\frac{5860\times1471}{11391}))^2}{(\frac{5860\times1471}{11391})}+\frac{(677-(\frac{5860\times1300}{11391}))^2}{(\frac{5860\times1300}{11391})}+$$

$$\frac{(1351-(\frac{5860\times2111}{11391}))^2}{(\frac{5860\times2111}{11391})}+\frac{(344-(\frac{5860\times1975}{11391}))^2}{(\frac{5860\times1975}{11391})}+\frac{(1005-(\frac{5860\times2296}{11391}))^2}{(\frac{5860\times2296}{11391})}+$$

$$\frac{(1070-(\frac{5860\times1975}{11391}))^2}{(\frac{5860\times1975}{11391})}+\frac{(145-(\frac{5860\times281}{11391}))^2}{(\frac{5860\times281}{11391})}=1144.333$$

$df=(2-1)(7-1)=6$

12.4 卡方分布

卡方分布 (chi-square distribution, χ^2-distribution)（chi-square 是 χ 這個希臘字母的發音加上「平方 (square)」的英文）是一種隨機變項平方和的分布。在自由度是 k 之下，此一分布是 k 個獨立的標準常態分布變數平方和的分布（見圖 12.1）。此一分配非常類似於常態分配以及 t 分配。卡方分布爲一種右偏分布，其形狀隨自由度而改變，當自由度越大，向右偏斜程度越小。卡方分布有以下特質：1. 平均數等於自由度。2. 變異數等於 2 倍的自由度。3. 當自由度增加時，卡方分布會越來越接近常態分布。圖 12.2 中可以看到當卡方是 7.815，df = 3 時，p 值正好等於 0.05。所以 df = 3，卡方值 ≥ 7.815，達顯著水準，卡方值 <7.815，未達顯著水準。

12.5 卡方檢定的假定

觀察值的獨立性：變項的類別必須是互斥的 (mutually exclusive)，或者每個細格的觀察值獨立於其他細格。亦即，每一個人必須只被算在某一個細格裡，不可以重複計算在不同細格裡。例如：性別若是分爲男女兩類，張三這個人要嘛歸給男生，要嘛歸給女生，不能同時歸男生又歸女生。若張三不是男也不是女，怎麼歸？那就學學泰國！身分證裡有一欄，第三性。所以性別裡就變成三類，男、女與第三性，這樣就符合獨立性。

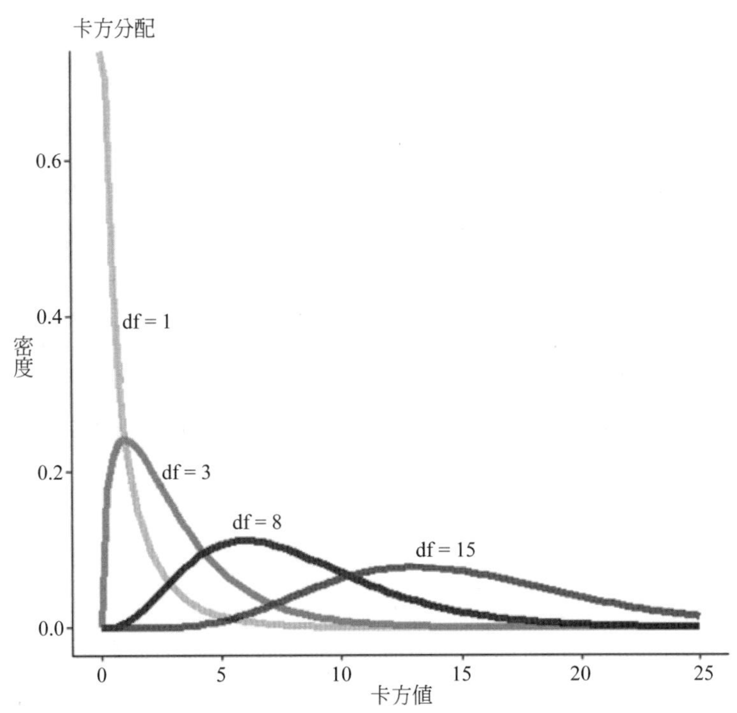

圖 12.1 自由度是 1、3、8 與 15 的卡方分布

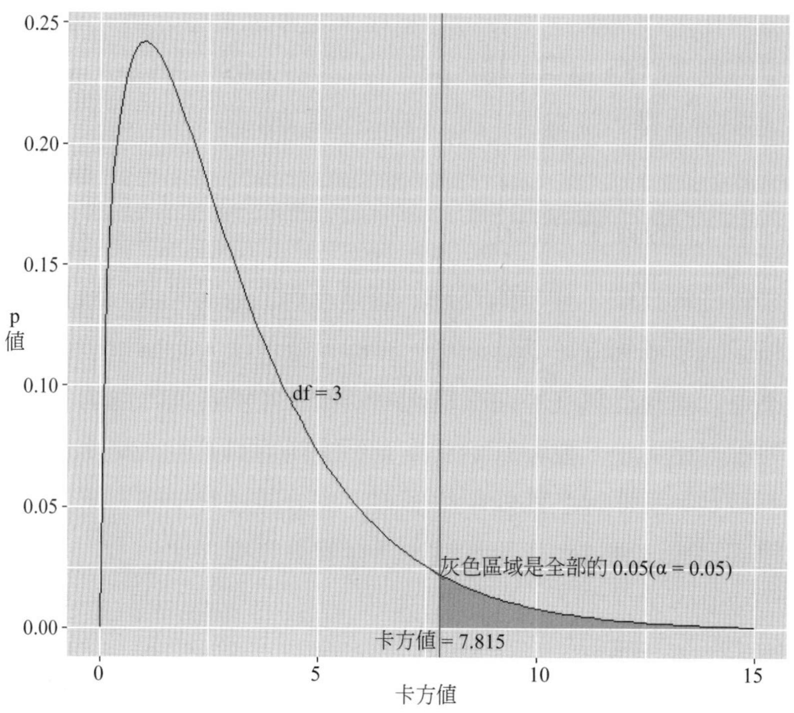

圖 12.2　卡方檢定的臨界值

台灣在收集宗教這個變項時，常常有個困擾，那就是許多民眾會告訴收案者，我既信佛教也信道教，所以收案者就會同時勾選佛教與道教，那麼這個變項的獨立性就被破壞了。另外，當問卷的選項是複選題時，也破壞了獨立性。同一批人收集了不同時間點 (time1、time2、time3……) 而研究者比較 time1、time2、time3……的資料，也是獨立性被違反了。

期望細格次數：至少有 80% 以上的細格，其期望次數需大於 5。當細格的期望次數小於 5 的細格數高達 20% 以上，就會失去統計決定力，無法偵測到眞正的效果。在 R 的 chisq.test() 函數裡，如果列聯表是 2×2 時，會主動使用 Yates' correction 來解決這個問題，但不是 2×2 時，卡方檢定是不正確的，此時，可以考慮合併相鄰的行或列來解決此一問題。另外，可以使用「費氏精確檢定法 (Fisher's exact test)」來處理此一問題。讀者可能會看到一些書籍對於費氏精確檢定法都強調當卡方檢定是 2×2 列聯表，出現細格數有小於 5 的現象，且樣本很少時，可以使用此一方法來檢定。實際上，費氏精確檢定法也可以使用在不是 2×2 的列聯表，這個在 R 的 fisher.test() 函數裡有說明（讀者也可以參見 Kim(2017) 的文章以及 Conover (1999) 的書籍）。其次，它也可以使用在大樣本的列聯表，不過，它可能因爲樣本數的增加而算不出答案來。另外，有些學者認爲費氏精確檢定法過於保守，列聯表的邊際次數的決定條件也相當有爭議，或許這些理由爲此一檢定並未如此普遍的原因。在 R 裡，使用此一檢定的語法如下：{ fisher.test(table(x, y)) }。

12.6 卡方分析的限制

(1) 樣本數的要求，當兩個類別變項的類別數很大時，細格數就會很多，那麼樣本數必須很大才能符合上述細格中的期望次數大於 5 這個條件。

(2) 當我們比較卡方統計以及顯著性時，如果比較的兩個列聯表的樣本數是一樣的且表格欄列數是一致的，那麼具有較大的卡方值的那個列聯表的關係比較強。但當樣本數不一樣或者表格的列聯數（交叉格數）不一樣，關於哪一個表格的關連性比較強，卡方值就無法提供一個精確的答案，表 12.6 的例子可以說明這種現象，A 校研究所考試錄取 20 名，B 校則是錄取 200 名，而錄取的男女生比率相同，但是卡方的顯著性不一樣，B 校是顯著的，A 校則否。從表 12.6 的例子，可以推論到卡方考驗對大樣本數的敏感性，當樣本數很大的時候，即使是微小的差距也會產生顯著的結果。

表 12.6 兩個不同樣本數列聯表卡方顯著性比較

	A 校			B 校		
	上榜人數	期望上榜人數	χ^2	上榜人數	期望上榜人數	χ^2
男生	8	10	0.8 (p = 0.3711)	80	100	8 (p = 0.0047)
女生	12	10		120	100	

註：假設不曉得報名人數男女生分布，預設期望上榜男生與女生理論上人數一樣多。

(3) 在檢定兩個變項是否有關連時，會使用 Cramer's V 指標（拒絕虛無假設後衡量兩個類別變項間的相關程度的指標），而此指標傾向於產生低相關，即使卡方的顯著性相當高。

12.7 類別變項的關連

當使用卡方檢定檢驗獨立性檢定時，獲得顯著水準，表示兩個變項有關連，而其關連的強度如何？就如前面所言，卡方值的顯著性不太容易用來判斷關連性，因此就必須使用另外的統計來計算，如果兩個類別變項都是名義變項的話，比較常用的關連性統計有 Phi(φ) 與 Cramer's V，如果是兩個變項是次序（等級），常用的有 Gamma、Kendall's Tau-b、Kendall's Tau-c 等。

12.7.1 兩個名義變項的關連性

Phi 係數：Phi 是卡方基礎統計量，其公式為 $\sqrt{\frac{\chi^2}{n}}$，n 是樣本數。此一係數為已知的樣本分配，因此可以計算出標準誤與顯著度。在 2×2 列聯表格，Phi 可以解釋為對稱的百分比差異，其值和相關係數是一致的。但若不是使用在 2×2 列聯表格時，Phi 值可能大 1.00，因此沒有直覺的解釋方式，這也是為何 Phi 通常只被使用在 2×2 列聯表格。在解釋 Phi 的強度時，可依據相關的解釋方式，因此，我們推薦 Cohen (1988) 的經驗法則，< 0.1 是非常弱，0.1 到 < 0.3 是弱（小效果），0.3 到 < 0.5 是中等（中效果），> 0.5 是強（大效果）。

Cramer's V：Cramer's V 是依據 Phi 係數進行修正的指標，可以說是以卡方為基礎的名義變項關係統計量中最受青睞的測量指標。其公式為：$V=\sqrt{\frac{\chi^2}{n\times df^*}}$，n 是樣本數，$df^*$ 是列聯表中列數 -1 與欄數 -1，取最小的那一個數 min(R-1, C-1)。例如：列數是 5，欄數是 4。(5-1) 與 (4-1) 取小的那一個，df^* 為 3。Cramer's V 的值介於 0 與 1 之間，其是一個已知的分配，可以算出標準誤與顯著度。當 2×2 列聯表格時，df^* 為 1，因此 V = phi，有些統計套件只有在較大的列聯表才會列印出 *V* 值。*V* 值的解釋方式，學者們大都依據 Cohen (1988) 的經驗法則來判斷其強度，< 0.1 是非常弱，0.1 到 < 0.3 是弱（小效果），0.3 到 < 0.5 是中等（中效果），> 0.5 是強（大效果）。不過，Kim (2017) 認為此指標在卡方的顯著性相當高時，依然傾向於產生低相關。因此，他提出另一種他認爲比較合理的判斷原則，參見表 12.7。

表 12.7 Cramer's V 與其解釋

df^*	小	中	大
1	.10	.30	.50
2	.07	.21	.35
3	.06	.17	.29
4	.05	.15	.25
5	.04	.13	.22

資料來源：Kim, H. Y. (2017)

12.7.2 兩個次序變項的關連性

常用於計算兩個次序（等級）變項的關連性的測量指標有許多，如：Spearman's rank-order correlation coefficient、Pearson's product-moment correlation coefficient、Goodman-Kruskal's Gamma coefficient、Kendall's Tau-b、Kendall's Tau-c 以及 Somers' D 等等。在這部分我們介紹 Goodman-Kruskal's Gamma、Kendall's Tau-b 以及 Somers' D。

Goodman and Kruskal's Gamma：一般簡稱 Gamma 係數，是一種次序變項之間關連度的指標，主要是使用兩個變數之間觀察值順序變化的配對來計算關連性。Gamma 係數的公式如下：

$$Y = \frac{N_c - N_d}{N_c + N_d}$$

N_c 是順序相同的配對（協和對，concordant pairs）總數，N_d 是順序不同的配對（不協和對，discordant pairs）總數。例如：表 12.8 中，A 與 B 的父親教育是（國中、高中），母親教育是（國小、國中），這是協和對。A 與 C 的父親教育是（國中、國小），母親教育是（國小、國中），這是不協和對。A 與 D 的父親教育是（國中、國中），母親教育是（國小、國中），這是不變對（任何一組次序沒有變化）。A 與 E 父親教育是（國中、高中），母親教育是（國小、國小），也是不變對。

表 12.8 協和對、不協和對與不變對範例

學生	父親教育程度	母親教育程度
A	國中	國小
B	高中	國中
C	國小	國中
D	國中	國中
E	高中	國小

Gamma 的範圍介於 –1 到 1 之間。Gamma=0，反映沒有關連，Gamma=1 表示兩變項之間具有正向的完全關連，Gamma = –1 代表兩變項之間具有負向的完美關連。Gamma 係數比較適合於資料具有許多的綁對等級 (tied ranks)。例如：可以使用 Gamma 係數了解家庭富裕程度（貧窮、普通、富有）與學生學業表現（優、甲、乙、丙、丁）是否有關連性。或者是兩個 Likert 量尺（例如：7 點量尺，從非常不同意，給 1 分，到非常同意，給 7 分）的變項。Gamma 係數可以檢定其顯著性，使用的檢定是 z 檢定，其公式如下：

$$z = \text{Gamma} \times \sqrt{\frac{N_c + N_d}{n \times (1 - \text{Gamma}^2)}}$$，n 是樣本數。

Gamma 係數的強度可以使用 Rea and Parker (1992) 的經驗法則來判斷（見表 12.9）。

在 R 中的套件 MESS 可以使用 gkgamma() 函數來算 Gamma 係數。{gkgamma(k)，k 是兩個等級變項所形成的次數分配列聯表，k = table(x1, x2)，x1、x2 是兩個次序變項。}

表 12.9 Gamma 係數以及 Kendall's Tau-b 的強度判斷

Gamma 係數或 Kendall's Tau-b 的絕對值	強度
0.00 ~ 0.10	可忽視 (Negitable)
0.10 ~ 0.19	弱 (Weak)
0.20 ~ 0.39	中等 (Moderate)
0.40 ~ 0.59	相對強 (Relatively strong)
0.60 ~ 0.79	強 (Strong)
0.80 ~ 1.00	非常強 (Very strong)

Kendall's Tau-b：在概念上類似於 Gamma 係數，只是它對兩個變項的綁對 (tied pairs) 進行校正。在不同分類之下，它比 Gamma 係數穩定。它的特性相當類似於 Spearman 等級相關，所以許多統計學者喜歡使用 Kendall's Tau-b 甚於 Spearman 等級相關。Kendall's Tau-b 的公式如下：

$$t_b = \frac{N_c - N_d}{\sqrt{(N_c + N_d + T_X)(N_c + N_d + T_Y)}}$$

T_X 是綁在 X 變項的配對數，T_Y 是綁在 Y 變項的配對數。t_b 的值介於 –1 到 +1 之間，0 表示沒有關連，+1.0 表示完全的正向關連，-1 表示完全的負向關連。t_b 可以檢定其顯著性，使用的檢定是 z 檢定，其公式如下：

$$z_{tb} = \frac{N_c - N_d}{\sqrt{\text{變異數}}}$$

變異數的公式很複雜，此處就不呈現。Rea and Parker (1992) 的經驗法則適用於 Kendall's Tau-b 的強度判斷（見表 12.9）。在 R 裡使用 cor.test() 函數可以計算 Kendall's Tau-b。{ cor.test(x, y, method = "kendall")，x、y 是兩個次序變項。}

Somers' D：Robert H. Somers 在 1962 年以 Kendall's Tau 爲基礎，提出另一種衡量次序變數關係的指標，稱爲 Somers' D。Kendall's Tau 針對 X 和

Y 的順序是對稱的來計算關連性，也就是無論是 X 和 Y，還是 Y 和 X，關連係數是一樣的。而 Somers' D 則具不對稱性，有下列公式：

y 是依變項，公式為：$D=\frac{N_c - N_d}{N_c + N_d + T_y}$，$x$ 是依變項，公式為：$D=\frac{N_c - N_d}{N_c + N_d + T_x}$。$T_x$ 是綁在 x 變項的配對數，T_y 是綁在 y 變項的配對數。當然，Somers' D 也可以算對稱的關連性。公式為：$D=\frac{N_c - N_d}{(N_c + N_d + T_y + N_c + N_d + T_x)/2}$，Somers' D 的強度可以比照 Gamma 係數的方式，參照表 12.9。

使用同一列聯表來檢定時，Somer's D 通常會較 Gamma 小，Kendall's Tau-b 可能會較 Somer's D 小。一般而言，這三者之結果不會相差很大，而 Somer's D 或 Kendall's Tau-b 使用較多的訊息，因此比較適合於當研究者知道此兩個變項中何者是自變項及應變項時。

在 R 裡，可以使用 DescTools 套件中的 SomersDelta() 函數來計算 Somer's D。{SomersDelta(k, direction = c("row")) 或 SomersDelta(k, direction = c("column"))，k = table(x1, x2)，x1、x2 是兩個次序變項。前者用 row 當自變項，後者用 column 當自變項。}

12.7.3 標準化殘差

殘差乃是觀察值與期望值之間的差距，又稱為 Δ (delta) 值。當殘差越大意味著觀察到的數目遠高於期望的數目。標準化殘差就是將這些殘差值進行標準化，其方式是考慮每一格所在的行與列所占的比例。公式如下：

$$zR_{ij}=\frac{\text{觀察值}_{ij} - \text{期望值}_{ij}}{\sqrt{\text{期望值}_{ij}(1 - \text{列的比率})(1 - \text{欄的比率})}}$$

標準化殘差越大表示那一格的觀察值超過虛無假設成立時的期待值越多，也表示兩個變數的關連越高。標準化殘差可以用 Z 分配來決定統計意義，當其絕對值大於 1.96，標準化殘差達到顯著水準 ($p < 0.05$)（| ±2.58 |，$p < 0.01$；| ±3.29 |，$p < 0.001$）。負數表示觀察值顯著地小

於期望值，正數表示觀察值顯著地大於期望值。標準化殘差讓我們有機會去思考基礎的型態以及分配和模式有何不同。在 R 的套件 gmodels 裡，可以使用 CrossTable() 的函數來產生標準化殘差。{ CrossTable(x, y, chisq = TRUE, expected = TRUE, sresid = TRUE, format = "SPSS")}。

12.8 效果量

Cohen's W：Cohen (1992) 提出 Cohen's W 係數來作爲卡方檢定的效果量。其公式與卡方的公式非常類似，只是採用比率來替代次數。公式如下：

$w = \sqrt{\Sigma \frac{(p_o - p_e)^2}{p_e}}$，$p_o$ 是觀察比例，是每一個細格中的觀察次數 / 樣本總數，p_e 是虛無假設所界定的期望比率。Cohen's W 的強弱的判斷原則，< 0.1 是非常弱，0.1 到 < 0.3 是小效果，0.3 到 < 0.5 是中效果，$\geq$ 0.5 是大效果。R 裡，可以使用 rcompanion 套件中的 cohenW(observed, p = expected) 函數來計算 Cohen's W 係數。此一係數可以使用在適配度檢定、同質性檢定以及獨立性檢定。但是，一般統計書籍，在獨立性檢定的效果量方面，比較喜歡用其他的指標。在卡方獨立檢定，兩個變項是名義變項的話，最常用的效果量是 Cramer 的 V 係數，這部分請參考前面 Cramer's V 部分。兩個變項是次序變項的話，Gamma 係數、Kendall's Tau-b 以及 Somers' D 都可以作爲效果量來看待，就看研究者採用哪一個指標作爲關連性的指標，詳細請見上面兩個次序變項的關連性部分。

12.9 適配度檢定實例解說與 R 操作

我們就用血型抽樣的例子來說明（見表 12.3）。

研究目的：檢定抽樣的血型的比例分配與台灣血型母群的比例分配是否一致。

研究假設：H_0：抽樣的血型的比例分配與台灣血型母群的比例分配一致。

H_1：抽樣的血型的比例分配與台灣血型母群的比例分配不一致。

假定的檢查：看表 12.3 內，觀察值的獨立性以及期望次數大於 5 皆符合。

適合度檢定。

```
chisq.test(c(400, 300, 280, 20),  p = c(0.44, 0.26, 0.24, 0.06))
```

```
Chi-squared test for given probabilities
data:  c(400, 300, 280, 20)
X-squared = 43.124, df = 3, p-value = 2.317e-09
```

```
library(rcompanion)
cohenW(c(400, 300, 280, 20),  p = c(0.44, 0.26, 0.24, 0.06))
```

```
Cohen w
 0.2077
```

$\chi^2(3) = 43.12$，$p < 0.001$，達到顯著水準，接受對立假設，抽樣的血型的比例分配與台灣血型母群的比例分配不一致。效果量 Cohen W 為 0.2077，屬於弱效果。

12.9.1 適配度統計 AI=>GO:(Unit 12 chi_square_GOF AI)

```
# 請輸入變項名稱
var_name = c(" 血型 ")
# 請填入要檢定的變項類別名稱
var_level = c("O", "A", "B", "AB")
# 請填入要檢定的變項類別的次數
var_freq = c(400, 300, 280, 20)
# 請填入期望次數比率，所有的數字的總和必須等於 1，如果不曉得期望的比率，可以採用均等比率
# 例如要檢定有 3 種類別，填入 c(1/3, 1/3, 1/3)
expectation_rate  = c(0.44, 0.26, 0.24, 0.06)
# 請填入要存檔的名稱（可以是中文或英文，第一個字不可以是數字，中間不可以有間隔）
save_file = c("GOF")
```

sheet1Name:

組別	O	A	B	AB	卡方值	自由度	p 值	Cohen w
觀察次數	400	300	280	20	43.124	3	< 0.001	0.208
觀察次數比率	0.4	0.3	0.28	0.02				
期望次數	440	260	240	60				
期望次數比率	0.44	0.26	0.24	0.06				

sheet2Name:

由表 AAA 得知，χ 2(3) = 43.124，p < 0.001，達到顯著水準，接受對立假設，顯示血型的觀察次數比率分配與期望次數（母群）比率不一致。效果量 Cohen w 為 0.208，屬於弱效果。

12.9.2 適配度檢定 APA 報表與結果解釋

表 12.10 血型的適配度檢定

組別	O	A	B	AB	卡方值	自由度	p 值	Cohen w
觀察次數	400	300	280	20	43.124	3	< 0.001	0.208
觀察次數比率	0.4	0.3	0.28	0.02				
期望次數	440	260	240	60				
期望次數比率	0.44	0.26	0.24	0.06				

由表 12.10 血型的適配度檢定得知，$\chi^2(3) = 43.124$，$p < 0.001$，達到顯著水準，接受對立假設，顯示血型的觀察次數比率分配與期望次數（母群）比率不一致。效果量 Cohen W 為 0.208，屬於弱效果。

後記：為何檢驗這種資料，研究者要做血型的研究，那麼抽樣的代表性就很重要，抽樣的血型的比例分配與台灣血型母群的比例分配不一致，表示抽樣代表性有問題，將來分析其他統計時，解釋必須要小心。

12.10 獨立性檢定實例解說與 R 操作

研究目的：分析學生的父親教育程度與母親教育程度是否有關連。

研究假設：H_0：學生父親教育程度與母親教育程度無關連。

H_1：學生父親教育程度與母親教育程度有關連。

12.10.1 獨立性檢定 R 操作

```
library(gmodels)
CrossTable(Unit_12_independent$父親教育， Unit_12_independent$母親教育，
chisq = TRUE, expected = TRUE, sresid = TRUE, format = "SPSS")
```

```
Cell Contents
|-------------------------|
|                   Count |
|         Expected Values |
| Chi-square contribution |
|             Row Percent |
|          Column Percent |
|           Total Percent |
|            Std Residual |
|-------------------------|
```

```
                    | chi_sqare_ind$母親教育
chi_sqare_ind$父親教育 |        1 |        2 |        3 |        4 | Row Total
--------------------|----------|----------|----------|----------|----------|
                  1 |       97 |      113 |       36 |        3 |      249 |
                    |   39.584 |   87.227 |  100.619 |   21.570 |          |
                    |   83.281 |    7.615 |   41.499 |   15.987 |          |
                    |  38.956% |  45.382% |  14.458% |   1.205% |  11.851% |
                    |  29.042% |  15.353% |   4.240% |   1.648% |          |
                    |   4.617% |   5.378% |   1.713% |   0.143% |          |
                    |    9.126 |    2.760 |   -6.442 |   -3.998 |          |
--------------------|----------|----------|----------|----------|----------|
                  2 |      152 |      347 |      166 |       12 |      677 |
                    |  107.624 |  237.159 |  273.571 |   58.645 |          |
                    |   18.297 |   50.873 |   42.298 |   37.101 |          |
                    |  22.452% |  51.256% |  24.520% |   1.773% |  32.223% |
                    |  45.509% |  47.147% |  19.552% |   6.593% |          |
                    |   7.235% |  16.516% |   7.901% |   0.571% |          |
                    |    4.278 |    7.133 |   -6.504 |   -6.091 |          |
--------------------|----------|----------|----------|----------|----------|
                  3 |       77 |      250 |      508 |       37 |      872 |
                    |  138.624 |  305.470 |  352.369 |   75.537 |          |
                    |   27.394 |   10.073 |   68.737 |   19.661 |          |
                    |   8.830% |  28.670% |  58.257% |   4.243% |  41.504% |
                    |  23.054% |  33.967% |  59.835% |  20.330% |          |
                    |   3.665% |  11.899% |  24.179% |   1.761% |          |
                    |   -5.234 |   -3.174 |    8.291 |   -4.434 |          |
--------------------|----------|----------|----------|----------|----------|
                  4 |        8 |       26 |      139 |      130 |      303 |
                    |   48.168 |  106.144 |  122.440 |   26.248 |          |
                    |   33.497 |   60.512 |    2.240 |  410.118 |          |
                    |   2.640% |   8.581% |  45.875% |  42.904% |  14.422% |
                    |   2.395% |   3.533% |  16.372% |  71.429% |          |
                    |   0.381% |   1.238% |   6.616% |   6.188% |          |
                    |   -5.788 |   -7.779 |    1.497 |   20.251 |          |
--------------------|----------|----------|----------|----------|----------|
       Column Total |      334 |      736 |      849 |      182 |     2101 |
                    |  15.897% |  35.031% |  40.409% |   8.663% |          |
--------------------|----------|----------|----------|----------|----------|
```

觀察次數
期望次數
細格卡方值
列百分比
欄百分比
總百分比
標準化殘差

（卡方說明圖）

```
Statistics for All Table Factors
Pearson's Chi-squared test
------------------------------------------------------------
Chi^2 =  929.184     d.f. =  9     p =  3.181522e-194
       Minimum expected frequency: 21.56973
```

```
cor.test(Unit_12_independent$父親教育， Unit_12_independent$母親教育，
method="kendall")
```

```
Kendall's rank correlation tau
data:  Unit_12_independent$ 父親教育 and Unit_12_independent$ 母親教育
z = 25.14, p-value < 2.2e-16
alternative hypothesis: true tau is not equal to 0
sample estimates:
      tau
0.4742318
```

12.10.2 獨立性檢定統計 AI=>GO:(Unit 12 independent test AI)

```
# 請輸入資料名稱
data = Unit_12_independent
# 請輸入兩個類別變項（或次序）變項名稱，必須兩個同爲類別或次序，本獨立性研究不處理一個類別與一個次序的變項
# 如果輸入的是次序變項，則這兩個變項的編碼必須是數字，不可以是文字
# 變項名稱可以是中文或英文，但是第一個字不可以是數字，且中間不可以有空格
變項 = c(" 父親教育 ", " 母親教育 ")
# 請輸入變項屬性：1 爲類別或者 2 爲次序（等級）(請填入 1 或 2)
變項屬性 = 2
# 請填入要存檔的名稱（可以是中文或英文，但是第一個字不可以是數字，且中間不可以有空格）
save_file = c("chi_square_independet")
```

結果呈現於 Excel 的三個表單：sheet1Name、sheet2Name、sheet3Name

sheet1Name：

細格期望次數 < 5: 0 of 16 (0%)。細格的期望次數小於 5 的低於 20%，卡方檢定可以反映眞正效果。其中，沒有任何細格數是 0。

sheet2Name：

變項組別	1	2	3	4	卡方	自由度	p 値	Kendall's Tau-b
1	97	113	36	3	929.184	9	0	0.474
	(10.599)	(3.647)	(-8.888)	(-4.456)				
2	152	347	166	12				
	(5.666)	(10.748)	(-10.234)	(-7.742)				

3	77	250	508	37				
	(-7.462)	(-5.148)	(14.042)	(-6.066)				
4	8	26	139	130				
	(-6.822)	(-10.432)	(2.096)	(22.906)				

sheet3Name：

從表 AAA 中得知 $\chi^2(9) = 929.184$，$p < 0.001$，達到顯著水準，拒絕虛無假設，所以父親教育與母親教育有顯著的關連。Kendall's Tau-b = 0.474，屬於「相對強關連」。表中的標準化殘差顯示父親教育對母親教育中的「1:1」、「2:1」、「1:2」、「2:2」、「3:3」、「4:3」、「4:4」有顯著的正向標準化殘差值，表示這些組別間細格的觀察次數顯著地大於期望次數。「3:1」、「4:1」、「3:2」、「4:2」、「1:3」、「2:3」、「1:4」、「2:4」、「3:4」有顯著的負向標準化殘差值，表示這些組別間細格的觀察次數顯著地小於期望次數。其中「4:4」具有最大的標準化殘差絕對值，所以這個（些）細格的次數對此兩變項的關連性貢獻最大。

12.10.3 獨立性檢定 APA 報表與結果解釋

表 12.11 學生父母親教育程度獨立性考驗摘要表

		母親教育程度					
		國小	國中	高中職	大學	卡方	Kendall's Tau-b
父親教育程度	國小	97 (10.60)	113 (3.65)	36 (-8.89)	3 (-4.46)	929.18*** (9)	0.474
	國中	152 (5.67)	347 (10.75)	166 (-10.23)	12 (-7.74)		
	高中職	77 (-7.46)	250 (-5.15)	508 (14.04)	37 (-6.07)		
	大學	8 (-6.82)	26 (-10.43)	139 (2.10)	130 (22.91)		

註：*** $p < 0.001$，括弧裡是標準化殘差。

從表 12.11 中得知 $\chi^2(9) = 929.184$，$p < 0.001$，達到顯著水準，拒絕虛無假設，所以父親教育與母親教育有顯著的關連。Kendall's Tau-b = 0.474，屬於「相對強關連」。表中的標準化殘差顯示父親教育程度對母親教育程度中

的「國小：國小」、「國中：國小」、「國小：國中」、「國中：國中」、「高中職：高中職」、「大學：高中職」、「大學：大學」有顯著的正向標準化殘差值，表示這些組別間細格的觀察次數顯著地大於期望次數。「高中職：國小」、「大學：國小」、「高中職：國中」、「大學：國中」、「國小：高中職」、「國中：高中職」、「國小：大學」、「國中：大學」、「高中職：大學」有顯著的負向標準化殘差值，表示這些組別間細格的觀察次數顯著地小於期望次數。其中「大學：大學」具有最大的標準化殘差絕對值，所以這個細格的次數對此兩變項的關連性貢獻最大。

12.11 同質性檢定實例解說與 R 操作

這裡使用表 12.5 嘉義大學男女生與學院人數分配交叉表來做例子。

研究目的：探討嘉義大學男女生在各學院的比率是否相同。

研究假設：

H_0：$p_{男人文}=p_{女人文}$且$p_{男生命}=p_{女生命}$且$p_{男師範}=p_{女師範}$且$p_{男理工}=p_{女理工}$且$p_{男農學}=p_{女農學}$且$p_{男管理}=p_{女管理}$且$p_{男獸醫}=p_{女獸醫}$

H_1：$p_{男人文}\neq p_{女人文}$或$p_{男生命}\neq p_{女生命}$或$p_{男師範}\neq p_{女師範}$或$p_{男理工}\neq p_{女理工}$或$p_{男農學}\neq p_{女農學}$或$p_{男管理}\neq p_{女管理}$或$p_{男獸醫}\neq p_{女獸醫}$

H_0：男女生在各學院的比例是相同的。

H_1：男女生在各學院的比例是不同的。

12.11.1 同質性檢定統計 AI=>GO:(Unit 12 chi_square_homogen_test AI)

```
#請輸入要檢定的矩陣（資料輸入方式，請參見單元 12 同質性檢定部分有仔細說明）
homo_matrix = matrix(c(532, 623, 760, 1613, 1291, 905, 136,
              939, 677, 1351, 344, 1005, 1070, 145), nrow = 2, byrow = TRUE)
#請輸入自變項的類別（上面 nrow = 2，表示 2 個類別，3 表示 3 個類別，以此類推）
自變項類別 = c("男", "女")
#請輸入依變項類別（上面矩陣每行有 7 筆資料，類別就是 7 個，要輸入 7 個類別的名稱）
依變項類別 = c("人文藝術學院", "生命科學院", "師範學院", "理工學院", "農學院","管理學院","獸醫學院")
```

```
# 請填入要存檔的名稱（可以是中文或英文，但是第一個字不可以是數字）
save_file = c("HOMOG_test")
```

同質性檢定資料輸入說明：

同質性檢定是針對不同母群在某類別變項上的分配來檢定，因此不同母群通常被視為是自變項，而某類別變項則是依變項。以表 12.5 的資料來說，性別（男生、女生）是自變項，學院的類別是依變項。那麼矩陣的輸入，是先輸入男生的學院分類人數 (532, 623, 760, 1613, 1291, 905, 136)，再輸入女生的學院分類人數 (939, 677, 1351, 344, 1005, 1070, 145)。nrow = 2 此是表示自變項有幾類，男生、女生是兩類，所以是 2。byrow = TRUE 請不要更改，如此它才會像表 12.5 這樣的排列。

對於營養午餐的滿意度人數

	非常不滿意	不滿意	普通	滿意	非常滿意
一年級	50	60	92	85	74
二年級	61	52	78	88	65
三年級	78	42	80	65	78

```
matrix(c(50, 60, 92, 85, 74,
         61, 52, 78, 88, 65,
         78, 42, 80, 65, 78), nrow = 3, byrow = TRUE)
自變項類別 = c("一年級", "二年級", "三年級")
依變項類別 = c("非常不滿意", "不滿意", "普通",
"滿意", "非常滿意")
```

如果您的資料一開始輸入的格式是一般變項輸入的方式。例如下面的資料：

id	性別	年齡	教育程度
1.00	2.00	34.00	4.00
2.00	2.00	40.00	2.00
3.00	1.00	46.00	2.00
4.00	1.00	47.00	4.00
5.00	1.00	38.00	2.00
6.00	2.00	28.00	2.00
7.00	2.00	35.00	4.00
8.00	2.00	37.00	4.00
9.00	2.00	#NULL!	3.00
10.00	2.00	32.00	4.00
11.00	2.00	40.00	2.00
12.00	2.00	37.00	4.00
13.00	2.00	33.00	4.00
14.00	2.00	38.00	2.00

你想檢定性別在教育程度的類別的分配有無差異，那麼作法是：請先在 RStudio 中開一個新的 Script，然後將資料輸入 RStudio，我們的範例資料是 burnout，在 Script 中打入：

```
table(burnout$ 性別, burnout$ 教育程度)
```

執行上面的指令，你會得到下面的結果：

```
    1   2   3   4
1   2  78   4  50
2   4 151  15  92
```

將上面的結果輸入到 Unit 12 chi_square_homogen_test AI 此一程式的矩陣中：

```
matrix(c(2, 78, 4, 50,
        4, 151, 15, 92), nrow = 3, byrow = TRUE)
自變項類別 = c(" 男 ", " 女 ")
依變項類別 = c(" 專科 ", " 大學 ", " 四十學分班 ", " 研究所 ")
```

[結果輸出]

sheet1Name:

變項類別	人文藝術學院	生命科學院	師範學院	理工學院	農學院	管理學院	獸醫學院	總和	卡方	自由度	p 值	Cohen's W
男	532	623	760	1613	1291	905	136	5860	1144.333	6	0	0.317
	(9.078%)	(10.631%)	(12.969%)	(27.526%)	(22.031%)	(15.444%)	(2.321%)	100%				
女	939	677	1351	344	1005	1070	145	5531				
	(16.977%)	(12.24%)	(24.426%)	(6.219%)	(18.17%)	(19.346%)	(2.622%)	100%				

sheet2Name:

表 AAA 同質性檢定交叉表得知，$\chi 2(6) = 1144.333$，$p < 0.001$，達到顯著水準，拒絕虛無假設。所以自變項類別（男、女）在依變項類別（人文藝術學院、生命科學院、師範學院、理工學院、農學院、管理學院、獸醫學院）的比率不相同。Cohen's W 等於 0.317，屬於中效果。

12.11.2 同質性檢定 APA 格式與結果解釋

表 12.12 嘉義大學男女生與學院同質性檢定交叉表

	人文藝術學院	生命科學院	師範學院	理工學院	農學院	管理學院	獸醫學院	χ^2	Cohen's W
男生	532 (9.1%)	623 (10.6%)	760 (13.0%)	1613 (27.5%)	1291 (22.0%)	905 (15.4%)	136 (2.3%)	1144.33*** (df=6)	0.32
女生	939 (17.0%)	677 (12.2%)	1351 (24.4%)	344 (6.2%)	1005 (18.2%)	1070 (19.3%)	145 (2.6%)		

從表 12.12 嘉義大學男女生與學院同質性檢定交叉表中得知 $\chi^2(6) = 1144.33$，$p < 0.001$，達到顯著水準，拒絕虛無假設。所以嘉義大學男女生在各學院的比率不相同。Cohen's W 等於 0.32，屬於中效果。

參考文獻

Cohen, J. (1992). A power primer. *Psychological Bulletin, 112*(1), 155-159. doi:10.1037/0033-2909.112.1.155

Conover, W. J. (1999). *Practical nonparametric statistics* (3rd ed.). New York: Wiley.

Kim, H.-Y. (2017). Statistical notes for clinical researchers: Chi-squared test and Fisher's exact test. *Restor Dent Endod, 42*(2), 152-155. doi:10.5395/rde.2017.42.2.152

Rea, L. M., & Parker, R. A. (1992). *Designing and conducting survey research: a comprehensive guide*. San Francisco: Jossey-Bass Publishers.

http://www.r-tutor.com/gpu-computing/correlation/kendall-tau-b

https://v8doc.sas.com/sashtml/stat/chap28/sect20.htm

https://bookdown.org/anshul302/HE802-MGHIHP-Spring2020/

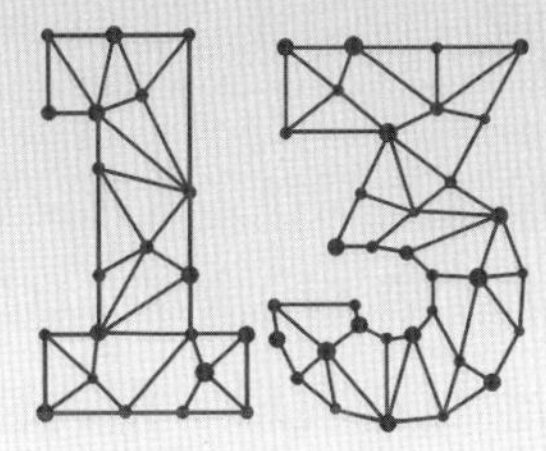

皮爾森相關

難易指數：☺☺☺（還好）

學習金鑰

- ✦ 了解皮爾森相關的概念以及使用時機
- ✦ 使用 R 套件執行皮爾森相關
- ✦ 能將皮爾森相關分析結果，以報表方式呈現，並撰寫結果

在統計上，相關是用於測量兩個變項彼此之間有關連移動 (move) 的程度。簡單地說是兩個變項之間關係的程度。下面是一些可以用來表示相關的方式：

兩個圓的重疊，重疊越多表示相關越高，如下圖：

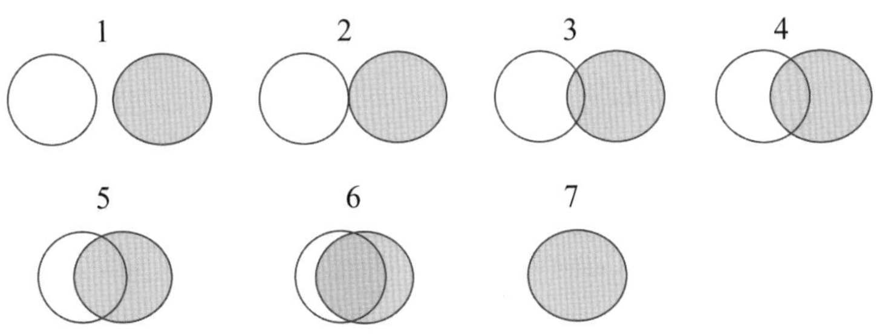

圖 13.1　相關：圓的重疊

這個圖是我們發展的人境適配問卷（黃芳銘與李俊賢）中用於問適配程度的一種量尺。相關越高代表人境適配越好（見附錄一）。

使用散布圖，散布點的形狀越瘦扁，相關越高；越趨向圓形，相關越低。

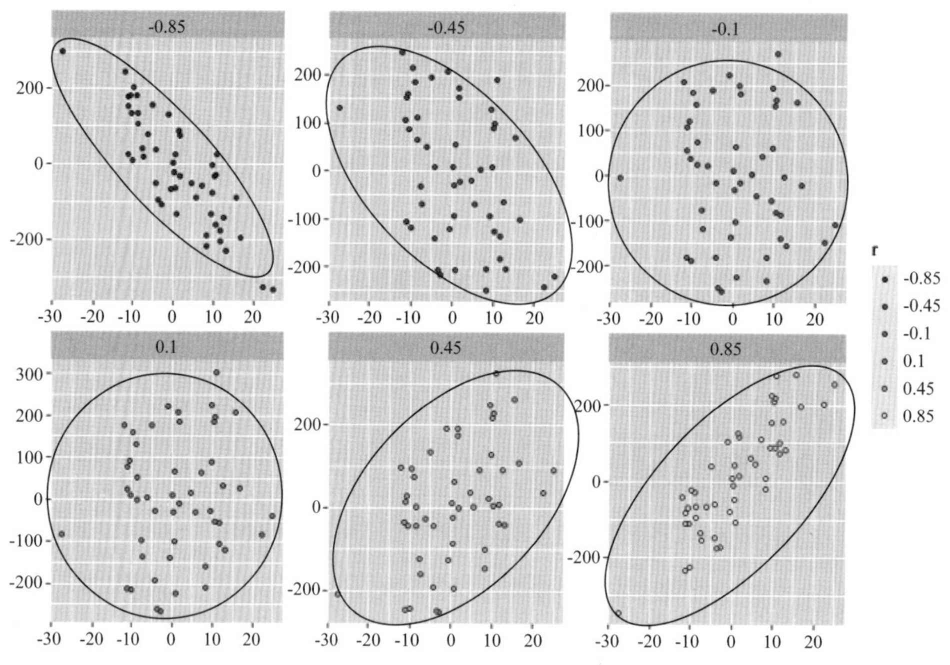

圖 13.2　相關散布圖

相關係數也可以被視作由兩個隨機變數向量夾角 θ 的餘弦值。

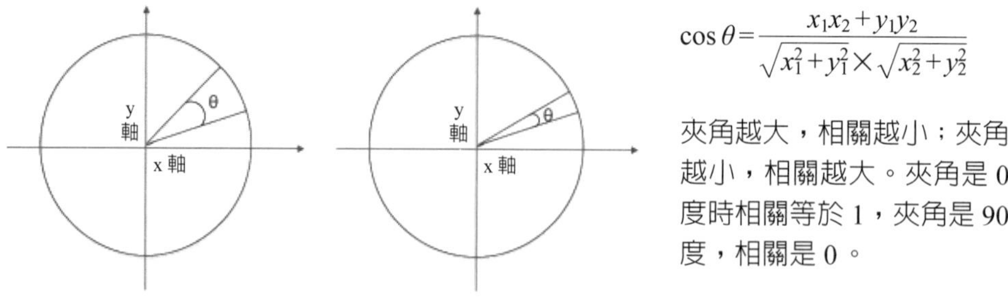

$$\cos\theta = \frac{x_1x_2 + y_1y_2}{\sqrt{x_1^2+y_1^2} \times \sqrt{x_2^2+y_2^2}}$$

夾角越大，相關越小；夾角越小，相關越大。夾角是 0 度時相關等於 1，夾角是 90 度，相關是 0。

圖 13.3　以餘弦值說明相關

皮爾森 r 相關 (Pearson correlation) 係數。

$$r_{xy}=\frac{cov_{xy}}{s_x s_y}=\frac{x\text{ 與 }y\text{ 的共變數}}{(x\text{ 的標準差})\times(y\text{ 的標準差})}=\frac{\frac{\sum_{i=1}^{n}(x_i-\bar{x})(y_i-\bar{x})}{n-1}}{\sqrt{\frac{\sum_{i=1}^{n}(x_i-\bar{x})^2}{n-1}}\sqrt{\frac{\sum_{i=1}^{n}(y_i-\bar{y})^2}{n-1}}}$$

$$=\frac{\Sigma(x_i-\bar{x})(y_i-\bar{y})}{\sqrt{\Sigma(x_i-\bar{x})^2(y_i-\bar{y})}}$$

$df=n-2$。顯著度的檢定可以用 t 值，公式如下：$t=\frac{r\sqrt{n-2}}{\sqrt{1-r^2}}$。

13.1 皮爾森 r 相關係數的定義與限制

皮爾森 r 相關係數又稱皮爾森積差相關係數 (Pearson product-moment correlation coefficient)：用於探討兩個變數 x 和 y 之間線性關係的程度（線性相依），其值介於 –1（完全負相關）到 1（完全正相關）之間。若兩變數之間的相關係數絕對值較大，則表示彼此相互共變程度也較大。如果兩個變項之間沒有線性關係，相關係數 r 會接近於 0。一般而言，若兩變數之間爲正相關，則當 x 增加時，y 也會隨之增加；反之，若兩變數之間爲負相關，則當 x 上升時，y 會隨之下降。相關係數 r 沒有單位，並且位置不會發生改變 (location invariant)，如果兩個變項乘以或者除以，加上或者減去任意常數，不會改變相關係數的大小（當我們在做變項轉換時，轉換後不會影響係數的估計，乃是基於相關的此種特性，讀者可以詳見單元 14 迴歸中探討轉換的章節）。

皮爾森相關分析有一些限制：

(1) 當兩個變項之間的實際關係不是線性時（如指數關係），皮爾森相關無法反應出確切的相關程度。需要將這兩個變項做轉換，獲得線性關係時，才能進行相關分析。從另外一個角度來看，皮爾森相關是 0，只是意味了兩個變項之間沒有線性相關，並不必然表示兩變項之間沒有關係，它們可能是一種非線性的關係。所以，有時候使用圖形更有助於我們對變項關係的理解（請參閱前面圖 13.2 的相關散布圖）。

(2)「相關不是因果」，所以，相關無法做出因果推論，要符合因果推論，兩個變數必須具備其他的條件，如時序性 (temporal ordering)：在時間上，一個變項發生在前，另一個變項發生在後；孤立性 (isolation)：將其他干擾的給予排除；合邏輯性：變項的關係必須符合文獻的邏輯推導過程。

皮爾森相關係數的目的與資料要求呈現於表 13.1。

表 13.1　皮爾森相關係數的目的與資料要求

目的	自變項	依變項
探討兩變數之間的線性關係	沒有自變項	兩個連續的變項（這兩個變項沒有自變項與依變項之分，通常可以視兩個皆是依變項） 變項 A：國文 變項 B：數學

13.2　皮爾森相關的假設

H_0：$\rho = 0$

虛無假設：母群體裡兩個變項之間沒有存在相關。

H_1：$\rho \neq 0$

對立假設：兩個母群體裡兩個變項之間具有相關。

13.3　皮爾森相關假定

觀察值獨立性：每一位參與者的分數與其他參與者的分數沒有相關。

雙變項常態性：皮爾森相關的統計檢定是雙變項的顯著性檢定，因此，通常是假定雙變項常態性，由於這個假定很難去評鑑，所以一般都趨向於使用分別檢定每一個變項的常態性的簡單方法來處理。Yockey(2016) 認為中等以上的樣本數，非常態資料對於相關係數檢定的正確性影響不大。

線性關係：皮爾森相關是檢定線性關係，所以線性關係也是它的一個假定，線性乃是指變項之間的關係是一條直線的關係，把兩個變項之間的值以散布圖的方式畫出來時，可以看到那些點所形成的圖形趨向於一條直線，而不是曲線的型態（見圖 13.4）。

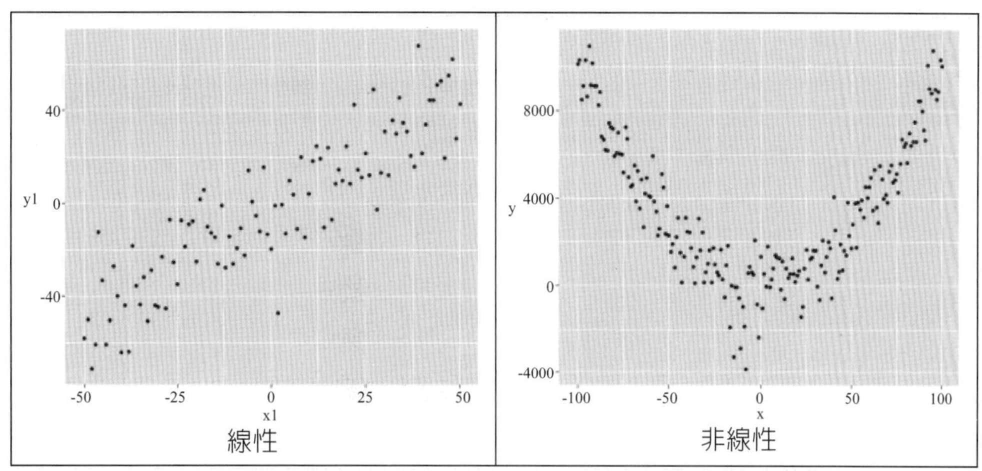

圖 13.4　線性與非線性散布圖

13.4　相關的議題與效果量

研究的樣本數會影響相關的顯著性，當樣本越大，研究者會發現，即使很小的相關也會達到很顯著的結果，例如：相關係數 $r = 0.06$，樣本 1,068 個達到顯著 $p = 0.049962$ ，$p < 0.05$ 的一顆星顯著水準。樣本是 5,000 個，p 值爲 0.000022，$p < 0.001$ 的三顆星顯著水準。所以兩個變數之間相關係數爲 0.06，顯著性很高時，該如何解釋？相關係數檢定主要是檢定母群體相關係數 ρ 是否等於 0，樣本數夠大時均會達統計上的顯著水準。實務上，一般的研究者比較傾向於以 r 的大小來看相關的強弱，而非只看是否顯著。皮爾森相關係數 r 就是此一統計的效果量。

Cohen(1988) 的標準是 0.10 到 0.30 是低相關（小效果），0.30 到 0.50 是中等相關（中效果），0.50 以上是高相關（大效果）。Portney and Watkins(2000) 認爲當相關係數爲 0.00-0.25 表示沒有或輕微相關；0.25-0.5 表示輕度相關 (fair degree)；0.5-0.75 表示中度相關 (moderate to good relationship)；0.75 以上表示有很強的相關 (good to excellent relationship) 。

Salkind and Frey (2019) 提出他們的判斷方式，參見表 13.2。Hopkins (2016) 也提出另外一種判斷方式，見表 13.3。

表 13.2 Salkind and Frey 的相關強弱判斷方式

相關絕對值	相關強度
0.0～0.2	無或弱
0.2～0.4	弱
0.4～0.6	中等
0.6～0.8	強
0.8～1.0	非常強

表 13.3 Hopkins 的相關強弱判斷方式

相關絕對值	相關強度
0.0～0.1	無或微弱
0.1～0.3	低
0.3～0.5	中等
0.5～0.7	高
0.7～0.9	非常高
0.9～1.0	幾乎完美

資料來源：https://sportsci.org/resource/stats/effectmag.html

13.5 皮爾森相關實例解說與 R 的操作

研究目的：探討心理資本各構面（自我效能、希望、樂觀以及韌性）之間的相關情形。

研究問題：心理資本各構面（自我效能、希望、樂觀以及韌性）之間是否存在相關？

研究假設：心理資本的各構面（自我效能、希望、樂觀以及韌性）之間有顯著的相關。

資料準備：這個統計的資料比較單純，就是四個構面，每一個構面就是一個變項。那麼，Excel 的資料裡要有這四個變項（參見表 13.4）。我們的範例在 Excel 資料檔，檔名 capital，樣本數是 327。

表 13.4　相關檢定的資料型態（9 個樣本）

id	自我效能	希望	韌性	樂觀
1	4.17	3.75	3.75	4.00
2	2.00	2.25	2.25	2.00
3	2.17	3.25	2.50	3.00
4	3.67	3.75	3.75	3.75
5	4.00	4.00	4.00	3.50
6	2.50	4.00	3.50	2.50
7	3.00	4.00	2.75	3.00
8	2.50	3.25	3.00	2.25
9	3.33	4.00	4.00	4.00

13.5.1　常態性檢定

使用 shapiro.test() 函數來檢定常態性。

```
sapply(capital, shapiro.test)
```

[說明]sapply() 函數可以將 capital 資料中的變項，一個一個依序帶入 shapiro.test 裡計算常態性檢定。這樣子，我們就無須寫四次 shapiro.test() 函數。

```
          自我效能                          希望
statistic 0.9774898                         0.96235
p.value   0.00005319204                     0.0000001809965
method    "Shapiro - Wilk normality test"   "Shapiro - Wilk normality test"
data.name "X[[i]]"                          "X[[i]]"
          韌性                              樂觀
```

```
statistic   0.9599918                        0.962392
p.value     0.00000008423936                 0.0000001835232
method      "Shapiro-Wilk normality test" "Shapiro-Wilk normality test"
data.name   "X[[i]]"                         "X[[i]]"
```

使用 psych 套件中的 describe() 函數。

```
library(psych)
describe(capital)[ ,11:12]
```

[說明]skew 與 kurtosis 的資料在欄位 11 與 12，因此 describe(capital) 後面加上位址 [,11:12]，它就只呈現此兩欄位的資訊。

```
         skew   kurtosis
自我效能 -0.32    0.24
希望     -0.18    0.05
韌性     -0.24    0.35
樂觀     -0.49    0.28
```

雖然四個變項的 Shapiro–Wilk 常態檢定都顯示常態性沒有成立，但是偏態與峰度檢定皆顯示沒有嚴重的違反常態，因此可以使用皮爾森相關統計來檢定變項之間的相關。

使用 PerformanceAnalytics 套件中的 chart.Correlation() 函數來畫相關圖。

```
library(PerformanceAnalytics)
chart.Correlation(capital, histogram = TRUE)
```

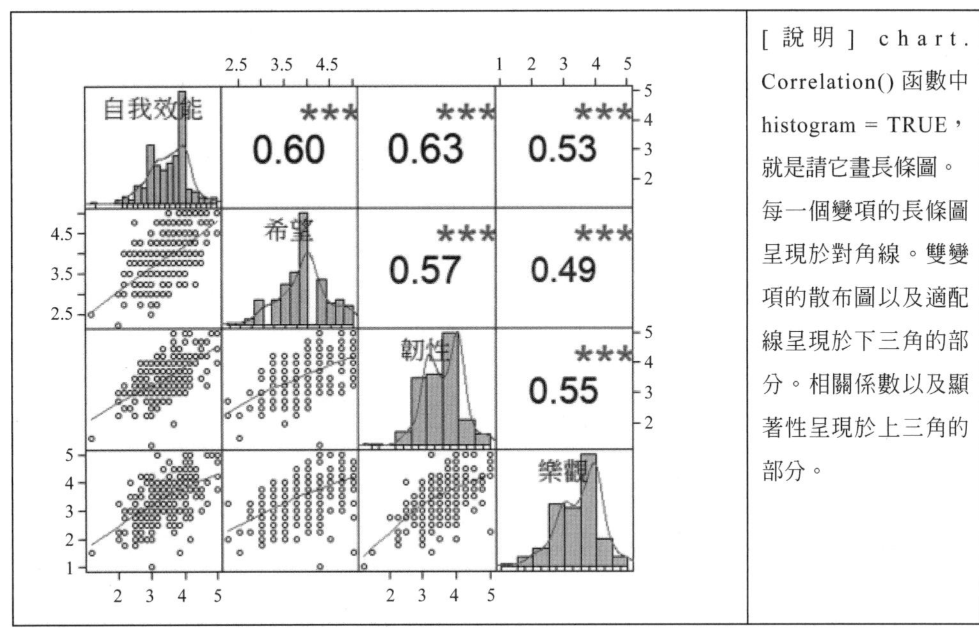

[說明] chart.Correlation() 函數中 histogram = TRUE，就是請它畫長條圖。每一個變項的長條圖呈現於對角線。雙變項的散布圖以及適配線呈現於下三角的部分。相關係數以及顯著性呈現於上三角的部分。

圖 13.5 心理資本相關圖

使用 Hmisc 套件的 rcorr() 套件來產生相關矩陣與相關 p 值矩陣。

```
library(Hmisc)
rcorr(as.matrix(capital))
```

[說明] as.matrix() 函數是將相關的結果以矩陣的方式呈現出來。

	自我效能	希望	韌性	樂觀
自我效能	1.00	0.60	0.63	0.53
希望	0.60	1.00	0.57	0.49
韌性	0.63	0.57	1.00	0.55
樂觀	0.53	0.49	0.55	1.00

n= 327

P

	自我效能	希望	韌性	樂觀
自我效能		0	0	0
希望	0		0	0
韌性	0	0		0
樂觀	0	0	0	

13.5.2 統計 AI=>GO

```
# 請輸入資料名稱
data = capital
# 請輸入變項
變項 = c(" 自我效能 ", " 希望 ", " 韌性 ", " 樂觀 ")
# 請填寫要輸出結果的檔案名字
save_file = c("cor1")
```

result.1

row.name	自我效能	希望	韌性	樂觀
自我效能	1			
希望	0.6***	1		
韌性	0.63***	0.57***	1	
樂觀	0.53***	0.49***	0.55***	1

result.2

Pearson 相關矩陣呈現於表 AAA，由表 AAA 得知：希望與樂觀的相關係數是 0.49，此相關是顯著且正向中相關。自我效能與希望、自我效能與韌性、自我效能與樂觀、希望與韌性、韌性與樂觀等相關係數分別是 0.6、0.63、0.53、0.57、0.55，這些相關皆是顯著且正向高相關。

13.5.3 APA 表格與報告

表 13.5 國小教師心理資本量表間的相關矩陣

	自我效能	希望	韌性	樂觀
自我效能	1.00			
希望	0.60***	1.00		
韌性	0.63***	0.57***	1.00	
樂觀	0.53***	0.49***	0.55***	1.00

*** $p < 0.001$

本研究的國小教師心理資本量表 Pearson 相關矩陣呈現於表 13.5，由表 13.5 得知：希望與樂觀的相關係數是 0.49，此相關是顯著且正向中相關。自我效能與希望、自我效能與韌性、自我效能與樂觀、希望與韌性、韌性與樂觀等相關係數分別是 0.6、0.63、0.53、0.57、0.55，這些相關皆是顯著且正向高相關。

13.6 決定係數

有一種方法可以更爲精確地解釋相關係數，就是使用決定係數 (coefficient of determination)。決定係數是一個變項的變異數解釋另一個變項變異數百分比的量數。對於兩個變項 x 與 y 的相關其決定係數就是相關值的平方 (r^2)。就我們這個研究，希望與樂觀之相關爲 0.49，其 $r^2 = 0.24$，表示希望的變異數可以解釋樂觀的變異數 24%。當然，樂觀的變異數可以解釋希望的變異數 24%。也就是，兩變項變異數重疊了 24%。有 24% 關係的解釋量，意味著有 76% 無法解釋，這 76% 無法解釋的量，有一個稱呼叫做疏離係數 (coefficient of alienation) 或者非決定係數 (coefficient of non-determination)。表 13.6 呈現相關與決定係數之間關係的說明。

表 13.6 相關與決定係數

相關	決定係數 (r^2)	疏離係數	變項 x 與 y
$r_{xy} = 0$	$r_{xy}^2 = 0(0\%)$	1.00（或 100%）	0% 分享，沒有任何重疊。
$r_{xy} = 0.5$	$r_{xy}^2 = 0.25(25\%)$	0.75（或 75%）	25% 分享
$r_{xy} = 0.9$	$r_{xy}^2 = 0.81(81\%)$	0.19（或 19%）	81% 分享

附錄一

以下是人境適配量表中個人與校長適配題項，請以下圖填寫適配程度，圖中重疊越多表示越適配，由圖 1 表示非常不適配，到圖 7 表示十分適配。

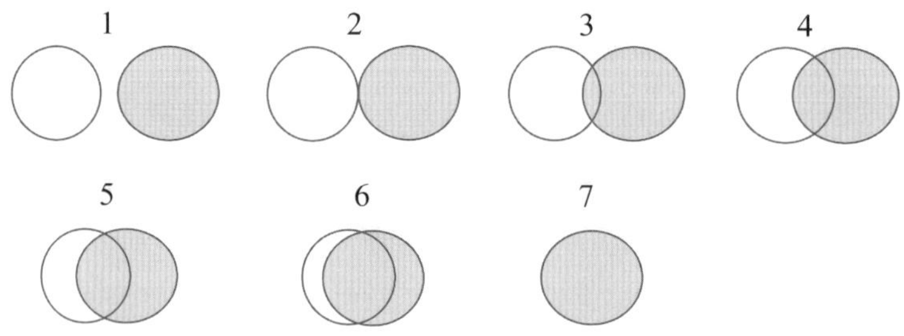

(　) 您個人的工作價值觀和您校長的工作價值觀適配情形如何？
(　) 您的處事風格和您校長的處事風格適配情形如何？
(　) 您的個性和您校長的個性適配情形如何？
(　) 您的生活型態和您校長的生活型態適配情形如何？
(　) 您與人互動的方式和您校長與人互動的方式適配情形如何？

參考文獻

Cohen, J. (1988). *Statistical power analysis for the behavioral sciences* (2nd ed.). Hillsdale, N.J: L. Erlbaum Associates.

McGraw, K. O., & Wong, S. P. (1992). A common language effect size statistic. *Psychological Bulletin, 111*(2), 361-365. doi:10.1037/0033-2909.111.2.361

Portney, L. G., & Watkins, M. P. (2000). Statistical measures of reliability. In *Foundations of clinical research: applications to practice* (2 ed., pp. 557-584). Upper Saddle River, NJ: Prentice Hall.

Salkind, N. J. (2019). *Statistics for people who (think they) hate statistics* (7 ed.). Thousand Oaks, Calif: Sage Publications.

Yockey, R. D. (2016). *SPSS Demystified: A Simple Guide and Reference* (3 ed.): Routledge.

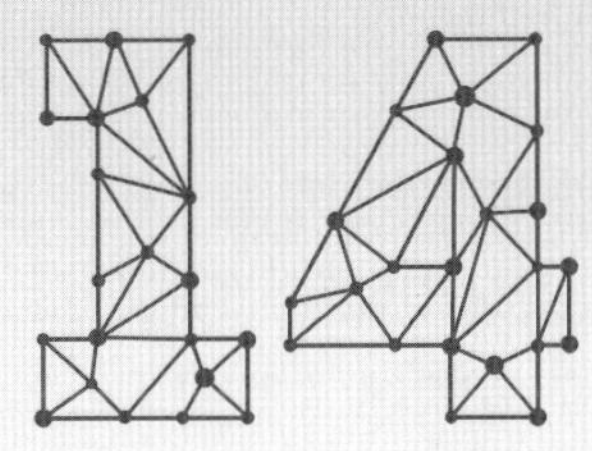

簡單與多元線性迴歸

難易指數：☺（超難）

學習金鑰

- ✦ 了解簡單與多元線性迴歸的概念以及使用時機
- ✦ 使用 R 套件執行簡單與多元線性迴歸分析
- ✦ 能將皮爾森簡單與多元線性迴歸分析，以報表方式呈現，並撰寫結果

從廣義的概念來看，迴歸 (regression) 乃是用一個或多個自變數（預測變項、解釋變數）來預測一個依變數（效標變項、結果變數）的統計方法。可以用於了解兩個或多個變數間的統計關係（相關、相關方向以及強度），並建立數學模型，以便觀察特定變數用來預測研究者感興趣的變數。一般認爲使用迴歸可以有兩個目的：

解釋性分析：依據特定理論模式來了解自變項在依變項的效果，或者決定多少的依變項的變異可以被自變項解釋。

預測性分析：第一種預測 (prediction) 是使用自變項的值來算出最佳 (optimal) 依變項的值。第二種預測 (forecasting) 是基於過去與現在的資料對未來做預測的一種分析過程。

這個章節主要是探討迴歸的線性關係，統計上，關係有線性關係與非線性關係：線性是用一條直線來呈現關係（見圖 14.1），非線性是用一條不是直線的線（曲線 curve）來呈現關係（見圖 14.2）。另外關係也可以是正向關係、沒有關係或負向關係。在此，線性乃是指圖 14.1 的關係，亦即，依變項是自變項的一條線性函數的反映。

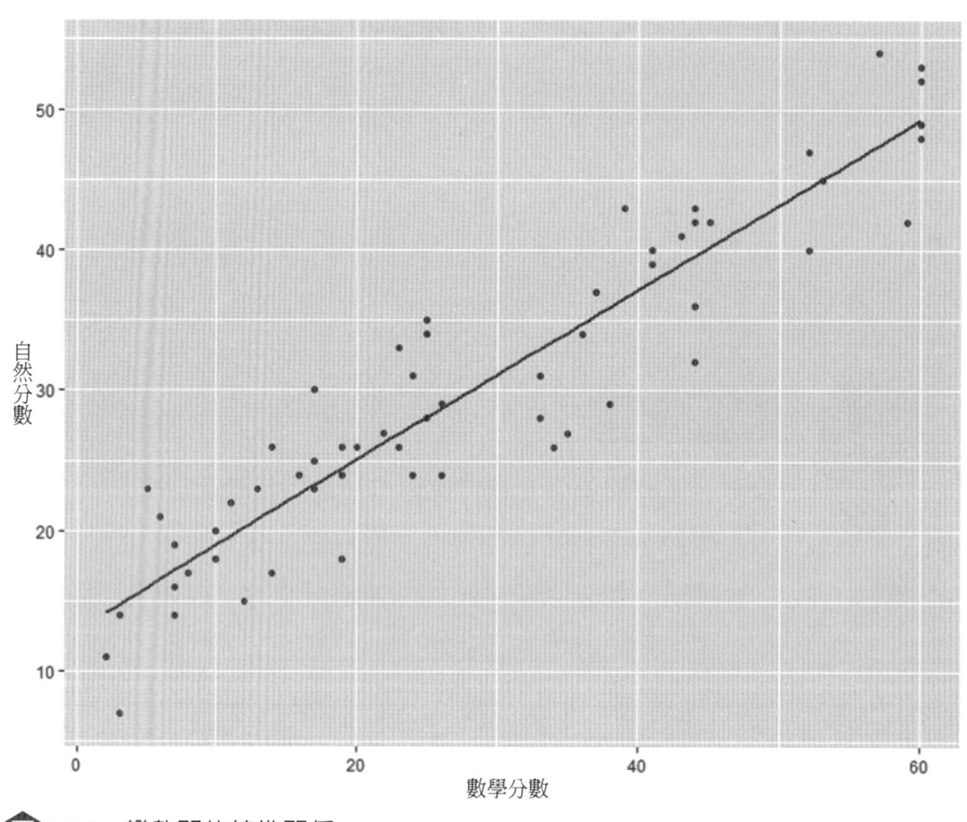

圖 14.1　變數間的線性關係

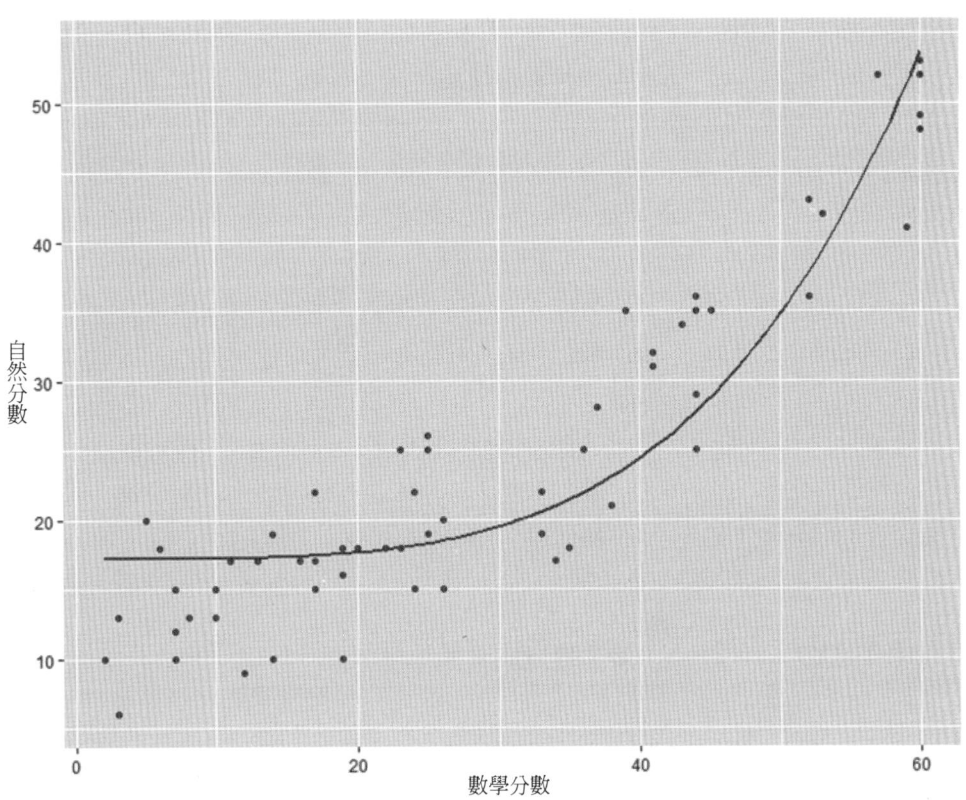

圖 14.2　變數間的非線性關係

本單元討論的是線性迴歸，主要是簡單線性迴歸以及多元線性迴歸。簡單線性迴歸，正如其名，之所以成爲簡單是因爲它只探討兩個變項，一個稱爲自變項，一個稱爲依變項。簡單線性迴歸的界定如下：

$$y_i = b_0 + b_1 x_{1i} + \varepsilon_i \text{，其中，} \varepsilon_i \sim N(0, \sigma^2) \text{。}$$

$$\hat{y}_i = b_0 + b_1 x_{1i}$$

其中：$i = 1, 2, \cdots, n$。

多元迴歸則是使用多個自變項來預測或解釋一個依變項。多元迴歸模式的界定如下：

$$y_i = b_0 + b_1x_{1i} + b_2x_{2i} + \cdots + + b_kx_{ki} + \varepsilon_i，其中，\varepsilon_i \sim \mathrm{N}(0, \sigma^2)。$$

$$\hat{y}_i = b_0 + b_1 x_{1i} + b_2 x_{2i} + \cdots + b_k x_{ki}$$

矩陣的表示如下：

$$\begin{bmatrix} y_1 \\ y_2 \\ \cdot \\ \cdot \\ \cdot \\ y_n \end{bmatrix} = \begin{bmatrix} 1 & x_{11} & x_{12} & \cdots & x_{1k} \\ 1 & x_{12} & x_{22} & \cdots & x_{2k} \\ & 1 & \cdot & \cdot & \cdot \\ & 1 & \cdot & \cdot & \cdot \\ & 1 & \cdot & \cdot & \cdot \\ 1 & x_{n1} & x_{n2} & x_{n2} & x_{nk} \end{bmatrix} \begin{bmatrix} b_0 \\ b_1 \\ b_2 \\ \cdot \\ \cdot \\ \cdot \\ b_k \end{bmatrix} + \begin{bmatrix} \varepsilon_1 \\ \varepsilon_2 \\ \cdot \\ \cdot \\ \cdot \\ \varepsilon_n \end{bmatrix}$$

可以用 $Y = XB + \varepsilon$，$\varepsilon \sim N(0, \sigma^2)$ 的方式來簡單地表示。

$$Y = \begin{bmatrix} y_1 \\ y_2 \\ \cdot \\ \cdot \\ \cdot \\ y_n \end{bmatrix}, X = \begin{bmatrix} 1 & x_{11} & x_{12} & \cdots & x_{1k} \\ 1 & x_{12} & x_{22} & \cdots & x_{2k} \\ & 1 & \cdot & \cdot & \cdot \\ & 1 & \cdot & \cdot & \cdot \\ & 1 & \cdot & \cdot & \cdot \\ 1 & x_{n1} & x_{n2} & x_{n2} & x_{nk} \end{bmatrix}, B = \begin{bmatrix} b_0 \\ b_1 \\ b_2 \\ \cdot \\ \cdot \\ \cdot \\ b_k \end{bmatrix}, \varepsilon = \begin{bmatrix} \varepsilon_1 \\ \varepsilon_2 \\ \cdot \\ \cdot \\ \cdot \\ \varepsilon_n \end{bmatrix}$$

y_i（矩陣中的 Y）是依變項的值，$\hat{y}$ 是依變項的預測值，b_0 是常數（又可以稱爲截距），$b_k(k \neq 0)$ 是迴歸係數（或者稱爲斜率），矩陣中的 B 包含了 b_0 與 b_k。x_{ki}（矩陣中 X）是自變項的值（k 是自變項個數）。ε_i 隨機是誤差項。$\varepsilon \sim N(0, \sigma^2)$ 是服從於獨立且等分配的常態分布，平均數是 0，變異數是 σ^2，ε_i 與 ε_j 是沒有相關的，所以它們的共變數是 0。

14.1 OLS 迴歸

OLS（ordinary least square，普通最小平方）迴歸是現今最普遍使用在統計分析的方法。首先，我們用兩個變項（教育期望和基測數學分數）來說明 OLS 迴歸的意涵，學生的教育期望和基測數學考試分數有關連，可以用一個散布圖來呈現這種關連，圖 14.3 就是教育期望與基測數學分數的散布圖。OLS 迴歸就是找一條最適配的線 (best-fitted line)（目前我們採用的是直線）來代表這些點的關係。而要找出最適配線的方式就是算出每一個點 (y) 和該條線上點 $(\hat{y})$ 的差距，每個 y 減去 $\hat{y}$，即 $(y_i - \hat{y}_i)$，這個差距稱爲誤差（或殘差），然後將這些誤差平方再加總，即 $\Sigma_{i=1}^{n} (y_i - \hat{y}_i)^2$（見圖 14.4 的圖解），求此數的最小值 Minimize: $\Sigma_{i=1}^{n} (y_i - \hat{y}_i)^2$，當累積誤差最小，則預測最大，就是 OLS 法。

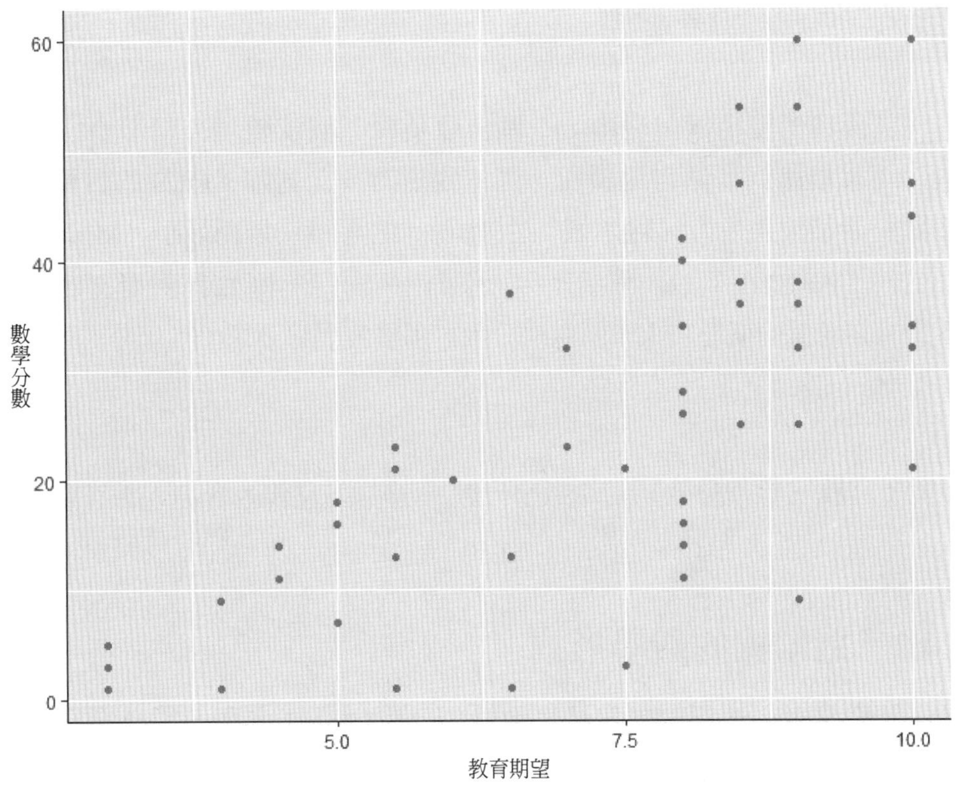

圖 14.3　教育期望與數學分數散布圖

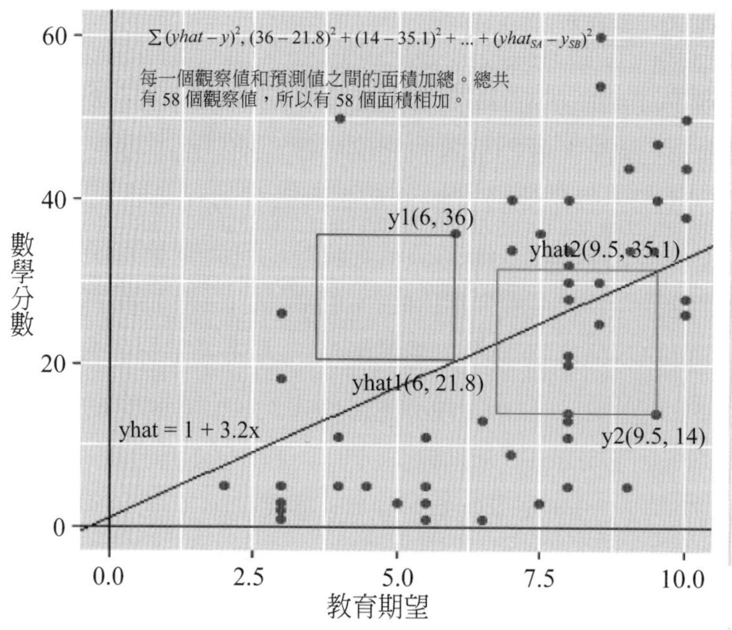

圖 14.4　平方法求殘差的圖解

前面我們使用兩個變項，一個自變項對一個依變項來理解 OLS。同理，可以推論到多個自變項和一個依變項的多元迴歸。OLS 的目標就是企圖將累積誤差平方（觀察值 - 預測值）^{2} 的累積或加總最小。Minimize: $\Sigma_1^n(y_i-\hat{y}_i)^2=\Sigma_1^n(y_i-(\hat{b}_0+\hat{b}_1x_{1i}+\cdots+\hat{b}_kx_{ki})^2)=\Sigma_1^n\varepsilon_i{}^2$，例如我們用父親教育與教育期望此兩個變項來預測數學分數，那麼我們只要求：

Minimize：

$$\Sigma_1^n(\text{數學分數}_i-\widehat{\text{數學分}}\text{數}_i)^2=\Sigma_1^n(\text{數學分數}_i-(\hat{b}_0+\hat{b}_1\text{父親教育}_{1i}+\hat{b}_2\text{教育期望}_{2i})^2)$$

14.2　迴歸線的數學形式

在數學上，迴歸線通常給定爲 $\hat{y}=a+b_1x$，a 爲截距，b_1 爲斜率，圖 14.5 中，我們以另一種方式來呈現迴歸的截距與斜率，從圖中可以看到，$b_1=\Delta y/\Delta x$，而 a 乃是迴歸線與 y 軸的交點。

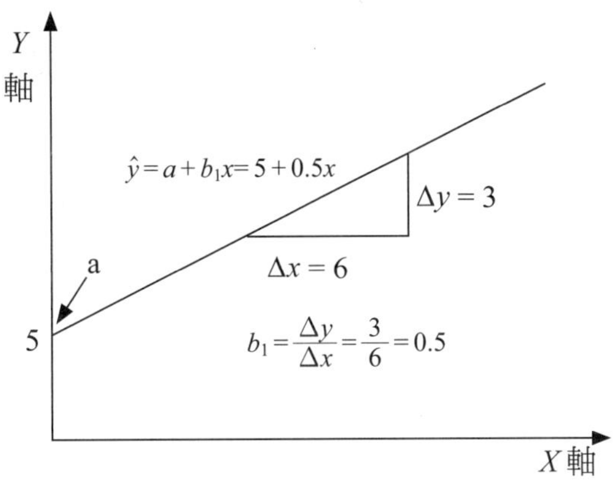

圖 14.5　迴歸線的數學形式

14.3　迴歸模式的顯著性檢定

迴歸模式的顯著性檢定，有兩種檢定：F 檢定與 t 檢定，這兩種檢定用於不同目的：F 檢定適用於整體模式的檢定，決定所有的自變項對依變項是否存在著顯著的關係。如果 F 檢定顯示整體上具有顯著性，接著對個別自變項進行 t 檢定，決定每一個個別的自變項對於依變項是否具備顯著性，所以 t 檢定是個別變項係數顯著性的檢定。

14.3.1　F 檢定

迴歸的假設如下：H_0：$b_1=b_2=\cdots=b_k=0$

H_1：$b_k\neq 0$（至少有一個 b 值不等於 0。）

當 $k=1$ 是簡單線性迴歸，$k>1$（k 爲整數）是多元線性迴歸。這裡我們以多元線性迴歸假設來說明 F 檢定。如果 H_0 被拒絕，F 檢定給我們充足的證據下結論：至少有一個 b 值不等於 0 且 y 與自變項組 x_1，x_2，$\cdots x_k$ 的整體關係是顯著的。若 H_0 無法被拒絕，則沒有充足的證據對這個模式的關係下顯著的結論。

F 檢定的公式：F = MSR/MSE，MSR 迴歸均方，MSE 殘差均方。MSR 與 MSE 的計算方式參見表 14.1。

表 14.1　有 k 個自變項的多元迴歸 ANOVA 表

變異來源	平方和 (SS)	自由度 (df)	均方 (MS)	F 值
迴歸	$SSR = \Sigma(\hat{y}_i - \bar{y}_i)^2$	k	$MSR = SSR/k$	$F = MSR/MSE$
誤差	$SSE = \Sigma(y_i - \hat{y}_i)^2$	$n - k - 1$	$MSE = SSE/(n - k - 1)$	
全體	$SST = \Sigma(y_i - \bar{y}_i)^2$	$n - 1$		

拒絕的規則：

p-value 方式：如果 p-value $\le \alpha$，拒絕 H_0。

臨界值 (critical value) 方式：如果 $F \ge F_\alpha$，拒絕 H_0。

在此 F_α 是基於分母為 k 個自由度，分子為 $n - k - 1$ 個自由度之下的 F 分配。圖 14.6 是 F 分配的例子，關於 F 分配請參見單元 8 變異數分析部分。圖 14.7 中顯示 F(5, 194) 分配的 F_α（臨界值）是 2.261，因此計算出來的 F 值大於 2.261，就可以拒絕虛無假設。

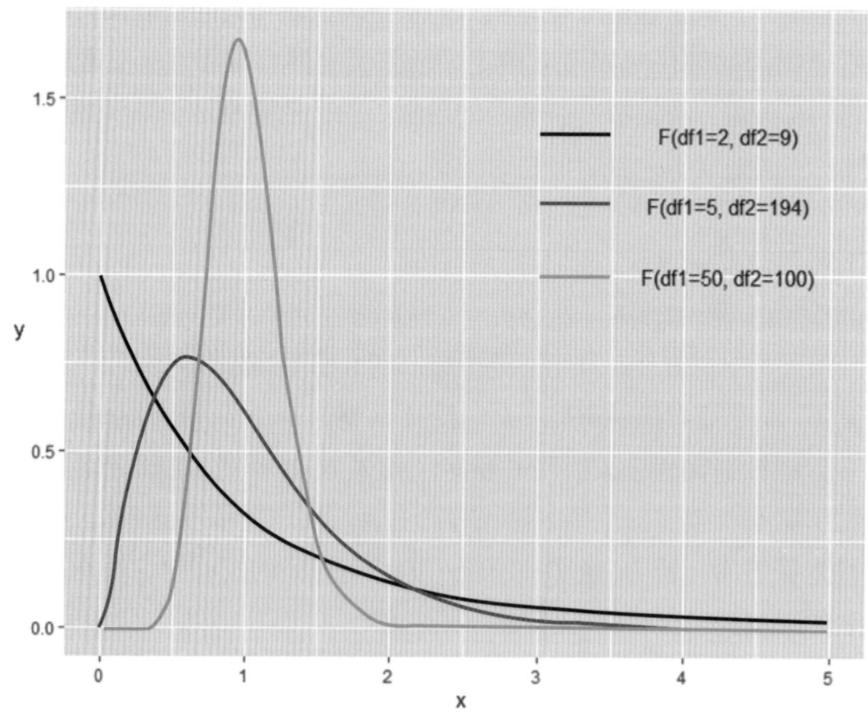

圖 14.6　F 分配

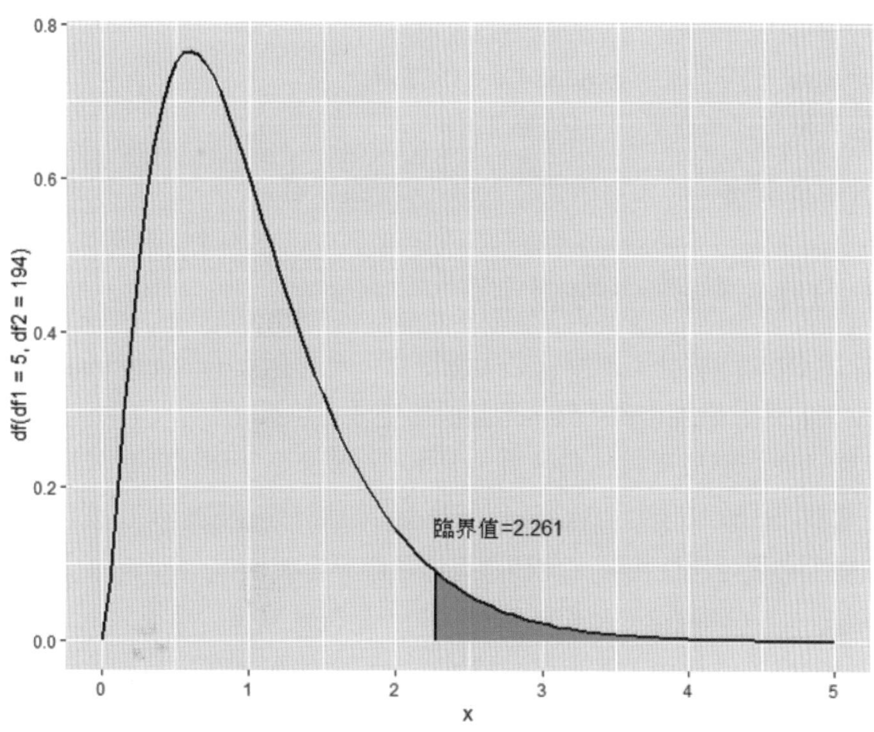

圖 14.7 F 分配的臨界值

14.3.2 t 檢定

如果 F 檢定顯示多元迴歸的整體關係是顯著的，接著 t 檢定就派上用場了，t 檢定用於檢定每一個參數是否顯著。對於任何參數 b_k：

$$H_0 : b_k = 0$$
$$H_1 : b_k \neq 0$$

檢定統計：

$$t = \frac{b_k}{s_{b_k}}$$，s_{bk} 是 b_k 的估計標準誤。

拒絕的規則：

p-value 方式：如果 p-value $\leq \alpha$，拒絕 H_0。

臨界值方式：如果 $t \leq -t_{\frac{\alpha}{2}}$ 或者 $t \geq -t_{\frac{\alpha}{2}}$，拒絕 H_0。

其中 $t_{\frac{\alpha}{2}}$ 是 $n-k-1$ 自由度之下的 t 分配臨界值。

14.4 OLS 估計法的假定

採用 OLS 法估計迴歸模式必須滿足以下統計假定 (assumptions)，如此所做出來的估計結果才會正確，假設的檢定才會可靠。

1. 自變項與依變項是線性關係 (linearity)：OLS 是一種線性估計法，也就是它找出一條最佳的直線 (straight line) 來估計殘差最小。那麼自變項與依變項必須是線性相關。此種關係的函數界定如下：$y_i = \beta_1 x_{1i} + \beta_2 x_{2i} + \cdots + \beta_k x_{ki} + \varepsilon_i$。如果自變項與依變項之間不是線性關係，那麼使用一條直線去計算殘差值最小，算出來的結果一定不太適配。在統計裡，違反此假定也稱爲模式界定誤 (model misspecification)。在此須要說明的是線性 (linear) 指涉的只是參數與殘差項放入方程式的方式，諸如 $y = \alpha + \beta(x) + \varepsilon$、$y = a + b(\cos(x)) + \varepsilon$、$y = a + b(1/x) + \varepsilon$、$y = a + b(\ln x) + \varepsilon$ 等等都是線性。圖 14.8 就是模式界定誤的例子，這些點的分布關係是非線性的，而研究者用線性估計，那麼估計的誤差就會很大，所以線性的違反會影響迴歸預測與推論的結果。
2. 殘差分配的常態性 (normality of the error distribution)：殘差項爲常態分配或依變數爲常態分配。迴歸係數的檢定涉及中央極限定理 (Central Limit Theorem) 的統計，而中央極限定理的假定是當樣本很大且自變項之間相互獨立，那麼其平均值的分布以常態分布爲極限。其次，當我們檢定最佳的係數估計時，使用的統計檢定分配的方法被稱爲常態分配家族，此家族包括 t 分配、F 分配以及 Chi-square 分配。函數的表達如下：$\varepsilon_i \sim N(0, \sigma^2)$
3. 沒有自相關 (non-autocorrelation)：依變項的觀察值之間沒有相關，或者模式所估計出來的殘差值彼此之間沒有關係。如果任何兩個殘差值之間存在相關，稱爲自相關 (autocorrelation) 或序列相關 (serial correlation)。

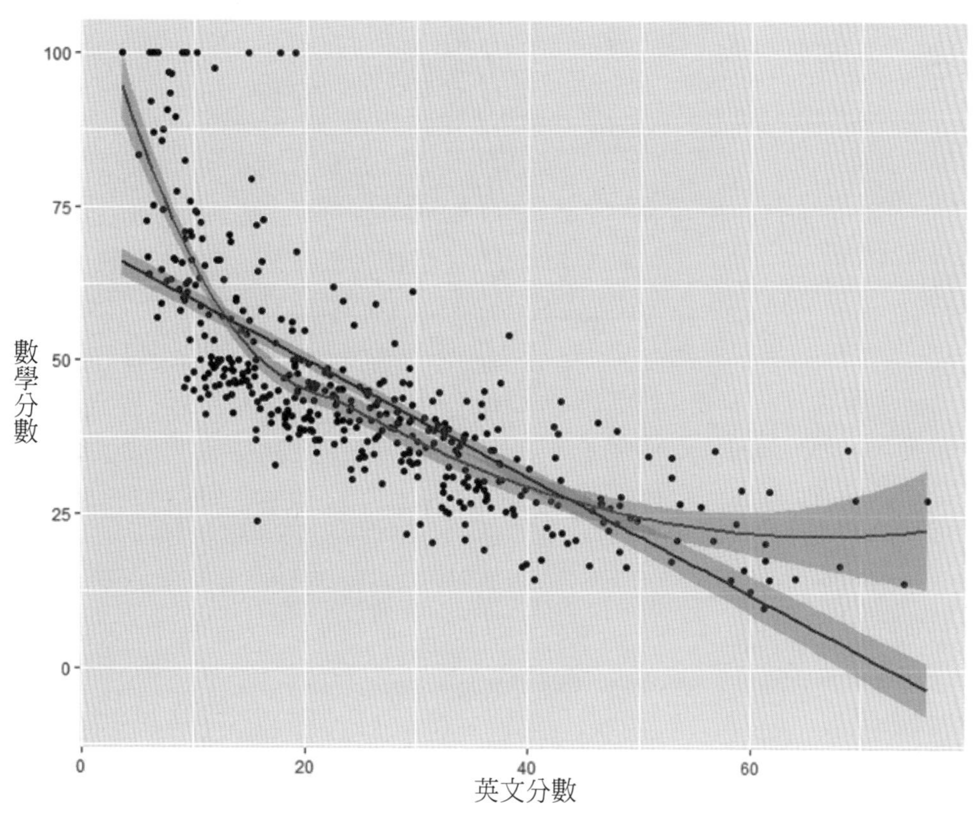

圖 14.8　非線性關係

這個假定有些學者使用殘差獨立性 (residual independence) 一詞來說明。函數的表達如下：$Cov(\varepsilon_i, \varepsilon_j \mid x_{1i}, x_{2i}, \cdots, x_{ki}) = 0$，$i \neq j$。

4. 殘差變異同質性 (homoscedasticity of residuals)：在自變項的範圍內，殘差變異數應該固定不變的。圖 14.9 呈現迴歸殘差變異數同質性與異質性。如果殘差同質性的假定沒有成立，不會造成迴歸係數估計的偏差，但會產生迴歸標準誤估計不精確。

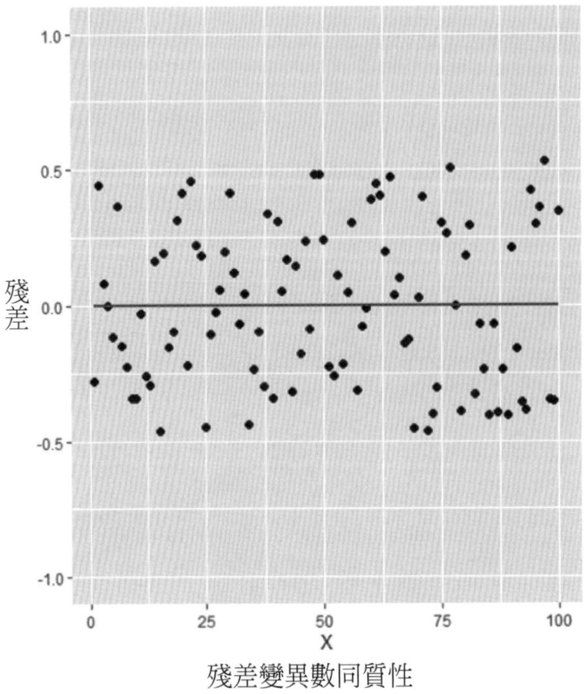

殘差變異數同質性

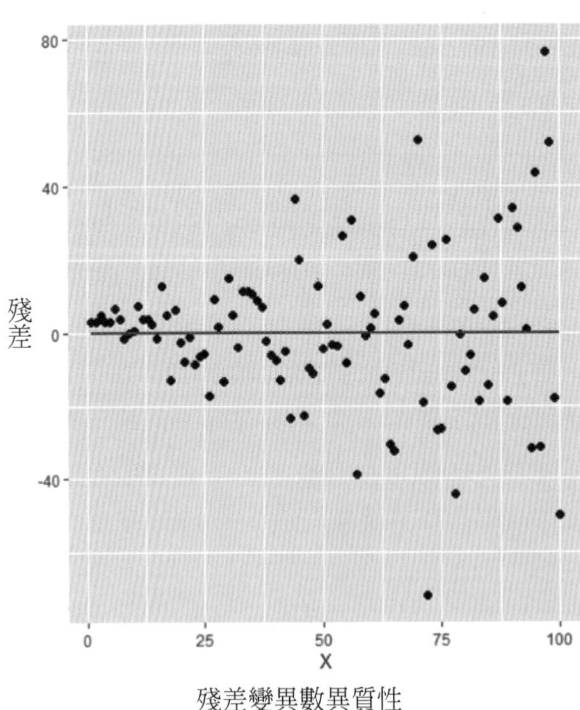

殘差變異數異質性

圖 14.9 迴歸殘差變異數同質性與異質性

5. 沒有全秩 (full rank) 或者沒有多元共線性 (multicollinearity)：模式中任何自變項之間沒有完全的線性關係 (no exact linear relationship)。函數的表達如下：$x_i \neq cx_j$。自變項 (x_i) 之間具有高相關，稱爲共線性 (collinearity)，有些學者會使用沒有嚴重的多元共線性，也就是自變項之間沒有高相關來表達此一假定。嚴重的多元共線性有幾種情況：兩個變項之間的相關大於 0.9；迴歸的整體檢定非常顯著（解釋量 R^2 很高），但卻沒有任何一個個別的迴歸係數是顯著的；很高的 VIF 值 (variance inflation factors)。自變項之間有多元共線性，p 值會變得很大，那麼原來顯著的變項會變成不顯著。

14.5 R 中 lm() 函數的簡介

迴歸乃是統計的重要一部分，在 R 裡使用的是 lm() 函數，因此我們在此必須對此函數的使用做一簡介，以便讓讀者在做迴歸時能理解迴歸模式該如何呈現。在 RStudio 的 SCRIPT 打上 ?lm，就會看到 lm 函數的語法。最基本的是 lm(formula, data)。lm(formula = y ~ x, data)。

```
lm(formula, data, subset, weights, na.action, method = "qr", model =
TRUE, x = FALSE, y = FALSE, qr = TRUE, singular.ok = TRUE, contrasts =
NULL, offset, ...)
```

表 14.2 呈現 lm() 函數中引數 (arguments) 的描述。引數中 formula 就是迴歸模式的公式呈現，如何呈現迴歸模式的公式，請參見表 14.3，從表 14.3 我們可以看出如果我們用教育期望這個自變項來預測基測總分這個依變項的 formula 是 lm(formula = 基測總分 ~ 教育期望 , data = Unit_14_reg)。

表 14.2 lm 函數中引數的描述

引數 (argument)	描述	內定（默認）
formula	用來求模式的公式，參見表 14.3。	
data	公式中變項所使用的資料檔。	

引數 (argument)	描述	內定（默認）
subset	使用資料中的部分資料。	
weights	對變項的觀察值加權。	
na.action	指定數據中含有遺漏值的處理方法。	getOption("na.action"), 內定為 na.fail
method	用來適配模式的方法，只有當 method = "qr" 時，用來處理適配。method = "model.frame" 返回模式框架。	"qr"[1]
model	邏輯值 (TRUE or FALSE)，指定是否返回 " 模式框架 "。	TRUE
x	邏輯值，界定是否返回 " 模式矩陣 "。	FALSE
y	邏輯值，界定是否返回反映向量。	FALSE
qr	邏輯值，界定是否返回 QR 分解。	TRUE
singular.ok	邏輯值，界定奇異適配的結果是一個錯誤。	FALSE
contrasts	模式中因子對照的列表，對模式中的每一個因子給予一個對照。例如：公式 y~a+b，對 a 指定 Helmert 對照，對 b 指定處理對照 (treatment contrast)，可用 contrast=(a="contr.helmert", b="contr.treatment") 來設置參數。R 中的選項包括："contr.helmert"，表示 Helmert 對照；"contr.sum"，表示總和為 0 的對照；"contr.treatment"，每個水平與基準水平對照；"contr.poly"，表示基於正交多項式的對照。	當 contrasts=NULL (內定)，lm 使用 options("contrasts") 的值。
offset	當建立模式時，所使用的抵消項的向量（一個抵消項是包含在模式中沒有適配的一條線性項目）。	
…	傳入較低層次的函數諸如針對未加權的模式 lm.fit ，或者加權模式的 lm.wfit 。	

1 *qr* 是 R 使用的一種分解法，將 x 轉化為一個直交矩陣 Q 和一個上三角矩陣的 R，其中 $x = QR$，然後利用 $c = R^{-1}Q^{T}Y$ 來求係數解。

表 14.3 lm 的基本 formula 表述

符號	用途	模式	模式實際迴歸方程式
~	分隔符號，左邊為依變數，右邊為自變數	$y \sim x_1$	$y = \beta_0 + \beta_1 x_1$
+	分隔自變數	$y \sim x_1 + x_2$	$y = \beta_0 + \beta_1 x_1 + \beta_2 x_2$
:	表示自變數的交互項	$y \sim x_1 : x_2$	$y = \beta_0 + \beta_1 x_1 x_2$
*	表示所有可能交互項的簡潔方式	$y \sim x_1 * x_2$ $y \sim x_1 + x_2 + y \sim x_1 : x_2$ $y \sim (x_1 + x_2)^2$（見下一欄）	$y = \beta_0 + \beta_1 x_1 + \beta_2 x_2 + \beta_3 x_1 x_2$
^	表示交互項達到某個次數	$y \sim (x_1 + x_2 + x_3)^2$ $y \sim x_1 * x_2 * x_3 - x_1 : x_2 : x_3$ $y \sim x_1 + x_2 + x_3 + x_1 : x_2 + x_1 : x_3 + x_2 : x_3$ （建議寫成這樣比較好理解）	$y = \beta_0 + \beta_1 x_1 + \beta_2 x_2 + \beta_3 x_3 + \beta_4 x_1 x_2 + \beta_5 x_1 x_3 + \beta_6 x_2 x_3$
-1	刪除截距項	$y \sim -1 + x$ $y \sim -1 + x1 + x2$	$y = \beta_1 x_1$ $y = \beta_1 x_1 + \beta_2 x_2$
I()	從算術的角度來解釋括弧中的元素	y ~ x1 + I((x2 + x3)^2) 表示 y ~ x1 + z z = (x2 + x3)^2	$y = \beta_0 + \beta_1 x_1 + \beta_2 z$ $z = (x2 + x3)*(x2 + x3)$
	多項式迴歸 (Polynomial regression) 可以用這個來處理	$y \sim x_1 + I((x_1)^\wedge 2)$ $y \sim x_1 + x_1 * x_1$	$y = \beta_0 + \beta_1 x_1 + \beta_2 x_1^2$
.	表示包含除依變數外的所有變數	y ~ x1 + x2 + x3 可寫成 y ~ .	$y = \beta_0 + \beta_1 x_1 + \beta_2 x_2 + \beta_3 x_3$

14.6 簡單線性迴歸的目的與資料要求

簡單線性迴歸的目的與資料要求呈現於表 14.4 中，在此我們解釋一下表 14.4 中的虛擬變項，其乃是類別變項 (categorical variable) 給於虛擬編碼 (dummy coding) 的變項。例如有一個變項（富有狀況）有三類的人，富有、小康以及貧窮，那麼先給予虛擬編碼，三個類別可以虛擬編碼成三個變項，屬於該類的編碼 1，不是該類的編碼 0（見表 14.5）。而要使用虛擬變項時，必須選擇一個對照組 (reference group)。可以依據理論，或者選擇數值最高或最低的那一個類別，例如對照組是「貧窮」，那麼實際放入迴歸裡的變項就只有「富有」與「小康」這兩虛擬變項。所以，使用類別變項來做迴歸估計時，必須將之編成虛擬變項，有 k 個類別，只能有 k-1 個虛擬變項進入迴歸模式。假如，類別變項只有兩類如性別，將男生編碼爲 0，女生編碼爲 1，就是虛擬變項，又如婚姻狀況，單身編碼爲 0，已婚編碼爲 1。你或許會看到有些研究者將男生編碼爲 1，女生編碼爲 2，在 R 的線性迴歸裡，它也可以視爲虛擬變項，它不會影響關係的估計，只會在截距上有差異而已（見圖 14.10，深色線是編成 0、1 的迴歸線，淺色線是編成 1、2 的迴歸線）。

表 14.4　簡單線性迴歸的目的與資料要求

目的	自變項		依變項
探討一個自變項對依變項的影響（效果）	一個變項（此變項可以是連續變項或者虛擬變項）		一個屬於連續的量數（這裡必須是連續，不可以是虛擬變項）
	性別 (0、1)（此為虛擬變項）	→	身高
	國文（此為連續量數）	→	數學

表 14.5　虛擬變項編碼範例

id	財富狀況	富有	小康	貧窮
1	富有	1	0	0
2	富有	1	0	0
3	小康	0	1	0
4	小康	0	1	0
5	貧窮	0	0	1
6	貧窮	0	0	1

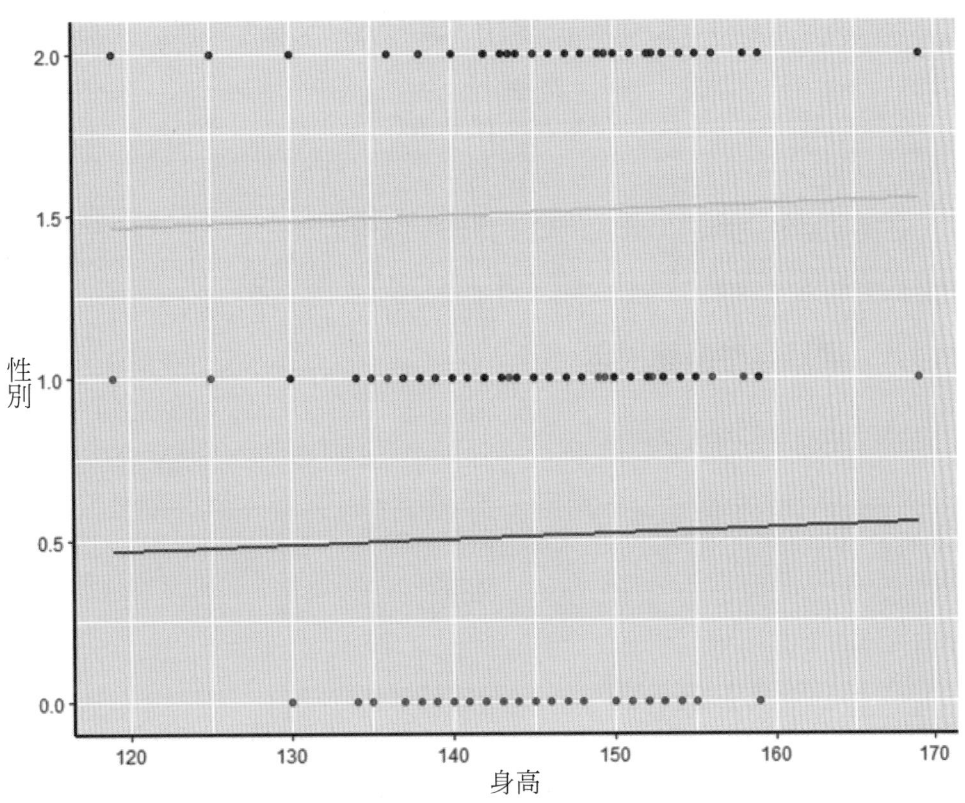

圖 14.10　虛擬編碼的迴歸差異

14.7　簡單線性迴歸範例與 R 操作

資料準備與變項說明：此部分的資料準備與變項說明請參見下面多元迴歸的資料準備與變項說明，由於是簡單線性迴歸，使用的依變項是該資料中的基測總分，自變項是父親教育。

研究目的：探討父親教育對國中生基測總分的影響關係。

研究問題：父親教育是否影響國中生基測總分？

研究假設：

虛無假設：父親教育無法影響國中生的基測總分。（父親教育的 β_1 爲 0）

$$H_0：\beta_1 = 0$$

對立假設：父親教育會影響國中生的基測總分。（父親教育的 β_1 不為 0）

$$H_1 : \beta_1 \neq 0$$

在簡單線性迴歸這部分我們就不處理迴歸假定的檢定，將迴歸假定的檢定放在多元迴歸那裡。

14.7.1 簡單線性迴歸檢定

使用 lm() 函數估計迴歸模式。

```
SR = lm(formula = 基測總分 ~ 父親教育, data = Unit_14_mreg_200)
summary(SR)
```

```
Call:
lm(formula = 基測總分 ~ 父親教育, data = Unit_14_mreg_200)
Residuals:
     Min       1Q   Median       3Q      Max
-130.346  -45.346    2.546   45.065  157.243
Coefficients:
             Estimate     Std.  Error t    value    Pr(>|t|)
(Intercept)   77.990    17.413   4.479   1.27e-05      ***
父親教育        7.196     1.536   4.685   5.20e-06      ***
---
Signif. codes:  0 '***' 0.001 '**' 0.01 '*' 0.05 '.' 0.1 ' ' 1
Residual standard error: 61.69 on 198 degrees of freedom
Multiple R-squared:  0.09979, Adjusted R-squared:  0.09525
F-statistic: 21.95 on 1 and 198 DF,  p-value: 5.195e-06
```

lm() 函數不計算標準化係數，因此使用 lm.beta() 來幫忙計算標準化係數。

```
library(lm.beta)
lm.beta(SR)
```

```
Call:
lm(formula = 基測總分 ~ 父親教育, data = Unit_14_mreg_200)
Standardized Coefficients::
(Intercept)     父親教育
  0.0000000    0.3159009
```

14.7.2 簡單線性迴歸：統計 AI=>GO:(Unit 14 regression AI)

```
#請輸入資料名稱
data = Unit_14 mreg_200
#請輸入自變項（變項名稱，讀者一定要看單元 2.7 資料框部分的說明）
自變項 = c(" 父親教育 ")
#請輸入依變項（變項名稱，讀者一定要看單元 2.7 資料框部分的說明）
依變項 = c(" 基測總分 ")
#請填入要存檔的名稱（變項名稱，讀者一定要看單元 2.7 資料框部分的說明）
save_file = c("father_edu")
```

註：這裡的自變項以及依變項，必須都是數值，不可以是字串，雖然 R 的 lm() 函數在迴歸估計時，當你輸入的是字串，它會自動幫你做成虛擬變項，但是在我們這裡會變成不同估計模式，輸出的解釋無法對應到讀者所要的模式。

result.1

檢定	統計量	p 值
線性 (RESET)	2.82	0.062
常態 (Shapiro–Wilk)	0.989	0.119
偏態 (Skewness)	-0.005	
峰度 (Kurtosis)	-0.637	
變異數同質性 (Breush-Pagan)	0.253	0.615
殘差獨立性 (Durbin-Watson)	0.521	0

result.2

表 AAA(result.1) 的 RESET 線性檢定顯示，RESET 統計量 = 2.82，p 值 = 0.062 > 0.05，表示自變項與依變項之間的線性關係成立。表 AAA 的 Shapiro–Wilk 常態性檢定顯示，Shapiro–Wilk 統計量 = 0.989，p 值 = 0.119 > 0.05，表示常態性假定成立。表 AAA 的變異數同質性檢定顯示，Breush-

Pagan 統計量 =0.253，p 值 = 0.615 > 0.05，表示變異數同質性成立。表 AAA 的殘差的獨立性檢定顯示，Durbin-Watson 統計量 = 0.521，p 值 = 0 < 0.05，表示殘差獨立性未成立。（讀者可參考「殘差獨立未成立的處理方式」那一小節，尋求解決方式。）

result.3

標準化殘差檢定顯示，沒有任何標準化殘差大於 3，因此沒有極端的偏離值存在。

result.4

基測總分	父親教育	case_id	標準化殘差	cooks_distance
34	6	1	-1.428	0.021
131	18	43	-1.263	0.029
232	6	62	1.815	0.034
247	6	97	2.061	0.044
276	6	100	2.536	0.067
227	6	153	1.733	0.031
300	9	191	2.559	0.024

result.5

表 BBB(result.4) 的 Cook's D 有影響的觀察值檢定顯示有 7 個觀察值的 Cook's D 大於 4/n，但沒有大於 0.5 者。

result.6

			基測總分			
	b	s.e	beta	t	p	sig
(Intercept)	77.99	17.413	0	4.479	0	***
父親教育	7.196	1.536	0.316	4.685	0	***
N		200				
R^2		0.1				
adj.R^2		0.095				
F		F(1, 198) = 21.949***				

result.7

從表 CCC(result.6) 的迴歸分析摘要表得知，父親教育影響基測總分的整體模式達到顯著水準 F(1, 198) = 21.949, p < 0.001 。R 平方爲 0.1，表示這些變項整體上可以解釋基測總分的變異量爲 10%。（使用調整 R 平方的解釋如下：調整 R 平方爲 0.095，表示這些變項整體上可以解釋基測總分 9.5%。）父親教育對基測總分的 β= 0.316，p < 0.001，達到顯著水準，表示父親教育分數越高，基測總分也越高。

14.7.3 簡單線性迴歸 APA 報表與結果解釋

表 14.6 教育期望對國中生基測總分迴歸摘要表

	基測總分				
	b	s.e	beta	t	p
截距	77.99	17.413		4.479	
父親教育	7.196	1.536	0.316***	4.685	<0.001
N			200		
R^2			0.1		
adj.R^2			0.095		
F			F(1, 198) = 21.949***		

***p < 0.001

從表 14.6 得知，迴歸檢定結果顯示父親教育影響基測總分的整體模式達到顯著水準 F(1, 198) = 21.949，p < 0.001。R 平方爲 0.1，表示這些變項整體上可以解釋基測總分 10%。父親教育對基測總分的 $\beta = 0.316$，p < 0.001，達到顯著水準，表示國中生的父親教育程度越高，其基測總分也越高。

14.8 多元線性迴歸範例與 R 操作

多元線性迴歸的目的與資料要求：多元線性迴歸的目的與資料要求呈現於表 14.7。多元線性迴歸有多個自變項，這些自變項可以都是連續變項、都是虛擬變項，或者是連續與虛擬變項。

表 14.7 多元線性迴歸的目的與資料要求

目的	自變項		依變項
探討多個自變項對依變項的影響（效果）	多個變項（這些變項可以是連續變項或者虛擬變項）		一個屬於連續的量數（這裡必須是連續，不可以是虛擬變項）
	性別、體重	→	身高

資料準備與變項說明：這部分的資料使用我們所收集的某縣市國中三年級學生 200 名的家庭狀況與基測成績，依變項是基測總分（0～300，不含作文成績），自變項包括父親教育、母親教育，此兩變項皆是以年來計算，國小 6 年、國中 9 年，以此類推，研究所是 18 年。家庭收入：1 是一萬五以下～7 是十萬元以上。補習：0 爲沒有補習，1 爲有補習。文化資本是各種文化資本題項加總的分數，最低 0 分到最高 30 分。這些資料在 Excel 裡的資料型態如表 14.8（你可以打開 Unit_14_mreg_200 檔來對照）。

表 14.8　多元迴歸的資料型態

id	父親教育	母親教育	家庭收入	補習	文化資本	基測總分
1.00	6.00	6.00	3.00	0.00	0.00	34.00
2.00	12.00	9.00	3.00	0.00	4.00	34.00
3.00	12.00	9.00	4.00	0.00	3.00	40.00
4.00	12.00	9.00	2.00	0.00	0.00	42.00
5.00	6.00	9.00	4.00	0.00	6.00	43.00
8.00	12.00	9.00	4.00	0.00	15.00	48.00
9.00	12.00	12.00	3.00	0.00	0.00	54.00
10.00	12.00	12.00	1.00	0.00	8.00	54.00
11.00	12.00	12.00	5.00	0.00	4.00	55.00

研究目的：探討國中生父親教育、母親教育、家庭收入、補習以及文化資本對基測總分的影響關係。

研究問題：國中生父親教育、母親教育、家庭收入、補習以及文化資本是否能預測基測總分？

研究假設：

虛無假設：父親教育、母親教育、家庭收入、補習以及文化資本對基測總分沒有顯著影響。

$$H_0：b_{\text{父親教育}} = b_{\text{母親教育}} = b_{\text{家庭收入}} = b_{\text{補習}} = b_{\text{文化資本}} = 0$$

對立假設：父親教育、母親教育、家庭收入、補習以及文化資本等變項至少有一個變項對基測總分有顯著影響。

H_1：至少有一個變項的 b 值不等於 0。

14.8.1 多元迴歸的敘述統計

在做多元迴歸時，有些期刊會要求將資料的個數、平均數、標準差、中位數、最小值、最大值呈現出來，所以在此採用 broom 套件的 tidy() 函數，它可以很容易地呈現所要的資訊，見表 14.9。

表 14.9 多元迴歸變項描述統計

變項	個數	平均數	標準差	中位數	最小值	最大值
父親教育	200	11.0	2.85	12	6	18
母親教育	200	10.3	2.59	9	6	18
家庭收入	200	3.11	1.36	3	1	7
補習	200	0.66	0.48	1	0	1
文化資本	200	6.94	7.15	5	0	29
基測總分	200	157	64.9	156	34	300

```
library(broom)
des = Unit_14_mreg_200 %>% select( 父親教育 : 基測總分 )
tidy(des)[ ,c(1:5, 8, 9)]
```

[說明] broom 套件中的 tidy(des) 函數中的 1：5 欄是 column、n、mean、sd、median，而 8、9 欄是 min 以及 max。

```
column        n   mean    sd median  min   max
  <chr>     <dbl> <dbl> <dbl>  <dbl> <dbl> <dbl>
1 父親教育    200  11.0  2.85     12     6    18
2 母親教育    200  10.3  2.59      9     6    18
3 家庭收入    200   3.11 1.36      3     1     7
```

```
4 補習        200   0.66  0.475      1     0     1
5 文化資本    200   6.94  7.15       5     0    29
6 基測總分    200 157.    64.9     156    34   300
```

14.8.2 多元迴歸的相關矩陣

有些期刊論文會要求呈現相關矩陣，這部分讀者可以使用第 13 單元相關部分的統計 AI = >GO 的程式 [Unit 13 correlation_AI] 來處理。下表 14.10 就是統計 AI = >GO 的程式所產生的相關矩陣。

表 14.10 變項間相關係數矩陣

	父親教育	母親教育	家庭收入	補習	文化資本	基測總分
父親教育	1.00					
母親教育	0.54***	1.00				
家庭收入	0.24***	0.26***	1.00			
補習	0.16*	0.19**	0.16*	1.00		
文化資本	0.28***	0.39***	0.31***	0.24***	1.00	
基測總分	0.32***	0.31***	0.28***	0.33***	0.19**	1.00

Pearson 相關矩陣呈現於表 14.10，由表 14.10 得知：父親教育與家庭收入之相關爲 0.24、父親教育與補習之相關爲 0.16、父親教育與文化資本之相關爲 0.28、母親教育與家庭收入之相關爲 0.26、母親教育與補習之相關爲 0.19、家庭收入與補習之相關爲 0.16、家庭收入與基測總分之相關爲 0.28、補習與文化資本之相關爲 0.24、文化資本與基測總分之相關爲 0.19，以上皆是顯著且正向小相關。父親教育與基測總分之相關爲 0.32、母親教育與文化資本之相關爲 0.39、母親教育與基測總分之相關爲 0.31、家庭收入與文化資本之相關爲 0.31、補習與基測總分之相關爲 0.33，以上皆是顯著且正向中相關。父親教育與母親教育之相關爲 0.54，皆是顯著且正向大相關。

我們把相關表進一步做解釋，在做迴歸時，呈現的相關通常需要依據要探討的目的來敘述相關，我們呈現的只是給讀者參考。

14.8.3 多元線性迴歸模式檢定

```
mreg = lm( 基測總分 ~ 父親教育 + 母親教育 + 家庭收入 + 補習 +
                    文化資本,  data = Unit_14_mreg_200)
summary(mreg)
```

```
Call:
lm(formula = 基測總分 ~ 父親教育 + 母親教育 + 家庭收入 + 補習 +
    文化資本, data = Unit_14_mreg_200)
Residuals:
     Min       1Q   Median       3Q      Max
-114.951  -44.956   -3.511   37.299  142.866
Coefficients:
            Estimate Std. Error t value Pr(>|t|)
(Intercept)  33.7147    19.9388   1.691 0.092460
父親教育      3.8255     1.7302   2.211 0.028201
母親教育      3.2644     1.9837   1.646 0.101461
家庭收入      8.2750     3.2461   2.549 0.011569
補習         34.8201     8.9892   3.874 0.000147
文化資本     -0.1729     0.6520  -0.265 0.791172
Residual standard error: 57.91 on 194 degrees of freedom
Multiple R-squared:  0.2228,   Adjusted R-squared:  0.2028
F-statistic: 11.12 on 5 and 194 DF,  p-value: 0.000000001954
```

迴歸檢定的結果：F(5, 194) = 11.12，$p < 0.001$，達到顯著水準，R^2 = 0.223，表示這些變項可以解釋基測總分的變異數爲 22.3%。個別變項的檢定顯示父親教育對基測總分的影響達顯著水準 (b = 3.82，$p < 0.05$)。家庭收入對基測總分的影響達顯著水準 (b = 8.27，$p < 0.05$)。補習對基測總分的影響達顯著水準 (b = 34.82，$p < 0.001$)。母親教育與文化資本對基測總分沒有顯著的影響。

lm() 函數不會產生標準化迴歸係數，除非將所有變項的分數先改成 z 分數，再放入函數中，則報表中的 estimate 裡的係數就是標準化係數。可以採用 lm.beta 套件來產生標準化係數。

```
library(lm.beta)
lm.beta(mreg)
```

```
Call:
lm(formula = 基測總分 ~ 父親教育 + 母親教育 + 家庭收入 + 補習 +
    文化資本, data = ch11_mreg_200)
Standardized Coefficients::
(Intercept)    父親教育    母親教育    家庭收入        補習    文化資本
 0.00000000  0.16792965  0.13056145  0.17341336  0.25497262 -0.01904866
```

14.8.4 多元迴歸統計 AI=>GO:(Unit 14 regression AI)

```
# 請輸入資料名稱
data = Unit_14_mreg_200
# 請輸入自變項的名稱（變項名稱，讀者一定要看單元 2.7 資料框部分的說明）
自變項 = c(" 父親教育 ", " 母親教育 ", " 家庭收入 ", " 補習 ", " 文化資本 ")
# 請輸入依變項的名稱（變項名稱，讀者一定要看單元 2.7 資料框部分的說明）
依變項 = c(" 基測總分 ")
# 請填入要存檔的名稱（變項名稱，讀者一定要看單元 2.7 資料框部分的說明）
save_file = c("mreg_out")
```

註：這裡的自變項以及依變項，必須都是數值，不可以是字串，雖然 R 的 lm() 函數在迴歸估計時，當你輸入的是字串，它會自動幫你做成虛擬變項，但是在我們這裡會變成不同估計模式，輸出的解釋無法對應到讀者所要的模式。

result.1

變項	VIF
父親教育	1.44
母親教育	1.571
家庭收入	1.155
補習	1.082
文化資本	1.288

result.2

表 AAA(result.1) 多元共線性檢定顯示，沒有任何自變項的 VIF 值≧ 10，顯示沒有多元共線性的問題。

result.3

檢定	統計量	p 值
線性 (RESET)	0.802	0.45
常態 (Shapiro–Wilk)	0.986	0.053
偏態 (Skewness)	0.222	
峰度 (Kurtosis)	-0.629	
變異數同質性 (Breush-Pagan)	6.387	0.27
殘差獨立性 (Durbin-Watson)	0.59	0

result.4

表 BBB(result.2) 的 RESET 線性檢定顯示，RESET 統計量 = 0.802，p 值 = 0.45 > 0.05，表示自變項與依變項之間的線性關係成立。表 BBB 的 Shapiro–Wilk 常態性檢定顯示，Shapiro–Wilk 統計量 = 0.986，p 值 = 0.053 > 0.05，表示常態性假定成立。表 BBB 的變異數同質性檢定顯示，Breush-Pagan 統計量 =6.387，p 值 = 0.27 > 0.05，表示變異數同質性成立。表 BBB 的殘差的獨立性檢定顯示，Durbin-Watson 統計量 = 0.59，p 值 = 0 < 0.05，表示殘差獨立性未成立。（讀者可參考「殘差獨立未成立的處理方式」那一小節，尋求解決方式。）

result.5

標準化殘差檢定顯示，沒有任何標準化殘差大於 3，因此沒有極端的偏離值存在。

result.6

基測總分	父親教育	母親教育	家庭收入	補習	文化資本	case_id	標準化殘差	cooks_distance
232	6	9	3	0	6	62	2.142	0.024
249	18	12	1	0	23	65	1.886	0.074
275	16	16	5	0	22	67	1.613	0.03
247	6	6	1	1	2	97	2.253	0.033
276	6	9	2	1	0	100	2.431	0.031
227	6	12	1	1	0	153	1.567	0.025
284	12	12	5	1	28	163	1.665	0.026
300	9	12	5	1	18	191	2.1	0.025

result.7

表 CCC(result.6) 的 Cook's D 有影響的觀察值檢定顯示有 8 個觀察值的 Cook's D 大於 4/n，但沒有大於 0.5 者。

result.8

			基測總分			
	b	s.e	beta	t	p	sig
(Intercept)	33.715	19.939	0	1.691	0.092	
父親教育	3.826	1.73	0.168	2.211	0.028	*
母親教育	3.264	1.984	0.131	1.646	0.101	
家庭收入	8.275	3.246	0.173	2.549	0.012	*
補習	34.82	8.989	0.255	3.874	0	***
文化資本	-0.173	0.652	-0.019	-0.265	0.791	
N			200			
R^2			0.223			
adj.R^2			0.203			
F		F(5, 194) = 11.123***				

result.9

從表 DDD(result.8) 的迴歸分析摘要表得知，父親教育、母親教育、家庭收入、補習、文化資本影響基測總分的整體模式達到顯著水準 F(5, 194) = 11.123, p < 0.001。R 平方為 0.223，表示這些變項整體上可以解釋基測總分的變異量為 22.3%。（使用調整 R 平方的解釋如下：調整 R 平方為 0.203，表示這些變項整體上可以解釋基測總分 20.3%。）父親教育對基測總分的 β= 0.168，p < 0.05，達到顯著水準，表示父親教育分數越高，基測總分也越高。家庭收入對基測總分的 β= 0.173，p < 0.05，達到顯著水準，表示家庭收入分數越高，基測總分也越高。補習對基測總分的 β= 0.255，p < 0.001，達到顯著水準，表示補習中「1」組相對於「0」組在基測總分的平均數比較高。母親教育對基測總分的 β= 0.131，p > 0.05，未達到顯著水準，表示母親教育無法影響基測總分。文化資本對基測總分的 β= -0.019，p > 0.05，未達到顯著水準，表示文化資本無法影響基測總分。

14.8.5　多元迴歸 APA 格式與結果解釋

在教育與心理有關的期刊論文通常使用 β 來報告，所以表 14.11 中，將星號換到 beta 這裡來標註，但有些期刊論文是將星號標註在 b 的位置，其次，我們的輸出表格 (result.6) 把 t 值與 p 值也附上去，也是因為有些期刊論文所要求報表的資訊項目不太一樣，讀者可以依期刊的要求來呈現報表。

表 14.11 學生家庭變項對基測總分之迴歸摘要表

	基測總分				
	b	s.e	beta	t	p
截距	33.715	19.939		1.691	0.092
父親教育	3.826	1.73	0.168*	2.211	0.028
母親教育	3.264	1.984	0.131	1.646	0.101
家庭收入	8.275	3.246	0.173*	2.549	0.012
補習	34.82	8.989	0.255***	3.874	<0.001
文化資本	-0.173	0.652	-0.019	-0.265	0.791
N			200		
R^2			0.223		
adj.R^2			0.203		
F			F(5, 194) = 11.123***		

從表 14.11 得知，迴歸檢定結果顯示父親教育、母親教育、家庭收入、補習、文化資本影響基測總分的整體模式達到顯著水準 $F(5, 194) = 11.123, p < 0.001$。R 平方爲 0.223，表示這些變項整體上可以解釋基測總分 22.3%。父親教育對基測總分的 $\beta = 0.168$，$p < 0.05$，達到顯著水準，表示父親教育分數越高，基測總分也越高。家庭收入對基測總分的 $\beta = 0.173$，$p < 0.05$，達到顯著水準，表示家庭收入分數越高，基測總分也越高。補習對基測總分的 $\beta = 0.255$，$p < 0.001$，達到顯著水準，表示有補習相對於沒有補習在基測總分的平均數比較高。母親教育對基測總分的 $\beta = 0.131$，$p > 0.05$，未達到顯著水準，表示母親教育無法影響基測總分。文化資本對基測總分的 $\beta = -0.019$，$p > 0.05$，未達到顯著水準，表示文化資本無法影響基測總分。

另外一種寫法：

我們提供另外一種報告的寫法給讀者，有些期刊論文比較傾向於這種寫法的報告。

從表 14.11 得知，多元迴歸的檢定結果顯示父親教育、母親教育、家庭收入、補習以及文化資本預測基測總分的整體模式達到顯著水準 $F(5, 194) = 11.12$，$p < 0.001$，R^2 爲 0.22，表示這些變項整體上可以解釋基測總分 22%。個別的變項檢定顯示，父親教育對基測總分的 b= 3.83，$p < 0.05$，達到顯著水準，表示在設定其他變項爲固定數值 (constant) 之下，學生的父親教育年數每增加一年，基測總分增加 3.83 分。家庭收入對基測總分的 b = 8.28，$p < 0.05$，達到顯著水準，表示在設定其他變項爲固定數值之下，學生的家庭收入增加一個級數，基測總分增加 8.28 分。補習對基測總分的 b = 34.82，$p < 0.001$，達到顯著水準，表示在設定其他變項爲固定數值之下，有補習的學生比沒有補習的學生基測總分的平均高出 34.82。母親教育與文化資本則是未達顯著水準，因此母親教育與文化資本無法預測基測總分。

在這裡我們呈現了 R^2 來解釋模式的適配程度，也就是自變項能夠解釋依變項的程度，許多期刊論文會接受使用 R^2 指標，但是 R^2 指標有一個缺點，就是當增加自變項時，即使那些變項的預測相當薄弱，R^2 也一定會增加，不會減少。另外有一個調整 R^2 就是針對這個問題而提出來的，這個指標在計算時將模式的複雜性考慮進去，企圖調整比較複雜模式的適配程度。我們在統計 AI=>GO 的輸出中同時呈現了 R^2 以及調整 R^2，並且都有提供敘述，讀者可以依據需要選擇來報告。

14.9 迴歸診斷

建立一條線性迴歸模式，只能說「路只走了一半」。要讓這個迴歸模式在實務上是很有用的，這個模式必須服從於我們在前面所提的那些迴歸假定。假若那些假定被破壞時，那麼所估計出來的結果會很有問題，也可能是完全錯誤。因而，迴歸診斷就是後半段要走的路。迴歸診斷是決定一條適配迴歸模式是否適當地呈現資料的方法。它可以告訴我們所做的估計是否有問題，並且告訴我們問題之所在以及如何去解決這些問題。

14.9.1 線性關係假定

Residuals vs. Fitted 圖：線性關係假定可以使用圖形來檢定，通常使用的是 Residuals vs. Fitted 圖。此種圖形的線段發展貼近 0 的水平虛線或者看不出特殊的型態，意涵模式是線性的。ggfortify 套件的 autoplot() 函數產生圖形的第一張圖可以用來檢定線性關係。

Residuals vs. Fitted 圖：

```
library(ggfortify)
autoplot(mreg, which = 1, ncol = 1, label.size = 3)
```

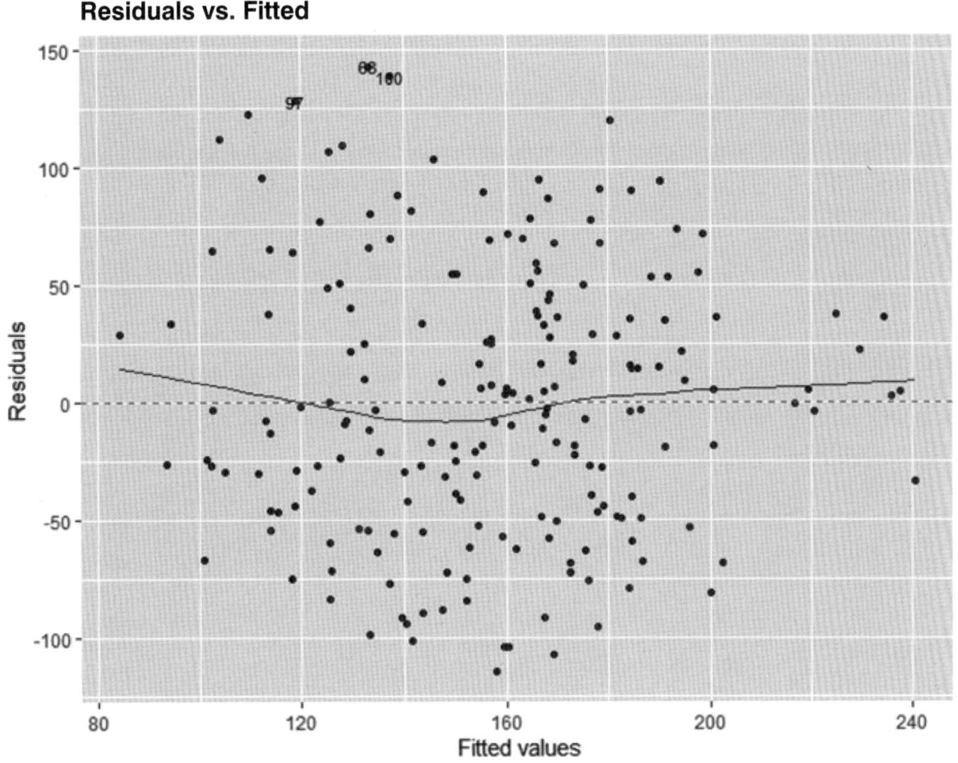

圖 14.11　Residuals vs. Fitted 圖

圖 14.11 的 Residuals vs. Fitted 圖中深色實線有一些起伏，但跟 0 的水平線（虛線）相比，沒有變化很大，其次也看不出特殊的型態，因此採用線

性模式應該是合適的。下面我們提供另一種畫法來看此種關係。

```
library(ggplot2)
res = data.frame(cbind(mreg$fitted.values, mreg$residuals))
colnames(res) = c("適配值", "殘差")
ggplot(res, aes(x = 適配值, y = 殘差)) +
  geom_point() +
  geom_smooth(method = "lm", color = "purple", se = T) +
  geom_smooth(se = F) +
  labs(title = "殘差 vs. 適配值") +
  theme(plot.title = element_text(hjust = 0.5))
```

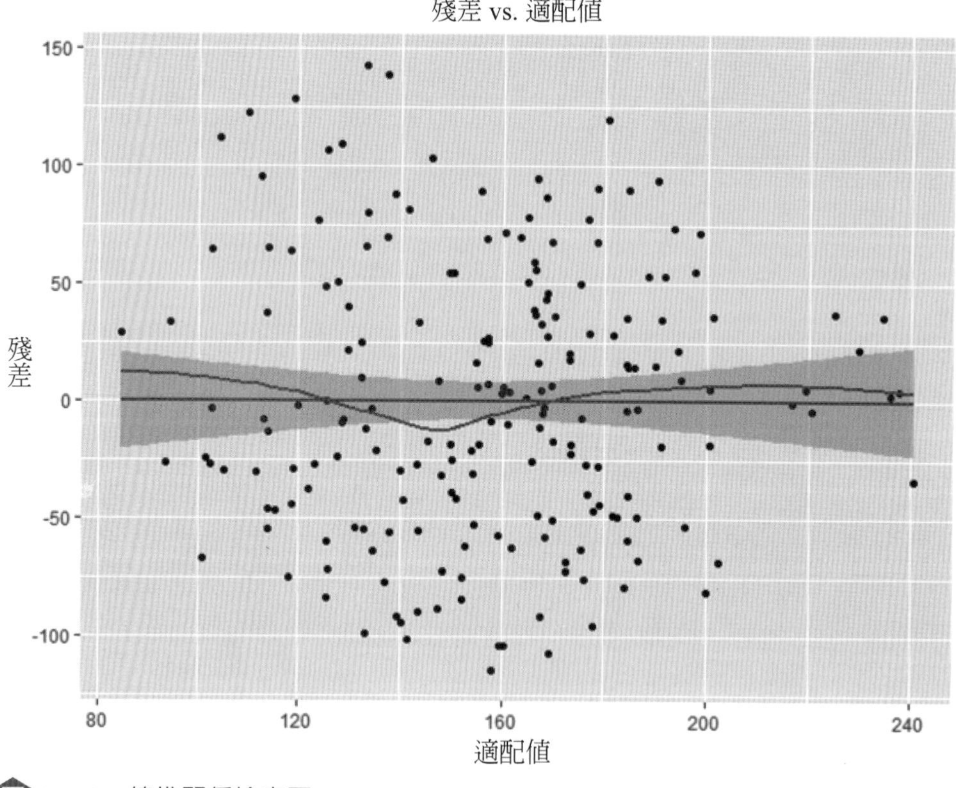

圖 14.12 線性關係檢定圖

從圖 14.12 中的散布圖，沒有明顯地看出非直線的特殊型態，不過也很難判它就是適合直線估計。使用線性估計和局部加權散布點平滑 (locally weighted scatterplot smoothing, loess/lowess) 曲線幫我們畫出兩條線，從局部加權散布點平滑這一條線來看，只有在中間的一小小部分超過線性估計的信賴區間，其他皆在區間內，所以以線性分析應該是合適的。

局部加權散布點平滑曲線 (loess)：主要是把數據分割成幾個局部，在各個局部內適配各自的迴歸曲線，如此便可以觀察到數據在局部展現出來的規律和趨勢。但必須特別注意過度適配 (overfitting) 現象，因爲這條曲線已經被這個變數給「量身打造」了，因此每加入一個新的變數都會造成這條曲線有劇烈變動，這意味著同一條曲線拿去預測新的資料，效力會越來越差，因此在多項式項目與過度適配風險的取捨上就需要特別小心。

RESET：使用 Ramsey's 迴歸誤差界定檢定 (Ramsey's Regression Error Specification Test, RESET)，這個檢定的模式函數的形式相當類似於迴歸中使用次方項。其公式如下：

$$F=\frac{\frac{R_1^2-R_0^2}{q}}{\frac{1-R_1^2}{k_1}}$$

R_0^2 是線性模式的 R 平方，R_1^2 是多項式模式的 R 平方，q 是新增的迴歸自變項數目，k_1 是在多項式模式中自變項的數目。虛無假設是線性關係，那麼所有自變項的 2 次方、3 次方等等的指數項的係數是 0，所以 $p < 0.05$，有可能是非線性關係。在 lmtest 套件的 resettest() 函數可以檢定 RESET。

RESET 檢定：

```
library(lmtest)
resettest(mreg)
```

```
    RESET test
data:  mreg
RESET = 0.80236, df1 = 2, df2 = 192, p-value = 0.4498
```

RESET 檢定的結果顯示 RESET = 0.802，$p > 0.05$，所以可以確定自變項與依變項之間是線性關係。

線性假設未成立的處理方式：

如果線性假設未成立時，大致處理的方式就是變項轉換或者使用可以用來估計曲線效果的非線性迴歸 (nonlinear regression)，這部分讀者可以參考此網站：https://rcompanion.org/rcompanion/e_03.html。

變項轉換可以是依變項轉換或自變項轉換，或者兩者同時轉換，常用來轉換讓資料能夠達成線性的有四種轉換：對數、次方、根號以及倒數（見表 14.12）。

表 14.12 四種轉換

轉換方式	數學	依變項	自變項
對數	$\log a^b$	loga(y)	loga(x)
次方（指數）	a^n	y^(n)	x^(n)
根號	$\sqrt[n]{a}$	y^(1/n)	x^(1/n)
倒數	1/a	1/y	1/x

註：log 與偶次根號的轉換不可以有負數，因此轉換時要加上一個常數讓變項值都大於 0，所以，一般會寫成 $\log(y+s)$，$\sqrt{y+s}$。

使用表 14.12 中的轉換來達成線性關係，通常是一種試錯的過程。*Mosteller and Tukey* (1977) 一書，使用 x 軸向上或向下以及 y 軸向上或向下，歸類了四種簡單非線性的關係（見圖 14.13），Hair, et, al. (2019) 整理了這四種關係的轉換方式。可以從圖 14.13 中看到，x 向上或 y 向上的轉換都是使用次方項，對數、倒數以及根號的轉換皆是用在 x 或 y 向下的情況。以圖 14.13(b) 中的關係而言，y 或 x 任一個變項給於平方，就可以達成線性關係。其他三種是有多種轉換可以使用，基本上可以從最上面的開始往下轉換，直

到達成線性爲止 (Hair, et al., 2019)。

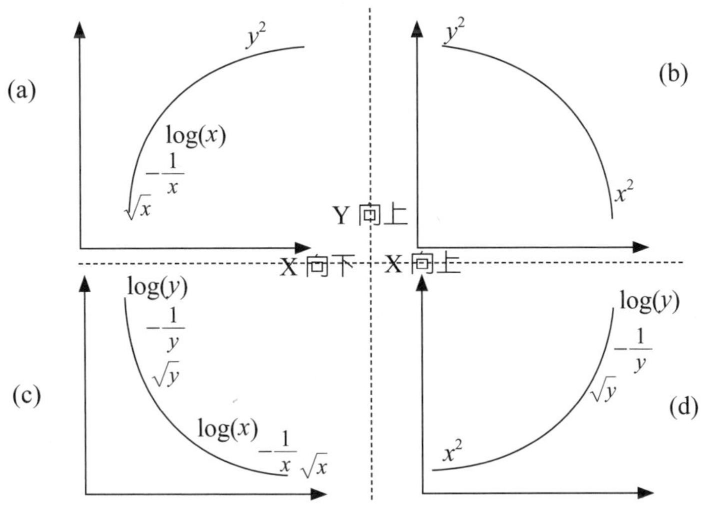

圖 14.13　四種非線性轉換

圖 14.13 的這四種非線性轉換的歸類有助於在做轉換時，快速地找到轉換的方式。下面，我們用 MASS 套件中 Boston 資料裡的 medv、lstat、age、crim 變項來做範例說明。我們先做 crim 來預測 medv 的簡單線性迴歸，接著再以 lstat、age、crim 預測 medv 的多元迴歸爲範例。

```
library(tidyverse)
data("Boston", package = "MASS")
bos_lm = lm(medv ~ crim, data = Boston)
library(ggfortify)
autoplot(bos_lm, which = 1, ncol = 1, label.size = 3)
library(lmtest)
resettest(bos_lm)
```

[說明]autoplot() 函數中，which = 1 是呈現第一張圖，總共有六張圖。ncol = 1 是用 1 個欄位來呈現，label.size = 3 是標籤字號 3 號字。

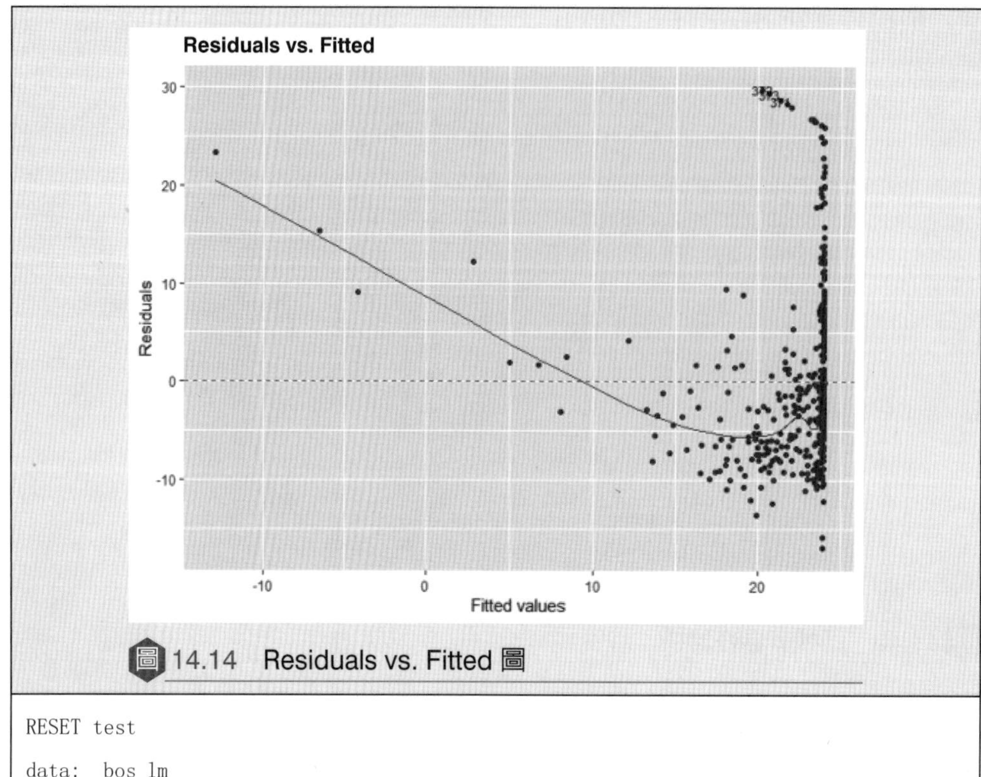

圖 14.14 Residuals vs. Fitted 圖

```
RESET test
data:  bos_lm
RESET = 21.473, df1 = 2, df2 = 502, p-value = 1.127e-09
```

圖 14.14 中簡單迴歸的 Residuals vs. Fitted 圖明顯地顯示兩個變項的關係不是線性。RESET 檢定也顯示線性假定未成立。接著，第一步就是先觀察此兩變項的散布圖以及散布圖所呈現的平滑曲線。

```
library(GGally)
boston_dat = Boston %>% select(medv, crim)
ggpairs(boston_dat, lower = list(continuous = wrap("smooth",
        alpha = 0.3, size=0.1, method = "loess", colour="blue")))
```

[說明]GGally 套件中的 ggpairs() 函數可以用來畫此種平滑曲線，函數中 lower = list() 函數是指下三角部分呈現這些圖形，continuous 表示變數 x, y 都是連續的。wrap() 把函數裡的這些參數都包裹成一張圖，"smooth" 是畫平滑曲線的意思，alpha 是用於散布圖中點的透明度，其值從 0 到 1，值越高，點越不透明。size 用於點的大小，method = "loess"，loess 是局部加權散布點平滑曲線，見上面的解說。colour 是用於點的顏色。

圖 14.15 中的左下圖可以看出 medv 與 crim 的散布圖呈現出的平滑曲線也不是直線關係。其實簡單線性迴歸 Residuals vs. Fitted 圖呈現不是線性，雙變項散布圖也不會是線性，不過觀看散布圖的平滑曲線，比較容易看出原始關係。對照一下，此兩變項關係比較像是圖 14.13(c) 的那張圖，所以可以從 (c) 中選取轉換方式來轉換。依據 Hair, et, al. (2019) 的建議，我們先從 log(y) 開始。從圖 14.16 可以看出 log(y) 的轉換，對線性關係沒有改善，其次，RESET 檢定顯示線性假定未成立（見圖 14.16 下方的 RESET 檢定結果）。

```
boston_dat$medv_log = log(boston_dat$medv)
```

[說明] 將 boston_dat 資料中的 medv(boston_dat$medv) 給於 log() 轉換，再以 medv_log 的變項名存回到 boston_dat 中。其實，在 R 的 lm() 是可以直接轉換。lm(log(medv_log) ~ crim, data = boston_dat)，不過這樣子寫的話，我們的統計 AI=>GO 沒法幫你做，所以把它轉換後，存回原資料檔，就可以用統計 AI=>GO 來處理了。

```
bos_lm_log = lm(medv_log ~ crim, data = boston_dat)
autoplot(bos_lm_log, which = 1, ncol = 1, label.size = 3)
resettest(bos_lm_log)
```

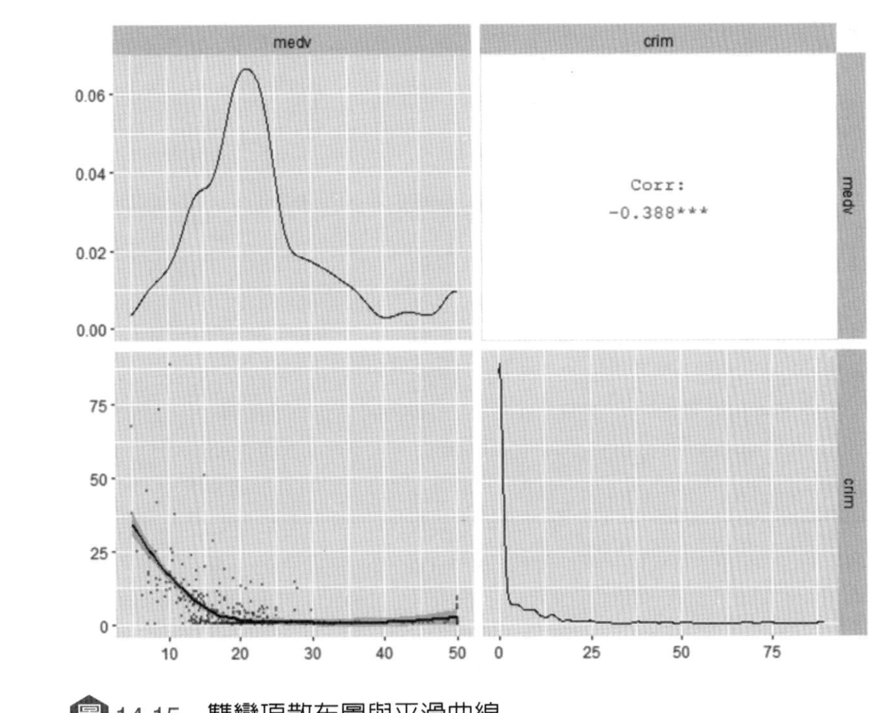

圖 14.15 雙變項散布圖與平滑曲線

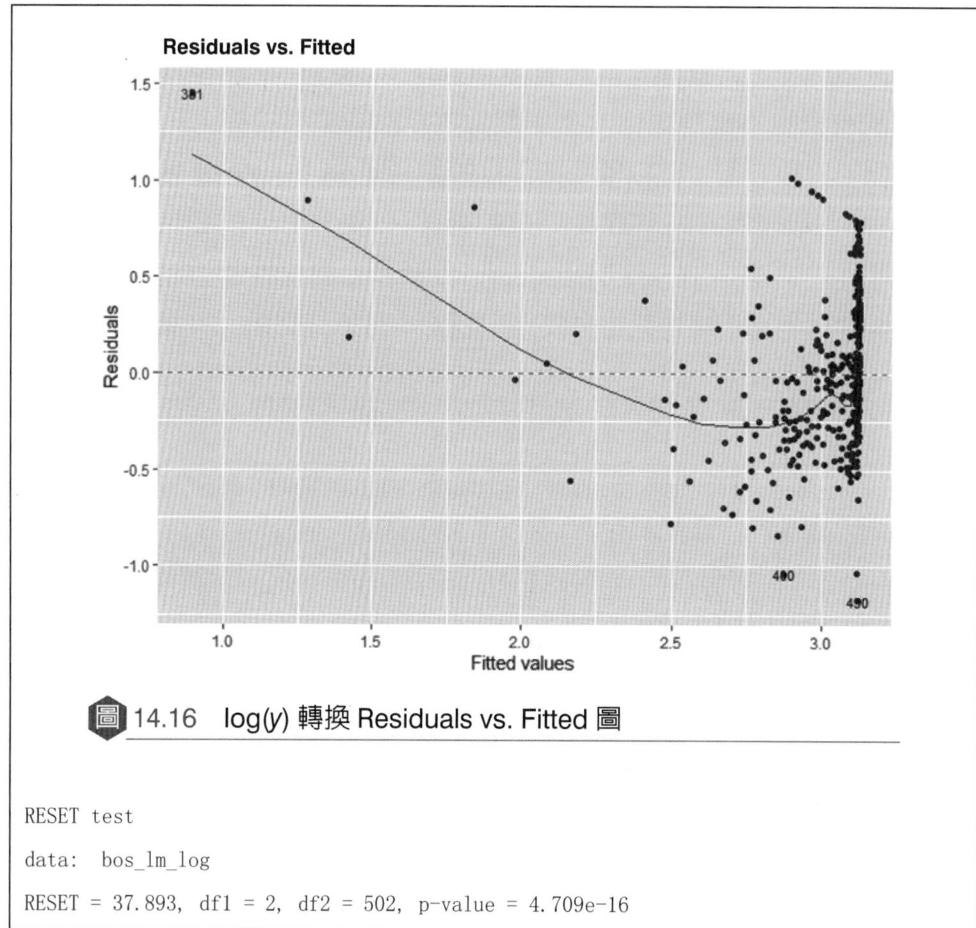

圖 14.16 log(y) 轉換 Residuals vs. Fitted 圖

```
RESET test
data:  bos_lm_log
RESET = 37.893, df1 = 2, df2 = 502, p-value = 4.709e-16
```

接著用 $1/y$ 轉換、$\sqrt{y}$ 轉換、$\log(x)$ 轉換、$-1/x$ 轉換，這些轉換都沒有成功，到了$\sqrt{x}$，就達成線性關係（見圖 14.17）。

```
boston_dat$crim_square_root = boston_dat$crim^(1/2)
bos_lm_crim_square_root = lm(medv ~ crim_square_root, data = boston_dat)
autoplot(bos_lm_crim_square_root, which = 1, ncol = 1, label.size = 3)
resettest(bos_lm_crim_square_root)
```

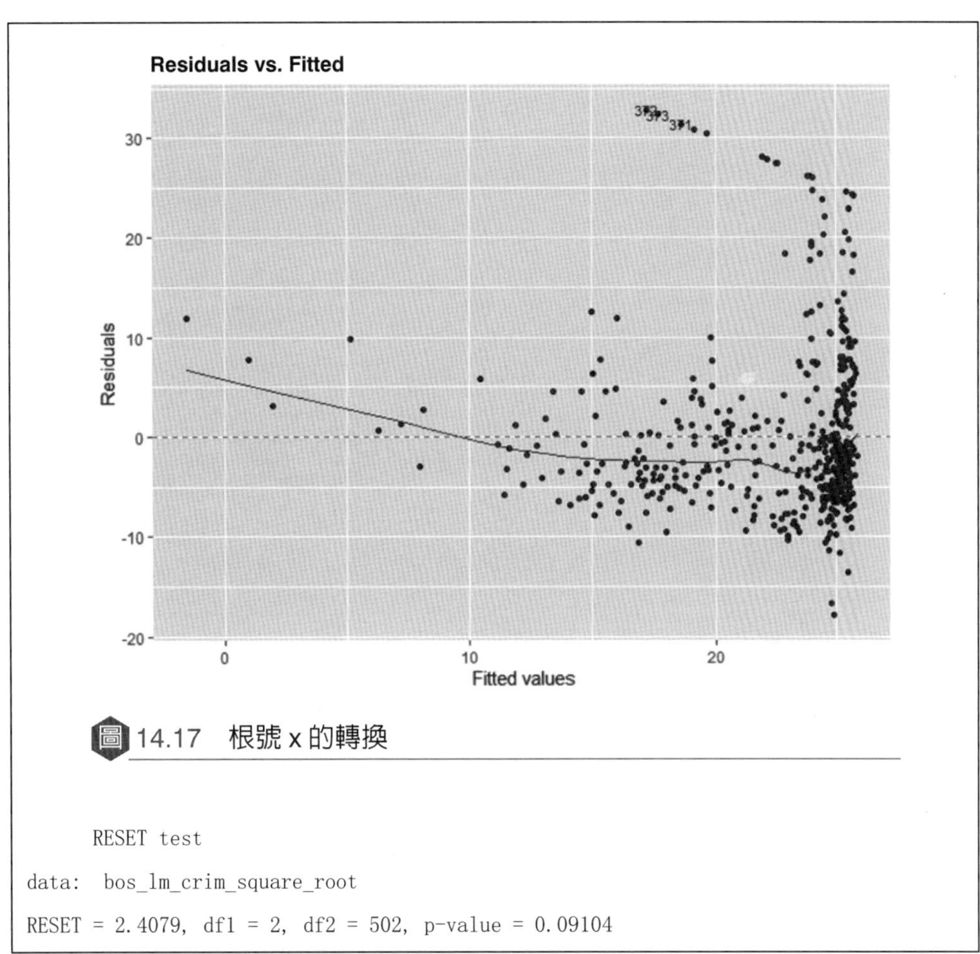

圖 14.17　根號 x 的轉換

```
      RESET test

data:  bos_lm_crim_square_root
RESET = 2.4079, df1 = 2, df2 = 502, p-value = 0.09104
```

多元迴歸變項轉換實例：

```
bos_mreg = lm(medv ~ lstat + age + crim, data = boston_mreg)
autoplot(bos_mreg, which = 1, ncol = 1, label.size = 3)
resettest(bos_mreg)
```

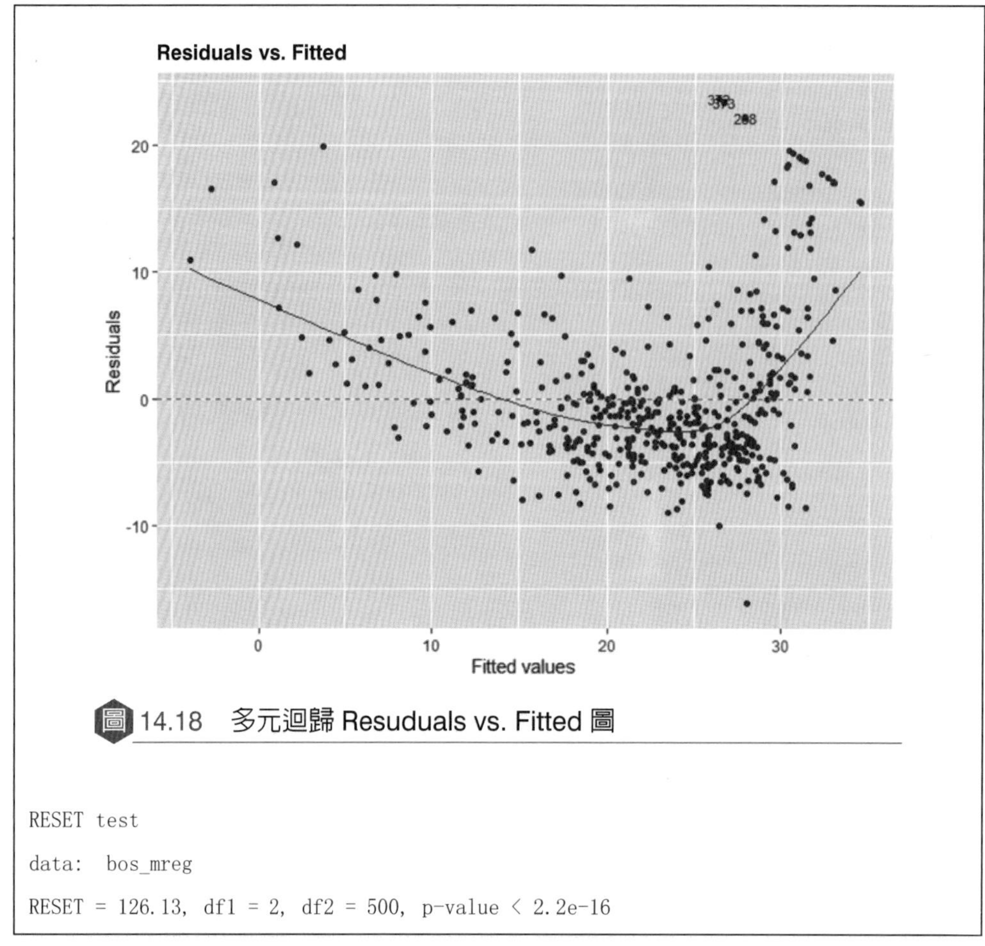

圖 14.18 多元迴歸 Resuduals vs. Fitted 圖

```
RESET test

data:  bos_mreg

RESET = 126.13, df1 = 2, df2 = 500, p-value < 2.2e-16
```

圖 14.18 顯示線性關係未成立。接著我們顯示這四個變項的雙變項散布圖與平滑曲線（見圖 14.19）。

```
boston_mreg = Boston %>% select(medv, lstat, age, crim)
ggpairs(boston_mreg, lower = list(continuous = wrap("smooth",
                 alpha = 0.3, size=0.1, method = "loess", colour="blue")))
```

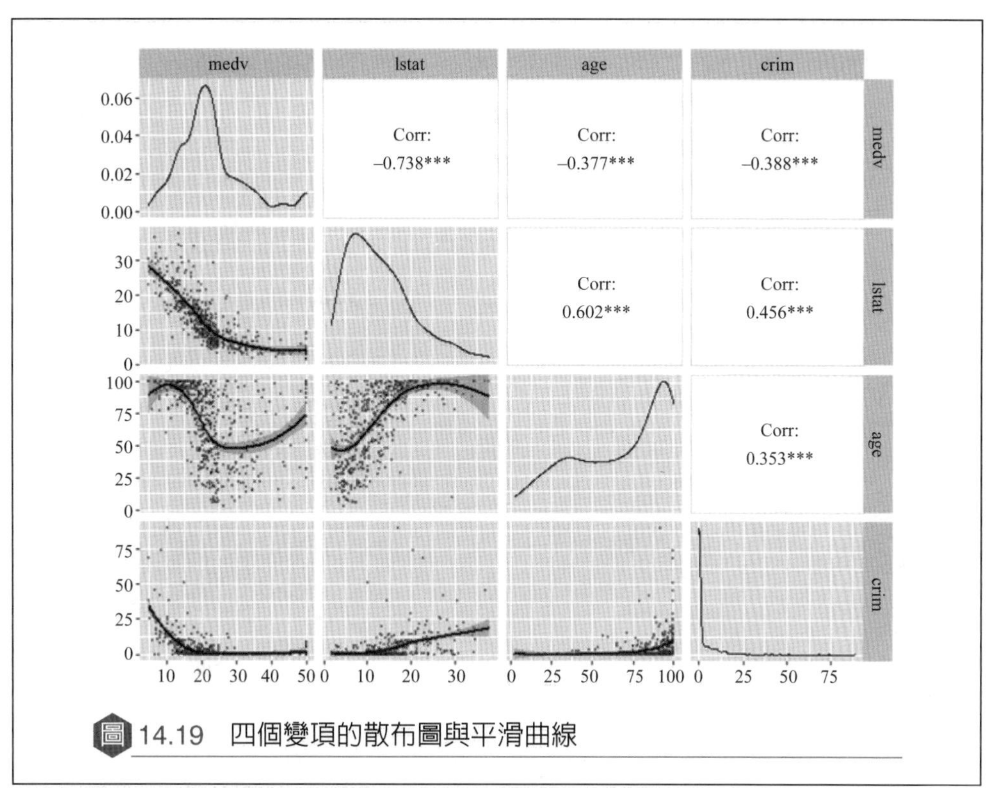

圖 14.19 四個變項的散布圖與平滑曲線

圖 14.19（最左邊的第二、三、四的圖）顯示 medv 與 lstat、age、crim 變項之間的三個雙變項散布圖所呈現的平滑曲線都不太一樣，且都不是線性關係，不過我們看到雙變項之間非線性關係，不代表組合後也是非線性，也可能是線性的。然而，圖 14.18 的多元迴歸 Resuduals vs. Fitted 圖顯示這些組合依然是非線性關係。

由於多元迴歸的複雜組合，因此，我們建議，做轉換時，先依據圖 14.18 的曲線來認定其屬於圖 14.13 中的哪一個圖來著手轉換，而且轉換是先從依變項開始，如果所有依變項轉換無法成功，再轉換自變項，但你一定可以想像出這有多少種組合。現在我們可以看出應該是屬於圖 14.13 的 (c) 圖。從 log(y) 開始轉換，沒有成功，接著倒數的轉換，達成了線性關係（見圖 14.20）。

```
boston_mreg$medv_reciprocal = -(1/(boston_mreg$medv))
bos_mreg_reciprocal = lm(medv_reciprocal ~ lstat + age + crim, data =
boston_mreg)
autoplot(bos_mreg_reciprocal, which = 1, ncol = 1, label.size = 3)
resettest(bos_mreg_reciprocal)
```

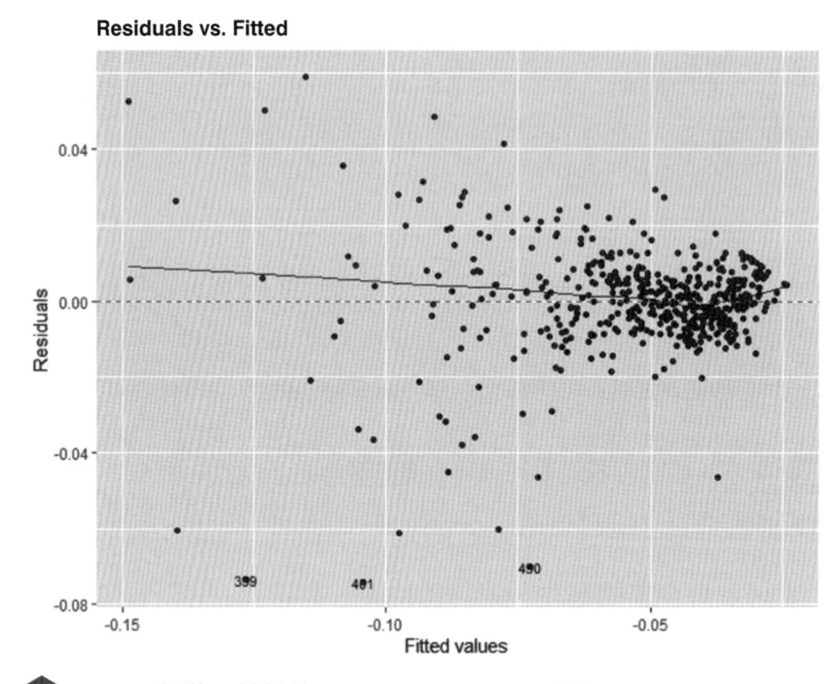

圖 14.20　倒數 y 轉換的 Residuals vs. Fiited 圖

```
RESET test
data:  bos_mreg_reciprocal
RESET = 0.88936, df1 = 2, df2 = 500, p-value = 0.4116
```

轉換的議題：

可能你都沒有轉換成功，那麼只好去做非線性迴歸。可能達成線性轉換不只一種，例如上面簡單迴歸我們用 2 次方根轉換成功，改用 3 次方根也是成功的，而且線性關係更好（見圖 14.21 以及圖下方的 RESET 檢定）。那麼該選何者呢？首先是選擇達成線性且常態性與變異數同質性也成立的那一個（也就是說，線性轉換成功，還必須重新檢定常態性與變異數同質性。）

如果你有數個都具備上述的條件，此時可以使用 R^2 來判斷，選擇 R^2 最高的那一個。例如：我們的例子 2 次方根轉換的 R^2 是 0.2147，而 3 次方根轉換是 0.2205，那麼應該選 3 次方根的轉換。讀者可能想到 4 次方根、5 次方根、6 次方根又如何呢，分別是 0.2199、0.2185、0.2171，呈現下降趨勢，所以 3 次方根的轉換最佳。如果你轉換成功但是常態性與變異數同質性反而不成立怎麼辦？其實，線性關係比常態性與變異數同質性還要重要，在大樣本之下常態性的違反還是可以被接受，而變異數異質性可以用強韌性標準誤（見後面章節的說明）。

```
boston_dat$crim_square_root = boston_dat$crim^(1/3)
bos_lm_crim_square_root = lm(medv ~ crim_square_root, data = boston_dat)
autoplot(bos_lm_crim_square_root, which = 1, ncol = 1, label.size = 3)
resettest(bos_lm_crim_square_root)
```

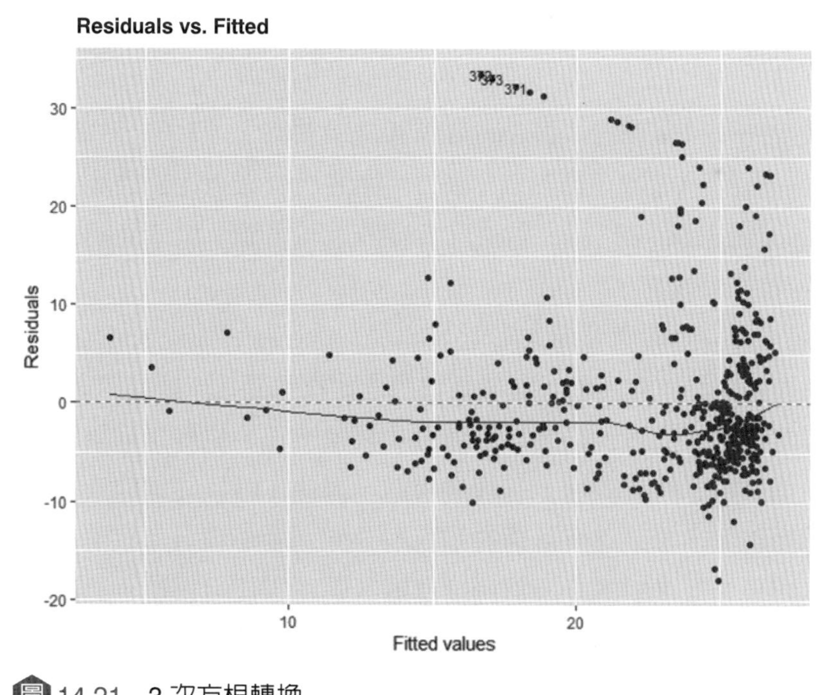

圖 14.21　3 次方根轉換

```
RESET test

data:  bos_lm_crim_root3

RESET = 0.32037, df1 = 2, df2 = 502, p-value = 0.726
```

14.9.2 殘差常態性檢定

使用 Shapiro–Wilk 檢定以及偏態與峰度來檢定常態性。

```
shapiro.test(mreg$residuals)
```

```
Shapiro - Wilk normality test
data:  mreg$residuals
W = 0.98648, p-value = 0.05323
```

```
library(psych)
skew(mreg$residuals, na.rm = TRUE, type=3)
```

```
[1] 0.2221105
```

```
library(psych)
kurtosi(mreg$residuals, na.rm = TRUE, type=3)
```

```
[1] -0.6292032
```

常態性檢定的結果，以 Shapiro–Wilk test 顯示 $p > 0.05$。從偏態與峰度來看，偏態值是 0.223，絕對值小於 3，顯然沒有嚴重的偏態現象。峰度值是 -0.629，絕對值小於 10，顯然也沒有嚴重的過於平坦或陡峭的現象。因此，常態性假定成立。

常態假定未成立時的處理方式：

(1) 針對資料作轉換的處理：在前面我們介紹線性關係未成立，針對 y、x 或兩者的對數、次方、根號以及倒數的轉換方法，也可以適用在這裡，不過前面是為了轉成線性，這裡是常態，因此，可以從偏態或峰度的分配來選擇轉換，如果違反常態的是因為分配過度平坦，可以使用倒數的轉換。如果違反常態的是因為過度偏態，則可以使用根號、對數或者次方來轉換。負偏態使用次方轉換較好，正偏態使用根號或是對數轉換比較好。

另外，我們介紹由 Box 和 Cox 在 1964 年提出的一種廣義冪轉換方法：Box-Cox 變換。此種方法是相當普遍被使用在常態分配無法被滿足時的資料轉換。Box-Cox 轉換的公式如下。

$$g_\lambda(y)=\begin{cases}\dfrac{y^\lambda-1}{\lambda} & \lambda\neq 0\\ \log(y+s) & \lambda=0\end{cases}$$

其中，λ 是被選擇的最佳化對數概似 (log-likelihood) 值。我們在這裡使用 trafo 套件中的 boxcox() 函數來求取最佳化 λ 值，使用此套件的原因是，其可以幫我們將 λ 值導入上面的公式，並且將其存成變項。由於我們的例子沒有嚴重違反常態，因此，我們模擬了一個嚴重違反常態的資料，此資料 Excel 檔名是 non_norm1。

```
library(tidyverse)
library(psych)
n_norm = lm(y1 ~ x1, data = non_norm1)
shapiro.test(n_norm$residuals)
```

```
Shapiro-Wilk normality test
data:  n_norm$residuals
W = 0.67895, p-value < 2.2e-16
```

```
skew(n_norm$residuals, na.rm = TRUE, type=3)
```

```
[1] 3.101678
```

```
kurtosi(n_norm$residuals, na.rm = TRUE, type=3)
```

```
[1] 14.85699
```

上面的常態檢定顯示嚴重的非常態。

```
library(trafo)
transform = boxcox(n_norm, lambda = "estim", method = "ml",
                   lambdarange = c(-4, 4), plotit = TRUE)
transform$lambdahat
da_t = as.data.frame(transform)
```

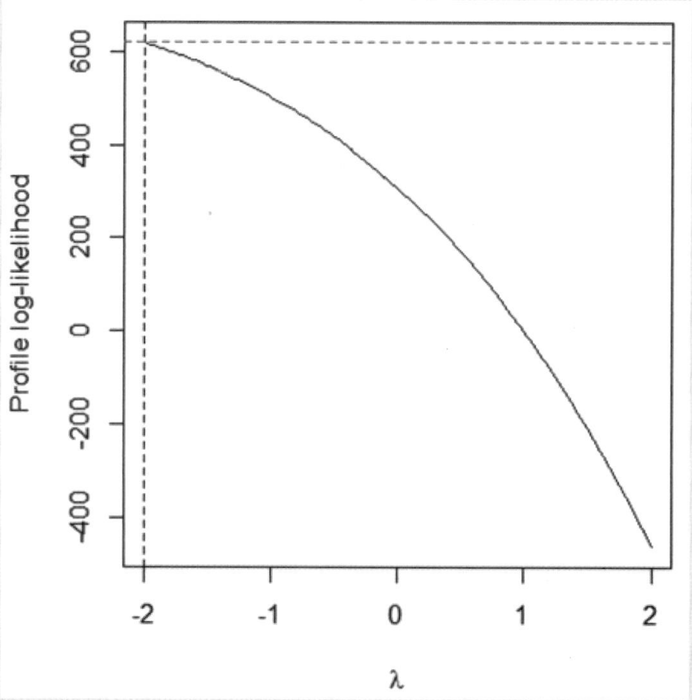

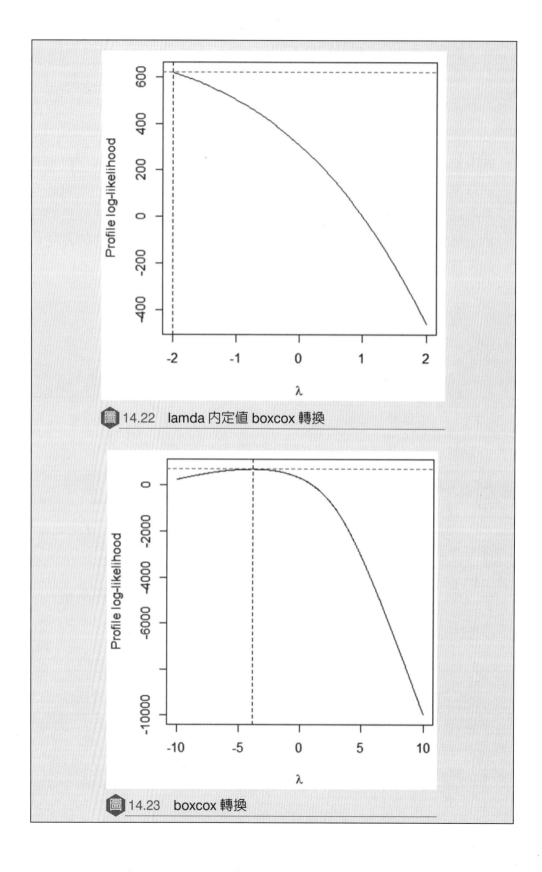

圖 14.22　lamda 內定值 boxcox 轉換

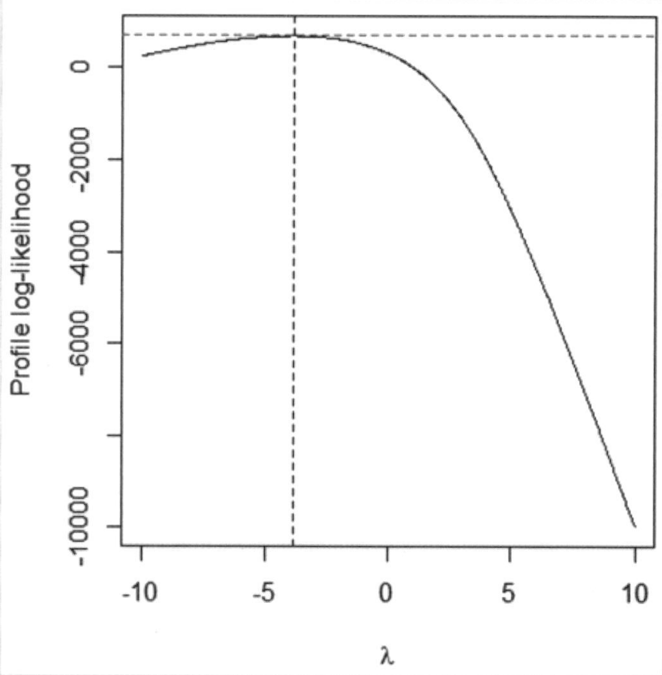

圖 14.23　boxcox 轉換

[說明]boxcox() 函數中 lambdarange = c(-5, 2) 的界定很重要，其內定值 c(-2, 2)，我們一開始是內定值，所呈現的圖並沒有看到高峰值，所以改成 c(-5, 2)，就獲得最佳值。獲得 λ 的最佳轉換值是 -3.890254。

da_t = as.data.frame(transform) 可以將此轉換幫你存成變項。此轉換的變項在 da_t 裡的變項名是 y1t。也就是其將你的依變項名稱加了一個 t。

lambda = "estim"，估計最佳化參數。

method = "ml" 是使用 Maximum likelihood approach，如果只是偏態本身有嚴重的違反，那麼可以改爲 "skew"(Skewness minimization)，如果只有峰度被嚴重違反可以改爲 "kurt"(Kurtosis optimization)。

plotit = TRUE 會幫你畫圖，就是圖 14.22 與圖 14.23。

接著將轉換的變項 y1t 作爲依變項，data = da_t。

```
n_norm1 = lm(y1t ~ x1, data = da_t)
shapiro.test(n_norm1$residuals)
```

```
Shapiro - Wilk normality test
data:  n_norm1$residuals
W = 0.94019, p-value < 2.2e-16
```

```
skew(n_norm$residuals, na.rm = TRUE, type=3)
```

```
[1] 0.5895327
```

```
kurtosi(n_norm$residuals, na.rm = TRUE, type=3)
```

```
[1] -0.6598632
```

雖然獲得的結果 Shapiro–Wilk 依然是非常態，但偏態與峰度值改善了許多。最後，我們呼應前面線性關係部分，任何一個轉換都會影響其他假定，可能在這裡常態問題解決了，但是線性假定卻被破壞了。因此，切記線性假定比常態假定還要重要，如果找不到一個轉換同時可以滿足它們的話，那麼還是不要轉換的好。

(2) 如果常態分配未成立乃是因爲變項是計數 (counts)、二分以及比例或機率 (proportions or probabilities) 所造成的，那麼最好是改用一般化線性迴

歸 (generalized linear models) 來處理，這部分不是本書的範圍，讀者可參考 Denis (2020) 的 *Univariate, Bivariate, and Multivariate Statistics Using R: Quantitative Tools for Data Analysis and Data Science* 一書以及 Mangiafico (2015) 的 *An R Companion for the Handbook of Biological Statistics* 一書。

14.9.3 殘差變異數同質性

殘差變異數同質性的檢定可以使用下面三種方法：

(1) Scale-Location (or Spread-Location) 圖：殘差值同等分散在水平線的兩端，表示同質性。ggfortify 套件中 autoplot() 函數的第三個圖就是 Scale-Location 圖。

```
library(ggfortify)
autoplot(mreg, which =3, ncol = 1)
```

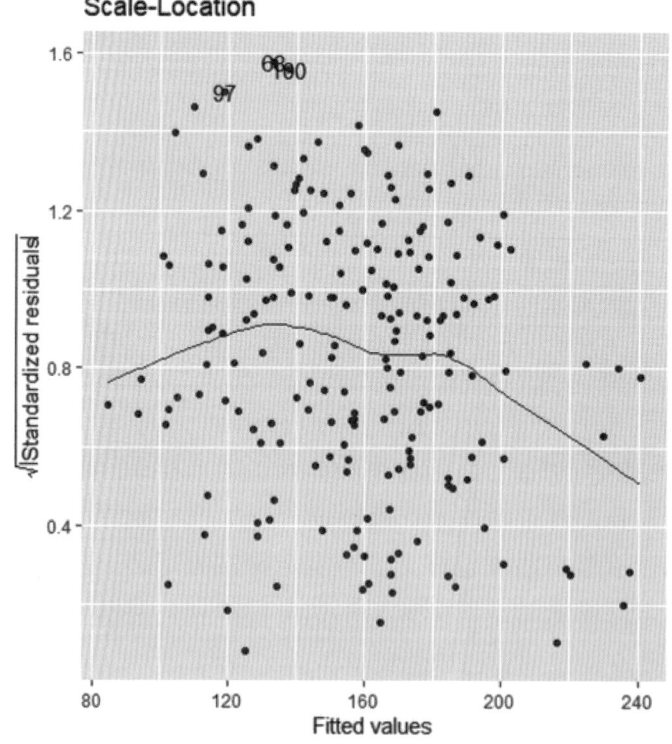

圖 14.24 Scale-Location 圖

圖中顯示好像有點異質性的感覺，特別在x軸分數的後半段(200～240)。

(2) 使用非固定變異分數檢定 (non-constant variance score test, NCV test)：p 值未達顯著水準 (p > 0.05)，表示殘差變異數同質性。

```
library(car)
ncvTest(mreg)
```

```
Non-constant Variance Score Test
Variance formula: ~ fitted.values
Chisquare = 3.401245, Df = 1, p = 0.065147
```

非固定變異分數檢定顯示，p = 0.065 > 0.05，表示殘差同質性成立。

(3) The Breush-Pagan test：p 值未達顯著水準 (p > 0.05)，表示殘差變異數同質性。

```
library(lmtest)
bptest(mreg)
```

```
studentized Breusch-Pagan test
data:  mreg
BP = 6.3873, df = 5, p-value = 0.2703
```

Breush-Pagan 檢定顯示，p = 0.270 > 0.05，顯示殘差同質性成立。

殘差變異數同質性未成立時的處理方式：

當殘差變異數同質性未成立時，可以先檢查偏離值，有時候異質性的現象是某些偏離值所造成的，處理了偏離值可能就解決了問題。其次，可以對自變項或依變項做轉換，關於這些轉換請參看上面的線性檢定與常態檢定部分。還有一個作法是使用強韌性標準誤或者異質性一致標準誤 (heteroscedasticity-consistent standard errors)，也被稱爲 Huber-White (or Huber-White-Eiker) 標準誤，或者是三明治估計 (sandwich estimator)，這種估計方法在迴歸估計的係數部分和 OLS 估計結果是一樣的，只是強韌性標準誤會等於同質性之下的 OLS 標準誤，也就是對異質性的影響作了適當的調整所得到的標準誤。

```
library(lmtest)
library(sandwich)
coeftest(mreg, vcov = vcovHC(mreg, type="HC1"))
```

```
            Estimate Std. Error t value  Pr(>|t|)
(Intercept) 33.71470   18.69241  1.8037 0.0728365 .
父親教育      3.82552    1.75079  2.1850 0.0300854 *
母親教育      3.26443    1.78393  1.8299 0.0687979 .
家庭收入      8.27503    3.08829  2.6795 0.0080071 **
補習         34.82012    9.99272  3.4845 0.0006094 ***
文化資本     -0.17287    0.65415 -0.2643 0.7918513
---
Signif. codes:  0 ‘***’ 0.001 ‘**’ 0.01 ‘*’ 0.05 ‘.’ 0.1 ‘ ’ 1
```

上面是使用強韌性標準誤估計結果，對照一下表 14.11，可以看到估計數一模一樣，只有標準誤不一樣。當然標準誤不一樣，t 值與 p 值也會不一樣。其結果和 OLS 所要下的結論相差不大，所以對此模式而言，異質性的影響不大。實際上，異質性變異也未顯著。我們的統計 AI=>GO 裡，將此估計法寫在程式中，當變異數不同質時，其輸出的標準誤就是強韌性標準誤。

14.9.4 殘差的獨立性檢定

此假定為殘差值彼此之間沒有關係，R 中有兩種檢定方式可以使用：Durbin-Watson 檢定以及 Runs 檢定。

Durbin-Watson 檢定：Durbin Watson 的檢定值介於 0～4 之間，當 DW 值接近 2 左右，通常表示殘差沒有自相關存在。經驗法則是 1.5 到 2.5 之間是正常，若超出此範圍就必須要注意。Field (2009) 則是建議低於 1 或超過 3，那麼就肯定地表示殘差自相關存在。R 的檢定中會產生 p-value 來幫助認定，p>0.05 表示接受虛無假設，迴歸的殘差沒有自相關。

Runs 檢定：Wald-Wolfowitz 的 Runs 檢定用於檢查殘差的隨機性。如果殘差沒有自相關，那麼應該是隨機分布，因此 Runs 檢定就可以用來作爲檢定自相關的一個選項。虛無假設是殘差沒有自相關，檢定的 $p > 0.05$，表示迴歸的殘差沒有自相關的現象。

```
library(lmtest)
dwtest(mreg)
```

```
  lag    Autocorrelation    D-W Statistic   p-value
   1         0.6987762        0.5901971        0
 Alternative hypothesis: rho != 0
```

Durbin-Watson 檢定顯示 DW=0.590，$p < 0.01$，殘差存在自相關。

```
library(lawstat)
runs.test(mreg$residuals)
```

```
Runs Test - Two sided
data:  mreg$residuals
Standardized Runs Statistic = -9.7827, p-value < 2.2e-16
```

Runs 檢定統計值爲 –9.782，$p < 0.001$，顯然地，殘差有自相關。

殘差獨立未成立的處理方式：

要了解殘差獨立未成立，亦即殘差值之間有自相關時的問題，必須從序列 (sequencing) 變項或是群體 (grouping) 變項來探討，前者是時間序列資料，後者是叢集觀察值。如果是時間序列資料所產生的問題，那麼需要自變項中加入一個能夠掌握這個資訊的時間變項。例如：這種關係是一種季節性循環的關係，不過這方面統計不是本書重點，讀者可以去參考有關時間序列迴歸的統計書籍，https://otexts.com/fppcn/ 這個網站裡有一個章節寫得很詳細，是中文網站（預測：方法與實踐），作者也發展了 forcasts 套件可以輕鬆地處理時間系列模式。

我們這個模式產生殘差値不獨立應該是屬於第二種現象，叢集資料所造成的，這種資料容易產生於教育研究的場域，資料是巢套的多層次的型態。

我們的資料是某縣市 200 名學生的資料，這些學生是從該縣市的學校抽出，所以學生巢套於學校，也就是每一所學校中有數名學生。這方面有一些高階統計可以處理這種問題：階層線性迴歸、多層次模式等等，讀者可以參考此方面的書籍。例如：Finch, et al. (2019) 一書。

14.9.5 多元共線性檢定

在迴歸的診斷裡，最常用來檢定多元共線性的指標就是變異數膨脹因子 (Variance Inflation Factor, VIF)，通常判斷的原則是 VIF ≥ 10，表示自變數間存有比較嚴重的共線性問題。而 Denis (2020) 則認爲 VIF 大於 5 就應該思考一下迴歸自變項裡是否有測量類似的構念。

```
library(car)
vif(mreg)
```

```
父親教育  母親教育  家庭收入  補習      文化資本
1.439909 1.571248 1.155104 1.081546 1.288265
```

VIF 檢定結果顯示 5 個自變項之間沒有共線性的現象。

多元共線性的處理方式：

如果共線性的問題存在時，怎麼辦？一般我們會看到一些統計書籍會建議如果有數個變項的 VIF ≥ 10，則由高至低逐一移除 VIF 最高的變數後，重新估計模型剩餘變數之 VIF 值，直到所有變數之 VIF 值皆 <10 爲止，如此則可以確認模型不存在共線性問題。此種作法是有點問題，共線性不是一個變項的問題，它是兩個變項或數個變項的問題，也就是說某一個變項的 VIF 很高，它必然有一個或者數個變項與其高相關才會產生共線性。那麼移除何者或者說留下何者對這個模式的理論更加合理？舉例而言，有四個自變項（自我效能、希望、樂觀、韌性）預測教學績效，有共線性存在，這四個變項是心理資本的四個構念，如果自我效能與希望兩個 VIF 大於 10，自我效能的 VIF 大於希望，移除自我效能後就沒有共線性問題。但是若改移除希望，也沒有共線性問題，該移除哪一個？所以，移除變項是解決共線性的一種方法，但移除時，研究者還是要依據理論來移除變項。

其次，如果這兩個或數個變項有共線性，可以將其組合成一個變項（如果量尺是一樣的話，將其加總平均即可，若不一樣，可以使用某種適合組合的加權來組合變項），這也是解決方法之一。另外，有許多變項有共線性時，研究者若無法看出共線性的型態，可以先使用因素分析來分出共線性的型態，亦即，某些變項可能測量同一個構念，另外一些變項測量另一個構念。再將這些變項做成組合變項放入迴歸的模式中。

14.9.6 偏離值與有影響的觀察值

大部分的統計參數，諸如平均數、標準差以及相關等基本上對於偏離值 (outliers) 都是相當敏感，而迴歸的假定是基於這些統計參數來計算的，所以偏離值會搞亂統計的分析。假若，我們在前面的線性假定、常態假定以及變異數同質性假定沒有成立，可能都是偏離值所造成的，或許你的資料刪除了一些偏離值之後，假定就成立了。其次，偏離值對於迴歸係數也有很大的影響。可能一兩個極端偏離值會造成整個迴歸線的偏離。檢驗偏離值以及有影響的觀察值的指標有許多，我們這裡主要是針對標準化殘差來檢驗偏離值，使用 Cook’s D 來檢驗有影響力的觀察值 (influential observations)。

在 R 語言中可利用 rstandard() 函數呼叫迴歸模型的標準化殘差，當標準化殘差的絕對值大於 3 可以視爲可能的偏離值。保守一點，可以用 2 作爲答案，如此比較安全。

```
mreg = lm(基測總分 ~ 父親教育 + 母親教育 + 家庭收入 + 補習 +
                    文化資本， data = ch11_mreg_200)
outlier_indices = ch11_mreg_200
outlier_indices$case_id = row.names(mreg_outlier)
outlier_indices$standardized.residuals <- rstandard(mreg)
outlier_indices$standardized.residuals
outlier_indices$studentized.residuals <- rstudent(mreg)
outlier_indices$cooks.distance <- cooks.distance(mreg)
outlier_indices$leverage <- hatvalues(mreg)
outlier_indices$dfbeta <- dfbeta(mreg)
```

```
outlier_indices$dffit<- dffits(mreg)
outlier_indices$covariance.ratios <- covratio(mreg)
outlier_indices$large.residual <- abs(outlier_indices$standardized.
residuals) > 3
write.csv(outlier_indices, file = "outlier_indices.csv", row.names = F)
```

[說明]lm() 函數裡，寫上你的多元迴歸程式，mreg 不要更改，因為後面的函數裡都用這個檔名，然後將這部分程式全部選取，然後執行程式，它就會存在你指定的資料夾中，檔名是 outlier_indices.csv。

我們將常用於檢定有關偏離值與有影響的觀察值的指標寫成可以存取的方式，將其存在 outlier_indices 檔，讀者可以使用此檔來檢查資料的問題。特別是檔裡我們加一個 case_id 的變項，以便讓讀者能夠容易地找到有問題的 case。

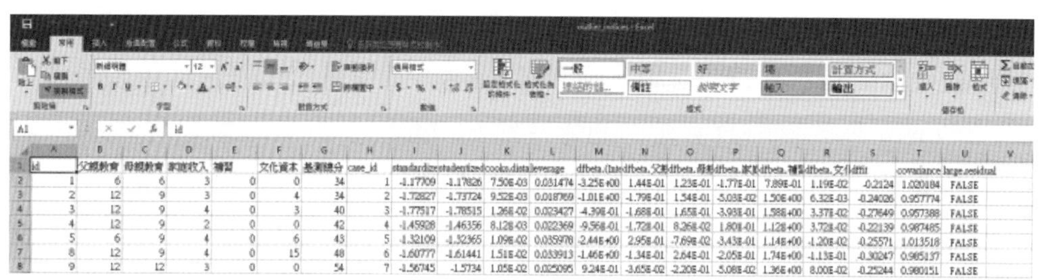

id	父親教育	母親教育	家庭收入	補習	文化資本	基測總分	case_id	standardize	studentized	cooks.dista	leverage	dfbeta.(Inte	dfbeta.父親	dfbeta.母親	dfbeta.家庭	dfbeta.補習	dfbeta.文化	dffit	covariance	large.residual
1	6	6	3	0	0	34	1	-1.17709	-1.17826	7.50E-03	0.031474	-3.25E+00	1.44E-01	1.23E-01	-1.77E-01	7.89E-01	1.19E-02	-0.2124	1.020184	FALSE
2	12	9	3	0	4	34	2	-1.72827	-1.73724	9.52E-03	0.018769	-1.01E+00	-1.79E-01	1.54E-01	-5.03E-02	1.50E+00	6.32E-03	-0.24026	0.957774	FALSE
3	12	9	4	0	3	40	3	-1.77517	-1.78515	1.26E-02	0.023427	-4.39E-01	-1.68E-01	1.65E-01	-3.93E-01	1.58E+00	3.37E-02	-0.27649	0.957388	FALSE
4	12	9	2	0	0	42	4	-1.45928	-1.46356	8.12E-03	0.022369	-9.56E-01	-1.72E-01	8.26E-02	1.80E-01	1.12E+00	3.72E-02	-0.22139	0.987485	FALSE
5	6	9	4	0	6	43	5	-1.32109	-1.32365	1.09E-02	0.035978	-2.44E+00	2.95E-01	-7.69E-02	-3.43E-01	1.14E+00	-1.20E-02	-0.25571	1.013518	FALSE
8	12	9	4	0	15	48	6	-1.60777	-1.61441	1.51E-02	0.033913	-1.46E+00	-1.34E-01	2.64E-01	-2.05E-01	1.74E+00	-1.13E-01	-0.30247	0.985137	FALSE
9	12	12	3	0	0	54	7	-1.56745	-1.5734	1.05E-02	0.025095	9.24E-01	-3.65E-02	-2.20E-01	-5.08E-02	1.36E+00	8.00E-02	-0.25244	0.980151	FALSE

圖 14.25　outlier_indices 檔

```
library(tidyverse)
outlier = outlier_indices %>% filter(outlier_indices$large.residual == TRUE)
```

```
# A tibble: 0 x 16
```

```
range(outlier_indices$standardized.residuals)
```

```
[1] -2.010744  2.490668
```

顯然，我們沒有絕對值大於 3 的值，最大的是 2.49，這個最大值是 case198。

outlier 顯著性檢定：

```
library(car)
outlierTest(mreg)
```

```
No Studentized residuals with Bonferroni p < 0.05
Largest |rstudent|:
   rstudent          unadjusted p-value   Bonferroni p
68 2.524938            0.012377           NA
```

outlierTest() 函數是根據單個預測學生化殘差 (studentized residuals) 最大的數據來判斷是否是偏離值，如果不顯著 (Bonferroni p > 0.05)，則表示不是偏離值，如果顯著 (Bonferroni p < 0.05)，則表示該點是偏離值。如果是的話，將該 case 刪除之後，重新判斷留下的數據中是否還有其他偏離值存在。上面結果輸出中 Bonferroni p 是 NA，表示 case68（在上面我們加了一個 case_id，這裡 68 就是指上面的 case_id，也就是資料實際排序第 68 個，此在我們資料裡 id 是 198）不是偏離值。最大的不是偏離值，其他的當然不是。下面的程式是移除 case68 的方法。移除後將資料存在 mreg_outlier_rm，在 lm() 函數中，data 改成 mreg_outlier_rm 即可。

```
outlier_indices_rm = outlier_indices [outlier_indices$case_id != 68, ]
mreg.1 = lm(基測總分 ~ 父親教育 + 母親教育 + 家庭收入 + 補習 +
              文化資本,  data = outlier_indices_rm)
```

如果讀者想移除所有標準化殘差大於 2 的方式，其語句寫法如下：

```
outlier_indices_3 = outlier_indices[abs(outlier_indices$standardized.
residuals) <= 2, ]
```

有影響力觀察值檢定：

最常用來檢查有影響力的觀察指標是 Cook's D(Cook's Distance)，一般的經驗法則是 Cook's D 大於 4/n(n 是樣本數）或者 $4/(n - k - 1)$（k 是自變異數目）可以被考慮為有影響的觀察值。有些作者認為只要 Cook's D 大於

0.5，值得觀察是否爲有影響力的觀察值，大於 1 就相當可能是一個有影響的觀察值。

```
library(lindia)
gg_cooksd(mreg, label = TRUE, show.threshold = TRUE,
        threshold = "convention", scale.factor = 0.5)
```

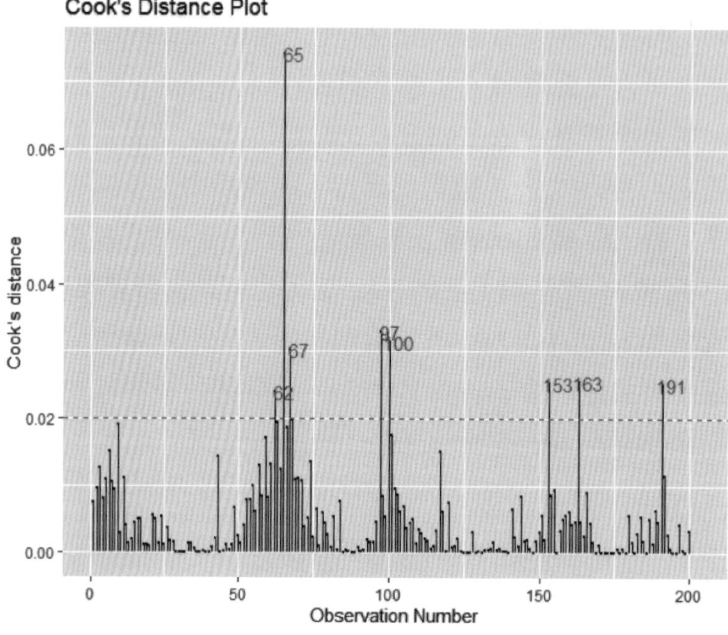


```
d = 4/length(outlier_indices$cooks.distance)
outlier_indices %>% filter(outlier_indices$cooks.distance > d) %>%
                              select(case_id, cooks.distance)
```

```
case_id cooks.distance
  <chr>             <dbl>
1 62              0.0239
2 65              0.0743
3 67              0.0303
4 97              0.0329
5 100             0.0315
6 153             0.0254
7 163             0.0256
8 191             0.0252
```

雖然有 8 個觀察值的 Cook's D 大於 4/n 的值，不過只有觀察值 65 大於 0.5，但未大於 1。

有偏離值或是有影響力的觀察值時的處理方法：

首先必須考慮的是雖然檢定出是偏離值，但不是有影響力的觀察值，而這些偏離值並沒有對於線性假定、常態假定、變異數同質性假定有任何破壞，並且此偏離值是樣本母群中的一分子，例如月收入是 30、40、50 萬，那麼你可以不用處理此種偏離值。但如果它影響了線性假定、常態假定或是變異數同質性時，你可以移除此偏離值，但是要有很正當的理由，並且一定要確認此一移除，不會導致抽樣代表性的問題，亦即，它們被移除之後，不會造成母群中的次群體無法獲得反映，也就是說將 30、40、50 萬月收入者刪除後，「高收入群」就消失在你這個樣本裡。另外，你可以指定一個新值，例如 15 萬後就是 30、40、50 萬，可以指定他們爲 16、17、18 萬，但是要確認這樣不會造成樣本代表性的問題。還有一個方法是使用變項轉換來降低其影響，變項轉換之後，它就可能變成不是偏離值，同時解決了這些假定被破壞的現象（請參照前面有關變項轉換的說明）。

另外，我們在此介紹一個稱爲強韌性迴歸 (robust regression) 的統計解決方法，它是 OLS 迴歸的一個替代迴歸，對嚴格假定的要求比較少，當 OLS 迴歸受到偏離值影響時，它可以對大部分的資料提供更加的適配。在 R 裡可以在 MASS 套件中使用 rlm() 來做強韌性迴歸。

```
library(MASS)
robust_lm = rlm(基測總分 ~ 父親教育 + 母親教育 + 家庭收入 + 補習 +
                              文化資本,  data = ch11_mreg_200)
```

```
Call: rlm(formula = 基測總分 ~ 父親教育 + 母親教育 + 家庭收入 + 補習 +
    文化資本, data = ch11_mreg_200)
Residuals:
     Min       1Q   Median       3Q      Max
-113.828  -42.266   -2.041   38.352  144.950
```

```
Coefficients:
            Value   Std. Error t value
(Intercept) 25.1020 21.6014     1.1621
父親教育     4.3562  1.8745     2.3240
母親教育     3.3558  2.1491     1.5615
家庭收入     8.2531  3.5168     2.3468
補習        37.2523  9.7388     3.8252
文化資本    -0.3221  0.7063    -0.4560
```

```
Coefficients:
            Estimate Std. Error t value  Pr(>|t|)
(Intercept) 33.7147     19.9388   1.691  0.092460 .
父親教育     3.8255      1.7302   2.211  0.028201 *
母親教育     3.2644      1.9837   1.646  0.101461
家庭收入     8.2750      3.2461   2.549  0.011569 *
補習        34.8201      8.9892   3.874  0.000147 ***
文化資本    -0.1729      0.6520  -0.265  0.791172
---
```

上面輸出的上半部是 robust regression 的結果，下半部是 OLS 迴歸的結果，可以看出係數值都不一樣。而就顯著性而言，兩個估計的顯著性結論沒有差異，也就是說父親教育是 1 顆星，家庭收入是 1 顆星，而補習是 3 顆星。

MASS 套件的 rml() 函數在估計迴歸時，當我們使用方程式時，它採用 M-estimation 或 MM-estimation。我們這裡是「M-estimation with Huber and bisquare weighting」。其實，robust regression 還有許多估計方法，這可能是此種迴歸一直未受青睞的原因之一。到目前爲止，許多學者還是比較青睞 OLS 估計，除非偏離值對迴歸估計產生的影響相當重大。對於 robust regression 有興趣的讀者可以參考「Li, G. (1985). *Robust regression. In Exploring Data Tables, Trends, and Shapes*, ed. D. C. Hoaglin, F. Mosteller, and J. W. Tukey, Wiley.」一文。另外，robust、robustbase 套件也可以執行 robust regression。

14.10 模式選擇

當我們在執行多元線性迴歸時，由於自變項不只一個，因而會面臨一個問題，就是怎樣的模式是最佳的模式，要挑選比較少的自變項，而這些變項足以界定出我們認爲最佳模式，還是挑選比較多的自變項，這個模式的解釋量比較高。這個議題就是模式選擇或建立 (building) 的議題，亦即決定自變項被包括在模式中的過程。模式選擇是一個相當複雜的議題，正如 Izenman (2008) 所言：「在迴歸模式中選擇變項是一個複雜的問題，且對於哪一類型的變項選擇是最好的過程，本身就存在著太多衝突的觀點」。

幾乎所有的統計軟體套件（包含 R）皆提供一些自動化的尋找策略 (search strategies) 幫忙多元線性迴歸的模式選擇，筆者在這個單元裡，就介紹 R 裡較常被用來自動化處理模式選擇的尋找策略：最好子集 (best subsets) 迴歸與逐步 (stepwise) 迴歸。

14.10.1 最好子集法

最好子集法 (best subset) 也是一種所有可能法 (all possible ways)，正如所有可能的這個詞，它依據自變項的個數來界定所有自變項的可能組合的模式，所有可能組合的公式爲 $2^k - 1$，例如我們上面多元迴歸的例子，有 5 個自變項，所有可能的組合就是 $2^5 - 1 = 31$。在適配好所有的模式，最好子集使用一個自變項、兩個自變項、三個自變項等等來呈現最佳適配模式。研究者依據其所產生的適配指標：R 平方、調整 R 平方、AIC、BIC 或者 Mallows Cp 等指標，來選擇模型。很明顯地，這個作法會因爲自變項的增加，要估計的模式變得很多。

AIC 指標：Akaike 訊息標準指標 (Akaike information criterion, AIC)（或稱赤池訊息量指標）是評估統計模型的複雜度和衡量統計模型適配之指標。

BIC 指標：貝氏資訊準則指標（也稱爲 Schwarz 貝氏準則 (SBIC)）也是另一種常用的評估統計模型的複雜度和衡量統計模型適配之指標。

它們的公式如下：

$$- 2* \text{log-likelihood} + k * \text{npar}$$

npar 是適配模式中的參數。k = 2 是 AIC，k = log(n)（n 是觀察值）是 BIC。AIC 與 BIC 判斷的方式皆是較小值表示較佳的模型。通常，BIC 會懲罰可用參數比 AIC 更強烈。不過特別注意，AIC 或 BIC 只能用來比較巢套模型 (nested model)，也就是新模式必須包含舊模式所有的解釋變項。

Mallows Cp：乃是企圖考慮 p - 1 個變項模式的 SSE（誤差平方和）與全部模式的 MSE（均方誤差）之比值的一個模式選擇的指標。判斷的原則是 Cp 較小的模式較好，較小的 Cp 值代表著模型在估計實際迴歸係數和預測未來回應時相對比較精確（變異較小）。這個指標也有懲罰複雜模式的效果。

在模式選擇有一個很重要引導規則就是簡單性 (simplicity)，也就是說，在既有的解釋程度之下，能夠以越少的概念和關係來呈現越好。具備這樣條件的模式通常被稱爲簡約模式 (parsimonious model)，在預期的解釋水準上，以盡可能少的自變項來解釋依變項。很明顯地，較簡單的模式和較複雜的模式，如果解釋的變異量差不多，當然選擇簡單的模式。所以，通常使用有懲罰複雜性模式的指標，都有考慮簡單性的原則（調整 R 平方也有懲罰複雜性模式）。

使用 olsrr 套件中 ols_step_best_subset() 函數來找出最好子集，此函數會計算 R 平方、調整 R 平方、AIC、SBIC 等一大堆的指標。筆者選擇使用調整 R 平方來找出最佳模式，因爲這個指標是多元迴歸裡常被用來報告解釋量的指標，在選擇模式時它優於 R 平方，因爲 R 平方沒有對複雜模式做懲罰。

```
library(olsrr)
library(tidyverse)
mreg = lm( 基測總分 ~ 父親教育 + 母親教育 + 家庭收入 + 補習 +
                  文化資本,  data = ch11_mreg_200)
best = ols_step_best_subset(mreg)
```

```
best = data.frame(best)
best %>% filter(adjr == max(best$adjr))
```

```
mindex n  predictors                        rsquare   adjr    predrsq
cp       aic      sbic
1      4     4 父親教育 母親教育 家庭收入 補習 0.2225277 0.2065796 0.1823817 4.070307
2197.087 1629.815
    sbc        msep  fpe        apc         hsp
1 2216.877 667484 3420.586 0.8173426 17.20184
```

上面我們使用調整 R 平方的最大值來選擇最佳子集，結果獲得父親教育、母親教育、家庭收入、補習這四個變項的組合是最佳模式，接著將四個變項放入 lm()，估計出來的結果就是最佳模式的結果。

```
best_sub = lm( 基測總分 ~ 父親教育 + 母親教育 + 家庭收入 + 補習,
              data = ch11_mreg_200)
summary(best_sub)
```

```
Call:
lm(formula = 基測總分 ~ 父親教育 + 母親教育 + 家庭收入 + 補習,
    data = ch11_mreg_200)
Residuals:
     Min        1Q    Median        3Q       Max
-116.409  -45.747    -3.138    37.586   142.951
Coefficients:
                Estimate   Std.   Error t      value    Pr(>|t|)
(Intercept)     34.984     19.310    1.812    0.071571    .
父親教育        3.803      1.724     2.206    0.028549    *
母親教育        3.128      1.911     1.637    0.103311
家庭收入        8.092      3.164     2.557    0.011307    *
補習           34.451      8.860     3.889    0.000138    ***
---
Signif. codes:  0 '***' 0.001 '**' 0.01 '*' 0.05 '.' 0.1 ' ' 1
Residual standard error: 57.77 on 195 degrees of freedom
Multiple R-squared:  0.2225,   Adjusted R-squared:  0.2066
F-statistic: 13.95 on 4 and 195 DF,  p-value: 4.986e-10
```

14.10.2 逐步迴歸

逐步迴歸 (stepwise regression) 乃是模式選擇的方式以增加變項或減少變數或增減一起使用的方式，一步一步地找出最佳模式。

前進選擇法：從沒有任何自變項的模式開始，亦即，只有截距項的方程式。第一個加入模式的是和依變項有最高簡單相關的自變項，以及此變項的迴歸係數達到所設定可以保留的 p 水準（SPSS 內定 p ≦ 0.05，R 中 olsrr 套件中的 ols_step_both_p() 函數的內定是 p ≦ 0.30），這些軟體都可以依據研究者的需求更改內定值）。第二個進去的是調整了第一個變項的效果後和依變項有最高相關的自變項，亦即，該變項和第一個模式的殘差有最高的簡單相關。估計第二個變項的顯著性，達設定的 p 水準，則繼續依同樣的方法（也是和第一個模式的殘差做相關），選擇第三個變項，整個程序的結束有兩種情形：在進入的變項的係數沒有達到設定的保留水準或者所有的變項都進入模式。

後退選擇法：從所有自變項皆進入模式開始，依次地一次剔除一個變項，剔除變項是依據它們對誤差平方和降低的貢獻來決定，第一個變項被剔除的是對誤差平方和降低的貢獻最小的那一個，這個作法等同於剔除在模式中有最小 t 值的那一個。如果所有 t 值是符合設定的水準（SPSS 內定 p ≦ 0.10，ols_step_both_p() 函數的內定是 p ≦ 0.30），所有變項都保留。假如有一個以上的變項有符合不保留的水準的 t 值（SPSS 內定 p > 0.10，ols_step_both_p() 函數的內定是 p > 0.30），先剔除最小的 t 值那一個，然後重新估計，再檢驗新的估計 t 值，整個過程結束在所有 t 值都符合保留的水準，或者所有變項皆被剔除。

逐步法：逐步法基本上是一種前進選擇的程序加上一個附帶的條件，就是每一個階段可以像後退法一樣，可以考慮是否剔除一個變項。這個過程一個變項可能在很早的階段就已進入模式，但在後面的階段，不符合所要求的條件而退出模式。要進入或是刪除變項和前進法與後退法是一樣的。通常不同的顯著水準會被設定在變項進入與剔除的條件裡。SPSS 軟體內定進入時 p ≦ 0.05，退出時 p > 0.10。R 中 olsrr 套件中的 ols_step_both_p() 函數的內定是進入時 p ≦ 0.10，退出時 p > 0.30。

另外，AIC 與 BIC 兩個模式選擇的指標可以使用來設定前進選擇與後退剔除的過程，對前進選擇而言，從一個只有截距項的模式開始，加進變項後，比較兩個的 AIC（或 BIC），如果 AIC（或 BIC）值有降低，繼續加入變項，直到 AIC（或 BIC）值沒有降低爲止。後退法中，則是從全部的自變項進入模式開始，一次退出一個，直到 AIC（或 BIC）值沒有降低爲止。

使用 AIC 或 BIC 來選擇或剔除變項不同於用 t 值來選擇或剔除變項，前者依據指標的降低，後者依據統計的顯著性，這兩種決策的方法經常會產生不一樣的結果。

前進選擇法的 R 函數：

使用 p 值來選擇。

```
ols_step_forward_p(mreg, details = T)
```

```
Final Model Output ------------------

                         Model Summary

-----------------------------------------------------------------

R                      0.472       RMSE                57.768
R-Squared              0.223       Coef. Var           36.802
Adj. R-Squared         0.207       MSE                 3337.157
Pred R-Squared         0.182       MAE                 46.903
-----------------------------------------------------------------

 RMSE: Root Mean Square Error
 MSE: Mean Square Error
 MAE: Mean Absolute Error
                                 ANOVA
------------------------------------------------------------------------

                  Sum of
                 Squares          DF    Mean Square      F          Sig.
------------------------------------------------------------------------

Regression    186256.114           4      46564.028    13.953     0.0000
Residual      650745.706         195       3337.157
Total         837001.820         199
------------------------------------------------------------------------
```

```
                         Parameter Estimates
------------------------------------------------------------------------------
model          Beta    Std. Error   Std. Beta    t       Sig     lower     upper
------------------------------------------------------------------------------
(Intercept)    34.984  19.310                   1.812   0.072   -3.099    73.066
  補習         34.451  8.860        0.252       3.889   0.000   16.978    51.925
  父親教育     3.803   1.724        0.167       2.206   0.029   0.403     7.203
  家庭收入     8.092   3.164        0.170       2.557   0.011   1.852     14.332
  母親教育     3.128   1.911        0.125       1.637   0.103   -0.641    6.897
------------------------------------------------------------------------------

                       Selection Summary
---------------------------------------------------------------------
       Variable                  Adj.
Step   Entered      R-Square    R-Square    C(p)       AIC         RMSE
---------------------------------------------------------------------
  1    補習          0.1090      0.1045    26.3963    2218.3349    61.3702
  2    父親教育      0.1799      0.1716    10.7046    2203.7562    59.0278
  3    家庭收入      0.2118      0.1998     4.7363    2197.8155    58.0150
  4    母親教育      0.2225      0.2066     4.0703    2197.0868    57.7681
---------------------------------------------------------------------
```

使用 AIC 來選擇。

```
ols_step_forward_aic(mreg, details = TRUE)
```

```
Final Model Output ------------------

                   Model Summary
------------------------------------------------------------
R                    0.472      RMSE              57.768
R-Squared            0.223      Coef. Var         36.802
Adj. R-Squared       0.207      MSE               3337.157
Pred R-Squared       0.182      MAE               46.903
------------------------------------------------------------
```

RMSE: Root Mean Square Error

MSE: Mean Square Error

MAE: Mean Absolute Error

ANOVA

	Sum of Squares	DF	Mean Square	F	Sig.
Regression	186256.114	4	46564.028	13.953	0.0000
Residual	650745.706	195	3337.157		
Total	837001.820	199			

Parameter Estimates

model	Beta	Std. Error	Std. Beta	t	Sig	lower	upper
(Intercept)	34.984	19.310		1.812	0.072	-3.099	73.066
補習	34.451	8.860	0.252	3.889	0.000	16.978	51.925
父親教育	3.803	1.724	0.167	2.206	0.029	0.403	7.203
家庭收入	8.092	3.164	0.170	2.557	0.011	1.852	14.332
母親教育	3.128	1.911	0.125	1.637	0.103	-0.641	6.897

Selection Summary

Variable	AIC	Sum Sq	RSS	R-Sq	Adj. R-Sq
補習	2218.335	91274.824	745726.996	0.10905	0.10455
父親教育	2203.756	150597.924	686403.896	0.17993	0.17160
家庭收入	2197.815	177316.815	659685.005	0.21185	0.19978
母親教育	2197.087	186256.114	650745.706	0.22253	0.20658

後退選擇法的 R 函數：
使用 p 值來選擇。

```
ols_step_backward_p(mreg,  details = TRUE)
```

```
Final Model Output ------------------

                          Model Summary
-------------------------------------------------------------------
R                       0.472       RMSE                57.768
R-Squared               0.223       Coef.  Var          36.802
Adj.  R-Squared         0.207       MSE                 3337.157
Pred R-Squared          0.182       MAE                 46.903
-------------------------------------------------------------------
 RMSE:  Root Mean Square Error
 MSE:  Mean Square Error
 MAE:  Mean Absolute Error
                                  ANOVA
--------------------------------------------------------------------------
                     Sum of
                    Squares          DF    Mean Square      F          Sig.
--------------------------------------------------------------------------
Regression     186256.114           4      46564.028     13.953     0.0000
Residual       650745.706         195       3337.157
Total          837001.820         199
--------------------------------------------------------------------------

                                   Parameter Estimates
-----------------------------------------------------------------------------------------
      model        Beta     Std.  Error      Std.  Beta    t       Sig        lower      upper
-----------------------------------------------------------------------------------------
(Intercept)     34.984        19.310                   1.812     0.072     -3.099     73.066
   父親教育        3.803         1.724       0.167     2.206     0.029      0.403      7.203
   母親教育        3.128         1.911       0.125     1.637     0.103     -0.641      6.897
   家庭收入        8.092         3.164       0.170     2.557     0.011      1.852     14.332
   補習           34.451         8.860       0.252     3.889     0.000     16.978     51.925
-----------------------------------------------------------------------------------------
```

```
                        Elimination Summary
----------------------------------------------------------------------------
        Variable                    Adj.
Step    Removed      R-Square    R-Square     C(p)        AIC         RMSE
----------------------------------------------------------------------------
   1    文化資本       0.2225      0.2066     4.0703    2197.0868    57.7681
----------------------------------------------------------------------------
```

使用 p 值來選擇。

```
ols_step_backward_aic(mreg,  details = TRUE)
```

```
Final Model Output ------------------
                         Model Summary
-----------------------------------------------------------------
R                        0.472       RMSE                 57.768
R-Squared                0.223       Coef. Var            36.802
Adj. R-Squared           0.207       MSE                3337.157
Pred R-Squared           0.182       MAE                  46.903
-----------------------------------------------------------------
 RMSE: Root Mean Square Error
 MSE: Mean Square Error
 MAE: Mean Absolute Error
                               ANOVA
------------------------------------------------------------------------
                  Sum of
                 Squares         DF    Mean Square       F         Sig.
------------------------------------------------------------------------
Regression    186256.114          4      46564.028    13.953     0.0000
Residual      650745.706        195       3337.157
Total         837001.820        199
------------------------------------------------------------------------
```

Parameter Estimates

model	Beta	Std. Error	Std. Beta	t	Sig	lower	upper
(Intercept)	34.984	19.310	1.812	0.072	-3.099	73.066	
父親教育	3.803	1.724	0.167	2.206	0.029	0.403	7.203
母親教育	3.128	1.911	0.125	1.637	0.103	-0.641	6.897
家庭收入	8.092	3.164	0.170	2.557	0.011	1.852	14.332
補習	34.451	8.860	0.252	3.889	0.000	16.978	51.925

Backward Elimination Summary

Variable	AIC	RSS	Sum Sq	R-Sq	Adj. R-Sq
Full Model	2199.014	650509.957	186491.863	0.22281	0.20278
文化資本	2197.087	650745.706	186256.114	0.22253	0.20658

逐步法的 R 函數：

使用 p 值來選擇。

```
ols_step_both_p(mreg, details = TRUE)
```

使用 AIC 來選擇。

```
ols_step_both_aic(mreg, details = TRUE)
```

Final Model Output ------------------

Model Summary

R	0.460	RMSE	58.015
R-Squared	0.212	Coef. Var	36.959

```
Adj. R-Squared          0.200      MSE               3365.740
Pred R-Squared          0.178      MAE                 46.892
----------------------------------------------------------------

 RMSE: Root Mean Square Error
 MSE: Mean Square Error
 MAE: Mean Absolute Error
                              ANOVA
------------------------------------------------------------------------
                  Sum of
                  Squares        DF    Mean Square      F         Sig.
------------------------------------------------------------------------
Regression     177316.815         3     59105.605    17.561    0.0000
Residual       659685.005       196      3365.740
Total          837001.820       199
------------------------------------------------------------------------
                              Parameter Estimates
------------------------------------------------------------------------------------------
      model       Beta    Std. Error  Std. Beta    t        Sig     lower     upper
------------------------------------------------------------------------------------------
(Intercept)      48.467    17.539                2.763    0.006   13.878    83.056
   補習          36.029     8.845      0.264     4.074    0.000   18.586    53.472
   父親教育       5.210     1.501      0.229     3.472    0.001    2.251     8.170
   家庭收入       8.855     3.143      0.186     2.818    0.005    2.657    15.053
------------------------------------------------------------------------------------------
                            Stepwise Selection Summary
------------------------------------------------------------------------------------------
                       Added/                    Adj.
Step   Variable     Removed      R-Square    R-Square     C(p)       AIC         RMSE
------------------------------------------------------------------------------------------
  1   補習          addition      0.109       0.105     26.3960    2218.3349    61.3702
  2   父親教育      addition      0.180       0.172     10.7050    2203.7562    59.0278
  3   家庭收入      addition      0.212       0.200      4.7360    2197.8155    58.0150
------------------------------------------------------------------------------------------
```

14.10.3 統計 AI=>GO:(Unit 14 stepwise regression AI)

```
# 請輸入資料名稱
data = Unit_14_mreg_200
# 請輸入自變項（名稱可以是英文、中文或數字，但第一個字不可以是數字，字與字之間不可以有空格）
自變項 = c("父親教育", "母親教育", "家庭收入", "補習", "文化資本")
# 請輸入依變項（名稱可以是英文、中文或數字，但第一個字不可以是數字，字與字之間不可以有空格）
依變項 = c("基測總分")
# 請填寫進入 p 值
pent = 0.05
# 請填寫退出 p 值
prem = 0.10
# 請填入要存檔的名稱（名稱可以是英文、中文或數字，但第一個字不可以是數字，字與字之間不可以有空格）
save_file = c("stepwise_out")
```

result.1

變項	R 平方	R 平方改變量	F 改變量	F 顯著性
補習	0.109	0.109	24.235	0
父親教育	0.18	0.071	17.026	0.00005
家庭收入	0.212	0.032	7.938	0.00534

result.2

			基測總分			
	b	s.e	beta	t	p	sig
(Intercept)	48.467	17.539	0	2.763	0.006	**
補習	36.029	8.845	0.264	4.074	0	***
父親教育	5.21	1.501	0.229	3.472	0.001	***
家庭收入	8.855	3.143	0.186	2.818	0.005	**
N		200				
R^2		0.212				
adj.R^2		0.2				
F		F(3, 196) = 17.561, p < 0.001				

result.3

本研究使用逐步迴歸評鑑父親教育、母親教育、家庭收入、補習、文化資本等變項是否可以預測基測總分。逐步程序的摘要表呈現於表 AAA(result.1)，最終模式的估計摘要表呈現於表 BBB (result.2)。從這些表得知：有 3 個變項，亦即補習、父親教育、家庭收入被保留共同組合對基測總分有顯著的貢獻 ($F(3, 196) = 17.561$, $p < 0.001$)，R 平方爲 0.212，表示這 3 個變項可以解釋 21.2% 的變異量。從表 BBB 的標準化係數估計得知：補習對基測總分的預測力是第 1 高，對基測總分的貢獻大約是 10.9%($\Delta R2 = 0.109$)。$\beta = 0.264$，$p = 0$，正的 beta 值顯示，補習中「1」組相對於「0」組在基測總分的平均數比較高。父親教育對基測總分的預測力是第 2 高，對基測總分的貢獻大約是 7.1%($\Delta R2 = 0.071$)。$\beta = 0.229$，$p = 0.001$，正的 beta 值顯示，父親教育得分越高，基測總分的得分也越高。家庭收入對基測總分的預測力是第 3 高，對基測總分的貢獻大約是 3.2%($\Delta R2 = 0.032$)。$\beta = 0.186$，$p = 0.005$，正的 beta 值顯示，家庭收入得分越高，基測總分的得分也越高。

result.4

變項	VIF
補習	1.043144
父親教育	1.0793
家庭收入	1.078772

result.5

表 CCC(result.4) 多元共線性檢定顯示，沒有任何自變項的 VIF 值≧ 10，顯示沒有多元共線性的問題。

result.6

檢定	統計量	p 值
線性 (RESET)	1.205	0.302
常態 (Shapiro–Wilk)	0.987	0.064
偏態 (Skewness)	0.209	
峰度 (Kurtosis)	-0.616	
變異數同質性 (Breush-Pagan)	5.856	0.119
殘差獨立性 (Durbin-Watson)	0.57	0

result.7

表 DDD(result.6) 的 RESET 線性檢定顯示，RESET 統計量 = 1.205，p 值 = 0.302 > 0.05，表示自變項與依變項之間的線性關係成立。表 DDD(result.6) 的 Shapiro–Wilk 常態性檢定顯示，Shapiro–Wilk 統計量 = 0.987，p 值 = 0.064 > 0.05，表示常態性假定成立。表 DDD(result.6) 的變異數同質性檢定顯示，Breush-Pagan 統計量 = 5.856，p 值 = 0.119 > 0.05，表示變異數同質性成立。表 DDD(result.6) 的殘差的獨立性檢定顯示，Durbin-Watson 統計量 = 0.57，p 值 = 0 < 0.05，表示殘差獨立性未成立。（讀者可參考「殘差獨立未成立的處理方式」那一小節，尋求解決方式。）

result.8

標準化殘差檢定顯示，沒有任何標準化殘差大於 3，因此沒有極端的偏離值存在。

result.9

補習	父親教育	家庭收入	基測總分	case_id	標準化殘差	cooks_distance
0	12	5	55	9	-1.753	0.022
0	6	3	232	62	2.198	0.035
0	18	1	249	65	1.752	0.06
0	16	4	261	66	1.646	0.025
0	16	5	275	67	1.742	0.034
0	12	3	276	68	2.406	0.024
1	6	1	247	97	2.146	0.041
1	6	2	276	100	2.491	0.043
1	6	1	227	153	1.796	0.028
1	9	5	300	191	2.168	0.027

result.10

上表的 Cook's D 有影響的觀察值檢定顯示有 10 個觀察值的 Cook's D 大於 4/n，但沒有大於 0.5 者。（我們將逐步迴歸最後模式的自變項、依變項、標準化殘差以及 Cook's D 等變項加了一個 case_id 變項將其存在您指定的資料夾中以 dat_outlier.xlsx 的 Excel 檔儲存，您可以到那裡找到該檔案，來仔細檢視這些值。）

14.10.4 逐步迴歸的 APA 報表與結果解釋：

表 14.13 逐步迴歸程序摘要表

變項	R 平方	R 平方改變量	F 改變量	F 顯著性
補習	0.109	0.109	24.235	≦ 0.001
父親教育	0.18	0.071	17.026	≦ 0.001
家庭收入	0.212	0.032	7.938	0.00534

表 14.14　逐步迴歸最終模式的係數摘要表

	基測總分		
	b	s.e	beta
(Intercept)	48.467	17.539	
補習	36.029	8.845	0.264***
父親教育	5.21	1.501	0.229***
家庭收入	8.855	3.143	0.186**
N		200	
R^2		0.212	
adj.R^2		0.2	
F		F(3, 196) = 17.561, p < 0.001	

本研究使用逐步迴歸評鑑父親教育、母親教育、家庭收入、補習、文化資本等變項是否可以預測基測總分。逐步程序的摘要表呈現於表 14.13，最終模式的估計摘要表呈現於表 14.14。從這些表得知：有 3 個變項，亦即補習、父親教育、家庭收入被保留共同組合對基測總分有顯著的貢獻 (F(3, 196) = 17.561, p ≦ 0.001)，R 平方爲 0.212，表示這 3 個變項可以解釋 21.2% 的變異量。從表 14.14 的標準化係數估計得知：補習對基測總分的預測力是第 1 高，對基測總分的貢獻大約是 10.9%($\Delta R^2 = 0.109$)。$\beta = 0.264$，p ≦ 0.001，正的 beta 值顯示，有補習相對於沒有補習在基測總分的平均數比較高。父親教育對基測總分的預測力是第 2 高，對基測總分的貢獻大約是 7.1%($\Delta R^2 = 0.071$)。$\beta = 0.229$，p ≦ 0.001，正的 beta 值顯示，父親教育程度越高，基測總分也越高。家庭收入對基測總分的預測力是第 3 高，對基測總分的貢獻大約是 3.2%($\Delta R^2 = 0.032$)。$\beta = 0.186$，$p < 0.01$，正的 beta 值顯示，家庭收入越高，基測總分也越高。

對模式選擇方法的一些建議：

讓軟體程式自動選擇模式在探索階段 (exploratory stage) 是滿好用的，然而你不能期待自動選擇的算法勝過你所知的研究領域知識。這些自動篩選的程序通常會產生許多不同模式，而這些模式的關係很可能是樣本中偶然的機會所造成的。評鑑這些結果是否有道理，還是要依靠你的專業知識。其次，在確認好最終模式之後，還是要對迴歸假定做檢定，也就是上面所提的重要假定，以確保估計模式所得的係數不是偏差的。最後，你必須要了解的是逐步迴歸，所選出來的模式通常不是最大 R 平方。

參考文獻

Denis, D. J. (2020). *Univariate, Bivariate, and Multivariate Statistics Using R: Quantitative Tools for Data Analysis and Data Science*. New Jersey: John Wiley & Sons.

Finch, W. H., Bolin, J. E., & Kelley, K. (2019). *Multilevel modeling using R*. Cre Press.

Hair, J. F., Babin, B. J., Anderson, R. E., & Black, W. C. (2019). *Multivariate data analysis* (8 ed.): Cengage Learning.

Li, G. (1985). Exploring data tables, trends and shapes. In D. C. Hoaglin, F. Mosteller, & J. W. Tukey (Eds.), *Robust Regression* (pp. 281-343): John Wiley and Sons.

Mangiafico, S. S. (2015). An R Companion for the Handbook of Biological Statistics. Retrieved from https://rcompanion.org/rcompanion/a_02.html

Mosteller, F., & Tukey, J. W. (1977). *Data analysis and regression: A second course in statistics*.MA: Addison-Wesley.

https://rcompanion.org/rcompanion/e_03.html

https://otexts.com/fppcn/

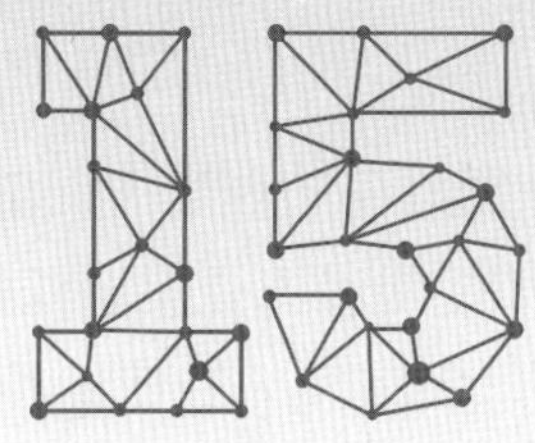

探索性因素分析

難易指數：☺（超難）

學習金鑰

- ✦ 了解探索性因素分析的概念以及使用時機
- ✦ 使用 R 套件執行探索性因素分析
- ✦ 能將探索性因素分析，以報表方式呈現，並撰寫結果

探索性因素分析 (exploratory factor analysis, EFA) 是一種處理變項之間互賴關係 (interrelationships) 或者是互相依存 (interdependent) 的技術。透過這種技術大量的變項縮減成一小撮的變項（或稱爲因素），因而可以獲得變項之間的底層結構 (underlying structure)。因此，它建立了測量變項與潛在構念之間的基底向度，可以提供自陳式量表的建構效度 (Nunnally, 1978)。因此，在 Charles Spearman 1904 年應用 EFA 之後，此技術迅速地變成社會行爲科學裡評鑑理論與測量有效化的基本工具。

在這一章裡，我們主要是調查與說明探索性因素分析，所謂的探索乃是不同於驗證性因素分析 (confirmatory factor analysis, CFA)，一種使用事前理論建構而成的假設因素結構，驗證這個因素結構與所收集資料中呈現的因素結構之間符合的程度，所以 CFA 是理論衍生的模式 (theory-derived models) 的技術，用於檢定一個既存的理論。而 EFA 則是使用者「讓資料來自動地提供因素模式」，亦即使用者不會設定任何事先對因素估計的任何限制或者所要抽取因素要素數目的限制。簡單地說，就是 EFA 想要找出因素的數目，但不會界定哪個題項要負荷在哪個因素，EFA 是經驗衍生的模式 (empirically-derived models)。圖 15.1 是 EFA 與 CFA 的圖形呈現。這兩張圖的差異在於 CFA 模式是研究者事前的理論就確認這六個變項有兩個因素，而且 x1-x3 是屬於一個因素 (F1)，x4-x6 屬於另一個因素 (F2)。因此，x1-x3 在 F1 都有因素負荷量，x4-x6 在 F2 也都有因素負荷量。F1 到 x4-x6 沒有因素負荷量，F2 到 x1-x3 也沒有因素負荷量，而 F1 與 F2 有相關。然後，用這個模式與資料做適配分析，看看適配程度如何？而 EFA 模式則是在執行 EFA 統計分析過程中，研究者依據某個判斷標準而決定保留兩個因素，且使用斜交轉軸（後面會介紹）而獲得圖右邊的模式，此模式 x1-x6 在兩個因素上皆有負荷量。對 EFA 而言，這六個變項也可能產生一個因素的模式或者三個因素的模式等等。

在這章裡，我們將使用一份 48 題的量表，來做探索性因素分析的範例，讀者可以想想 48 題，可能有多少種組合？所以在做探索性因素分析時，Denis (2020) 這段話說得真好：「對於因素分析來說，由於有太多的選項與複雜性，所以對任何分析過程所獲得的結果都可能遭受合理地批判『不夠客觀』，因素分析是『一半藝術，一半科學』(half art, half science)。」真的，我們希望讀者認知到這一點。

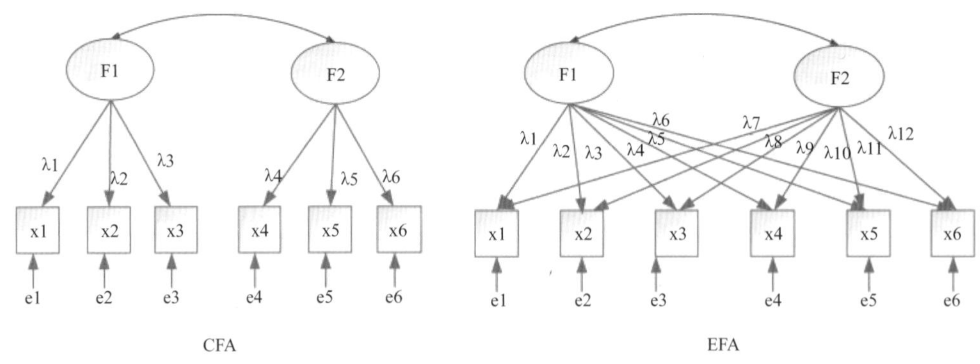

圖 15.1 CFA 與斜交轉軸 EFA 概念的差異。

（註：橢圓代表因素（潛在變項），而正方形代表觀察變項。）

雖然探索性因素分析的因素結構有相當多的可能，就統計的基礎技術層面而言，因素分析的最終目的是盡可能地重製觀察的相關或共變。然而，我們必須挑明的一個事實是 EFA 有一個廣受批判的技術與哲學的陷阱，那就是 Λ 的負荷（也就是圖 15.1 中的 $\lambda 1$、$\lambda 2 \cdots \lambda n$ 不是「唯一界定」），唯一的意思是不論在何種條件或是限制之下，獲得的答案都是一樣。然而，EFA 會因爲一個人選擇的抽取程序而改變了因素數目，進而改變了因素負荷量。例如：我們選擇了一種抽取三個因素的解法，會和我們選擇四個因素解法所獲得的因素負荷量答案是不同的。換句話說，在一個既定因素上的負荷量會因伴隨它而抽取出的其他因素的數目而改變。另外，從因素分數的角度來看，就是對於一個反應者而言，可以有許多不同的因素分數，而且每一個分數都可以適合所估計的因素模式，所以，因素分數不是唯一的。

15.1 共同因素模式

雖然有許多因素分析的模式，歷史上最受歡迎的乃是被稱爲共同因素分析 (common factor analysis) 模式。其數學模式的呈現如下：

$$x_{jk} = \omega_{j1}F_{1k} + \omega_{j2}F_{2k} + \cdots + \omega_{jq}F_{qk} + p_j E_{\mathrm{jk}}$$
$$j = 1, 2, \cdots, s\text{；}k = 1, 2, \cdots, n$$

其中，x_{jk}：第 k 個樣本單位在第 j 個觀察變數的分數；F_{qk}：第 k 個樣本單位在第 q 個共同因素之分數；E_{jk}：第 k 單位在第 j 個觀察變數的獨特因素之分數；ω_{jq}：因素權重 (factor weight)，用以表示第 q 個共同因素對第 j 個觀察變數之權重，一般稱爲因素負荷量 (factor loading)；p_j：第 j 個觀察變數之獨特因素之權重。並且假設 x、F 皆已是標準化之分數。

可以看到，這個因素分析模式在某些方面類似於多元迴歸模式。它們倆之間的差異在於多元迴歸 $y_i = b_0 + b_1 x_{i1} + b_2 x_{i2} + \cdots + b_k x_{ik} + \varepsilon_i$，$y_i$ 假設是觀察變項 x_i 的一個函數，此函數以 b_k 來加權。在因素分析模式裡，$b_k x_{ik}$ 被 $\omega_{jq} F_{qk}$ 取代，亦即 ω_{jq} 是因素的加權，不是觀察變項的加權。在上述的公式中有幾個重要的概念必須加以說明：

15.1.1 因素負荷量

雖然在公式中我們看到 ω_{jq} 是因素負荷量，但在實際的因素分析計算過程中通常會計算出兩種因素負荷量：一種是變項與因素之間的相關係數，此種數值會放在因素結構矩陣 (structure matrix) 裡；另一種則是變項與因素之間的迴歸係數，此種數值會放在因素組型矩陣 (pattern matrix) 裡。雖然，Graham, Guthrie, and Thompson (2003) 認爲這兩種的係數可以有相當不一樣的解釋，但不論是哪一種，它們都是了解某一特定因素本質的關鍵概念。在決定一個變項有多少因素負荷量可以被保留時[1]，有一些基本的原則廣爲學者們接受。首先是因素負荷量小於 |±0.3| 的應該將之去除 (Field, 2000; Hair, et al., 2019)，也就是 0.3 是最低的標準。這個值的實際精確值應該是 0.316，其平方是 0.10，也就是 10% 的變異數解釋量。|±0.4| 以上的因素負荷量被認爲是穩定的 (Guadagnoli & Velicer, 1988)，而 |±0.5| 以上被視爲是很棒的或者實際上的顯著。Hair, et al. (2019) 認爲因素負荷量超過 |±0.70| 的因素結構，是良好界定的結構，是任何因素分析的目標（作者認爲這是一個相當不容易達成的標準）。0.70 乃是變項可以被該因素解釋 50% 的變異量。

Hair, et al. (2019) 另外提出了樣本數與因素負荷量選取的標準：如果樣本在 100 左右，因素負荷量在 0.55 以上才具有重要性；樣本 50 左右，因素負荷量的要求就要在 0.75 以上；如果所有的因素負荷量以 0.3 爲實值重要性的要求，那麼樣本數需在 350 以上。Stevens (2012) 提出的建議如下：樣本 50 左右，0.722 的負荷量是顯著的；100 的樣本，則是 0.512 以上；200 的樣本則是 0.364 以上；300 的樣本則須大於 0.298；600 的樣本則需大於 0.21；1000 的樣本大於 0.162 即可。這些建議乃是基於 α 設定爲 0.01 之下，獲得有顯著的因素負荷量而得的。

另外，一個變項不應該同時在許多因素皆有足夠高的因素負荷量，這樣的變項會影響到因素的解釋，也會影響到因素的保留 (Li, Wen, Hau, Yuan,

1 是使用結構矩陣的相關係數，還是組型矩陣的迴歸係數來判斷，作者查了一些書籍，都沒有明確的說明，不過有些教科書似乎是針對結構矩陣的相關係數，然而許多實例的文章，大都使用組型矩陣來解釋因素，所以可知實務的範本比較傾向於用迴歸係數作為選擇的標準。

& Peng, 2020)。有些學者認爲這意謂這個題目可能設計不佳 (Hair et al., 2006)。Matsunaga(2010) 認爲跨因素負荷量高於 0.20 或 0.30 通常被認爲是有問題的，特別是該變項沒有特別大的負荷量在某一個因素上。關於這種跨因素負荷量 (cross-loading) 議題，讀者或許會看到一些統計技術的解決方法，例如使用不同轉軸法。我們想想不同轉軸法使得跨因素消失了，實際上，是否眞的消失了？答案應該是沒有，轉軸法可以讓我們解釋因素時較爲清楚，但跨因素本身是變項之間複雜關係的呈現，除非將此變項去除，所以，考量這個現象應該傾向於考慮「留」與「不留」。

我們必須知道因素分析的最終目標是獲得具有經驗與概念兩者都可支持的因素結構。所以，第一個原則是如果所獲得因素裡，皆有足夠的沒有跨因素變項可以反映這些因素，一般學者認爲 3 個以上，而且這些變項就概念上是可以用於解釋這個因素，那麼這個跨因素變項可以不留。基本上，就是多了這個變項對該因素概念的解釋沒有多大的損失，當然，就概念的定義少了這個變項，那個因素的概念就不太能成立的話，就只好保留，這是取捨 (trade-off) 的問題，研究者可自行決斷。另外就是刪除該變項，而該因素就無法有三個題項，那麼留還是不留？這個問題就看研究者對於因素必須至少三個變項這個法則的堅持程度。最後，由於 EFA 會受到變項的增減而改變因素的結構，那麼刪除跨因素變項導致重新抽取的因素結構產生很大的變化，那麼，留還是不留？答案當然在於這兩種因素結構何者對量表比較具有概念的適配來判斷，其實，我們可以看到一些發表的文章，他們選擇保留跨因素題項，來支持他們故事的論述 (story-telling)。

其次，因素所涵蓋的題目未滿 3 題時，許多結構方程模式或量表發展的書都會建議一個構面至少要包括 3 題以上的題目，假設題目數量夠多的情況之下，如果跑出某一個因素只包括 1 題或 2 題，可以考慮先將因素負荷量比較低的那一題刪除後再重新分析 (re-specify)，最後一點提醒，就是建議刪除題目的時候，一次只要刪除一題，然後每次都要重跑分析，看看與上一個階段的變化狀況有何不同，如此才是最佳之道。

15.1.2 特徵值

特徵向量 (eigenvector) 代表著在空間裡存在著一個方向。當我們的資料所產生相關矩陣可以找到這樣的方向，那麼就可以作爲此資料所具有的特徵。特徵向量所獲得的值（特徵值，eigenvalues）越大，表示相關矩陣在此方向的投影越大，特徵越明顯，因素分析就將此方向視爲是某個因素。

因素分析是分析變項與這些變項所隱含因素間關係的技術，所以變項與因素之間就可以從變項對因素的貢獻與因素對變項的貢獻兩個角度來看待，前者就是因素分析裡的特徵值或稱爲特徵根 (characteristic root)，後者稱爲共同性（communality，此在下一小節中討論）。使用實例來呈現這些概念（見圖 15.2），六個變項隱含了兩個因素，每一個變項對此兩個因素皆有因素負荷量，圖 15.2 中的特徵值怎麼算出來的，就是每一個變項的負荷量將之平方，再將這些平方的負荷量加總。所以，特徵值是可以這樣定義的：因素所含變項對其所貢獻的量。如果將 F1 的特徵值 2.086 除以 6(2.086/6 = 0.3477，34.77%)[2]，F1 的特徵值占全部的 34.77%，這些變項將它們全部的 0.3477 給了 F1 這個因素。反過來說，就是 F1 可以解釋全部變項變異的 34.77%。

15.1.3 共同性

共同性 (communality) 的定義是一個變項的變異被分析中的因素們所解釋的程度。它是該變項在因素上的因素負荷量平方的總和 (sum of square factor loadings)（見圖 15.2）。共同性相對的是「唯一性」(uniqueness)，指變異中與其他變項沒有關係的部分（包括因誤差因素及與該變項的特殊因素所造成的部分）。共同性在 EFA 分析過程中，較常用於作爲保留變項的一個指標以及幫助認定因素在解釋某一變項的強度。高的共同性意味著因素對變項產生了一系列高的負荷量。一個變項的共同性很低，代表著因素模式的任何部分都無法很好地解釋這個變項的變異，所以這個變項可以考

---

2 為什麼是除以 6，我們這樣來理解，因素分析是以相關矩陣來估計，因而是一個 n 對 n 的方陣，對角線是這些變項的變異數，所以對角線是 1.00，在做線性組合時，就是一個 n 維度的向量空間，那麼總特徵值是 n。所以 6 個變項總特徵值是 6，如果 10 個變項總特徵值是 10。

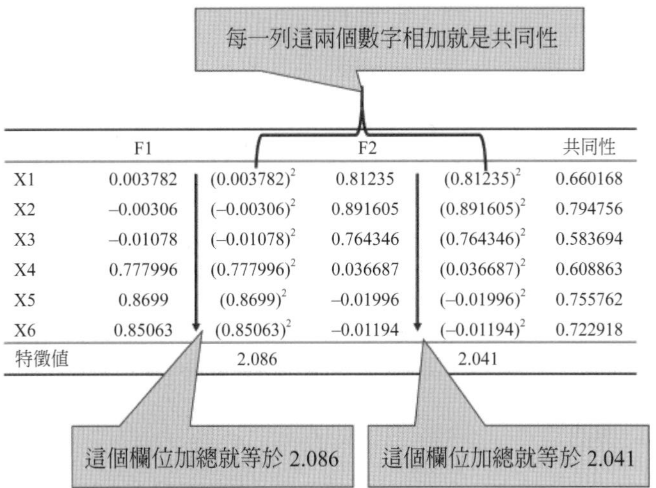

	F1		F2		共同性
X1	0.003782	$(0.003782)^2$	0.81235	$(0.81235)^2$	0.660168
X2	–0.00306	$(-0.00306)^2$	0.891605	$(0.891605)^2$	0.794756
X3	–0.01078	$(-0.01078)^2$	0.764346	$(0.764346)^2$	0.583694
X4	0.777996	$(0.777996)^2$	0.036687	$(0.036687)^2$	0.608863
X5	0.8699	$(0.8699)^2$	–0.01996	$(-0.01996)^2$	0.755762
X6	0.85063	$(0.85063)^2$	–0.01194	$(-0.01194)^2$	0.722918
特徵值		2.086		2.041	

每一列這兩個數字相加就是共同性
這個欄位加總就等於 2.086
這個欄位加總就等於 2.041

圖 15.2　特徵值與共同性的計算實例

慮將之刪除。一些學者認爲變項的共同性少於 0.5 是無法充分的解釋因素 (Hair, et. Al., 2019)。有些學者建議共同性低於 0.2，應當刪除 (Samuels, 2017; Child, 2006)。Costello and Osborne (2005) 以及 Gaskin 在其 http://statwiki.kolobkreations.com 的網頁上資訊建議共同性低於 0.4 可以考慮刪除。

不過，在此舉個例子讓讀者參考，假若 EFA 的分析有 8 個因素，有一個變項在某一因素上的負荷量是 0.45，在其他因素上是 0，那麼共同性是 0.45*0.45=0.20，而另一個變項在 3 個因素上的負荷量都是 0.3，而在 5 個因素上是 0.2，那麼其共同性是 0.3*0.3*3 + 0.2*0.2*5 = 0.47，顯然，對研究者而言，前者應當比後者好。所以，使用共同性來刪除變項時，必須考慮變項與量表間假設構念的連結關係。

15.1.4　因素分析的假定

如同 Hair et al. (2019) 所言，因素分析的假定比較傾向於概念性的而非統計的，因此認爲應當將重心多放在所要分析變項的特徵與組合，以及它們的統計品質上，而不是僅僅關注於如何符合多變項技術的統計要求。

因素分析主要的假定有常態性 (normality)、線性 (linearity)、偏離值 (outliers)、樣本數 (sample size) 以及可因素化 (factorability)。而常態性、線

性以及偏離値等皆是因爲它們會影響相關的計算，而變項之間的相關乃是因素分析的主要來源，因而這些假定的破壞會誤導因素分析的結果。至於這些假定的檢定，讀者請參看本書的單元 7 兩個平均數的檢定，以及單元 14 迴歸章節裡的討論。最後，關於這部分的假設檢定，我們使用 Hair et al. (2019) 的一些想法來和讀者分享，回顧這些統計假定的檢驗，研究者面對的是一種看來不太可能的任務：「滿足所有統計的假設或是冒一個有偏差且有瑕疵的分析」。我們想說的是雖然這些統計的假定是重要的，更重要的是研究者必須了解與每一個假定有關的技術層面意涵，在需要滿足假定以及技術與研究脈絡之間找到一個平衡。

15.1.5　樣本數

影響因素分析的樣本數包括因素的數目、每個因素的題項數、因素負荷量的大小、因素之間的相關、測量的信度以及參數的期望效果量等等 (Gagne & Hancock, 2006; Worthington & Whittaker, 2006)。一直以來，多少樣本數足夠用來執行因素分析，到目前爲止依然沒有定論。基本上，我們提供了一些學者的意見，供讀者參考。Comrey and Lee (1973) 認爲 100 是差，200 還可以，300 很好，500 非常好，1000 以上優秀。這樣的經驗法則受到批評的是沒有考慮到複雜的模式。另外一派則是推薦樣本與變項比率原則（N：p 比率），從 3：1、6：1、10：1、15：1 到 20：1 都有 (Cattell, 1978; Nunnally, 1978; Tabachnick & Fidell, 2013)，比率越高越好。

Fabrigar, Wegener, MacCallum, and Strahan (1999) 提供了共同性與樣本數的指導方針：(1) 如果所有的共同性在 0.7 以上且至少有三個變項有高負荷量在每一個因素上，則 100 個樣本是足夠的；(2) 如果共同性落在 0.40 到 0.70 之間，樣本數至少 200；(3) 如果共同性低於 0.40 且每個因素只有少數的高負荷量，樣本數需要 400 以上。

研究顯示最少樣本法則對實質因素分析沒有特別有用，Preacher and MacCallum (2002) 認爲只要共同性是高的（例如 0.6 以上），期望的因素數目相對地少，模式錯誤相對地低，研究者與審稿者應該不需過度地在乎小樣本數。當然，作者還是提醒讀者，畢竟 EFA 是一個大樣本分析的程序，小樣本之下也意味著結果不太可能被複製，所以樣本越多越好。最後，如果讀者眞的需要一個比較安心的答案，作者提供 Hair, et al. (2019) 的意見，他們認爲 5:1 是可接受的。

15.1.6 可因素化

這個假定就是因素分析的重點，讀者可能看到一些書籍在 EFA 章節中，沒有論述到上面的假定，但一定會談到此部分的觀念，不過他們不一定用可因素化 (factorability) 這個概念。可因素化的意義是在所選用來分析的變項裡，眞的存在一些因素（底層建構 (underlying construct)）。因此一些學者強調在做因素分析之前，需要確認有沒有因素存在。Tabachnick and Fidell (2013) 的書中說到，當我們檢查相關矩陣時，應當看到至少該有一些相當大的相關，某種程度而言，相關的大小和樣本數有關，大樣本之下傾向於產生較小的相關，但是如果沒有相關超過 0.30，那麼使用 EFA 就有問題，因爲很可能因素分析了半天什麼也沒有。Hair, et. al. (2019) 也認爲研究者必須確保資料矩陣有足夠的相關（超過 ±.30）來交代 EFA 的應用，如果發現所有的相關都是微弱的，或者所有相關都是一樣，表示沒有任何潛在的結構存在於這些變項裡，那麼做因素分析有何用。

當然，有某種程度的相關才會有因素存在，但是相關太高，則又有另外一個問題存在，那就是多元共線性 (multicollinearity) 的問題，多元共線性所導致的是區辨效度 (discriminant validity) 不足的疑慮，所獲得的因素結構價値不高。當然，變項之間可能具有多元共線性現象，此現象可以用相關矩陣的決定係數 (the determinant of the correlation matrix, det R) 來檢定，如果相關矩陣是奇異的 (singular)，則 det R 爲 0，一般學者建議 det R 需大於 0.00001，否則就是嚴重多元共線性 (Field, 2000)。其次，可以使用變異膨脹因子 (VIF) 來判斷多元線性迴歸模型的自變數之間是否獨立，VIF 値越小越好，若 VIF 値 >10，表示自變數存在共線性，則應刪除該自變數。

Bartlett 球型檢定：一種比較客觀的相關矩陣可因素化檢定是 Bartlett 球型檢定 (Bartlett's test of sphericity)，此檢定假設相關矩陣在對角線上都是 1.00，在對角線以外的相關都是 0。此一檢定算出卡方値來認定 EFA 是否可以使用。原則上，統計的顯著性小於 0.05(Hair. et al., 2019)，表示變項擁有足夠的相關來進行因素分析。不過，此一檢定對樣本數相當敏感，大樣本之下，小差異也會產生足夠的顯著性。一般建議最好再參考其他不受樣本大小影響的方法。

樣本適當性指標：Kaiser-Meyer-Olkin 樣本適當性指標 (Measure of sampling adequacy, MSA; Kaiser, 1974) 是相關與淨相關的比率值，其公式：相關係數平方和 /（相關係數平方和 + 淨相關係數平方和）。KMO 的值從 0.00 到 1.00，可以計算總相關矩陣以及個別變項。表 15.1 呈現 KMO 值的解釋方式。

表 15.1　KMO 值的解釋

KMO 值	解釋
>0.90	極佳 (marvelous)
0.80~0.89	良好 (meritorious)
0.70~0.79	中度 (middling)
0.60~0.69	平庸 (mediocre)
0.50~0.59	可悲 (miserable)
<0.50	無法接受 (unacceptable)

Hair, et al. (2019) 以及 Cleff (2019) 的書籍皆是依據上述的方式來判斷，整體以及個別變項 KMO 的值不得小於 0.5。如果變項的 KMO 低於 0.5，應當將之刪除，一次刪除一個，直到所有變項的 KMO 值大於 0.5。然而，有些學者們通常建議最好 KMO ≥ 0.70(Lloret, Ferreres, Hernández, & Tomás, 2017)，而這個 0.70 的標準也是現在許多碩博士論文採用的標準。不過 Denis (2020) 的意見值得參考：我們當然不需要在做 EFA 之前，先認可 Bartlett 檢定，同樣地，這將是不正確的，如果 KMO 低於我們喜歡的值（例如 0.7 或者更高），回想一下，KMO 檢定是企圖估計觀察變項變異數有多少比率是來自於基底因素。因而，如果 KMO 相當低，所產生的因素分析結果可能不是好的，但這並不意味著不能做因素分析。值得一提的是，在投資了這麼多心血收集了一個很實惠的資料，研究者不應該簡單地因為 KMO 沒有符合門檻而放棄做因素分析 (Denis, 2020)。現在是電腦幫忙跑因素分析，很有可能，KMO 指標不好，但所獲得的因素結構卻符合研究者所要的。如

果研究生們碰到此問題，可以拿因素分析的結果說服口委。

反映像相關矩陣 (anti-image correlation matrix)：此矩陣的對角線內的數值是抽樣適切性的指標 (MSA)，就是個別變項的 KMO 值，非對角的數值是淨相關係數的負值，淨相關係數乃是排除其他變數的效果之後，計算兩個變數之間的相關（見下面 P 矩陣）。採用此矩陣來檢定的原理乃是假若倆倆變數之間確實存有較高的關係時，則計算出來的淨相關會很小，因為其他變項的影響被排除了。因此非對角線有大的反映像相關（例如 0.7 以上）意味著不適合做因素分析。

$$P = \begin{bmatrix} KMO_1 & -p_{12} & -p_{13} \\ -p_{21} & KMO_2 & -p_{23} \\ -p_{31} & -p_{32} & KMO_3 \end{bmatrix}$$

p 為淨相關。

15.2 決定因素數目的方法

Zwick and Velicer (1986) 認為決定多少因素被保留，可以說是 EFA 分析過程中最重要的決策。常用於決定因素數目的方法有三種：Kaiser 判斷法、陡坡圖 (scree plot) 以及平行分析法 (Braeken & Van Assen, 2017)。

Kaiser 判斷法：Kaiser (1958) 建議特徵值大於 1 的因素可以保留，理由是特徵值乃是代表一個因素可以解釋變異的總量，而一個因素代表數個變項的組成，就數學的計算而言，一個變項的特徵值就是 1，例如分析的變項有 10 個，總特徵值是 10，那麼一個因素的特徵值小於 1，比一個變項的單獨變異的特徵值還低，就不太合理了。這個判斷法相當簡單，也是滿有道理的，然而有些學者卻認為用此來決定因素的數目是有問題且無效率的 (Ledesma and Valero-Mora, 2007)。例如：一個因素的特徵值是 1.01 被視為重要的，但 0.99 是不重要的。所以，他們建議這個方法要與其他方法一起來判斷。Jolliffe (1986) 則是認為這個方法太過嚴格，他建議留下特徵值大於 0.7 的因素。

陡坡圖：依據所有因素分析被抽取特徵值的大小順序，畫出隨因素數目變化的散布圖，然後觀察在哪一個點之後下降趨勢有明顯趨緩的現象。在這個下降趨緩點之前的特徵值的個數決定了萃取因素個數。不過，這種方式也受到不少批評，特別是被認爲太主觀了，每一個人對趨緩的認知不一樣。圖 15.3 的陡坡圖，可以看到，其實眞的不太容易判斷趨緩點是四個、五個還是六個。

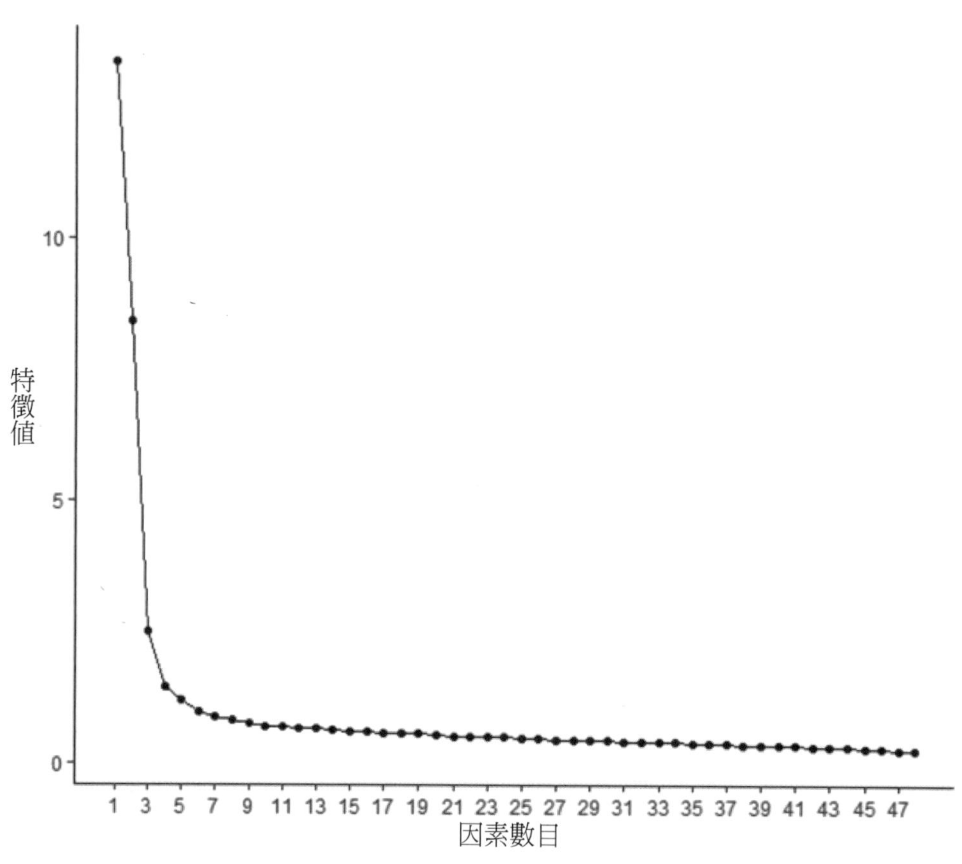

圖 15.3　陡坡圖

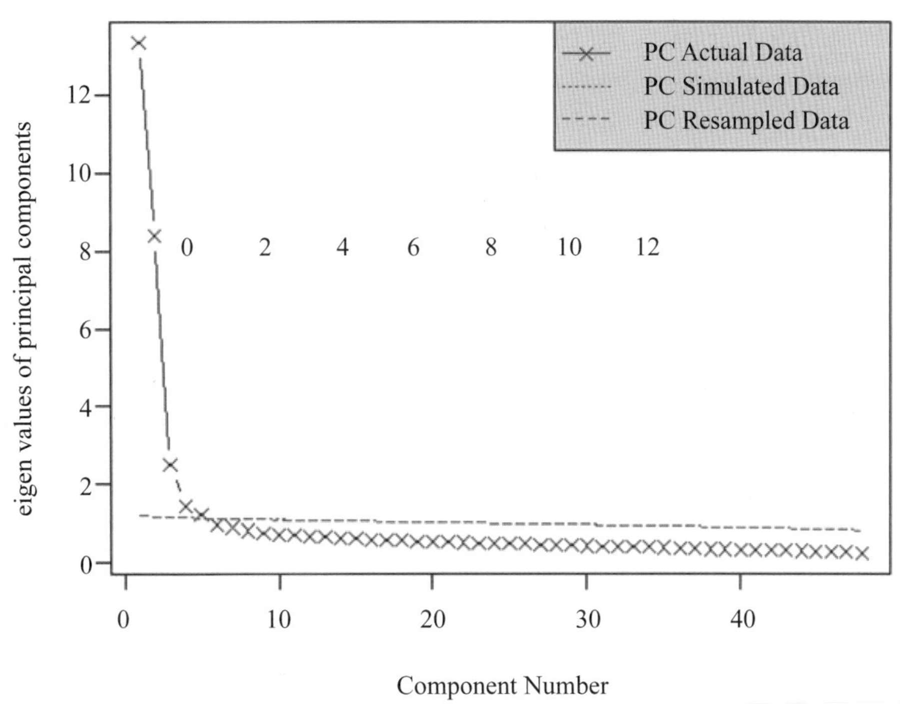

圖 15.4 平行分析法

平行分析法：此方法是先隨機產生若干組與原始數據結構相同的矩陣，求出特徵值並進行平均，然後和原始數據的特徵值（觀察特徵值）進行比對，根據交叉點的位置來選擇因素個數。這個方法的基本理念是高於相對應隨機特徵值的觀察特徵值，比那些低於相對應隨機特徵值的因素較可能產生有意義的因素。根據圖 15.4 我們可以觀察到特徵值與虛線的關係，有 5 個因素都位於虛線上方，顯然可以選擇 5 個因素。

因素累積總解釋變異量：這個方法就是欲抽取因素占特徵值與總特徵值的比值。每一個因素所占特徵值與總特徵值的比值，就是單一因素的解釋量，使用欲抽取因素數目所累積的解釋量來決定抽取因素。通常會選取 50%～80% 的因素個數作爲抽取因素數目。不過這個方法會有以下的問題：當變項很多，而實際因素又很少時，總解釋量通常都不高，那麼強迫保留因素以符合這個條件，會產生解釋上的難度。

15.3 因素抽取

EFA 的因素抽取 (factor extraction) 方法相當多，例如主成分法 (principal components analysis, PCA)、主軸因素法 (principal axis factoring, PAF)，最大概似法 (maximum likelihood, ML)、未加權最小平方法 (unweighted least squares)、一般化最小平方法 (generalised least squares)、alpha 因素法 (alpha factoring)、minimum residual(minRes) 以及影像因素法 (image factoring) 等等。每一個方法各有其優缺點，從總變異或共同變異來看，上述的方法可以分為成分分析模式 (component analysis model) 與共同因素分析模式，PCA 與影像因素法屬於前者，其餘的屬於後者。此兩類的差異在於共同因素分析模式屬於科學或者統計的典範 (scientific or statistical paradigm)，此模式承認變項是含有誤差。成分分析模式則是比較歸屬於數學典範 (mathematical paradigm)，將 q 個變項分數轉換成 p 個成分分數，通常是 p < q。所以，成分分析模式可以視為是共同因素分析模式的一個特例。以 PCA 的相關分析為例，其相關矩陣之主對角線為 1，這就是假定總變異數是完全由各成分所造成，不考慮誤差，而共同因素分析模式則是將共同性放入對角線中，表示了變項是包含了誤差部分。常用來當共同性之估計是每個變項與其他變項間之複相關係數平方 (squared multiple correlation, SMC)（林清山，1991）。關於這兩種類型的分析方法有太多文章在討論，基本上，經驗的研究大多說明變項足夠多或者變項具有很高的信度，兩者之間會產生相似的結果 (Loehlin & Beaujean, 2017; Thompson, 2004)。從這個角度來看，學者認為研究者若有先前研究關於變項關係的理論，他們應該要使用共同因素分析模式來排除唯一性與誤差變異。如果研究者沒有理論，只是想看看變項間的所有變異數 (variance) 會出現何種因素結構，使用 PCA 更有意義 (Norman & Streiner, 2014; Tabachnick and Fidell, 2013)。

另外，從資料分配的角度來看，學者的看法是當資料不是常態分配，PAF 會獲得比較好的結果 (Fabrigar et al., 1999)。而當資料接近常態分配時，可以使用最大概似法 (Costello & Osborne, 2005)。從發表文章的角度來看，PCA 以及 PAF 是最常被使用的方法。尤其是 PCA 是許多統計軟體的內定方法，所以，出現的次數是最多的。

15.4 因素轉軸

只要你的因素分析產生了兩個以上的因素，就有無數種方式可以同樣呈現你的資料結構。也就是說，只要有兩個以上的因素，就沒有唯一的模型 (unique solution)，所以研究者就要在眾多模型裡選擇一個。一般來說，許多人在選擇模型的時候都會採用簡單的結構 (simple structure)，因爲容易解釋。雖然轉軸 (rotation) 的方式有很多種，但基本就是兩大類：正交 (orthogonal) 與斜交 (oblique rotation)。轉軸的目的是讓因素更有意義，並同時看看因素之間的關係。更詳細一點來說，如果是正交轉軸的話，那就是假設因素之間沒有相關。那麼採用此方法的問題就是量表之間的因素通常都會存在某種關係，不然它們怎麼會放在同一份量表？所以硬性規定它們之間沒有關係難免產生與事實不符之情形。相對地，斜交轉軸則是假設因素之間有一定的相關。不過，Hair et al. (2013) 認爲斜交轉軸尚未被發展得很健全，而且一直以來相當具有爭議性。

在一些統計軟體套件中常見的正交轉軸有最大變異法 (Varimax)、四方最大法 (Quartimax) 以及相等最大法 (Equimax)。Varimax 主要是針對因素矩陣的欄位 (columns) 來簡化，所以是讓因素負荷量的變異數在因素內最大化。Quartimax 則是針對因素矩陣的列位 (rows) 來簡化，所以是讓因素負荷量的變異數在變項內最大化。Equimax 主要是均衡前兩者，讓因素負荷量的變異數在因素內與變項內同時最大化。斜交轉軸法則有直接斜交法 (Direct oblimin) 與最優斜交轉軸法 (Promax)。Direct oblimin 乃是企圖讓因素負荷量的差積 (cross-products) 最小化。而 Promax 乃是將最大變異法的結果再進行有相關的斜交轉軸。

至於使用何種轉軸法比較恰當，到目前爲止依然沒有定論，Tabachnick and Fiddell (2007) 的意見可供參考：可能決定正交或是斜交的最好方法就是先使用所希望的因素數目以斜交轉軸（直接斜交或是最優斜交轉軸）來做因素分析，然後察看因素的相關，如果因素相關矩陣的相關大概在 0.32 或者以上，那麼代表因素之間有 10% 左右的變異數重疊，足夠來保證使用斜交轉軸。

15.5 EFA 的實例解說與 R 的操作

資料準備與變項說明：

在說明整個因素分析的過程，我們使用作者收集的一份學生知覺教師－學生互動量表資料來做示範。依據 Wubbels, Créton, and Hooymayers (1985) 所提的人際間教師行爲模式 (Model for Interpersonal Teacher Behavior, MITB)，此量表建基於兩個基底向度：影響性 (Influence)── 支配與服從 (Dominance-Submission) 以及親近性 (Proximity)──對立與合作 (Opposition-Cooperation)。由這兩個向度所產生的四個區塊（見圖 15.5），進而再細分成圖 15.6 中的八個次區塊。每一個次區塊的概念發展 6 個題目，總共 48 題。我將之修改成用於導師的量表，稱爲學生知覺導師－學生關係量表（見表 15.2）。使用這個量表乃是這些學者的理論建構，很明顯地呈現了這個量表內理論所呈現的基底構念以及這些構念的關係。這份問卷我們收集了 5,537 份，Excel 資料名稱是 QTI.xlsx。

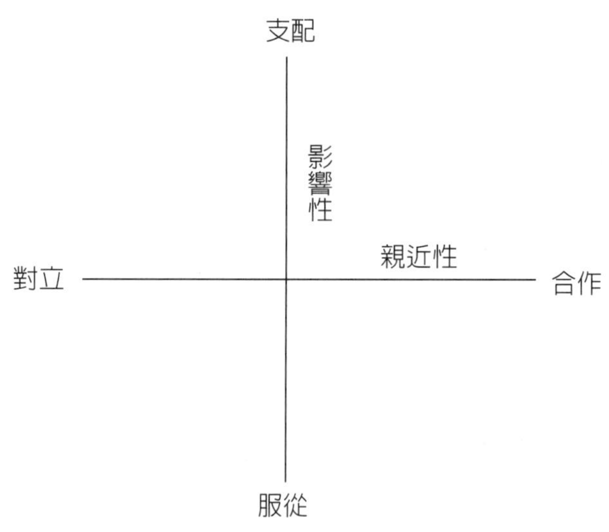

圖 15.5　人際間教師行為模式的基底向度

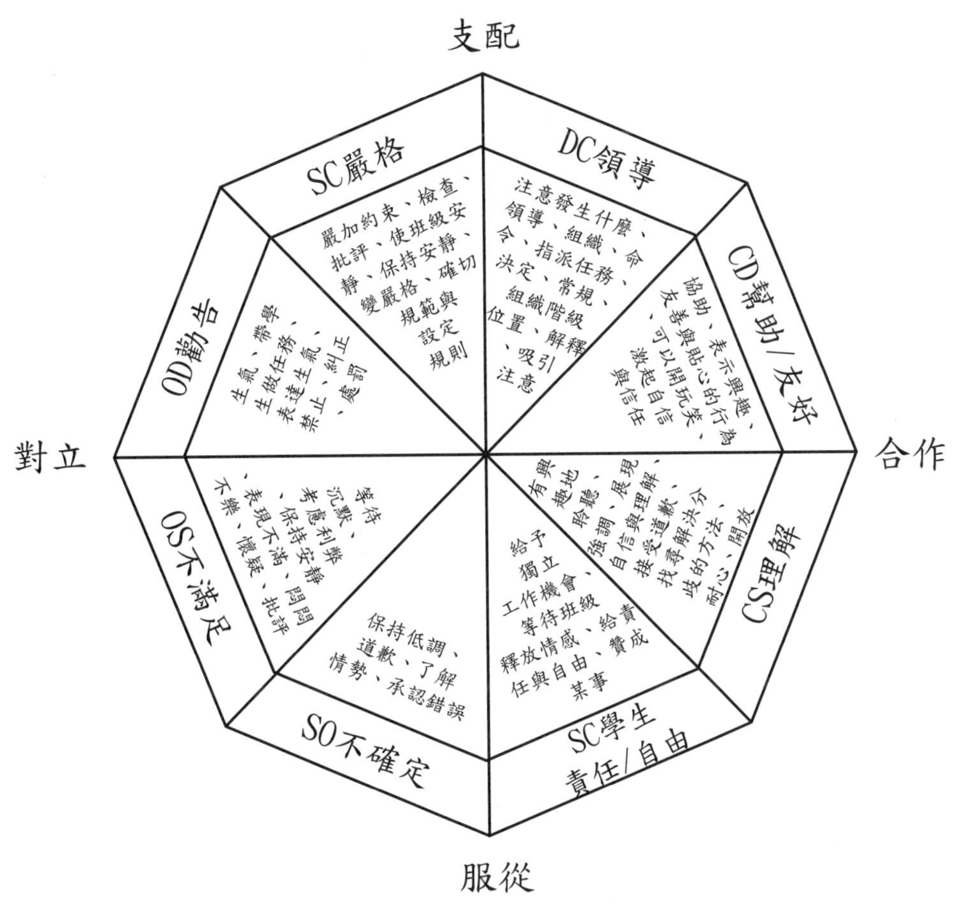

圖 15.6 Wubbels et. al. (1985) 人際間教師行為模式的八個向度

表 15.2 學生知覺導師—學生關係量表的題目

	從來沒有	很少	偶而	經常	總是如此
1. 我們導師熱忱地教導他的主科。leadership	0	1	2	3	4
2. 我們導師信任我們。understanding	0	1	2	3	4
3. 我們導師似乎變來變去的。uncertain	0	1	2	3	4
4. 我們導師會突然地發脾氣。admonishing	0	1	2	3	4
5. 我們導師清楚地解釋事情。leadership	0	1	2	3	4
6. 如果我們不同意導師的意見，我們可以說出來。understanding	0	1	2	3	4

	從來沒有	很少	偶而	經常	總是如此
7. 我們導師會猶豫不決。uncertain	0	1	2	3	4
8. 我們導師容易發脾氣。admonishing	0	1	2	3	4
9. 我們導師吸引我們的注意。leadership	0	1	2	3	4
10. 我們導師願意不厭其煩地解釋事情。understanding	0	1	2	3	4
11. 我們導師表現得好像不知所措的樣子。uncertain	0	1	2	3	4
12. 當我們一違規，我們的導師馬上就糾正我們。admonishing	0	1	2	3	4
13. 我們導師知道教室發生的每一件事。leadership	0	1	2	3	4
14. 如果我們有事情想對導師說，他 / 她會聽我們怎麼說。understanding	0	1	2	3	4
15. 我們導師讓我們主導一些事情。uncertain	0	1	2	3	4
16. 我們導師沒耐心。admonishing	0	1	2	3	4
17. 我們導師是位好的領導者。leadership	0	1	2	3	4
18. 我們導師會知道我們不懂的地方。understanding	0	1	2	3	4
19. 當我們搗蛋時，我們的導師不知怎麼辦。uncertain	0	1	2	3	4
20. 我們導師容易被激怒。admonishing	0	1	2	3	4
21. 我們導師很有自信。leadership	0	1	2	3	4
22. 我們導師有耐心。understanding	0	1	2	3	4
23. 讓我們導師表現出不知所措是容易的。uncertain	0	1	2	3	4
24. 我們導師會說嘲諷的話語。admonishing	0	1	2	3	4
25. 我們導師會幫忙我們班級的事務。helping/friendly	0	1	2	3	4
26. 在我們導師的課堂上，我們可以決定一些事情。student responsibility	0	1	2	3	4
27. 我們導師認為我們會欺騙。dissatisfaction	0	1	2	3	4
28. 我們導師是嚴格的。strict	0	1	2	3	4
29. 我們導師是友善的。helping/friendly	0	1	2	3	4
30. 我們可以影響我們導師。student responsibility	0	1	2	3	4
31. 我們導師認為我們什麼都不懂。dissatisfaction	0	1	2	3	4

	從來沒有	很少	偶而	經常	總是如此
32. 在我們導師的課堂上，我們必須鴉雀無聲。strict	0	1	2	3	4
33. 我們導師值得我們依賴。helping/friendly	0	1	2	3	4
34. 我們導師讓我們決定何時可以做課堂上要做的事情。student responsibility	0	1	2	3	4
35. 我們導師會貶抑我們。dissatisfaction	0	1	2	3	4
36. 我們導師考試考得很難。strict	0	1	2	3	4
37. 我們導師是幽默的。helping/friendly	0	1	2	3	4
38. 我們導師在他的課堂，給我們很大的自主空間。student responsibility	0	1	2	3	4
39. 我們導師認為學生什麼事情都做不好。dissatisfaction	0	1	2	3	4
40. 我們導師的要求很高。strict	0	1	2	3	4
41. 我們導師是可以開玩笑的。helping/friendly	0	1	2	3	4
42. 在我們導師課堂，會給我們一些自由的時間。student responsibility	0	1	2	3	4
43. 我們導師似乎對我們不滿意。dissatisfaction	0	1	2	3	4
44. 我們導師批改作業嚴格。strict	0	1	2	3	4
45. 在我們導師的課堂上是愉快的。helping/friendly	0	1	2	3	4
46. 我們導師是仁慈的。student responsibility	0	1	2	3	4
47. 我們導師是多疑的。dissatisfaction	0	1	2	3	4
48. 我們怕我們導師。strict	0	1	2	3	4

敘述統計：

```
library(psych)
des = data.frame(describe(QTI))
des = round(des, 3)
des = rownames_to_column(des, var = "變項")
des = des[c(1, 3, 4, 5, 6, 9, 10, 12, 13)]
```

[說明] 使用 psych 套件中的 describe() 函數，加上 data.frame() 是將 describe() 所做出來的統計，轉成資料框，round(des, 3) 是取小數 3 位，rownames_to_column(des, var = " 變項 ") 是將列的名字轉成欄位，成爲第一欄的資料，des[c(1, 3, 4, 5, 6, 9, 10, 12, 13)] 的是 n、mean、sd、median、min、max、skew、kurtosis 在 des 資料夾的 1, 3, 4, 5, 6, 9, 10, 12, 13 欄位。

變項	n	mean	sd	median	min	max	skew	kurtosis
題項 1	5537	3.088	1.137	3	0	4	-1.165	0.521
題項 2	5537	2.596	1.222	3	0	4	-0.486	-0.733
題項 3	5537	1.809	1.35	2	0	4	0.252	-1.097
題項 4	5537	1.79	1.337	2	0	4	0.291	-1.046
題項 5	5537	2.668	1.201	3	0	4	-0.557	-0.621
題項 6	5537	2.465	1.301	3	0	4	-0.385	-0.95
題項 7	5537	1.462	1.162	1	0	4	0.602	-0.321
題項 8	5537	1.914	1.301	2	0	4	0.216	-1.035
題項 9	5537	1.725	1.284	2	0	4	0.279	-0.912
題項 10	5537	2.249	1.3	2	0	4	-0.167	-1.034
題項 11	5537	1.23	1.202	1	0	4	0.811	-0.193
題項 12	5537	3.028	1.116	3	0	4	-1.029	0.284
題項 13	5537	2.373	1.163	2	0	4	-0.228	-0.773
題項 14	5537	2.636	1.253	3	0	4	-0.522	-0.768
題項 15	5537	2.386	1.183	2	0	4	-0.273	-0.729
題項 16	5537	1.484	1.34	1	0	4	0.543	-0.84
題項 17	5537	2.509	1.302	3	0	4	-0.445	-0.88
題項 18	5537	2.328	1.227	2	0	4	-0.237	-0.855
題項 19	5537	1.079	1.196	1	0	4	0.957	0.005
題項 20	5537	1.911	1.358	2	0	4	0.17	-1.14
題項 21	5537	2.533	1.202	3	0	4	-0.412	-0.675
題項 22	5537	2.38	1.298	2	0	4	-0.309	-0.959
題項 23	5537	1.289	1.21	1	0	4	0.72	-0.33
題項 24	5537	1.64	1.352	2	0	4	0.383	-0.994
題項 25	5537	2.589	1.237	3	0	4	-0.489	-0.734
題項 26	5537	2.321	1.232	2	0	4	-0.225	-0.862
題項 27	5537	1.706	1.282	2	0	4	0.331	-0.875
題項 28	5537	2.328	1.285	2	0	4	-0.201	-0.99
題項 29	5537	2.411	1.315	2	0	4	-0.35	-0.956
題項 30	5537	1.828	1.239	2	0	4	0.168	-0.844
題項 31	5537	1.51	1.287	1	0	4	0.512	-0.749
題項 32	5537	1.791	1.319	2	0	4	0.26	-0.986

題項 33	5537	2.246	1.334	2	0	4	-0.175	-1.08
題項 34	5537	1.698	1.24	2	0	4	0.308	-0.78
題項 35	5537	1.421	1.282	1	0	4	0.573	-0.667
題項 36	5537	1.654	1.197	2	0	4	0.361	-0.607
題項 37	5537	1.977	1.318	2	0	4	0.047	-1.036
題項 38	5537	1.964	1.252	2	0	4	0.074	-0.902
題項 39	5537	1.403	1.276	1	0	4	0.609	-0.63
題項 40	5537	1.98	1.271	2	0	4	0.099	-0.943
題項 41	5537	2.021	1.296	2	0	4	-0.01	-0.998
題項 42	5537	2.017	1.219	2	0	4	0.047	-0.831
題項 43	5537	1.64	1.297	2	0	4	0.394	-0.872
題項 44	5537	1.801	1.263	2	0	4	0.246	-0.877
題項 45	5537	2.321	1.281	2	0	4	-0.257	-0.914
題項 46	5537	2.294	1.346	2	0	4	-0.234	-1.069
題項 47	5537	1.581	1.327	1	0	4	0.451	-0.895
題項 48	5537	1.581	1.376	1	0	4	0.435	-0.986

可因素化檢定：

計算 48 個變項的相關矩陣。

```
library(Hmisc)
fac_r = rcorr(as.matrix(QTI))
r = round(data.frame(fac_r$r), 2)
upper1 <- r
upper1[upper.tri(r)]<-""
tl <- as.data.frame(upper1)
write.csv(tl, file = "factor_coreelation.csv", row.names = T)
```

表 15.3 QTI 量表變項相關矩陣

	題項 1	題項 2	題項 3	題項 4	題項 5	題項 6	題項 7	題項 8
題項 1	1							
題項 2	0.58	1						
題項 3	-0.12	-0.25	1					

	題項 1	題項 2	題項 3	題項 4	題項 5	題項 6	題項 7	題項 8
題項 4	-0.13	-0.25	0.63	1				
題項 5	0.55	0.6	-0.19	-0.21	1			
題項 6	0.39	0.45	-0.11	-0.14	0.49	1		
題項 7	-0.04	-0.02	0.38	0.36	-0.02	0.09	1	
題項 8	-0.11	-0.27	0.57	0.69	-0.21	-0.15	0.38	1
題項 9	0.26	0.35	0.03	0.03	0.33	0.28	0.2	0.04
題項 10	0.44	0.51	-0.15	-0.17	0.53	0.44	0.04	-0.17
題項 11	-0.1	-0.03	0.32	0.32	-0.05	0.01	0.47	0.31
題項 12	0.5	0.41	-0.02	-0.04	0.45	0.34	-0.03	0
題項 13	0.38	0.42	-0.06	-0.04	0.43	0.31	0.02	-0.05
題項 14	0.53	0.63	-0.22	-0.24	0.59	0.5	-0.03	-0.24
題項 15	0.45	0.55	-0.13	-0.14	0.51	0.45	0.04	-0.14
題項 16	-0.2	-0.32	0.53	0.57	-0.28	-0.17	0.37	0.6
題項 17	0.53	0.64	-0.26	-0.28	0.6	0.44	-0.07	-0.27
題項 18	0.46	0.55	-0.17	-0.18	0.54	0.41	0.01	-0.17
題項 19	-0.11	-0.06	0.3	0.29	-0.07	0.03	0.44	0.28
題項 20	-0.11	-0.28	0.53	0.59	-0.2	-0.13	0.33	0.67
題項 21	0.41	0.41	-0.03	-0.03	0.42	0.29	0	-0.02
題項 22	0.47	0.62	-0.27	-0.3	0.58	0.43	-0.03	-0.31
題項 23	-0.09	-0.07	0.31	0.31	-0.09	0.02	0.45	0.32
題項 24	-0.11	-0.23	0.42	0.45	-0.18	-0.11	0.31	0.47
題項 25	0.49	0.53	-0.16	-0.15	0.51	0.41	-0.01	-0.13
題項 26	0.38	0.48	-0.08	-0.09	0.44	0.45	0.07	-0.1
題項 27	-0.08	-0.27	0.43	0.42	-0.17	-0.11	0.3	0.45
題項 28	0.18	0.06	0.23	0.24	0.11	0.04	0.11	0.31
題項 29	0.47	0.6	-0.26	-0.29	0.55	0.45	-0.03	-0.3
題項 30	0.16	0.21	0.1	0.11	0.2	0.27	0.24	0.1
題項 31	-0.15	-0.26	0.46	0.47	-0.2	-0.12	0.34	0.48
題項 32	0.08	0.01	0.22	0.23	0.05	-0.06	0.16	0.25
題項 33	0.46	0.59	-0.25	-0.25	0.55	0.42	-0.03	-0.24

承上表 15.3

	題項 1	題項 2	題項 3	題項 4	題項 5	題項 6	題項 7	題項 8
題項 34	0.2	0.32	0	0	0.28	0.25	0.16	-0.01
題項 35	-0.12	-0.19	0.41	0.42	-0.16	-0.1	0.31	0.41
題項 36	0	-0.03	0.25	0.28	-0.02	0.01	0.24	0.3
題項 37	0.33	0.43	-0.1	-0.11	0.41	0.36	0.06	-0.13
題項 38	0.3	0.45	-0.1	-0.11	0.4	0.38	0.1	-0.15
題項 39	-0.19	-0.29	0.43	0.45	-0.24	-0.16	0.32	0.47
題項 40	0.08	-0.04	0.29	0.3	-0.01	-0.03	0.18	0.36
題項 41	0.29	0.38	-0.08	-0.09	0.34	0.36	0.07	-0.11
題項 42	0.28	0.41	-0.07	-0.08	0.37	0.36	0.08	-0.13
題項 43	-0.16	-0.32	0.45	0.48	-0.22	-0.15	0.3	0.51
題項 44	0.09	0.02	0.21	0.24	0.05	0.04	0.17	0.26
題項 45	0.4	0.55	-0.22	-0.22	0.48	0.41	-0.01	-0.25
題項 46	0.44	0.59	-0.28	-0.3	0.53	0.43	-0.02	-0.33
題項 47	-0.16	-0.32	0.47	0.48	-0.23	-0.16	0.34	0.5
題項 48	0.04	-0.03	0.23	0.24	0	-0.09	0.14	0.28

承上表 15.3

	題項 9	題項 10	題項 11	題項 12	題項 13	題項 14	題項 15	題項 16
題項 9	1							
題項 10	0.39	1						
題項 11	0.19	0	1					
題項 12	0.21	0.37	-0.08	1				
題項 13	0.3	0.38	0.05	0.45	1			
題項 14	0.34	0.55	-0.07	0.49	0.5	1		
題項 15	0.36	0.49	0.02	0.39	0.43	0.62	1	
題項 16	0.03	-0.21	0.4	-0.1	-0.09	-0.32	-0.2	1

	題項 9	題項 10	題項 11	題項 12	題項 13	題項 14	題項 15	題項 16
題項 17	0.37	0.55	-0.07	0.44	0.48	0.66	0.57	-0.36
題項 18	0.37	0.52	0	0.42	0.48	0.59	0.55	-0.22
題項 19	0.13	0.02	0.51	-0.15	-0.02	-0.08	0.01	0.4
題項 20	-0.01	-0.18	0.3	0.01	-0.05	-0.23	-0.15	0.62
題項 21	0.33	0.37	0	0.42	0.41	0.45	0.42	-0.07
題項 22	0.34	0.54	-0.03	0.39	0.43	0.62	0.55	-0.39
題項 23	0.12	-0.01	0.56	-0.09	0	-0.09	0.01	0.38
題項 24	0.05	-0.11	0.32	-0.05	-0.03	-0.21	-0.09	0.53

承上表 15.3

	題項 9	題項 10	題項 11	題項 12	題項 13	題項 14	題項 15	題項 16
題項 25	0.31	0.47	-0.04	0.45	0.42	0.56	0.49	-0.21
題項 26	0.33	0.43	0.03	0.33	0.34	0.49	0.54	-0.14
題項 27	0.04	-0.13	0.3	-0.01	-0.04	-0.19	-0.11	0.49
題項 28	0.13	0.09	0.09	0.27	0.21	0.08	0.11	0.23
題項 29	0.36	0.51	-0.05	0.38	0.41	0.62	0.54	-0.32
題項 30	0.26	0.23	0.22	0.12	0.17	0.23	0.28	0.12
題項 31	0.02	-0.15	0.37	-0.07	-0.03	-0.25	-0.14	0.54
題項 32	0.1	0.04	0.2	0.11	0.12	0.01	0.05	0.27
題項 33	0.39	0.54	-0.03	0.37	0.43	0.6	0.52	-0.28
題項 34	0.28	0.29	0.18	0.16	0.26	0.31	0.34	0.02
題項 35	0.07	-0.12	0.35	-0.03	0.01	-0.18	-0.07	0.48
題項 36	0.15	0.04	0.27	0.04	0.1	-0.03	0.04	0.31
題項 37	0.43	0.41	0.07	0.23	0.32	0.44	0.43	-0.13
題項 38	0.36	0.41	0.1	0.22	0.31	0.45	0.46	-0.13
題項 39	0	-0.17	0.37	-0.09	-0.05	-0.29	-0.17	0.55
題項 40	0.1	0.03	0.17	0.15	0.11	-0.04	0.02	0.32
題項 41	0.35	0.36	0.08	0.21	0.27	0.39	0.39	-0.08

	題項 9	題項 10	題項 11	題項 12	題項 13	題項 14	題項 15	題項 16
題項 42	0.34	0.37	0.11	0.22	0.29	0.41	0.43	-0.09
題項 43	-0.01	-0.18	0.32	-0.06	-0.08	-0.26	-0.17	0.54
題項 44	0.14	0.09	0.2	0.15	0.17	0.02	0.07	0.26
題項 45	0.37	0.46	-0.01	0.31	0.35	0.53	0.48	-0.26
題項 46	0.35	0.5	-0.03	0.35	0.39	0.6	0.51	-0.33
題項 47	-0.01	-0.19	0.34	-0.05	-0.08	-0.27	-0.15	0.56
題項 48	0.11	0.01	0.16	0.09	0.14	-0.01	0.03	0.28

承上表 15.3

	題項 17	題項 18	題項 19	題項 20	題項 21	題項 22	題項 23	題項 24
題項 17	1							
題項 18	0.66	1						
題項 19	-0.09	-0.02	1					
題項 20	-0.29	-0.18	0.34	1				
題項 21	0.48	0.45	-0.06	-0.01	1			
題項 22	0.68	0.58	-0.04	-0.32	0.46	1		
題項 23	-0.09	-0.01	0.54	0.35	-0.02	-0.04	1	

承上表 15.3

	題項 17	題項 18	題項 19	題項 20	題項 21	題項 22	題項 23	題項 24
題項 24	-0.22	-0.13	0.33	0.51	0.02	-0.25	0.4	1
題項 25	0.57	0.53	-0.06	-0.13	0.43	0.55	-0.04	-0.1
題項 26	0.49	0.46	0.05	-0.1	0.36	0.49	0.05	-0.04
題項 27	-0.22	-0.14	0.3	0.49	-0.01	-0.23	0.35	0.52
題項 28	0.1	0.15	0.03	0.3	0.25	0.05	0.09	0.26
題項 29	0.66	0.56	-0.05	-0.29	0.42	0.65	-0.06	-0.24
題項 30	0.21	0.24	0.26	0.12	0.18	0.22	0.25	0.13
題項 31	-0.26	-0.16	0.38	0.5	-0.02	-0.24	0.42	0.51

	題項 17	題項 18	題項 19	題項 20	題項 21	題項 22	題項 23	題項 24
題項 32	0.04	0.08	0.15	0.26	0.14	0.01	0.21	0.27
題項 33	0.68	0.58	-0.05	-0.26	0.43	0.63	-0.07	-0.21
題項 34	0.33	0.33	0.19	-0.01	0.22	0.33	0.18	0.04
題項 35	-0.18	-0.09	0.34	0.44	0.01	-0.18	0.41	0.5
題項 36	-0.01	0.06	0.25	0.3	0.11	0	0.29	0.3
題項 37	0.49	0.44	0.07	-0.15	0.37	0.47	0.04	-0.04
題項 38	0.46	0.44	0.11	-0.16	0.31	0.46	0.07	-0.07
題項 39	-0.28	-0.19	0.39	0.5	-0.07	-0.26	0.42	0.51
題項 40	-0.03	0.03	0.12	0.35	0.15	-0.06	0.21	0.33
題項 41	0.39	0.37	0.08	-0.1	0.31	0.39	0.06	0
題項 42	0.42	0.4	0.11	-0.13	0.3	0.41	0.08	-0.04
題項 43	-0.29	-0.2	0.32	0.53	-0.04	-0.29	0.34	0.5
題項 44	0.05	0.13	0.15	0.26	0.18	0.03	0.2	0.26
題項 45	0.57	0.51	-0.01	-0.25	0.37	0.55	-0.04	-0.18
題項 46	0.64	0.54	-0.01	-0.3	0.39	0.65	-0.06	-0.25
題項 47	-0.31	-0.2	0.33	0.53	-0.05	-0.29	0.39	0.53
題項 48	0.03	0.07	0.15	0.26	0.12	-0.01	0.17	0.26

承上表 15.3

	題項 25	題項 26	題項 27	題項 28	題項 29	題項 30	題項 31	題項 32
題項 25	1							
題項 26	0.55	1						
題項 27	-0.1	-0.06	1					
題項 28	0.18	0.09	0.31	1				
題項 29	0.54	0.5	-0.24	0.02	1			
題項 30	0.23	0.34	0.13	0.1	0.28	1		
題項 31	-0.16	-0.09	0.54	0.26	-0.28	0.16	1	

承上表 15.3

	題項 25	題項 26	題項 27	題項 28	題項 29	題項 30	題項 31	題項 32
題項 32	0.04	-0.01	0.29	0.36	-0.01	0.05	0.34	1
題項 33	0.55	0.48	-0.2	0.1	0.65	0.24	-0.23	0.05
題項 34	0.3	0.37	0.03	0.08	0.34	0.3	0.07	0.12
題項 35	-0.1	-0.04	0.47	0.23	-0.18	0.14	0.54	0.34
題項 36	0.04	0.05	0.31	0.32	-0.04	0.15	0.35	0.3
題項 37	0.4	0.41	-0.07	0.06	0.51	0.3	-0.09	0
題項 38	0.4	0.47	-0.09	-0.03	0.5	0.34	-0.08	-0.05
題項 39	-0.19	-0.14	0.52	0.23	-0.29	0.13	0.65	0.31
題項 40	0.05	0.03	0.34	0.5	-0.08	0.12	0.36	0.35
題項 41	0.36	0.41	-0.02	0.04	0.43	0.33	-0.05	-0.05
題項 42	0.4	0.45	-0.05	0.02	0.46	0.3	-0.07	0.01
題項 43	-0.18	-0.12	0.55	0.25	-0.31	0.12	0.56	0.3
題項 44	0.1	0.08	0.26	0.42	0.02	0.14	0.27	0.32
題項 45	0.47	0.47	-0.2	-0.03	0.62	0.24	-0.21	-0.09
題項 46	0.52	0.48	-0.24	-0.02	0.72	0.24	-0.26	-0.03
題項 47	-0.17	-0.13	0.55	0.27	-0.3	0.13	0.57	0.3
題項 48	0.02	0.01	0.3	0.37	-0.05	0.08	0.29	0.39

承上表 15.3

	題項 33	題項 34	題項 35	題項 36	題項 37	題項 38	題項 39	題項 40
題項 33	1							
題項 34	0.4	1						
題項 35	-0.14	0.16	1					
題項 36	0.04	0.16	0.42	1				
題項 37	0.53	0.36	-0.03	0.12	1			
題項 38	0.52	0.45	-0.02	0.06	0.59	1		

	題項 33	題項 34	題項 35	題項 36	題項 37	題項 38	題項 39	題項 40
題項 39	-0.24	0.06	0.58	0.39	-0.1	-0.09	1	
題項 40	0	0.07	0.35	0.44	0.03	-0.03	0.43	1
題項 41	0.43	0.34	-0.02	0.1	0.55	0.5	-0.06	0.04
題項 42	0.45	0.42	0	0.05	0.48	0.6	-0.09	-0.01
題項 43	-0.27	0.02	0.52	0.35	-0.13	-0.14	0.63	0.41
題項 44	0.09	0.14	0.32	0.41	0.09	0.05	0.32	0.49
題項 45	0.6	0.35	-0.14	-0.02	0.59	0.58	-0.24	-0.09
題項 46	0.65	0.34	-0.18	-0.03	0.53	0.53	-0.28	-0.11
題項 47	-0.27	0.02	0.54	0.36	-0.13	-0.12	0.61	0.4
題項 48	0.04	0.12	0.3	0.31	0.04	-0.01	0.31	0.38

承上表 15.3

	題項 41	題項 42	題項 43	題項 44	題項 45	題項 46	題項 47	題項 48
題項 41	1							
題項 42	0.5	1						
題項 43	-0.08	-0.09	1					
題項 44	0.06	0.06	0.36	1				
題項 45	0.53	0.52	-0.27	0.01	1			
題項 46	0.44	0.48	-0.3	0	0.7	1		
題項 47	-0.07	-0.1	0.63	0.35	-0.27	-0.31	1	
題項 48	0.03	0.03	0.32	0.37	-0.06	-0.06	0.36	1

計算相關大於 0.3：

算出絕對值大於等於 0.3 有幾個。

```
p = (length(fac_r$r[abs(fac_r$r) >= 0.3])-48)/2
p/ (length(fac_r$r) - 48)/2 = 0.4069
```

[說明] length(fac_r$r[abs(fac_r$r) >= 0.3] 算出相關矩陣內相關的絕對值≧ 0.3 的個數，這個數字包含下三角、上三角以及對角線。必須先減掉對角線（48，因爲對角線上的數字皆是 1.00，其是變項和自己的相關）再除以 2。表 15.3 是我們量表 48 個題項所做出來的相關矩陣，從表中算出總共有 459 個相關大於 0.3，占全部相關的 40.69%。從學者的角度而看，本量表應當可以執行因素分析。

Bartlett and KMO 檢定：

```
library(psych)
cortest.bartlett(QTI)
```

```
$chisq
[1] 148354
$p.value
[1] 0
$df
[1] 1128
```

```
KMO(QTI)
```

```
Overall MSA = 0.97
```

我們使用 psych 套件中的 cortest.bartlett() 函數以及 KMO() 函數，計算了這兩個值，Bartlett 球面檢定結果顯示 $p < 0.05$，且 KMO 值爲 0.97，表示非常適合進行因素分析。

決定因素數目：

使用 Kaiser 判斷法。

```
library(nFactors)
eiganvalue = eigen(cor(QTI))
eiganvalue$values
```

[說明] 使用 nFactors 套件中的 eigen() 函數計算特徵值，此函數必須使用相關矩陣，所以 cor(QTI) 就是計算相關矩陣。算出來的特徵值在 eiganvalue$values 中。

```
[1] 13.3576891 8.3985635 2.4918864 1.4451213 1.2108914 0.9769027 0.8970986  0.8083745
[9]  0.7414451 0.7074612 0.6990646 0.6682244 0.6608770 0.6184842 0.6066632  0.5901207
[17] 0.5784348 0.5764374 0.5516134 0.5367283 0.5182814 0.5127011 0.5050523  0.4883861
[25] 0.4838154 0.4771946 0.4564428 0.4510460 0.4397526 0.4304047 0.4224918  0.4142577
[33] 0.4063662 0.3948008 0.3886749 0.3682524 0.3633097 0.3439439 0.3395138  0.3353440
[41] 0.3320347 0.3248805 0.3072198 0.2996988 0.2881610 0.2752016 0.2668290  0.2438606
```

上面的輸出結果，特徵值大於 1 的有 5 個。所以依據 Kaiser 判斷法，因素數目是 5 個。

使用平行分析法：

```
library(psych)
para = fa.parallel(QTI, fa="pc", main="平行分析法")
para$ncomp
```

[說明] 使用 psych 套件的 fa.parallel() 函數來執行平行分析法，函數中 fa="pc" 是因素抽取使用 pc 主成分，如果改爲 fa="fa"，就是採用主軸因素分析 (principal axis factor analysis)，若是改爲 fa="both"，就是兩個都用。main=" 平行分析法 " 是主標題是平行分析法。

```
Parallel analysis suggests that the number of factors =  NA  and the number of components =  5
```

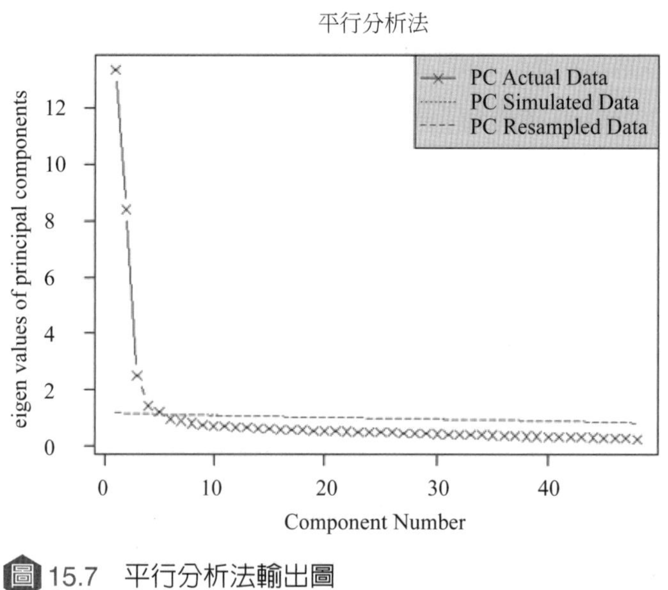

圖 15.7　平行分析法輸出圖

由圖 15.7 可以看出可抽取的因素數目是 5 個，此函數也呈現 5 個。

執行因素分析：

```
library(psych)
EFA <- fa(QTI, nfactors = 5, fm = "pa", rotate = "Promax")
print(EFA, digits=2, cut = 0.30, sort= TRUE)
```

[說明] 使用 psych 套件的 fa() 函數來執行因素分析：

(1) nfactors = 5，抽取因素數目是 5 個。

(2) 採用主軸因子來抽取因素 (fm = "pa")，其他抽取法 "minres", "wls", "ml", "alpha"。如果要使用和 SPSS 裡的主成分抽取，在 psych 套件裡使用的是 principal() 函數。

(3) 轉軸法是斜交轉軸的 (rotate = "Promax")，其他轉軸法：直交轉軸 ("varimax", "quartimax", "bentlerT", "equamax", "varimin", "geominT" and "bifactor")，斜交轉軸 (oblimin", "simplimax", "bentlerQ, "geominQ" and "biquartimin" and "cluster")。

(4)print() 是列出因素分析後的結果。

(5) digits=2，結果輸出中，小數點取兩位數。

(6) cut = 0.30，因素負荷量大於 0.30 以上才呈現。

(7) sort= TRUE，依據因素負荷量排序。

Standardized loadings (pattern matrix) based upon correlation matrix

	item	PA1	PA2	PA4	PA3	PA5	h2	u2	com
題項 14	14	0.84					0.66	0.34	1.1
題項 17	17	0.79					0.69	0.31	1.1
題項 2	2	0.79					0.62	0.38	1.1
題項 5	5	0.78					0.56	0.44	1.0
題項 22	22	0.75					0.65	0.35	1.3
題項 1	1	0.74					0.49	0.51	1.2
題項 18	18	0.74					0.56	0.44	1.1
題項 15	15	0.70					0.52	0.48	1.1
題項 12	12	0.70					0.48	0.52	1.7
題項 25	25	0.70					0.51	0.49	1.1
題項 10	10	0.69					0.47	0.53	1.1
題項 29	29	0.67					0.64	0.36	1.2
題項 33	33	0.64					0.63	0.37	1.4
題項 13	13	0.64					0.38	0.62	1.2

題項 46	46	0.60					0.64	0.36	1.6
題項 6	6	0.59					0.37	0.63	1.4
題項 21	21	0.57					0.40	0.60	1.6
題項 26	26	0.56					0.46	0.54	1.6
題項 9	9	0.42					0.31	0.69	1.7
題項 30	30						0.28	0.72	3.4
題項 40	40		0.76				0.49	0.51	1.1
題項 44	44		0.71				0.40	0.60	1.1
題項 48	48		0.65				0.33	0.67	1.1
題項 28	28		0.64				0.45	0.55	1.7
題項 36	36		0.61				0.36	0.64	1.2
題項 32	32		0.58				0.33	0.67	1.7
題項 39	39		0.55				0.60	0.40	1.8
題項 35	35		0.51				0.49	0.51	1.5
題項 43	43		0.50				0.56	0.44	1.8
題項 47	47		0.50				0.58	0.42	1.8
題項 31	31		0.43				0.55	0.45	2.1
題項 27	27		0.41				0.46	0.54	2.0
題項 24	24		0.34				0.46	0.54	2.6
題項 8	8			0.73			0.65	0.35	1.1
題項 4	4			0.72			0.61	0.39	1.0
題項 20	20			0.63			0.61	0.39	1.2
題項 3	3			0.61			0.51	0.49	1.1
題項 16	16			0.45			0.61	0.39	2.2
題項 23	23				0.78		0.55	0.45	1.1
題項 19	19				0.76		0.53	0.47	1.0
題項 11	11				0.75		0.50	0.50	1.1
題項 7	7				0.57		0.41	0.59	1.7
題項 38	38					0.62	0.61	0.39	1.5
題項 41	41					0.61	0.48	0.52	1.4
題項 37	37	0.31				0.58	0.55	0.45	1.7
題項 42	42					0.54	0.50	0.50	1.6
題項 45	45	0.44				0.48	0.62	0.38	2.2
題項 34	34					0.30	0.33	0.67	3.2

```
                        PA1  PA2  PA4  PA3  PA5
SS loadings           10.68 5.05 3.40 2.76 2.57
Proportion Var         0.22 0.11 0.07 0.06 0.05
Cumulative Var         0.22 0.33 0.40 0.46 0.51
Proportion Explained   0.44 0.21 0.14 0.11 0.10
Cumulative Proportion  0.44 0.64 0.78 0.90 1.00

 With factor correlations of 
      PA1   PA2   PA4   PA3   PA5
PA1  1.00 -0.07 -0.27 -0.19  0.41
PA2 -0.07  1.00  0.62  0.46  0.04
PA4 -0.27  0.62  1.00  0.52 -0.03
PA3 -0.19  0.46  0.52  1.00  0.40
PA5  0.41  0.04 -0.03  0.40  1.00
```

由上面的輸出結果，可以看到題項 30 在所有因素中都沒有超過 0.3 的負荷量，此題效度不足，應該刪除。接下來我們刪除題項 30 後，重新執行因素分析。

效度不足變項處理方式：

在做因素分析時，因素負荷量的變項沒有≧ 0.3 以上是「效度不足」的變項，應當刪除。那麼如果有好幾個這樣的變項，是不是應當一次性全部刪除呢？答案是最好一次只刪除一個變項，就像我們這裡分析的，刪除一個變項，就刪除了 47 個相關，那麼相關矩陣的結構可能有所變化，因素分析的結果可能就不一樣。一次刪一個變項有以下的原則來處理：

(1) 就理論的觀點，先刪哪一個比較不會影響因素結構，當然，讀者必須對量表的題項與理論的關係知之甚詳。

(2) 我們使用 cut = 0.30，研究者可以將此拿掉，然後看看上面的因素負荷量，如果某一個變項的因素負荷量在所有因素都很低的話，先刪除。

(3) 以共同性來刪題，選擇共同性最小的那一個來刪題。但是此時要特別注意，若此變項在某一個因素相當接近 0.3，那麼，刪除其他變項，有可能讓此變項回復到 0.3 以上。那麼這個變項先不要刪除。

(4) 如果某一個因素只有一個變項，而某些效度不足變項和此因素有接近 0.3 的負荷量，那麼這些變項先保留，選擇先刪除其他效度不足的變項，如此才有可能救回此一因素。因素分析的目的是簡化變項的關係，反過來說，就是不希望一個變項成為一個因素。

```
QTI_D30 = QTI %>% select(-c(題項30))
eiganvalue <- eigen(cor(QTI))
eiganvalue$values
EFA <- fa(QTI_D30, nfactors = 5, fm = "pa", rotate = "Promax")
print(EFA, digits=2, cut = 0.30, sort= TRUE)
```

```
[1] 13.3061809 8.2233796 2.4275886 1.4441646 1.2062968 0.9701368 0.8751833 0.7951912
[9]  0.7250328 0.6992196 0.6922073 0.6677323 0.6221485 0.6067506 0.5901207 0.5789586
[17] 0.5764433 0.5534928 0.5367407 0.5249286 0.5145257 0.5062391 0.4891572 0.4844858
[25] 0.4788586 0.4568557 0.4514304 0.4405047 0.4311767 0.4225228 0.4143771 0.4065467
[33] 0.3949048 0.3891099 0.3696088 0.3641960 0.3439665 0.3395170 0.3360641 0.3321714
[41] 0.3251111 0.3110290 0.3000117 0.2892471 0.2754590 0.2668295 0.2441959
```

刪除題項 30，結果依然是 5 個因素，重新執行因素分析的結果如下：

```
Standardized loadings (pattern matrix) based upon correlation matrix
        item  PA1   PA2   PA4   PA3   PA5   h2   u2  com
題項14   14  0.84                          0.66 0.34 1.0 understanding
題項17   17  0.79                          0.69 0.31 1.1 leadership
題項2     2  0.79                          0.62 0.38 1.1 understanding
題項5     5  0.78                          0.56 0.44 1.0 leadership
題項22   22  0.75                          0.65 0.35 1.3 understanding
題項18   18  0.74                          0.56 0.44 1.1 understanding
題項1     1  0.73                          0.49 0.51 1.2 leadership
題項15   15  0.71                          0.52 0.48 1.1 uncertain
題項25   25  0.70                          0.51 0.49 1.1 helping/friendly
題項10   10  0.69                          0.47 0.53 1.1 understanding
題項29   29  0.69                          0.64 0.36 1.2 helping/friendly
```

題項 12	12	0. 68					0. 48	0. 52	1. 7	adominshing
題項 33	32	0. 65					0. 63	0. 37	1. 4	helping/friendly
題項 13	13	0. 63					0. 38	0. 62	1. 2	leadership
題項 46	45	0. 62					0. 64	0. 36	1. 5	student resposibility
題項 6	6	0. 60					0. 37	0. 63	1. 4	understanding
題項 26	26	0. 59					0. 45	0. 55	1. 5	student resposibility
題項 21	21	0. 57					0. 40	0. 60	1. 6	leadership
題項 45	44	0. 47				0. 47	0. 63	0. 37	2. 2	student resposibility
題項 9	9	0. 44					0. 31	0. 69	1. 6	leadership
題項 34	33	0. 32					0. 33	0. 67	3. 1	student resposibility
題項 40	39		0. 76				0. 49	0. 51	1. 1	strict
題項 44	43		0. 72				0. 40	0. 60	1. 1	strict
題項 48	47		0. 65				0. 33	0. 67	1. 1	strict
題項 28	28		0. 65				0. 45	0. 55	1. 7	strict
題項 36	35		0. 61				0. 36	0. 64	1. 1	strict
題項 32	31		0. 58				0. 33	0. 67	1. 7	strict
題項 39	38		0. 54				0. 60	0. 40	1. 7	dissatisfaction
題項 35	34		0. 50				0. 49	0. 51	1. 5	dissatisfaction
題項 43	42		0. 50				0. 56	0. 44	1. 8	dissatisfaction
題項 47	46		0. 50				0. 58	0. 42	1. 8	dissatisfaction
題項 31	30		0. 43				0. 54	0. 46	2. 1	dissatisfaction
題項 27	27		0. 41				0. 46	0. 54	2. 0	dissatisfaction
題項 24	24		0. 33				0. 46	0. 54	2. 6	adomishing
題項 8	8			0. 74			0. 66	0. 34	1. 1	adomishing
題項 4	4			0. 73			0. 61	0. 39	1. 0	adomishing
題項 20	20			0. 63			0. 61	0. 39	1. 2	adomishing
題項 3	3			0. 62			0. 51	0. 49	1. 1	uncertain
題項 16	16			0. 46			0. 61	0. 39	2. 1	adomishing
題項 23	23				0. 78		0. 55	0. 45	1. 1	uncertain
題項 19	19				0. 76		0. 52	0. 48	1. 0	uncertain
題項 11	11				0. 75		0. 51	0. 49	1. 1	uncertain
題項 7	7				0. 57		0. 41	0. 59	1. 7	uncertain
題項 38	37	0. 34				0. 60	0. 61	0. 39	1. 6	student resposibility
題項 41	40					0. 58	0. 48	0. 52	1. 6	helping/friendly

```
題項 37    36   0.35                       0.56 0.56 0.44 1.8 helping/friendly
題項 42    41   0.33                       0.53 0.50 0.50 1.7 student resposibility
```

結果顯示，沒有任何效度不足的變項。另外一個議題需要討論，有四題是跨因素，正如前面章節裡，我們討論跨因素題項的處理原則，留與不留之間做個選擇（請參看因素負荷量那一節）。因素分析眞的是一半科學、一半藝術，科學給了我們這樣的結果，藝術就看我們的表演了。跨因素項目皆是第一個因素與第五個因素，我們將因素的理論分類秀在右邊的欄位，可以看到第五個因素和第一個因素不僅有三題跨因素負荷量，且就原始理論分類的題項，有數題 helping/friendly 以及 student resposibility 的題項包含在第一個因素裡，因此，若將這些項目歸於第一個因素，那麼四個因素就相當好命名，第一個因素可以命名爲 leadership，第二個因素 strict，因爲比較 strict 的教師也比較容易 dissatisfaction。第三個因素是 adomishing，第四個因素是 uncertain。接著我們一次刪除一題，從題項 38 開始，接著題項 41，但因爲刪除 41 題後，因素跑得不太好解釋，所以，將其放回來，改刪除題項 42，接著題項 37，獲得的因素分析結果令人滿意（篇幅的關係，這裡就不呈現結果，請參見下面統計 AI=>GO 裡的最後報表與結果解釋。）

15.5.1　統計 AI=>GO:(Unit 15 exploratory factor analysis AI)

```
# 請輸入資料的名稱
data = QTI
## 請先在 Excel 將要分析的變項以連續的方式排列，在哪個位置開始都可以
變項 first = c(" 題項 1")
變項 last = c(" 題項 48")
# 四種因素抽取法 "minres",  "pa", "wls", "ml", "alpha" 等等，內定是 "pa"
fm = c("pa")
# 直交轉軸："none", "varimax", "quartimax", "bentlerT", "equamax", "varimin", "geominT"
and "bifactor"
# 斜交轉軸："Promax", "promax", "oblimin", "simplimax", "bentlerQ, "geominQ" and
"biquartimin" and "cluster"
rotation = c("Promax")
```

```
## 內定爲 0.3，你可以更改數字，範圍是 0 到 1 之間，通常要比 0.3 大才需要更改，0.3 是最低要求
## 如果使用內定值，請不要更動 0.3
cut = 0.3
# 如果你有量表的題目請輸入檔案名稱，輸入格式，請參看單元 15
# 如果你不想提供量表題目的內容，請打 item_content = NULL
item_content = QTI_items
# 這是因素分析的結果存成 Excel 檔的名稱
save_EFA_result = c("QTI_test")
# 這是因素分析做完後，刪除過程中有被剔除的變項，重存一個資料的名稱，可以再做後續處理之用，請參見單元 15
save_EFA_final_variable = c("EFA_variable")
```

[說明] item_content = QTI_items，是輸入你的量表題項，輸入的格式如下（你可以打開 QTI_items 的 Excel 檔來對照我們的說明）：

變項	題項內容
題項 1	1. 我們導師熱忱地教導他的主科。
題項 2	2. 我們導師信任我們。
題項 3	3. 我們導師似乎變來變去的。
題項 4	4. 我們導師會突然地發脾氣。

在 Excel 裡，總共兩個欄位，第一個欄位的第一格請務必使用「變項」，第二格開始便是你的題項名稱，這些題項名稱必須和你量表輸入 Excel 檔中的變項名稱一模一樣，次序也要一樣（你可以打開 QTI 檔來對照）。第二個欄位在第一格中，請務必使用「題項內容」這四個字，第二格開始就是你的量表的題項內容。題項內容要對到你的題目，例如我們的題目 1 就是「1. 我們導師熱忱地教導他的主科。」每一題都要呈現，不能有題目沒有內容，否則到時候輸出的結果次序會不一樣。如果你不想提供題項內容的話，那麼在 item_content = 的後面打上 NULL。

result.1

KMO	KMO 解釋	Bartlett 卡方	Bartlett 自由度	Bartlett 顯著性
0.972	極佳	148354	1128	0

result.2

表 AAA(result.1) 呈現最初因素分析的 KMO 與 Bartlett 檢定，由表中得知：KMO = 0.972，適合做因素分析的程度是極佳。Bartlett 的球型檢定的統計量爲 148353.96，$p < 0.001$，表示母群體的相關矩陣間有共同因素存在，因此，適於進行因素分析。（註：如果你有做跨因素題項的刪題動作，那麼此表不是最初因素分析的 KMO 與 Bartlett 檢定，請參看 15.1.1 因素負荷量中的「跨因素的處理」。）

result.3

rowname	PA1	PA2	PA4	PA3	PA5	comunality
題項 14	0.835					0.659
題項 17	0.792					0.691
題項 2	0.79					0.617
題項 5	0.778					0.556
題項 22	0.754					0.65
題項 18	0.741					0.56
題項 1	0.732					0.489
題項 15	0.71					0.519
題項 25	0.7					0.513
題項 10	0.691					0.468
題項 29	0.686					0.637
題項 12	0.682					0.475
題項 33	0.652					0.631
題項 13	0.635					0.383
題項 46	0.621					0.643
題項 6	0.604					0.371
題項 26	0.585					0.452
題項 21	0.573					0.403
題項 45	0.474				0.468	0.631
題項 9	0.438					0.306
題項 34	0.316					0.328
題項 40		0.762				0.489
題項 44		0.715				0.4
題項 48		0.653				0.331
題項 28		0.647				0.453
題項 36		0.61				0.361
題項 32		0.581				0.331
題項 39		0.543				0.601
題項 35		0.505				0.494
題項 43		0.497				0.559

題項 47		0.496				0.58
題項 31		0.431				0.545
題項 27		0.408				0.455
題項 24		0.335				0.456
題項 8			0.738			0.656
題項 4			0.732			0.611
題項 20			0.629			0.613
題項 3			0.62			0.514
題項 16			0.461			0.608
題項 23				0.776		0.549
題項 19				0.758		0.524
題項 11				0.746		0.509
題項 7				0.569		0.413
題項 38	0.342				0.596	0.613
題項 41					0.579	0.479
題項 37	0.346				0.562	0.557
題項 42	0.333				0.525	0.499
特徵值	10.744	5.008	3.414	2.691	2.326	
變異解釋量	22.86	10.655	7.264	5.727	4.948	
累積解釋量	22.86	33.515	40.779	46.505	51.453	

result.4

每一個因素都具有三個以上的變項。符合學者認爲一個構面至少要包括 3 題以上的題目建議。

result.5

因素分析的結果呈現於表 BBB(result.3)，此一結果中題項 30 沒有因素負荷量≧ 0.3，因素負荷量不足被刪除。

result.6

rowname	PA1	PA2	PA4	PA3	PA5	comunality	跨因素數目
題項 42	0.333				0.525	0.499	2
題項 37	0.346				0.562	0.557	2
題項 38	0.342				0.596	0.613	2
題項 45	0.474				0.468	0.631	2

result.7

上表中顯示因素分析後的跨因素變項，研究者可依據跨因素的原則（參見本書單元 15.1.1 因素負荷量）進行修正。

result.8

KMO	KMO 解釋	Bartlett 卡方	Bartlett 自由度	Bartlett 顯著性
0.972	極佳	146499.4	1081	0

result.9

上表呈現最後刪題後的因素分析 KMO 與 Bartlett 檢定的結果，由表中得知：KMO = 0.972，適合做因素分析的程度是極佳。Bartlett 的球型檢定的統計量爲 146499.35，$p < 0.001$，表示母群體的相關矩陣間有共同因素存在，因此，適於進行因素分析。

result.10

從表 BBB(result.3) 中可知：47 題共抽取 5 個因素，總解釋變異量爲 51.453%。PA1 因素包含題項 14、題項 17、題項 2、題項 5、題項 22、題項 18、題項 1、題項 15、題項 25、題項 10、題項 29、題項 12、題項 33、題項 13、題項 46、題項 6、題項 26、題項 21、題項 45、題項 9、題項 34 等題項，解釋變異量爲 22.86%，命名爲 PA1。PA2 因素包含題項 40、題項 44、題項 48、題項 28、題項 36、題項 32、題項 39、題項 35、題項 43、題項 47、題項 31、題項 27、題項 24 等題項，解釋變異量爲 10.655%，命名爲 PA2。PA4 因素包含題項 8、題項 4、題項 20、題項 3、題項 16 等題項，解釋變異量爲 7.264%，命名爲 PA4。PA3 因素包含題項 23、題項 19、題項 11、題項 7 等題項，解釋變異量爲 5.727%，命名爲 PA3。PA5 因素包含題項 38、題項 41、題項 37、題項 42 等題項，解釋變異量爲 4.948%，命名爲 PA5。

result.11

變項	題項內容
題項 14	14. 如果我們有事情想對導師說，他 / 她會聽我們怎麼說。
題項 17	17. 我們導師是位好的領導者。
題項 2	2. 我們導師信任我們。
題項 5	5. 我們導師清楚地解釋事情。
題項 22	22. 我們導師有耐心。
題項 18	18. 我們導師會知道我們不懂的地方。
題項 1	1. 我們導師熱忱地教導他的主科。
題項 15	15. 我們導師讓我們主導一些事情。
題項 25	25. 我們導師會幫忙我們班級的事務。
題項 10	10. 我們導師願意不厭其煩地解釋事情。
題項 29	29. 我們導師是友善的。

題項 12	12. 當我們一違規，我們的導師馬上就糾正我們。
題項 33	33. 我們導師值得我們依賴。
題項 13	13. 我們導師知道教室發生的每一件事。
題項 46	46. 我們導師是仁慈的。
題項 6	6. 如果我們不同意導師的意見，我們可以說出來。
題項 26	26. 在我們導師的課堂上，我們可以決定一些事情。
題項 21	21. 我們導師很有自信。
題項 45	45. 在我們導師的課堂上是愉快的。
題項 9	9. 我們導師吸引我們的注意。
題項 34	34. 我們導師讓我們決定何時可以做課堂上要做的事情。
題項 40	40. 我們導師的要求很高。
題項 44	44. 我們導師批改作業嚴格。
題項 48	48. 我們怕我們導師。
題項 28	28. 我們導師是嚴格的。
題項 36	36. 我們導師考試考得很難。
題項 32	32. 在我們導師的課堂上，我們必須鴉雀無聲。
題項 39	39. 我們導師認為學生什麼事情都做不好。
題項 35	35. 我們導師會貶抑我們。
題項 43	43. 我們導師似乎對我們不滿意。
題項 47	47. 我們導師是多疑的。
題項 31	31. 我們導師認為我們什麼都不懂。
題項 27	27. 我們導師認為我們會欺騙。
題項 24	24. 我們導師會說嘲諷的話語。
題項 8	8. 我們導師容易發脾氣。
題項 4	4. 我們導師會突然地發脾氣。
題項 20	20. 我們導師容易被激怒。
題項 3	3. 我們導師似乎變來變去的。
題項 16	16. 我們導師沒耐心。
題項 23	23. 讓我們導師表現出不知所措是容易的。
題項 19	19. 當我們搗蛋時，我們的導師不知怎麼辦。
題項 11	11. 我們導師表現得好像不知所措的樣子。
題項 7	7. 我們導師會猶豫不決。

題項 38	38. 我們導師在他的課堂，給我們很大的自主空間。
題項 41	41. 我們導師是可以開玩笑的。
題項 37	37. 我們導師是幽默的。
題項 42	42. 在我們導師課堂，會給我們一些自由的時間。

result.12

上面表格是研究者提供的題項內容，其次序與數目和因素分析結果是一致的，研究者可以複製於 Word 檔做 APA 報表格式呈現時用。

我們的因素分析 AI = >GO，只能先做到這裡。研究者若是想要處理跨因素的題項，那麼，我們有將變項幫你們存在指定的檔案名稱裡，我們這裡是存在 EFA_variable 的檔名。如果你確定要保留跨因素的題項，那麼在跨因素的題項的歸類上可以這樣做：

(1) 以理論的歸類優先，也就是該題項在理論上歸屬哪一因素，就歸給該因素；

(2) 以因素負荷量的大小來歸類，歸給因素負荷量大的那個因素。上面 result.10 中的結果報告是使用因素負荷量大的來歸因素。你可以依據理論歸類來改寫。

刪除跨因素的題項的處理：

如果要刪除跨因素的題項，繼續處理因素分析，到指定的檔案夾裡，找到 EFA_variable 的 Excel 檔（就是上面 save_EFA_final_variable = c("EFA_variable") 中的 EFA_variable），打開後，如果讀者想要先刪除題項 42，那麼請找出題項 42，在 Excel 裡將其刪除。重新存檔（你可以給它新的檔名，例如 QTI_D42），然後，再從 RStudio 裡匯入此檔。注意此時的第一題是題項 14，最後一題是題項 37。因素分析的結果最好存成不同檔名，我們改存成 factor_D42，最後變項存檔改爲 EFA_variable_D42。我們建議存檔的檔案名字使用我們這種方式，以便記錄研究者到底刪除了多少跨因素的變項。

```
# 請輸入資料的名稱
data = EFA_D42
## 請先在 Excel 將要分析的變項以連續的方式排列，在哪個位置開始都可以
變項 first = c(" 題項 14")
變項 last = c(" 題項 37")
# 四種因素抽取法 "minres",  "pa", "wls", "ml", "alpha" 等等，內定是 "pa"
fm = c("pa")
# 直交轉軸："none", "varimax", "quartimax", "bentlerT", "equamax", "varimin", "geominT"
and "bifactor"
# 斜交轉軸："Promax", "promax", "oblimin", "simplimax", "bentlerQ, "geominQ" and
"biquartimin" and "cluster"
rotation = c("Promax")
## 內定爲 0.3，你可以更改數字，範圍是 0 到 1 之間，通常要比 0.3 大才需要更改，0.3 是最低
要求
## 如果使用內定值，請不要更動 0.3
cut = 0.3
# 如果你有量表的題目請輸入檔案名稱，輸入格式，請參看單元 15
# 如果你不想提供量表題目的內容，請打 item_content = NULL
item_content = QTI_items
# 這是因素分析的結果存成 Excel 檔的名稱
save_EFA_result = c("factor_D42")
# 這是因素分析做完後，刪除過程中有被剔除的變項，重存一個資料的名稱，可以再做後續處理
之用，請參見單元 11
save_EFA_final_variable = c("EFA_D42_var")
```

刪除題項 42 後，重新做因素分析，在此不將所有結果呈現出來，我們呈現接著要修正的訊息。包括第五個因素有多少題，以及所有跨因素的題項。

第五個因素只剩三個變項，此三個變項皆是跨因素：

result.3	題項 37	0.409				0.583	0.587
result.3	題項 41	0.353				0.547	0.472
result.3	題項 38	0.438				0.529	0.583

這是所有跨因素的題項：

rowname	PA1	PA2	PA4	PA3	PA5	comunality	跨因素數目
題項 41	0.353				0.547	0.472	2
題項 38	0.438				0.529	0.583	2
題項 37	0.409				0.583	0.587	2
題項 45	0.534				0.464	0.64	2

原則上還是繼續刪除第五個因素的題項，重複上面的方式，重新再跑 EFA，直到作者認爲結果適合爲止，這個過程就不再重複。簡單地描述我們的發現：首先，刪除題項 41 時，重新執行的因素分析結果，因素結構不太好解釋（這裡告訴我們題項 41 是一個牽一髮而動全身的題項），所以，將題項 41 保留，回過頭來改刪除題項 37，此時第五個因素只剩兩題，題項 38 與題項 41，再刪除題項 38 後，跨因素刪題的整個過程中，刪了題項 42、題項 37 以及題項 38。獲得的結果如下：

result.1

KMO	KMO 解釋	Bartlett 卡方	Bartlett 自由度	Bartlett 顯著性
0.97	極佳	135082	946	0

result.2

表 AAA(result.1) 呈現最初因素分析的 KMO 與 Bartlett 檢定，由表中得知：KMO = 0.97，適合做因素分析的程度是極佳。Bartlett 的球型檢定的統計量爲 135082，$p < 0.001$，表示母群體的相關矩陣間有共同因素存在，因此，適於進行因素分析。（註：如果你有做跨因素題項的刪題動作，那麼此表不是最初因素分析的 KMO 與 Bartlett 檢定，請參看本單元中的「刪除跨因素的題項的處理」那一小節。）

註：如果你有刪除跨因素題項，那麼最初因素分析的 KMO 與 Bartlett 檢定是當初包含所有題目的那個表（我們這裡是原初 48 題的那個表）。

result.3

rowname	PA1	PA4	PA2	PA3	PA5	comunality
題項 14	0.787					0.65
題項 17	0.76					0.69
題項 29	0.76					0.641

題項 46	0.753					0.649
題項 45	0.748					0.582
題項 15	0.742					0.52
題項 33	0.735					0.628
題項 25	0.729					0.518
題項 22	0.725					0.645
題項 2	0.725					0.615
題項 26	0.723					0.464
題項 5	0.713					0.546
題項 18	0.713					0.561
題項 10	0.667					0.466
題項 1	0.649					0.479
題項 6	0.641					0.377
題項 41	0.616				0.352	0.385
題項 21	0.598					0.402
題項 12	0.586					0.465
題項 13	0.573					0.38
題項 9	0.514					0.301
題項 34	0.475					0.302
題項 8		0.79				0.664
題項 4		0.77				0.613
題項 20		0.695				0.612
題項 3		0.67				0.517
題項 16		0.517				0.603
題項 24		0.359			0.335	0.474
題項 40			0.649			0.487
題項 44			0.639			0.409
題項 28			0.609			0.471
題項 48			0.591			0.344
題項 32			0.576			0.338
題項 36			0.489			0.358
題項 11				0.716		0.539

題項 19				0.633		0.515
題項 23				0.609		0.518
題項 7		0.35		0.543		0.432
題項 39			0.329		0.458	0.629
題項 43					0.41	0.588
題項 35			0.311		0.402	0.512
題項 47					0.384	0.601
題項 31					0.373	0.562
題項 27		0.322			0.371	0.482
特徵值	10.598	4.3	3.326	2.243	2.069	
變異解釋量 (%)	24.086	9.772	7.56	5.097	4.702	
累積解釋量 (%)	24.086	33.858	41.418	46.515	51.217	

result.4

每一個因素都具有三個以上的變項。符合學者認為一個構面至少要包括 3 題以上的題目建議。

result.5

因素分析的結果呈現於表 BBB(result.3)，此一結果沒有任何因素負荷量小於 0.3 的變項被刪除。

result.6

rowname	PA1	PA4	PA2	PA3	PA5	comunality	跨因素數目
題項 41	0.616				0.352	0.385	2
題項 7		0.35		0.543		0.432	2
題項 24		0.359			0.335	0.474	2
題項 27		0.322			0.371	0.482	2
題項 35			0.311		0.402	0.512	2
題項 39			0.329		0.458	0.629	2

result.7

上表 CCC(result.6) 中顯示因素分析後的跨因素變項，研究者可依據跨因素的原則（參見本書單元 15.1.1 因素負荷量）進行修正。

result.8

KMO	KMO 解釋	Bartlett 卡方	Bartlett 自由度	Bartlett 顯著性
0.97	極佳	135082	946	0

result.9

由於沒有任何因素負荷量小於 0.3 的變項被刪除，因此最初因素分析與最後因素分析的 KMO 與 Bartlett 檢定是同樣，由上表得知：KMO = 0.97，適合做因素分析的程度是極佳。Bartlett 的球型檢定的統計量為 135082，$p < 0.001$，表示母群體的相關矩陣間有共同因素存在，因此，適於進行因素分析。

result.10

從表 BBB(result.3) 中可知：44 題共抽取 5 個因素，總解釋變異量爲 51.217%。PA1 因素包含題項 14、題項 17、題項 29、題項 46、題項 45、題項 15、題項 33、題項 25、題項 22、題項 2、題項 26、題項 5、題項 18、題項 10、題項 1、題項 6、題項 41、題項 21、題項 12、題項 13、題項 9、題項 34 等題項，解釋變異量爲 24.086%，命名爲 PA1。PA4 因素包含題項 8、題項 4、題項 20、題項 3、題項 16、題項 24 等題項，解釋變異量爲 9.772%，命名爲 PA4。PA2 因素包含題項 40、題項 44、題項 28、題項 48、題項 32、題項 36 等題項，解釋變異量爲 7.56%，命名爲 PA2。PA3 因素包含題項 11、題項 19、題項 23、題項 7 等題項，解釋變異量爲 5.097%，命名爲 PA3。PA5 因素包含題項 39、題項 43、題項 35、題項 47、題項 31、題項 27 等題項，解釋變異量爲 4.702%，命名爲 PA5。

result.11

變項	題項內容
題項 14	14. 如果我們有事情想對導師說，他 / 她會聽我們怎麼說。
題項 17	17. 我們導師是位好的領導者。
題項 29	29. 我們導師是友善的。
題項 46	46. 我們導師是仁慈的。
題項 45	45. 在我們導師的課堂上是愉快的。
題項 15	15. 我們導師讓我們主導一些事情。
題項 33	33. 我們導師值得我們依賴。
題項 25	25. 我們導師會幫忙我們班級的事務。
題項 22	22. 我們導師有耐心。
題項 2	2. 我們導師信任我們。
題項 26	26. 在我們導師的課堂上，我們可以決定一些事情。
題項 5	5. 我們導師清楚地解釋事情。
題項 18	18. 我們導師會知道我們不懂的地方。
題項 10	10. 我們導師願意不厭其煩地解釋事情。
題項 1	1. 我們導師熱忱地教導他的主科。
題項 6	6. 如果我們不同意導師的意見，我們可以說出來。
題項 41	41. 我們導師是可以開玩笑的。
題項 21	21. 我們導師很有自信。
題項 12	12. 當我們一違規，我們的導師馬上就糾正我們。
題項 13	13. 我們導師知道教室發生的每一件事。
題項 9	9. 我們導師吸引我們的注意。

題項 34	34. 我們導師讓我們決定何時可以做課堂上要做的事情。
題項 8	8. 我們導師容易發脾氣。
題項 4	4. 我們導師會突然地發脾氣。
題項 20	20. 我們導師容易被激怒。
題項 3	3. 我們導師似乎變來變去的。
題項 16	16. 我們導師沒耐心。
題項 24	24. 我們導師會說嘲諷的話語。
題項 40	40. 我們導師的要求很高。
題項 44	44. 我們導師批改作業嚴格。
題項 28	28. 我們導師是嚴格的。
題項 48	48. 我們怕我們導師。
題項 32	32. 在我們導師的課堂上，我們必須鴉雀無聲。
題項 36	36. 我們導師考試考得很難。
題項 11	11. 我們導師表現得好像不知所措的樣子。
題項 19	19. 當我們搗蛋時，我們的導師不知怎麼辦。
題項 23	23. 讓我們導師表現出不知所措是容易的。
題項 7	7. 我們導師會猶豫不決。
題項 39	39. 我們導師認為學生什麼事情都做不好。
題項 43	43. 我們導師似乎對我們不滿意。
題項 35	35. 我們導師會貶抑我們。
題項 47	47. 我們導師是多疑的。
題項 31	31. 我們導師認為我們什麼都不懂。
題項 27	27. 我們導師認為我們會欺騙。

result.12

上面表格是研究者提供的題項內容，其次序與數目和因素分析結果是一致的，研究者可以複製於 Word 檔做 APA 報表格式呈現時用。

15.6 因素分析 APA 報表與結果解釋

表 15.4 知覺教師—學生互動量表 KMO 與 Bartlett 檢定

	KMO	KMO 解釋	Bartlett 卡方	Bartlett 自由度	Bartlett 顯著性
最初因素分析	0.972	極佳	148354	1128	< 0.001
最後因素分析	0.97	極佳	135082	946	< 0.001

表 15.5 知覺教師—學生互動量表因素分析摘要表

	領導型	告誡型	嚴格型	不確定型	不滿足型
14. 如果我們有事情想對導師說，他 / 她會聽我們怎麼說。	0.787				
17. 我們導師是位好的領導者。	0.76				
29. 我們導師是友善的。	0.76				
46. 我們導師是仁慈的。	0.753				
45. 在我們導師的課堂上是愉快的。	0.748				
15. 我們導師讓我們主導一些事情。	0.742				
33. 我們導師值得我們依賴。	0.735				
25. 我們導師會幫忙我們班級的事務。	0.729				
22. 我們導師有耐心。	0.725				
2. 我們導師信任我們。	0.725				
26. 在我們導師的課堂上，我們可以決定一些事情。	0.723				
5. 我們導師清楚地解釋事情。	0.713				
18. 我們導師會知道我們不懂的地方。	0.713				
10. 我們導師願意不厭其煩地解釋事情。	0.667				
1. 我們導師熱忱地教導他的主科。	0.649				
6. 如果我們不同意導師的意見，我們可以說出來。	0.641				
41. 我們導師是可以開玩笑的。	0.616				0.352

	領導型	告誡型	嚴格型	不確定型	不滿足型
21. 我們導師很有自信。	0.598				
12. 當我們一違規，我們的導師馬上就糾正我們。	0.586				
13. 我們導師知道教室發生的每一件事。	0.573				
9. 我們導師吸引我們的注意。	0.514				
34. 我們導師讓我們決定何時可以做課堂上要做的事情。	0.475				
8. 我們導師容易發脾氣。		0.79			
4. 我們導師會突然地發脾氣。		0.77			
20. 我們導師容易被激怒。		0.695			
3. 我們導師似乎變來變去的。		0.67			
16. 我們導師沒耐心。		0.517			
24. 我們導師會說嘲諷的話語。		0.359			0.335
40. 我們導師的要求很高。			0.649		
44. 我們導師批改作業嚴格。			0.639		
28. 我們導師是嚴格的。			0.609		
48. 我們怕我們導師。			0.591		
32. 在我們導師的課堂上，我們必須鴉雀無聲。			0.576		
36. 我們導師考試考得很難。			0.489		
11. 我們導師表現得好像不知所措的樣子。				0.716	
19. 當我們搗蛋時，我們的導師不知怎麼辦。				0.633	
23. 讓我們導師表現出不知所措是容易的。				0.609	
7. 我們導師會猶豫不決。		0.35		0.543	
39. 我們導師認為學生什麼事情都做不好。			0.329		0.458
43. 我們導師似乎對我們不滿意。					0.41

	領導型	告誡型	嚴格型	不確定型	不滿足型
35. 我們導師會貶抑我們。			0.311		0.402
47. 我們導師是多疑的。					0.384
31. 我們導師認為我們什麼都不懂。					0.373
27. 我們導師認為我們會欺騙。		0.322			0.371
特徵值	10.598	4.3	3.326	2.243	2.069
解釋變異量（%）	24.1	9.8	7.6	5.1	4.7
累積變異量（%）	24.1	33.9	41.4	46.5	51.2

註：N=5537；表列為轉軸後之數值，因素負荷量只列出大於 0.30。

結果解釋：

以 R 的 psych 套件針對知覺教師—學生互動量表的 48 題項進行探索性因素分析，採用主軸因素法 (principal axis factoring) 來抽取特徵值大於 1 之因素，以斜交轉軸之 Promax 進行因素轉軸，保留因素負荷量≧ 0.3 的變項。表 15.4 呈現最初因素分析與最後因素分析的 KMO 與 Bartlett 檢定，表 15.5 呈現最後刪題後的因素分析的結果。由表 15.4 得知：最初因素分析的 KMO = 0.972，適合做因素分析的程度是極佳。Bartlett 的球型檢定的統計量爲 148353.96，$p < 0.001$，表示母群體的相關矩陣間有共同因素存在，因此，適於進行因素分析。

因素分析過程中檢視轉軸後的因素負荷量，採用逐題刪除方式，依據刪題原則共刪除 4 題，依序爲第 30、42、37、38 題，被刪題的原因是因素負荷量小於 0.3，以及題目跨因素且和其他因素有相當重疊產生解釋的困難。刪除 4 題後剩下的 44 題，重新進行因素分析，最後因素分析的 KMO = 0.97，適合做因素分析的程度是極佳。Bartlett 的球型檢定的統計量爲 135082，$p < 0.001$，適於進行因素分析。從表 15.5 中可知，44 題共抽取 5 個因素，總解釋變異量爲 51.2%。第一個因素包含題項 14、17、29、46、45、15、33、25、22、2、26、5、18、10、1、6、41、21、12、13、9、34 等，解釋變異量爲 24.1%，命名爲領導型。第二個因素包括題項 8、4、20、3、16、24 等，解釋變異量爲 9.8%，命名爲告誡型。第三個因素包括題項 40、44、28、48、32、36，解釋變異量爲 7.6%，命名爲嚴格型。第四

個因素包括題項 11、19、23、7，解釋變異量爲 5.1%，命名爲不確定型。第五個因素包括題項 39、43、35、47、31、27，解釋變異量爲 4.7%，命名爲不滿意型。

給因素命名：

給因素命名有一個重要的理由是：和其他人溝通。所命的名字應當要能夠囊括因素的實際本質，以便讓他人能夠理解到它的意義。基於這個理由，因素名字的選擇應當要與因素分析的基本目的相關連，因素分析的目標乃是描述或簡化複雜的關係，因此，研究者可以選擇一個最能夠在該因素上反映高因素負荷量且在其他因素的負荷量相當低的變項來作爲命名的稱號。其次，命名的因素中有高正向以及高負向的因素負荷量，那麼命名時應當能夠反映這種兩極性，且盡量使用一個可以包括此兩極的名字。除此之外，每一極可以分開解釋。「自尊」量表就是一個例子，正向自尊與負向自尊是可以分開解釋。

直交轉軸的例子：

```
library(psych)
EFA <- fa(QTI, nfactors = 5, fm = "pa", rotate = "varimax ")
print(EFA, digits=2, all=F, cut = 0.30, sort= TRUE, short=TRUE,
      lower=TRUE, signif=NULL)
```

```
Standardized loadings (pattern matrix) based upon correlation matrix
        item  PA1   PA2   PA4   PA3   PA5   h2   u2  com
題項14    14  0.80                          0.66 0.34 1.1
題項17    17  0.79                          0.69 0.31 1.2
題項2      2  0.76                          0.62 0.38 1.2
題項22    22  0.75                          0.65 0.35 1.3
題項29    29  0.74                          0.64 0.36 1.4
題項5      5  0.74                          0.56 0.44 1.1
題項18    18  0.73                          0.56 0.44 1.1
題項33    33  0.73                          0.63 0.37 1.4
題項15    15  0.71                          0.52 0.48 1.1
題項25    25  0.71                          0.51 0.49 1.1
題項46    46  0.70                          0.64 0.36 1.6
```

題項 1	1	0.68					0.49	0.51	1.1
題項 10	10	0.67					0.47	0.53	1.1
題項 45	45	0.64				0.42	0.62	0.38	1.9
題項 26	26	0.63					0.46	0.54	1.3
題項 12	12	0.61					0.48	0.52	1.6
題項 13	13	0.60					0.38	0.62	1.1
題項 21	21	0.59					0.40	0.60	1.3
題項 6	6	0.59					0.37	0.63	1.2
題項 37	37	0.55				0.49	0.55	0.45	2.0
題項 38	38	0.54				0.54	0.61	0.39	2.2
題項 42	42	0.51				0.47	0.50	0.50	2.1
題項 9	9	0.48					0.31	0.69	1.7
題項 34	34	0.40				0.31	0.33	0.67	2.8
題項 30	30	0.33					0.28	0.72	3.4
題項 40	40		0.68				0.49	0.51	1.1
題項 44	44		0.61				0.40	0.60	1.1
題項 39	39		0.59		0.36		0.60	0.40	2.4
題項 28	28		0.59				0.45	0.55	1.6
題項 47	47		0.58	0.33			0.58	0.42	2.5
題項 43	43		0.57	0.34			0.56	0.44	2.4
題項 48	48		0.57				0.33	0.67	1.0
題項 36	36		0.55				0.36	0.64	1.4
題項 35	35		0.55		0.34		0.49	0.51	2.2
題項 32	32		0.54				0.33	0.67	1.3
題項 31	31		0.53	0.31	0.36		0.55	0.45	2.8
題項 27	27		0.51	0.34			0.46	0.54	2.5
題項 24	24		0.46	0.37			0.46	0.54	2.9
題項 8	8		0.39	0.66			0.65	0.35	2.0
題項 4	4		0.33	0.65			0.61	0.39	1.9
題項 20	20		0.42	0.60			0.61	0.39	2.3
題項 3	3		0.32	0.57			0.51	0.49	2.2
題項 16	16		0.43	0.50	0.33		0.61	0.39	3.3
題項 19	19				0.69		0.53	0.47	1.2

```
題項23    23                    0.68          0.55 0.45 1.4
題項11    11                    0.66          0.50 0.50 1.3
題項7      7                    0.54          0.41 0.59 1.8
題項41    41  0.48                       0.51 0.48 0.52 2.0
                          PA1  PA2  PA4  PA3  PA5
SS loadings             11.27 5.32 3.10 3.02 1.75
Proportion Var           0.23 0.11 0.06 0.06 0.04
Cumulative Var           0.23 0.35 0.41 0.47 0.51
Proportion Explained     0.46 0.22 0.13 0.12 0.07
Cumulative Proportion    0.46 0.68 0.80 0.93 1.00
```

正如我們在前面所說的探索性因素分析是一半科學，一半藝術。僅僅是刪題的原則不一樣，結果也會不一樣，如果依照 Stevens (2012) 的建議，樣本大於 1000，0.162 以上皆可保留，那麼 48 題皆可保留（不考慮跨因素的問題），結果跟我們最後的因素分析是不一樣的。另外，使用不同的轉軸法也會得到不同的答案，在上面我們提供了直交轉軸的例子。它們結果是所有變項皆可保留（不考慮跨因素的問題）。如果考慮跨因素的問題，那麼要刪除的決策就更加複雜，決策不同，結果也會差異很大。

我們在此使用原始理論有八個向度的 48 題來作因素分析，而不是使用一個因素結構簡單的範例來進行因素分析，乃是希望讓讀者了解因素分析的過程需要讀者自己來做決策。或許讀者對我們這個過程不是很贊同，讀者可以使用這個資料，依據自己想要的判斷原則來做做看，或許會獲得比我們更好的結果。

參考文獻

林清山（1991）。多變量分析統計法。台北市：東華書局。

陳正昌、程炳林、陳新豐、劉子鍵（2011）。多變量分析方法：統計軟體應用（第 6 版）。台北市：五南。

Cattell, R. B. (1978). *The scientific use of factor analysis in behavioral and life sciences.* New York: Plenum Press.

Child, D. (2006). *The essentials of factor analysis* (3 ed.). London : Continuum.

Cleff, T. (2019). Univariate Data Analysis. In *Applied Statistics and Multivariate Data Analysis for Business and Economics: A Modern Approach Using SPSS, Stata, and Excel* (pp. 27-70). Cham: Springer International Publishing.

Comrey, A. L. (1973). *A first course in factor analysis.* New York: Academic Press.

Costello, A. B., & Osborne, J. (2005). Best practices in exploratory factor analysis: four recommendations for getting the most from your analysis. *Practical Assessment, Research, and Evaluation, 10*(7). doi:doi.org/10.7275/jyj1-4868

Fabrigar, L. R., Wegener, D. T., MacCallum, R. C., & Strahan, E. J. (1999). Evaluating the use of exploratory factor analysis in psychological research. *Psychological Methods, 4*(3), 272-299. doi:10.1037/1082-989X.4.3.272

Field, A. P. (2009). *Discovering statistics using SPSS* (3 ed.). Los Angeles: SAGE.

Gagne, P., & Hancock, G. R. (2006). Measurement Model Quality, Sample Size, and Solution Propriety in Confirmatory Factor Models. *Multivariate Behavioral Research, 41*(1), 65-83. doi:10.1207/s15327906mbr4101_5

Graham, J. M., Guthrie, A. C., & Thompson, B. (2003). Consequences of Not Interpreting Structure Coefficients in Published CFA Research: A Reminder. *Structural Equation Modeling: A Multidisciplinary Journal, 10*(1), 142-153. doi:10.1207/S15328007SEM1001_7

Guadagnoli, E., & Velicer, W. F. (1988). Relation of sample size to the stability of component patterns. *Psychological Bulletin, 103*(2), 265-275. doi:10.1037/0033-2909.103.2.265

Hair, J. F., Black, W. C., Babin, B. J., Anderson, R. E., & Tatham, R. L. (2006). *Multivariate data analysis* (6th ed.). New Jersey: Prentice-Hall.

Hair, F. J., Black, W. C., Babin , B. J. & Anderson, R. E. (2013). *Multivariate data analysis* (7th ed.). Saddle River, NJ: Prentice Hall.

Hair, J. F., Babin, B. J., Anderson, R. E., & Black, W. C. (2019). *Multivariate data analysis* (8 ed.): Cengage Learning.

Jolliffe, I. T. (1986). Principal Components in Regression Analysis. In *Principal*

Component Analysis (pp. 129-155). New York, NY: Springer New York.

Kaiser, H. F. (1958). The varimax criterion for analytic rotation in factor analysis. *Psychometrika, 23*(3), 187-200. doi:10.1007/BF02289233

Kaiser, H. F., & Rice, J. (1974). Little Jiffy, Mark IV. *Educational and Psychological Measurement, 34*(1), 111-117. doi:10.1177/001316447403400115

Ledesma, R. D., & Valero-Mora, P. (2007). Determining the number of factors to retain in EFA: An easy-to-use computer program for carrying out parallel analysis. *Practical Assessment, Research, and Evaluation, 12*(1), 2. doi:doi.org/10.7275/wjnc-nm63

Li, Y., Wen, Z., Hau, K.-T., Yuan, K.-H., & Peng, Y. (2020). Effects of Cross-loadings on Determining the Number of Factors to Retain. *Structural Equation Modeling: A Multidisciplinary Journal, 27*(6), 841-863. doi:10.1080/10705511.2020.1745075

Loehlin, J. C., & Beaujean, A. A. (2017). *Latent variable models: an introduction to factor, path, and structural equation analysis* (5 ed.). New York, NY: Routledge.

Matsunaga, M. (2010). How to factor-analyze your data right: do's, don'ts, and how-to's. *International Journal of Psychological Research, 3*(1), 97-110. doi:10.21500/20112084.854

Norman, G. R., & Streiner, D. L. (2014). *Biostatistics: the bare essentials* (4 ed.). Shelton, Connecticut: People's Medical Publishing House-USA.

Nunnally, J. C., & Bernstein, I. H. (1994). *Psychometric theory* (3 ed.). New York: McGraw-Hill.

Preacher, K. J., & MacCallum, R. C. (2002). Exploratory Factor Analysis in Behavior Genetics Research: Factor Recovery with Small Sample Sizes. *Behavior Genetics, 32*(2), 153-161. doi:10.1023/A:1015210025234

Samuels, P. (2017). Advice on exploratory factor analysis. https://www.researchgate.net/publication/319165677

Stevens, J. (2009). *Applied multivariate statistics for the social sciences* (5 ed.). New York: Routledge.

Tabachnick, B. G., & Fidell, L. S. (2013). *Using multivariate statistics* (6 ed.). Harlow, Essex: Pearson.

Thompson, B. (2004). *Exploratory and confirmatory factor analysis: Understanding concepts and applications*. Washington, DC: American Psychological Association.

Worthington, R. L., & Whittaker, T. A. (2006). Scale Development Research: A Content Analysis and Recommendations for Best Practices. *The Counseling Psychologist, 34*(6), 806-838. doi:10.1177/0011000006288127

Wubbels, T., Créton, H. A., & Hooymayers, H. P. (1985). *Discipline problems of beginning teachers, interactional teacher behaviour mapped out*. Paper presented at the 1985 AERA Annual Meeting(ERIC Document No. 260040), Chicago, IL.

https://www.rpubs.com/vyomesh25/431371

https://rstudio-pubs-static.s3.amazonaws.com/498796_05b4e23682d54da387499507495c7ef6.html

https://cran.r-project.org/web/packages/EFAtools/vignettes/Replicate_SPSS_psych.html

http://www.strengejacke.de/sjPlot/reference/sjp.fa.html

https://chiahs.xyz/01-intro.html

https://cran.r-project.org/web/packages/olsrr/vignettes/regression_diagnostics.html

https://rpubs.com/Evan_Jung/EFA

https://rstudio-pubs-static.s3.amazonaws.com/363499_73a1c1a94da148b6ad81e6eb8dc1b771.html

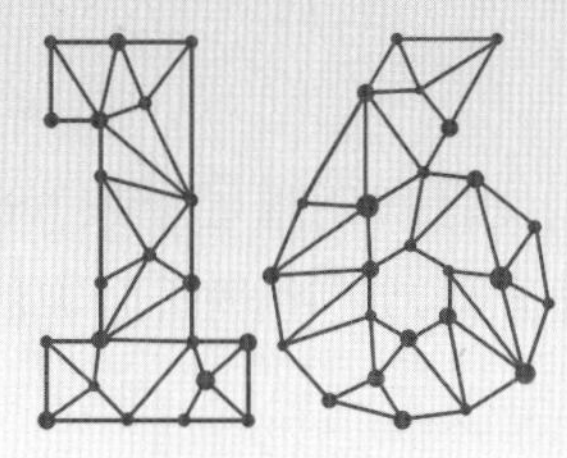

信度

難易指數：☺☺☺☺（簡單）

學習金鑰

- ✦ 了解信度的概念以及使用時機
- ✦ 使用 R 套件執行信度分析
- ✦ 能將信度分析，以報表方式呈現，並撰寫結果

信度 (reliability) 乃是指測量所得分數的一致性和穩定性。信度通常可以代表測驗或評量工具值得被信賴的程度，亦即，重複進行測驗或施測任何評量工具後，都能產生相同或幾乎相同的結果。信度越高，表示施測工具以及結果是穩定、一致且可靠的；對施測者來說，這樣的測驗結果是相當可靠、值得被信賴。信度的性質：(1) 信度係數越高，測驗誤差越低，表示測驗的品質越好。(2) 信度不是一種普遍的特質，所以測驗分數不可能在任何情境下都是可靠的或一致的。

信度的種類有相當多種，有針對測驗實施方式的信度或者針對評分者的信度。這一單元主要是探討 Alpha 係數，它是測驗實施方式的一種信度。因此，我們針對此部分做一些簡介。大部分對於此類的信度，學者們皆採用多次測驗或是一次測驗的方式來討論信度的形式。多次測驗中常使用的

是重測信度 (retest reliability)（或稱爲穩定係數 (coefficient of stability)）以及複本信度 (parallel-forms reliability)。重測信度，顧名思義乃是使用同一份測驗或是量表，在不同的時間重複施測於同一群人兩次（或以上），根據這些分數求得的相關係數。複本信度指同一群人接受兩種或兩種以上相似（複本）測驗，將其得分計算相關係數。

常用的一次性測驗的信度有折半信度 (split-half reliability) 以及 α 係數。折半信度將一份測驗折成相等的兩半，此兩部分的測驗，求其相關。由於折半信度會因爲不同折半的方式而產生不一樣的相關值，何者才是該份測驗的信度係數呢？α 係數針對這個問題提出了改良的方法：就是提出一個近似於平均所有折半配對相關的係數 (Hopkins, Stanley, & Hopkins, 1990; Kaplan & Saccuzzo, 1993)。其公式如下：

$$\alpha = \frac{1}{t-1}(1 - \frac{\Sigma Si}{St})$$

Si 是每一題目分數的變異量；St 則是測驗總分的變異量。另外，其公式也可以是如此：

$$\alpha = \frac{Ir}{1+(I-1)r}$$

r 是所有折半配對相關的平均，I 是測驗所包含的題目數。從這個公式來看，題項數增加，α 也會變大。如果題項間彼此的相關是高的，相對應的 α 也會是大的。

α 係數介於 0 與 1 之間，數值越大代表著內部一致性 (internal consistency) 越高。內部一致性乃是用於測量一個既定構念的題目之間是否產生類似的分數，所以內部一致性越高，題目越可以建構成組合分數 (composite score)。測量內部一致性的條件是題目應該在單一個測驗或者量表中，且針對同一群人只做一次性的施測，如此方能避免干擾變項的問題。表 16.1 呈現 α 係數的適用性。

表 16.1 α 係數的適用性

α 係數	內部一致性的適切程度
$\alpha \geqq 0.9$	優秀
$0.9 > \alpha \geqq 0.8$	良好
$0.8 > \alpha \geqq 0.7$	可接受
$0.7 > \alpha \geqq 0.6$	值得懷疑
$0.6 > \alpha \geqq 0.5$	差
$0.5 > \alpha$	無法接受

資料來源：George, D., & Mallery, P. (2003). *SPSS for Windows step by step: A simple guide and reference*. 11.0 update (4th ed.). Boston: Allyn & Bacon.

在使用上面表列的適用性判斷原則時，研究者必須注意的是，高的 α 係數可能是題項間高相關所形成的，但也可能是題目數所造成的。因此，在題目數很少，卻得到一個很高的 α 值，那可能意味著題項裡有多餘的題項 (redundant questions)，亦即，問的是同一件事。從信度的角度來看，高 α 值是好事，從效度來看，就不是好事了。其次，高 α 值不表示測驗題目只含單一向度 (unidimensionality)，這個問題相當容易理解，讀者可以看到許多量表，獲得數個因素，他們呈現信度時，可以看到通常是總量表的信度最高，而且是相當高，這個 α 值裡包含了數個向度。另外，低 α 值可能意味著題目太少，如果題目夠多，那麼就意味著題目之間的相關太低，或許這代表著這些題項可能不是只有一個潛在構念。

α 係數是所有信度估計的下限 (Crocker and Algina, 1986)，所以當 α 係數是高的時候，測驗眞正的信度會比 α 係數還高。反之，α 係數較低時，就無法呈現該份測驗任何有意義的訊息，亦即，無法判斷此份測驗是否依然可靠。最後，α 係數的大小不僅受到題目間相關之平均及題目數目多寡的影響，也會受到受試者特質變異以及試題難度之影響 (Carmines and Zeller, 1979)。上面關於 α 係數的第一個公式就是以變異數的方式呈現，所以受試者特質變異的大小會影響分數變異的大小，繼而影響到每一題目分數的變異量及測驗總分的變異量，α 係數因此而改變。Taylor and Campbell (1992) 認爲受試者測驗的特質越同質，則測驗總分的變異量越小，所估計出來的 α 係數就越小。所以，有時候研究者獲得的 α 係數不夠大，乃是研究者找了一群太同質的人填量表，他們寫出來的分數變異太小。

α 係數的目的與資料要求：關於 α 係數的目的與資料要求呈現於表 16.2 中，通常估計 α 係數的目的是爲了看看測驗或量表的這些題項是不是有良好的內部一致性，那麼就可以將它們做成組合變項。例如貝氏憂鬱症量表 (BDI)，其 α=0.92。那麼 21 組題目就可以加總做成總分的 BDI 數値，這就是一個組合變項。

表 16.2　α 係數的目的與資料要求

目的	變項	範例
估計一個量表或是測驗的內部一致性	測量相同特質的兩個或以上的變項	卸職意圖：題項 1、題項 2、題項 3、題項 4

16.1　α 係數實例解說與 R 的操作

資料準備與變項說明：我們使用一份卸職意圖量表的研究作爲範例，此量表是教師辭卸兼任組長職務的意圖程度，正向題 2 題、負向題 2 題，共計 4 題（見表 16.3）。使用此量表作爲範例是因爲其有正、負向題，在估計內部一致性時，必須轉碼，1 轉 7，2 轉 6，以此類推。下表中的 3、4 兩題，必須轉碼。此資料存在 resign 檔名的 Excel 檔，有 150 個樣本。

表 16.3　卸職意圖

卸職意圖	從來沒有	幾乎沒有	很少	偶而	常常	非常多	總是
1. 近來我一直試著找如何辭卸目前行政職務的理由。	1	2	3	4	5	6	7
2. 我有離開目前這個行政職務的念頭。	1	2	3	4	5	6	7
3. 如果可以，我會想要一直續任這個行政職務。	1	2	3	4	5	6	7
4. 與初任時相比，我對這行政職務的印象越來越好。	1	2	3	4	5	6	7

反向題的轉碼：

第一種方法轉碼：

```
resign$resign3 <- ifelse(resign$resign3 == 1, 7,
                   ifelse(resign$resign3 == 2, 6,
                   ifelse(resign$resign3 == 3, 5,
                   ifelse(resign$resign3 == 4, 4,
                   ifelse(resign$resign3 == 5, 3,
                   ifelse(resign$resign3 == 6, 2,
                   ifelse(resign$resign3 == 7, 1,
                   NA)))))))
resign$resign4 <- ifelse(resign$resign4 == 1, 7,
                   ifelse(resign$resign4 == 2, 6,
                   ifelse(resign$resign4 == 3, 5,
                   ifelse(resign$resign4 == 4, 4,
                   ifelse(resign$resign4 == 5, 3,
                   ifelse(resign$resign4 == 6, 2,
                   ifelse(resign$resign4 == 7, 1,
                    NA)))))))
```

第二種方法轉碼：

```
resign$resign3_r = 8 - resign$resign3
resign$resign4_r = 8 - resign$resign4
```

[說明] ifelse() 函數裡最後 NA，乃是不在 1 到 7 的數字，全部給於 NA（遺漏值）。第二種方法轉碼中因爲量表計分是 1 到 7，所以 8 - resign$resign3 就把它轉成功，不過你的變項裡不可以有別的數字，可以有遺漏值（用 NA 表示，不可以用 -999 等數字表示的值，在 Excel 裡 NA 就是那個格子裡是空白的）。所以，在 Excel 裡，必須先做清理的動作。

估計 α 係數：使用 psych 套件中的 alpha() 函數，此函數有一個好處，就是不用轉碼，在函數中加上 check.keys=TRUE，它就會自動幫我們檢查是否有反向題，有的話它就自動轉碼。

```
library(psych)
alph = alpha(resign[,1:4], check.keys=TRUE)
alph$total[[1]]
```

```
Warning message:
In alpha(resign[, 1:4], check.keys = TRUE) : Some items were negatively correlated with total scale and were automatically reversed. This is indicated by a negative sign for the variable name.
[1] 0.8742659
```

估計出來的 α 係數是 0.874，良好的內部一致性信度。

16.1.1 α 係數統計 AI=>GO:(Unit 12 reliability AI)

```
# 輸入資料名稱
data = resign
## 輸入要計算 α 係數的變項
題項 = c("resign1", "resign2", "resign3", "resign4")
## 請輸入這些變項的因素名稱
因素名稱 = c(" 卸職意圖 ")
# 請輸入輸出結果的名稱
save_file = c("resi_out")
```

reault.1

量表	題目的個數	Cronbach alpha 值
卸職意圖	4	0.874

result.2

本研究對卸職意圖量表的 4 題進行信度分析，分析結果呈現於表 AAA，表 AAA 顯示 Cronbach's alpha 內部一致性係數是 0.874，表示具有良好的內部一致性信度。

16.1.2 信度分析的 APA 報表與結果解釋

表 16.4 卸職意圖的信度分析

量表	題目的個數	Cronbach alpha 值
卸職意圖	4	0.874

本研究對卸職意圖量表的 4 題進行信度分析，結果呈現於表 16.4，表 16.4 顯示 Cronbach's alpha 內部一致性係數是 0.874，表示具有良好的內部一致性信度。

16.2 α 係數作爲項目分析的議題

在項目分析裡有一個方法是使用 α 係數來刪題。亦即，如果刪除了某個題目後，信度反而上升，表示此一題目對於該量表的內部一致性的提升沒有幫助，可以考慮刪除。在使用此方法時必須注意的是，這種考慮是基於單向度（也就是只有一個因素）的條件之下才適用。如果一個量表有數個分量表的話，那麼應該是個別分量表之下來檢定才是正確的。下面我們以一份只有四個題項的心理資本爲例來說明以 α 係數來刪題的合理性。我們首先對心理資本給予以下的定義：含自我效能、韌性、希望和樂觀等資本。我們設計短版的四題如下：

表 16.5 心理資本題項

	非常不同意	不同意	同意	非常同意
1. 我有信心能分析長遠的問題，並找到解決的方法。	1	2	3	4
2. 我總能反覆地利用過去的磨難，來面對工作上的挑戰。	1	2	3	4
3. 在著手處理困難的工作時，我總相信天無絕人之路。	1	2	3	4
4. 在工作遇到挫折時，我總是往好處去想。	1	2	3	4

資料在 capital_alpha 的 Excel，收集了 400 份樣本。因素分析的結果得到一個因素（見表 16.6）。

表 16.6 心理資本的因素分析

	因素分析
1. 我有信心能分析長遠的問題，並找到解決的方法。	.872
2. 我總能反覆地利用過去的磨難，來面對工作上的挑戰。	.860
3. 在著手處理困難的工作時，我總相信天無絕人之路。	.816
4. 在工作遇到挫折時，我總是往好處去想。	.472
特徵值	2.388
解釋變異量（%）	59.705
累積變異量（%）	59.705

α 係數項目分析。

```
alpha(capital_alpha[,c(1, 2, 3, 4)], check.keys=TRUE)
```

```
Reliability analysis
Call: alpha(x = capital_alpha[, c(1, 2, 3, 4)], check.keys = TRUE)
  raw_alpha std.alpha G6(smc) average_r S/N  ase mean   sd median_r
      0.75      0.76    0.74      0.44 3.1 0.02  1.6 0.65     0.43
 lower alpha upper     95% confidence boundaries
0.71 0.75 0.79
 Reliability if an item is dropped:
          raw_alpha std.alpha G6(smc) average_r S/N alpha se var.r med.r
心理資本 1      0.68      0.67    0.64      0.41 2.1    0.029 0.058  0.28
心理資本 2      0.83      0.83    0.77      0.62 4.9    0.014 0.003  0.60
心理資本 3      0.61      0.62    0.57      0.36 1.7    0.034 0.038  0.26
心理資本 4      0.62      0.64    0.58      0.37 1.8    0.033 0.040  0.28
```

產生的結果是 raw_alpha = 0.75，也就是這四個變項的 Alpha 係數是 0.75。Reliability if an item is dropped 的下面，我們看到如果心理資本 2 刪

除，那麼 Alpha 係數提升到 0.83。我們使用這個例子是讓讀者思考一下，信度與效度之間的問題，基本上四個題目的 Alpha 係數是 0.75，已經達到一般的學者建議的 0.7 以上，此量表可以接受，然而刪除心理資本 2 則可提高到 0.83，信度提高了，但是心理資本 2 是韌性，刪除後，就心理資本的定義少了一種資本，那麼效度是不是降低了？所以，研究者在做量表時，應該在信度與效度之間取得一個平衡。

參考文獻

Carmines, E. G., & Zeller, R. A. (1979). *Reliability and validity assessment.* Newbury Park, Calif.: SAGE.

Crocker, L. M., & Algina, J. (1986). *Introduction to classical and modern test theory*. New York: Holt, Rinehart, and Winston.

George, D., & Mallery, P. (2003). *SPSS for Windows step-by-step: a simple guide and reference 11.0 update* (4 ed.). Boston: Allyn and Bacon.

Hopkins, K. D., Stanley, J. C., & Hopkins, B. R. (1990). Constructing and using essay tests. In *Educational and psychological measurement and evaluation* (7 ed., pp. 193-223). Englewood Cliffs, N.J: Prentice Hall.

Kaplan, R. M., & Saccuzzo, D. P. (2018). *Psychological testing: Principles, applications, and issues* (9 ed.). Belmont, CA: Wadsworth Cengage Learning.

Taylor, D. L. & Campbell, K. T. (1992, February). *An Application-based discussion of construct validity and internal consistency reliability*. Paper presented at the annual meeting of the Southwest Educational Research association. Austin. TX (ERIC Document Reproduction Service No. ED 357053).

Green, S. B., Lissitz, R. W., & Mulaik, S. A. (1977). Limitations of Coefficient Alpha as an Index of Test Unidimensionality1. *Educational and Psychological Measurement, 37*(4), 827-838. doi:10.1177/001316447703700403

Tavakol, M., & Dennick, R. (2011). Making sense of Cronbach's alpha. *International journal of medical education, 2*, 53-55. doi:10.5116/ijme.4dfb.8dfd

國家圖書館出版品預行編目資料

統計就是這麼輕鬆R：AI幫你寫好資料分析／黃芳銘著. －－初版. －－臺北市：五南圖書出版股份有限公司, 2021. 10
面； 公分
ISBN 978-626-317-233-3（平裝）

1.統計套裝軟體 2.統計分析
512.4 110015769

1H4A

統計就是這麼輕鬆R：AI幫你寫好資料分析

作　　者 — 黃芳銘
責任編輯 — 唐筠
文字校對 — 許馨尹、黃志誠
封面設計 — 王麗娟
發 行 人 — 楊榮川
總 經 理 — 楊士清
總 編 輯 — 楊秀麗
副總編輯 — 張毓芬
出 版 者 — 五南圖書出版股份有限公司
地　　址：106台北市大安區和平東路二段339號4樓
電　　話：(02)2705-5066　傳　　真：(02)2706-6100
網　　址：https://www.wunan.com.tw
電子郵件：wunan@wunan.com.tw
劃撥帳號：01068953
戶　　名：五南圖書出版股份有限公司
法律顧問　林勝安律師事務所　林勝安律師
出版日期　2021年10月初版一刷
定　　價　新臺幣650元